浙江智库
ZHEJIANG
THINK TANK
浙江师范大学非洲研究院

Springer

非洲区域国别学系列丛书
总主编 / 刘鸿武
非洲法律翻译及研究丛书
主 编 / 吴 卡

非洲法律理论与当代问题
评论集

[英] 阿奇·奥纳齐 / 主编　　田峰　吴卡 / 译

African Legal Theory and Contemporary Problems
Critical Essays

Oche Onazi

法律出版社 | LAW PRESS
北京

First published in English under the title
African Legal Theory and Contemporary Problems: Critical Essays
edited by Oche Onazi, edition: 1

著作权合同登记号
图字：01-2021-0737

国家社科基金重大项目《“五位一体”构建中非命运共同体的战略路径探索与实践创新研究》
（21ZDA129）

非洲区域国别学系列丛书编委会

非洲法律翻译及研究丛书编委会

非洲区域国别学系列丛书总序*

一、编纂非洲区域国别学系列丛书的缘起

在"区域国别学"从学术边缘走向学术前沿的历史进程中，浙江师范大学非洲研究学术团队，一直发挥着某种特殊而关键的前沿探索、基础搭建、体系建构等开拓、引领作用。多年来，我们以非洲大陆及其上的54个国家为对象，进行重要的"区域国别"研究，扎根于斯、行走于斯、创作于斯，逐渐在实践中探索出了一条具有知识原创性、学理建构性、实践指导性的区域国别学建设之路，形成了"学科建设为本体、智库服务为功用、媒体传播为手段、扎根非洲为前提、中非合作为路径、协同创新以赋能"的"六位一体"的实践路径，以及中非学者紧密合作、双向推进"中国非洲学"和"非洲中国学"的发展模式。

2021年，国务院学位委员会发出《关于对〈博士、硕士学位授予和人才培养学科专业目录〉及其管理办法征求意见的函》，将"区域国别学"列为新增"交叉学科"门类首批6个一级学科之一，这是中国高校学科建设的一个具有方向性启示意义的重要调整变化，表明国家与时代对"区域国别学"之重要性有了更高的认可与期待。在此背景下，以创新举措与务实方式建设好"区域国别学"，既是时代赋予中国学人的新使命，也是中国高校

* 本序原为刘鸿武的《中国特色区域国别学的建设目标与推进路径》一文，载《大学与学科》2022年第3期，此处有改动。

学科创新建设的重大前沿领域，在此方面尚有许多重大的实践与理论问题有待中国学人去探索，去实践。

中国古人治学，常说“著书立说”，当“有典有册”，将多年积累的学术成果编辑成册并结集出版，将无形的知识与思想用图书形式固定下来，以便跨越时空的保存、收藏与传播，正是所谓“文献名邦”以书香浸润天下、感化后人、泽被万世。可见著书立说实为学术传承与发展的基础，虽然今日电子信息时代，图书也非学术传承之唯一形态，但从学术发展的长远考虑，重视专业学科建设中的系列图书出版，依然是学术累积、学派形成、品牌建构的不可或缺的途径。

不过，成书并累积成系列、成文库、成大典，实非易事，当有专人作规划、推动，举凡经费之筹措、编纂之实施、校编之完善，环环相扣，缺一不可。事实上，早在2007年9月浙江师范大学非洲研究院创立之初，我们就在《光明日报》首次发布了面向海内外的《浙江师范大学非洲研究文库》编纂通告，一时响者甚众，那以后的十五六年，我们这一非洲研究文库坚持高起点、国际化原则，汇集海内外中非学者资源，先后推出“非洲当代发展研究”“非洲重点区域与领域研究”“非洲通史与国别史研究”“非洲教育与中非教育合作”“非洲经济与中非经贸合作”“非洲艺术与文化研究”“面向非洲国家的中国改革开放与发展实践研究”等系列，其中有的系列还获得国家出版基金的立项资助，保证了图书的顺利出版。此外，过去10多年，通过协同创新的方式，浙江师范大学校内其他相关学院如经济与管理学院、外国语学院、法学院、国际文化与社会发展学院等，也陆续编纂出版了各自学科领域涉非著（译）作数十种。这样，截至2023年，浙江师范大学学术团队组织编纂出版的聚焦非洲的各学科领域著（译）作，累计已超过200部，成为进入21世纪以来全国编纂出版的规模最大的非洲研究成果集成。

为更好推动非洲区域国别学学科建设与人才培养事业的发展，2023

年年初，经多方论证，浙江师范大学决定在过往基础上，启动新一轮更加专门化的“非洲区域国别学系列丛书”大型编纂工程，以求进一步拓展研究领域，增加系列类型，提升成果的学科化和专门化水平，并在《光明日报》再次推出《非洲区域国别学系列丛书》编纂征聘通告，面向海内外征聘遴选非洲区域国别学著作，以非洲区域、非洲国别、非洲专题的形式，再次集结为非洲区域国别学研究的新十大系列丛书，以形成既具备学科覆盖面与系统性，又各具特色、重点突出的非洲区域国别研究成果，打造非洲区域国别学知识群落，为中国区域国别学建设探索新路径，提供新模式，树立新标杆。

“著书不为稻粱谋，惠及民生方为高。”一时代有一时代之学术，学术作为时代的窗口，往往与时代演化交互作用。纵观当今之世界，多元文化碰撞激荡，各种思潮往来竞逐，世界百年未有之大变局使人类面临的问题和挑战越来越复杂，世界比以往任何时候都更迫切地需要建构起一种人类共建、共通、共享的知识、思想与文化体系，从而让人类以更加理性、主动、积极的方式，携手相向而行，采取共同行动，塑造共同利益，担当共同命运。在构建这样一种人类共享知识体系的过程中，中国可以也应该发挥更多建设性作用。有中国特色和精神气度的新兴交叉学科“区域国别学”作为一门行走世界、认识寰宇、服务天下的学科，自当在当今世界复杂背景下发挥积极作用，以学术服务于中国之治和世界之治，进而推进人类命运共同体之建构。我们当由此背景和高度上来理解“中国特色区域国别学”建构的时代意义，并寻求开阔通达的前行目标与推进路径。

从战略层面上看，中国特色区域国别学是助力建设和谐美好世界的“人类命运共同体建构之学”，是对冲、消解、替换维护西方特权霸权“冷战知识体系”的“人类共建共通共享知识体系建构之学”。从学科层面上看，建构区域国别学对中国高校创新发展也有特殊意义：一是有助打破学科壁垒，破解“内卷”困局，推动高校学科建设的融合发展；二是有助搭建对外桥梁通道，推动中国高校学科建设的国际化进程，提升中国高校的国际影响力；三是有助延伸大学知识的价值链，使一流学科兼具特色智库功能。

概言之，中国特色区域国别学的逻辑起点、推进路径和最终归属，都必须努力融入国家与时代的发展大潮。在此方面，浙江师范大学非洲区域国别学"'六位一体'集成建设"的实践探索，或许可为全国高校区域国别学建设提供某种路径参考。

二、区域国别学的概念阐释与内涵解读

作为一门新兴的、建设中的实践性学科，我们对"区域国别学"的基本定义做这样的表述："区域国别学是一门聚焦于特定的地域性问题的综合性、交叉性、实践性的新兴学科，它重视自身创造知识与思想形态的地域适应性和时空关联性，重视从特定地域时空结构上来开展适宜性研究，通过建构综合性与适地性的知识体系，努力形成对这一特定区域的一般性、普遍性、特殊性问题具有解释力、运用性、操作性的集成化的区域国别学学科群落与知识体系，以为天下治理之大用。"①

这里，我们对上述定义做一些分析解释。

第一，我们说区域国别学"聚焦于特定的地域性问题"，这是相对于以往那些"聚焦于领域"或"聚焦于专业"的学问而言的。所谓"聚焦于领域与专业"的学问，包含了诸如聚焦于经济问题的经济学、聚焦于政治问题的政治学等；而"聚焦于某个特定的区域、地域、地区、地方，并对这个区域作整体性综合性专门化研究"的区域国别学，则包含如"聚焦于非洲问题的非洲学""聚焦于中东问题的中东学"等。至于"被聚焦的地域"，则可以依研究之需要而有大有小，大者如洲际规模的"非洲""亚洲""拉丁美洲"，小者如次区域的"非洲大湖地区""中南半岛""巴尔干半岛""加勒比海地区"等。这些或大或小的"区域""次区域"往往都具有问题的区域关

---

① 刘鸿武：《中国区域国别之学的历史溯源与现实趋向》，载《国际观察》2020年第5期。

联性与整体性,可以作为具有内在联动性的“单位”进行综合观察、专门分析与系统研究。从这个意义上说,所谓的“国家”,也是一个“区域”,一个“地方”,如中国这个区域、印度这个地方,我们可以把国家作为一个“整体”来研究观察,形成关于中国、关于印度的知识体系与理论成果。总体上说,区域国别学是聚焦于某个特定地域上的学问。

第二,区域国别学是一种新时代中国学术与思想发展的策略路径,通过它的创新发展与实践,并交叉整合于其他学科,必将大大有助推动今日中国之学术发展与学科建设更多地传播到世界上不同区域、不同国家,从而使传统的“聚焦于领域专业之学”(如经济学、政治学、历史学)与新兴的“聚焦于地域国别之学”(如非洲学、中东学、拉美学、南亚学)两大知识领域,得以相辅相成,进而让我们对今日之大千世界的各个区域、各个国家、各个民族,看得更清楚,说得更明白,解释得更完整,合作得更有效。

第三,所谓“重视自身创造知识与思想形态的地域适应性和时空关联性,重视从特定地域时空结构上来开展适宜性研究”,是指通过“聚焦于特定区域的知识与学问”而形成的种种知识体系与思想形态有一个突出特点,即这些知识与思想必定与其研究的特定区域相关联、相适应,这些知识与思想只能产生于对这一特定区域的长期观察、体验、分析、思考和研究的过程中,而不是产生在其他地方,更不是产生在长期远离研究对象之时空的学者的“沙发”上。区域国别学不是在远离研究对象区域、远离研究对象具体时空环境的“真空”中作抽象概念推演而形成的各种空泛假说与虚浮臆想。区域国别研究者所形成的知识与思想,必须产生并适应于这一特定区域、地方和地域的鲜活实际情况,经得起在这一特定区域的实践查证、检验和追问。

第四,通过上述努力,“形成对这一特定区域的一般性、普遍性、特殊性问题具有解释力、运用性、操作性的集成化的区域国别学学科群落与知识体系”,这里包含三层意义:一是学者的知识创造与思想探索,可以用来很好地解释、解答其所研究的特定区域、特定国家、特定地方的一般性、普遍性、特殊性问题；二是这样的知识与思想不是分散的、局部的、零落的，而是集成化的、整体的、系统的，是一个关于特定区域、特定国家、特定地方的集成化的知识群落与知识体系；三是人们也可以运用这些知识与思想来指导、支撑、帮助他们去认识和解决特定地方的各种复杂问题，即所谓"学可以用，智可以启"。

第五，"一方水土养一方人"，一方水土也养一方学人，成一方学问。比如研究贫困问题，一般性的经济学家可能更多是从普遍的、抽象的、理念的层面，来分析贫困的原因，解释贫困的根源，但区域国别学研究者则有所不同，其针对具体的地区、国别实际做出的具体研究，当特别呈现知识与思想的可操作性、可运用性和可实践性，凸显与研究对象特殊形态相关联的知识针对性。贫困是人类社会的"顽疾"，但贫困的发生与解决，在不同的区域、国别、地方会有不同的根源和表现，也需要不同的对策和举措。现实生活中，非洲的贫困与中东的贫困，尼日利亚的贫困与坦桑尼亚的贫困，一定有所不同，呈现地方特殊性。如果要用知识去帮助解决不同地方的具有特殊根源与表现的贫困问题，我们就必须深入这些不同的国家、不同的区域、不同的地方，去真实地、具体地、全面地研究当地贫困的实际情况，方可从空洞的概念推演落地到真实的生活大地上来并付诸实践，避免犯纸上谈兵、本本主义、教条主义的错误。如此，知识才会是有用的、能用的、管用的。

第六，区域国别学是一个集成化的学科群落与知识体系，是一个用于国家治理、天下治理的实践知识体系。在某种意义上，区域国别学既可以称为"交叉学科"，亦可以称为"博物学科"，因其"集成化"的知识体系与知识群落，我们说区域国别学本是一个"博学"的知识形态，它需要将研究对象的各类知识统筹、汇聚起来，形成纵横交错、层叠相加、相互印证的集成化知识群落，方可获得对于特定区域国别的系统化、整体化、通识化的把握，求得对一区域国别复杂问题的统筹通揽，即所谓“认得大体、辨得大局、把得大势、成得大业”。

第七，从实践的角度看，区域国别学是一个实践的过程，是一门实践性、操作性突出的新兴学科。它既是综合交叉、跨学科的，又是个体经验、个体实践的。我们经常讲，区域国别学是培养研究对象的“国别通”“区域通”。“通”者，通古今之变、通天人之际、通史地之源、通中外之交，打通知识体系，方可纲举目张、把握潮流、辨识大局，从而顺势而为，因势利导。从实践操作角度上看，这个“区域国别”无论是大是小，我们都可以把它作为一个特定的“区域”来作整体性研究，通而观之，集化成识。就此来说，“学科交叉”之起步只是初始形态，“交叉学科”之建成才是完成形态。也就是说，通过学科之交叉而形成交叉之学科，集众学科之大成而深度融合，汇通众人之博识而得“集成化的学科群落”，方是作为“交叉学科”的区域国别学之真正完成。

第八，区域国别学之研究路径方法有两个重要维度，就是需作时间和空间的综合把握与宏观认识并落地生根。从事区域国别研究，一定要到对象国去，扎根于对象国特定的环境、时间和空间，重视研究对象特定的历史进程与时间关系，重视研究对象的环境背景、基础动力和演进过程。先说事、后论理，论由史出，因事求理。简言之，区域国别学要能把对象的事情说得很清楚、讲得很明白，每当世界上某个地方发生事件时，我们的区域国别研究者能够“摸得到路，找得到人，说得上话，办得成事”，在相关研究成果与专业人才方面确保“国家用得上、部委离不开、队伍靠得住、建议可信赖”。作为一门接地气、能运用、可操作的“行动之实学”，区域国别学要从“概念之虚学”里走出来，脱虚向实。总体而言，区域国别学是一门“研实际、求实理、重实践、做实事、育实才、务实效、得实功”的“七实之学”。

第九，区域国别学并非新事物，也非舶来品，“周虽旧邦，其命维新”。中国有深厚的区域国别的学术传统与实践积累，历史上的中国不仅要处理好国内东西南北间复杂多元的民族、种族与文化关系，而且作为一个周边国家、民族和文化极其复杂多样的洲际规模的大国，中国自上古之时起就特别重视对中原与边疆、华夏与四夷、本国本族与他国他族之复杂关系的认知，从而形成了丰富而久远的中国区域、地理、环境、民族和文化等不同维度的知识传统和治理经验。中国最早一部有关区域研究的经典之作是孔子整理的《诗经》。《诗经》之十五国风，就是当时通过田野调查、民间采访所获得的国情、区情或民情。按孔子的理解，这些资料可观民情、听民声，从而美教化、移风俗、施良策、治天下。汉代以后，中国知识思想体系渐趋成熟，班固撰《汉书》，专门设《地理志》之部，承继《诗经》十五国风的传统，推论自黄帝以来至汉初的国家疆域沿革变迁、政区设置和治理特点。这一传统后世连绵传承，促成中国古代史上形成了发达的具有资政治国意义的“疆域地理学”或“政区地理学”。除正史外，发达的方志学、郡国志、地理志也是中国“区域研究”重要的知识传统。国家治理、社会协调和区域管理都强调“入乡随俗”，要“因地制宜”“到什么山唱什么歌”，这些思想传统都十分重要且有价值。

第十，从“分散的、个体的、分割的区域国别研究”提升到“集成化的、学科化的、体系化的区域国别学”，这是区域国别学作为一门新文科建设成长的基本方向和应有之义。一般来说，“区域国别研究”与“区域国别学”两个概念在许多时候是可以换用的，“区域国别研究”这一概念的内涵十分明确，无须特别解释，凡一切与区域国别有关的研究活动、研究领域和研究内容都可总归其门下，而“区域国别学”则有所提升，它更加突出了学科主体性、学理建构性、知识系统性和理论专业性，更多地关注区域国别研究的理论旨趣、学科路径、体系建构和方法创新，重在探索学科表现形态的某些普遍性、基础性问题。

三、世界百年未有之大变局下中国学术的志向担当

当前，国家重视中国特色区域国别学的学科建设。近年来，党中央提

出对内要铸牢中华民族共同体意识,对外要推动构建人类命运共同体、建构新型国际关系。为此,必须要有能支撑、解释和服务这一命运共同体和新型国际关系的人类共建、共通、共享的知识体系、思想理念与行动智慧。但是,这一知识体系不会凭空而降,也不能由某一区域、某一国家的知识来充当普遍性的人类知识。过去百年,尤其是冷战结束以来,西方的本土知识逐渐传播于全球,包括西方对于非西方世界的认知与研究所形成的知识形态,一度被冠以所谓"普世主义"的光环,并在相当大的程度上主导或支配了人类的知识形态,给世界的知识创造和人类的相互关系带来许多矛盾和冲突。这是今日世界动荡不安、冲突迭起的一个非常重要的思想与知识根源。②

然而,人类社会面临的问题和挑战越来越复杂,没有任何一个国家的区域国别知识可以应对全球挑战。中国特色区域国别学,是中国学者与世界各国学者通过共同合作、平等对话、海纳百川而成之学,并非中国一家所独建独占,更不是要用中国的区域国别知识去替代西方的区域国别知识而成为另一个自封的"放之四海而皆准"的知识。中国特色区域国别学建设的出发点与目标宗旨是,通过推进开放包容、兼收并蓄的世界各个地区、各个国家、各个民族的共建、共通、共享的人类知识体系的努力过程,来与世界人民一道共同创造一个真正具有全球性包容吸纳特征的人类新知识体系。

就此来说,今日中国特色区域国别学建设中要做的一件事情就是,把西方世界近代以来创造的所谓的"普世知识",总体上重新"还原"为"欧美的区域国别知识"或"美西方的区域国别学",从而让我们得以历史地、理性地看待其成就与不足,取其精华,去其糟粕,而这正是今日中国学术思想界"重新认识欧美"的另一次思想解放与学术自觉过程的开始。

---

② 参见刘鸿武:《中国区域国别之学的历史溯源与现实趋向》,载《国际观察》2020年第5期。

长远来看，中国特色区域国别学之建设必须花大力气来广泛而充分地汲取、开发、继承、扬弃古往今来世界各个国家、各个民族、各个区域的传统知识和现代智慧。在这个基础上，通过平等对话、多元交流，如江河入海，综合创造出超越个别区域、个别国家范畴的人类共建、共通、共享的知识体系，从而让人类以更加理性、主动、积极的方式，相向而行，采取共同行动，塑造共同利益，担当共同命运。

从这个意义上来说，中国特色区域国别学是建设和谐美好世界、构建人类命运共同体之学，它也必须是应对中国与世界所需的"问题导向之学"，而不是"对标西方理论之学"。中国特色区域国别学需要正本清源、校正前行方向，从过往的西方概念、理念、模型导向的研究，转向服务时代、服务国家，解决现实问题的自主创新研究，从"用中国和发展中国家材料去印证阐释西方理论的依附研究"转向"基于自身实践考察而建构自主理论知识体系的创新研究"，从书斋论道、自说自话的"闭门书生"式的研究转向扎根大地、起而立行、知行合一的开放研究。

我们知道，当今世界正处在南北力量、东西力量对比转换前的复杂相持阶段。在这个阶段，一是美西方维持其全球霸权和特权的决心与力度不断增大；二是当前南方国家和亚非拉国家总体上尚未形成合力，且被分化的趋势还在加强。但无论如何，整个非西方世界的崛起和南方国家的发展是世界历史之大势。在这种情况下，中国的战略思想和知识创造需要有超越美西方的更高远的追求，需要统筹好中华民族伟大复兴战略全局和世界百年未有之大变局，开展协同研究，从知识层面上为对内铸牢中华民族共同体意识、对外构建人类命运共同体作出特殊贡献。

为此，今天中国战略思想知识界必须要"有破有立"："破"者，破"美西方冷战知识体系"之高墙深壕；"立"者，立构建人类命运共同体知识体系之开阔平台。简言之，就是要从过去几十年美西方主导的冷战知识体系肆虐传播的旧形态，过渡到人类命运共同体知识体系建构传播的新形态，这是当前中国哲学社会科学努力发展的重大方向,更是区域国别学这一新兴学科首先应该着力的方向。今日中国的知识创新在世界范围内的一个时代任务,就是要破除这个笼罩在世界知识界、学术界、理论界、话语界的陈旧僵化的"美西方冷战知识体系",而以一种崭新的、开放的、包容的人类命运共同体知识体系来创造人类共同的未来。

我们认为,自20世纪80年代末以来,经过三四十年的演化交手,目前关于人类命运共同体知识体系和"美西方冷战知识体系"的基本内容已然清晰可辨。首先,关于建设合作共赢美好世界的人类命运共同体知识体系,我们已经有一系列相对完整的理念概念的知识表述与实际的行动方式,有了诸多关于人类命运共同体知识体系的理念和原则,如合作共赢、平等相待、相互尊重、和合共生、同舟共济、文明互鉴、多边主义、共同安全等。在这些理念和原则的基础上,我们也提出了很多具体概念并付诸行动,如独立自主、主权安全、政治稳定、发展权、生存权、经济增长、民生改善、基础设施建设、脱贫减贫、绿色发展、国家建构、政府能力、有效市场、有为政府等。

以上这些中国知识体系的积累与提炼过程,体现在当代中国区域国别学科建设实践的不同层面。例如自2011年以来中非双方已在中国和非洲召开了"中非智库论坛"12届会议,中非双方学术智库界通过对中非全方位合作发展的直接观察与深入研究,及对构成这种发展的基础与背景的世界史、现代性和全球化现象的重新思考,日益有了自己的问题意识与自主意识,并逐渐开始"生成"自己独立的话语形态与理论面相,逐渐有了属于自己的知识基础、理念特色乃至话语概念。③ 可以说,"中非智库论坛"10余年的发展正是围绕上述这些理念、概念、知识与实践创造而不断推进的。

同样,多年来美西方维护其特权霸权的"冷战知识体系"也是清晰可辨的,比如这样一些耳熟能详的语词:唯我独尊、零和游戏、相互对抗、信奉

③ 参见刘鸿武:《非洲学发凡:实践与思考六十问》,人民出版社2019年版,第132页。

霸权、维护强权、支配全球、遏制战略、领导世界等。在这些理念和原则的引导下,美西方也创造出了很多具体的概念标签并且付诸全球行动,比如民主国家、专制国家、选举自由、价值观外交、历史终结、威权体制、庇护主义、家长制、资源诅咒、债务陷阱、制裁干涉、保护责任、转型国家、结构调整等。这些概念与行动具有突出的实用主义与双重标准的特点,本质上都是维护美西方利益的工具手段。

因此,中国特色区域国别学,不是西式的殖民帝国之学、霸权强权之学,而是融汇人类各区域、各国家、各民族文明成果的人类共建、共通、共享知识体系,是“人类命运共同体建构之学”,用让世界相向而行、合作共赢、相互欣赏、美美与共的“人类命运共同体知识体系”,去对冲、消解、替换让世界撕裂、对抗并维护美西方霸权特权的陈旧的“冷战知识体系”。这是当代中国学术的历史使命与时代责任,也是开放包容的“中国特色区域国别学”的学术志向与学术担当。

四、区域国别学建设的内生动因与目标

高校是国家科技竞争力的战略平台,未来中国在全球的科技发展、学术发展、思想文化发展的实力与竞争力,很大程度上取决于中国高校的人才培养和知识创造。“十三五”以来,中国高等教育取得了快速发展,目前中国已成为世界上高等教育大国,建成了世界上规模最大的高等教育体系,每年培养一大批高素质专门人才。党的十八大以来,中国特色社会主义进入新时代,哲学社会科学和高校学科建设迈上了一个新的台阶,国家的发展越来越需要高等教育和哲学社会科学提供战略性支撑,提供新的学术思想和知识创造,培养创新型人才。国家对高等教育和哲学社会科学的期待是过去从未有过的,尤其是“一带一路”倡议启动以来,高校在“一带一路”倡议中的支撑作用越来越明显。可以说,中国高校比以往任何一个时候都更加深入地参与到了国家的发展战略中,这给中国高等教育的发展

带来了前所未有的机遇。④

但当前高校不能适应国家经济社会和对外交往合作快速发展的缺点还是十分明显,2016年5月17日,习近平总书记在哲学社会科学工作座谈会上指出,"面对新形势新要求,我国哲学社会科学领域还存在一些亟待解决的问题。比如,哲学社会科学发展战略还不十分明确,学科体系、学术体系、话语体系建设水平总体不高,学术原创能力还不强……"⑤"中国特色哲学社会科学应该涵盖历史、经济、政治、文化、社会、生态、军事、党建等各领域,囊括传统学科、新兴学科、前沿学科、交叉学科、冷门学科等诸多学科,不断推进学科体系、学术体系、话语体系建设和创新,努力构建一个全方位、全领域、全要素的哲学社会科学体系"。⑥

区域国别学对中国高校学科的新型发展,以及对建设世界一流大学有什么特殊意义?笔者认为,可以从三个方面来理解。

第一,打破学科壁垒,破解"内卷"困局,拆除过往人为建构起来的一些学科界限,尤其是阻碍学科融合创新发展的知识樊篱,推进高校内各学院各学科的交叉融合。区域国别学的建设目标是要形成有关研究对象区域国别的集成化知识群落,这离不开高校内部学科建设的协同化、集成化发展。今天的中国,是一个有14亿多人口,经济总量位居世界第二的巨型国家,无论是中国自身的事情,还是中国与外部世界的关系问题,往往都是极其复杂的。所谓"大国之事""大国之治",都必须由"大国之学"来解决,须有"集大成之学"来应对。实际上,自以"2011计划"为核心内容的高校推进协同创新工程实施以来,一些传统的学科隔膜、人为制造的障碍已经逐渐被打破,一些新兴的研究领域与知识体系正在被建构起来,集成化和系统化的学科平台与知识高地也在探索中呈现。现在通过建立体制

④ 参见张平文:《关于〈大学与学科〉的若干思考》,载《大学与学科》2020年第1期。

⑤ 习近平:《在哲学社会科学工作座谈会上的讲话》,人民出版社2016年版,第7页。

⑥ 习近平:《在哲学社会科学工作座谈会上的讲话》,人民出版社2016年版,第22页。

化的一级交叉学科区域国别学，通过形成相应的学科平台和学位体制，就可实现从“协同创新的行动实践”到“交叉学科的体制构建”的重大飞跃，把多年推进协同创新的成果规范化、体制化、学科化。在这方面，国家自然科学基金委员会已经做了比较重要的先行先试，2020 年国家自然科学基金委员会在以往的七大学部之外，新成立了“交叉科学部”，其目标就是以重大基础科学问题为导向，以交叉科学研究为特征，统筹和部署面向国家重大战略需求和新兴科学前沿交叉领域的研究，建立健全学科交叉融合资助机制，促进复杂科学技术问题的多学科协同攻关，推动形成新的学科增长点和科技突破口，探索建立交叉科学研究范式，培养交叉科学人才，营造交叉科学文化，从而建设集成化的、综合化的知识体系与人才队伍，去攻克那些事关今日中国国家建设发展的重大“卡脖子”的难题，如集成电路科学与工程。就此来说，人文社会科学、管理科学也需要跟上时代的变化，有力推进学科的交叉与创新。区域国别学应是一个具有开放视野的，整合文理工各学科领域的集成知识领域，它对于今日中国高校的学科创新发展具有重要的推进引领意义。

第二，高校开展区域国别学科建设，可有效推动高校学科建设的国际化进程，提升中国高校在对象区域、对象国家的影响力。中国高校的各专业各学科的科研人员与教师，通过与研究对象区域国别的学术机构和科研人员的深度合作或无缝对接，在合作研究的过程中，向对象区域国别派遣访问学者、联合培养学生，将有效提升中国高校在研究对象区域国家的综合影响力。我们认为，区域国别学科的建设，不是中国学者“关起门来”在国内“沙发”上做学问，而是要走到研究对象区域国别去，与对象区域、对象国家的知识思想界无缝对接，与研究对象区域国家学者一道构建原创性的合作建构的知识与话语体系。比如，过去十多年，浙江师范大学通过开展全方位的对非教育合作与建构非洲区域国别学科，全校各学院各专业都启动了基于自身学科特色和地方发展需要的多学科跨学科的对非合作，在这个过程中,不仅浙江师范大学在非洲国家的影响力获得了快速而意义广泛的提升,而且也大大推进了整个浙江省各行各业的对非合作,浙江省对非人文交流、教育合作、智库对话和民间交往也取得重大进展。由此,浙江省尤其是金华市已经成为中国对非合作的"全国高地",形成"对非合作,全国看浙江,浙江看金华"的区域对非合作新现象。

第三,区域国别学的学科特征使其天然具有特色智库的功能,可服务于国家重大战略需求,是实现当代中国国家治理和全球治理专业化、科学化和民主化的重要路径之一。区域国别学围绕国家发展重大领域和前沿问题,努力延伸大学知识价值链,让大学的一流学科兼具特色智库功能,助推了国家治理和全球治理的专业化、科学化和民主化。总体而言,中国特色区域国别学是一个内外跨学科赋能的过程,它赋予高校各传统学科以新的能力。从这个意义上来理解,区域国别学的建设,对高校来说并不是多一门学科、少一门学科的问题,而是要通过建设这样一个新型的特色交叉学科,创造一种当代中国高校办学模式、学术创新和思想变革的新工具、新方法与新路径。通过这样一种学科的创新建设和特色发展,优化提升中国高校学科建设与人才培养的新方向,让中国高校更加主动地融入国家的发展战略,更加主动地服务国家的发展战略,推动中国学术更多地落到今天中国和世界的现实大地上。

中国人素来讲究"天时地利人和",这一思想传统对于今日构建中国特色的区域国别研究学科依然具有整体上的启示滋养意义。所谓"天时",是指人类普遍性的文明精神与规则原理,是人类共享共用的自然规则和社会规律,天道、法则、天理,大致如此。所谓"地利",则是指因为人类生存的地域空间与生态环境上的多样性而形成的区域、国别和民族的文化个性与文明特点,它具有依时空变化而形成的差异性与多样性,而这种区域上的差异性和多样性的存在,正是国别与区域研究学科建立的基础所在。所谓"人和",主要是指通过人类自身的主观努力,通过主动的知识交流与思想沟通,在平等对话、相互学习、共享共建的基础上,将不同国别与地域的人类知识体系与思想智慧一步步沟通和连接起来,让具有地域性和国别性的文化知识汇入具有普遍性的人类知识思想的洪流中去,从而成为全世界可以相互理解、沟通共享的知识与思想,最终成为具有普遍性的人类思想财富。⑦

五、"六位一体"集成建设的实践探索与案例路径

浙江师范大学非洲研究院作为国内高校首个综合性、实体性的非洲研究院,经过16年学科建设创新性实践,已经开辟了一条有中国特色、原创性的区域国别学学科建设之路,形成了"学科建设为本体、智库服务为功用、媒体传播为手段、扎根非洲为前提、中非合作为路径、协同创新以赋能"的"六位一体"集成建设路径,以及中非学者双向建构"中国非洲学"和"非洲中国学"的集成知识体系与丰富经验,为中国特色区域国别学学科发展做出了系统化、专门化的创新探索。

2012年3月,全国高校区域和国别研究培育基地第一次工作会议在浙江师范大学成功召开,数百位专家学者参观考察了浙江师范大学非洲学的建设经验,从那时起教育部已有规划地推动区域国别学学科发展。⑧ 在2017年5月国务院新闻办公室举行的"一带一路"沿线国家民心相通情况发布会上,时任教育部副部长田学军称赞浙江师范大学非洲研究建设成果是中国高校服务国家"一带一路"民心相通工程的典范,相关实践成果"具有代表性、示范性、推广性"⑨。下面,我们具体介绍一下浙江师范大学非

---

⑦ 参见刘鸿武:《中国区域国别之学的历史溯源与现实趋向》,载《国际观察》2020年第5期。

⑧ 参见教育部办公厅:《区域和国别研究培育基地第一次工作会议成功召开》,载中华人民共和国教育部网,http://www.moe.gov.cn/jyb_sjzl/s3165/201204/t20120417_134244.html。

⑨ 《国新办举行"一带一路"沿线国家民心相通情况发布会》,载中华人民共和国国务院新闻办公室网,http://www.scio.gov.cn/xwfb/gwyxwbgsxwfbh/wqfbh_2284/2017n_8019/2017n05y11rxw/。

洲学“六位一体”集成建设实践取得的成效与面临的问题,并在此基础上提出若干对策建议。

第一,学科建设为本体:必须花大力气把学科建设基础工作做起来。学科是高校演化的“基础细胞”,也是人类认识世界、把握世界的工具和手段,同时也是知识转化为实践的桥梁。学科的形成与演进是一个历史的过程,需要根据人类认识世界进展和从事科学研究而不断调整、丰富和完善。区域国别学作为新的一级交叉学科,首先要把学科的基本建制与平台建设起来,并逐步完善提升。学科建设,包括专门化的学术、学位、学者和学生的形成,也包括专门化的课程体系、教材体系和师资体系的建设,以及相应的考核标准、评价体系等环节的形成。这需要在吸收其他学科理论与方法、知识与思想的基础上,一步步地探索自身成长的道路,建构起自主性的学科体系,完成“由学科交叉的努力到交叉学科的形成”的创新建构过程,从过去的“聚焦抽象化的领域专业之学”转化为一门“聚焦具体化的区域国别之学”。

在从“学科交叉”到“交叉学科”这一过程中,区域国别学涉及的学科大体上可分为核心学科、支撑学科和相关学科三个层次。总体上看,区域国别学的基础性核心学科有三个:一是历史学;二是地理学;三是外国语言学。历史学和地理学分别支撑了研究对象纵横交错的历史时间意识与环境空间意识,乃一切研究的基础。所谓“历史时间意识”,是指研究者当重视事物发生、发展、演变的历史进程与时间关系,重视事物的背景、基础、动力与演进,先说事,后论理,论由史出。而“环境空间意识”则指重视事物生存发展的空间环境的差异与多元,各区域之环境不同,地理相异,就需因地制宜,因时而变,入乡随俗,分类施治。从学科交叉的角度来看,“历史时间意识”主要指向历史学,涉及文化、民族、宗教等;“环境空间意识”主要指向地理学,涉及地理、环境、生态等。史地之外,则为工具之学外国语言学,它涉及通用语、非通用语、文字、口传、翻译等。因而我们说,历史学、地理学、外国语言学是区域国别学的三大基础性核心学科。

在此基础上,则需根据重点方向及领域之不同而与政治学、经济学、法学、社会学、教育学、自然科学与技术科学作交叉融合,从而形成层次不同、取向有异的跨学科交叉借用形态,最终支撑建立起一个相对独立的区域国别学。⑩

就浙江师范大学而言,它一直以来建设的核心目标就是把有中国特色的"非洲区域国别学"建设好,这"是一门专以非洲大陆的人文与自然现象为研究对象、探究非洲文明历史进程及其当代政治经济与社会发展问题的各类研究活动,以及由这些研究活动所累积而成的有关非洲的各种知识成果汇集而成的一门综合性国际性交叉学科。换句话说,这是一门在特定时空维度上将研究目光聚焦于非洲大陆这一空间区域,对这块大陆的自然与人文现象进行综合性、专门化研究的新兴学科。这门学科对创造中非共享知识,完善当代中国学术体系,助推中非命运共同体建构,都有重要的意义"。⑪

那么,区域国别学作为一门面向新时代与国家重大需求的"新文科",它"新"在哪些方面呢?从我们这些年建设有特色的"非洲区域国别学"实践来看,建设单位或依托平台必须有一些"标准配件与门槛",应该有如下方面的持续努力:其一,有一个实体化长期稳定存在的专门机构;其二,有一支高水平能力强的科研与管理队伍;其三,有特色鲜明品牌化的重点领域优势方向;其四,有多元多维的财政来源与足够经费投入;其五,有设施齐备运作有效的现代化办公环境;其六,有在对象区域国别的紧密合作伙伴平台。

除此之外,还应该有一些建设学科的必备平台与软硬要件:一是有专门化的博物馆、翻译馆、影像馆、资料馆、数据库和接待馆;二是有专门的出

---

⑩ 参见刘鸿武:《非洲学发凡:实践与思考六十问》,人民出版社2019年版,第4页。

⑪ 刘鸿武:《非洲学发凡:实践与思考六十问》,人民出版社2019年版,第6页。

版文库、期刊杂志、档案中心、多语种开放网站和运营的品牌;三是有在对象区域对象国的前方研究基地、有在对象区域对象国的国际化合作队伍、有研究成果的转化途径、有相应的媒体发布平台等。

这些所谓的“标准配件与门槛”,并非一日建成,规模与层次也可因地制宜,但总的原则就是能用、管用、可用,这些都是需要花大力气并且具有专业化的人才来建设和管理的。以往那种“一张纸一支笔,一篇文章一辈子”的传统手工作坊式的国际问题研究,作为个体的科研人员与教师,当然还可以继续延续下去,保持学术研究的个体自由空间,但对一个学科的建设而言,对一个服务国家发展战略的新兴学科建设而言,就需要在上述方面作出持续的努力,形成共同的知识平台与创新空间,方可取得实质性、根本性的突破。

形象地说,只有具备了坚实有力的“一流人脉、一线体验、一手资料”的平台支撑与资源滋养,当国家和社会提出需求的时候,我们的区域国别研究机构与学者们,才能够在对象区域对象国别“摸得到路,找得到人,说得上话,办得成事”,是“可信赖、靠得住、能管用”的,是“政府信得过、部委离不开、企业愿合作”的学术机构与人才培养机构。这些,都是这门新文科之“新”的学科特征所在,也是其建议内容所在。

第二,智库服务为功用:济世之学当有新气象、新格局、新作为。学术当为天下用,惠及民生方为高。今后我们评价中国的区域国别研究学科建设得好不好,是不是一流的,标准是什么,一个重要方面就是看它能不能解决中国现实中的问题,能不能解决中国与世界各区域各国家合作中面临的问题,这是区域国别学作为新增交叉学科的一大特征和重要使命。因此,提供广义上的智库服务是区域国别学的题中之义。我们说“学科建设为本体”,但不是“本位”,不是自己为自己服务,这个“体”要能为天下所用,为天下人服务。目前,区域国别学建设存在的一个明显短板是普遍缺乏政、企、社、学、商之间的整体协同与统筹安排来提升成果的实际效用。

经世致用是中国传统地理学、区政学的核心精神,今日中国区域国别学科建设也应该紧密围绕“国家关心、企业关心、社会关注、百姓关心”的主线来开展研究、评价成果、奖励贡献,目前国内许多区域国别研究还是停留在自己体制内作学者间的微循环,自说自话,所谓的“影响因子”其实只是学者小圈子的相互引用,对国家、社会、大众能产生的影响或关联很小,在对象国的影响就更小了,这种自我封闭的状态需要做出实质性的调整改变。

笔者认为,区域国别学建设其实是给高校提供了一个机会,即由专业学科拓展为特色智库,将一流学科与高端智库的建设结合起来,借此推进高校的供给侧结构性改革,从而延伸大学的知识、思想、人才的价值链,努力让智库的“想法”变为领导的“说法”,让智库的“文章”变为上级的“文件”,让智库的“谋划”变为组织的“规划”,让智库的“言论”变为社会的“舆论”,让智库的“对策”变为政府的“决策”,这一智库服务国家、服务天下、服务人民的过程,其实也是当代中国国家治理的专业化、科学化和民主化的过程。

第三,媒体传播为手段:建构起当代中国知识的全球战略传播新渠道。区域国别学建设是一个与国家对外合作密切相关的领域,它不应再是学者们坐在书斋里喝茶聊天的文人自赏,它的建设过程与建设成果,一开始就面临一个如何有效地推进与对象区域对象国家进行紧密沟通、独立自主的国际传播的问题,学科建设与智库功能的发挥都必须在对外交往的平台上来实现,对外传播就成了区域国别学建设的题中应有之义。区域国别学开展的媒体传播就是国际传播,由于区域国别学本身包含了对不同地域、不同国家、不同群体受众的研究,有助于提升国际传播的区域化表达、分众化表达,有助于探索更为精准的传播方式,增加国际传播的有效性和影响力。

“学而不传则怠,传而不远则虚。”对外传播之所以重要且特殊,与中国学术和中华文化的传统特点有关。我们知道,中国学术是一个由汉语汉字建构起来的特殊体系,进行国际传播首先要突破汉语汉字的“瓶颈”,因而需要借助外语学科尤其是翻译学科来推进中外知识的内外转换,于是国际翻译学对中国区域国别学之发展就起着特殊的支撑桥梁作用,这正是区域国别学一开始设置在外国语言文学一级学科下的原因。

第四,扎根非洲为前提:将新学科建设根基深深扎在对象区域大地上。区域国别学是对象国家的学问,无论是做学科、建智库还是做传播,要想做得真、建得实、传得开,就不能坐在“沙发”上,守在“书斋”中,只在“象牙塔”里做研究,而必须扎根于研究对象区域与国家。具体而言,区域国别学不是从书本到书本、从概念到概念的研究,而是要做成扎根中国大地、扎根对象区域国别大地的研究;不是拾人牙慧、照搬照抄、小圈子自说自话的研究,而是起而立行、知行合一、脚踏实地、解决实际问题的研究;不是要做接轨西方、依附跟随、学人言语的模仿抄袭研究,而是要做自尊自立、自主创新的开拓性研究。因此,在建设非洲学科和培养人才的过程中,我们特别强调中国的非洲研究者在去欧美留学前,最好能先去非洲对象区域和对象国家留学、调研、考察,获得“一手体验、一线资料、一流人脉”以后,再去欧美国家交流学习。事实上,重视调查研究、扎根田野、实事求是,重视文明发生发展的地域制约性和时间影响力的观察认知思维,本是中国学术的传统,中国区域国别学应继承这一传统并发扬光大,走扎根对象区域国别生活大地之路。

区域国别研究,往往具有冷门、绝学的特点,在这样的研究领域,人才的成长、成果的积累、学科的建设,是需要日积月累的,赶时髦、追热点、急功近利,不可能成得大事。在我看来,大体上10年是一个基本的区域国别学科建设的基础单位。这些年,根据培养非洲区域国别研究人才的经验,我们提出了区域国别研究人才成长的“十年十个‘一’计划”。第一个“一”,去一个非洲国家留学、进修、调研1年以上,而且最好是反复去,长期跟踪一国一地。只有长期扎根对象区域对象国,去除偏见而对非洲历史文化怀有赏析关爱之情,以自己的经历去观察研究非洲,知己知彼,才能开展客观公正的研究。第二个"一",翻译出版一本研究对象的经典性、代表性著作。这本著作最好是请对象国的一流学者来推荐,最好是对象国本土的学者所撰写的著作,能原汁原味地反映对象区域国别的真实情况的。在翻译这本著作的过程中,自然需要广泛查找相关的背景资料、熟悉专业词汇与特殊知识,理解感受研究对象的精神特质,积累起最基本的也是比较全面的研究对象的基础知识。一般来说,最好是研究对象的历史地理方面的通史性著作,以求得对研究对象的登高远望的宏观把握。在此基础上,以后可以根据研究的实际需要选择翻译第二本、第三本著作,领域也可以适当扩大。翻译的目标是了解研究对象的基本情况,对前人他人的研究有辨识能力,知道自己应该从哪里起步,方向大致如何。第三个"一",建立一个自己的专题数据库。第四个"一",组建一个自己的小学术团队。第五个"一",在非洲拥有一个学术合作朋友圈。第六个"一",主持完成一个国家社科基金项目。第七个"一",发表一组论文及一部代表性的著作。第八个"一",为国家提供一份管用的咨询报告。第九个"一",搭建一个自己的学术创新平台。第十个"一",成为一个优秀的非洲研究学者。

第五,中非合作为路径:以人为师,双向建构,形成知识共生形态。今天中国的区域国别学还有一个特殊使命和时代担当,就是要与研究对象区域对象国家进行知识与思想、学科与学术的双向建构。这种双向建构进程需要中非学者的相互合作和共同努力来完成:一方面,中国学者在非洲学者帮助下开展中国的非洲研究,建立"中国的非洲学";另一方面,中国学者也应到非洲去,帮助非洲国家的学者开展基于非洲视角、非洲需要、非洲特色的非洲的中国研究,建立"非洲的中国学"。通过中非学者紧密合作和双向建构来创造中非共享的新知识,形成中非共通的新话语形态和概念体系,改变以往通过美西方文献观察描述非洲和中国的偏颇局面。

笔者一直认为,就对非洲的了解来说,没有谁比非洲人自己更了解非洲,我们做非洲研究,就要拜非洲人为师,向非洲人学习,非洲人就是我们的“先生”。离开了非洲学者的帮助,离开了非洲人民的支持,我们不可能真正懂得非洲。中国的非洲研究要真正成长起来,一个关键前提是今后我们必须有一批年轻学子直接到非洲的大学去留学,在非洲导师的指导下开展研究,读非洲人自己撰写的著作,倾听非洲人民自己的心声,中国学者也应该经常去非洲的高校和科研机构进行长期的驻点研究、合作研究。

第六,协同创新以赋能:政、学、研、商、企、智、媒需多方合作,集成而建。区域国别学作为交叉集成化学科,能不能交叉得起来,如何集成化,很大程度上取决于我们从事学科建设的人是否具有开阔心胸与气量基础上的协同协调能力、沟通互动能力,及相应的动用各种资源、动员各种人才的组织才干。中国古人常讲,做学问需“才、学、识、德”融一体方可成大事、成大识。跨学科交叉学科的本质就是协同基础上的创新、合作基础上的共赢。近代以来,学科建设总体上是依对象而立的,大学分专业而建,学者依学科而行,大学之墙也越建越高,形成相对封闭内环的所谓“学术共同体”。应该说,高校学科“分科而治”,有其精深之优势,但若要实现“综合而立”,尤其是在交叉融合中实现突破,则必须推动各学科各要素相互协同,形成概念互补、资料互补、方法互补、平台互补、人才互补的聚合网络,方能塑造新结构、发挥新功能、产生新效用,更好地聚焦和解决当今时代面临的重大问题。

协同创新与集成化说起来简单,但做起来不易,因为涉及复杂的体制机制上的创新变革,更需有开阔心胸、高远视野、包容情怀,能“各美其美,美人之美,成人之美,美美与共”,方可协同、融合、共享、共建、共赢。我们需要把高校内部的学科建设和人才培养工作,放置在中非合作的时代大潮中,努力打破行业壁垒,通过资源共享、优势互补,增强协同效应,实现学科内外、学校内外、领域内外、国内国外的“大循环”“大协同”,将学术研究、人才培养、资政服务、舆论引导、公共外交等集成起来而融合推进,以取得明显的成效。

最后,我们对推进中国区域国别学建设,提几条操作性的建议。

第一,把“区域国别学”提升到服务国家发展重大战略的支撑学科的高度,作为“特色学科”列入新一轮国家“双一流”大学和学科建设体系中,给予专门化支持。以切实举措加强专业学科基础建设,形成专门化的“区域国别学”的学科、学位、师资、课程、教材建设平台。建议尽早出台政策,使“区域国别学一级学科”可以直接授予博士硕士学位,其下设二级学科,建立专门化的教学指导委员会、学位学科评审组,努力培养专门化师资,编撰专门化教材,建设专门化课程,培养专门化人才。

第二,大力推进专业化的区域国别学的科研条件建设,包括专业数据库开发,世界各大区综合博物馆、专题博物馆、特色语言文字和文献档案馆建设。区域国别研究是具有古典气质的基础研究,许多专题领域研究具有冷门、绝活、秘传的特点,没有专业化、系统化的知识积累和基础条件建设将很难实质性地推进。建议各高校和科研机构努力建设非洲博物馆、亚洲博物馆、拉美博物馆、中东博物馆,以及专题领域如古典文明博物馆、东方语言文字博物馆、丝绸之路博物馆、亚非人类学博物馆等。目前在培养相关专业的硕士博士方面,一些特色工具手段不足,应努力补上短板。

第三,采取切实可行而特殊的举措,制定一个系统推进中国区域国别研究人才培养的国家方案与国家标准,努力培养复合型、跨学科、专业化和外语能力通用型区域国别人才。制定基本的目标与方向、原则与框架,由各高校和科研机构根据自己的区域国别研究对象特点来细化方案,包括在本科、硕士、博士、博士后阶段的对于不同专业的阶梯式人才培养方案。本科阶段采用通识型的人才培养方案,从世界文明史与古典学术层面系统学习“文史哲 + 外语”通识型专业,获得广博知识积累;硕士生和博士生阶段,则偏向于区域国别专业化的深化学习,如非洲研究、拉美研究、亚洲研究、欧洲研究、美洲研究、亚太研究等,毕业时分别授予区域国别学专业的学士、硕士、博士学位。

第四，审慎而积极地引进研究对象国家的高级专业人才，尤其是需要启动一个专门面向非洲、拉美、亚太国家的各类区域国别专业研究人才与师资队伍的培育引进专项，实现我国区域国别研究人才队伍的国际化改造，逐渐形成中国学者与对象国学者紧密合作、相互学习、共同创造知识的局面。建议启动“国家社会科学基金外国学者特殊专项”，主要为非洲、亚洲、拉美、亚太地区的发展中国家学者申报，也可面向在中国学习的相关国家留学硕士生和博士生。启动诸如“非洲学者论非洲”“拉美学者论拉美”丛书撰写项目，由亚非拉和中国学者合作重新撰写世界与本国的著作，改变以往通过欧美西方学者著作来看世界的缺陷。

第五，重视跨学科跨领域的专业人才整合，建立一批具有综合实验、数据处理、信息加工、智能服务的文理工交叉的“区域国别学综合实验室”，开发编辑相关专题数据库，制定人才培养与成果转化的指南，形成以我为主的话语形态与概念体系。分区域、分地域、分主要国家和组织推进相关专业数据库、信息库、实验室、文献收藏室的建设，并且通过与研究对象国的国家档案馆、博物馆合作，双向培养中方人才与对象国人才，支持研究对象国也相应地建设中国博物馆、中国研究中心等机构，形成诸如“中国的非洲学”与“非洲的中国学”的双向建构与知识共享，最终建立起中外共建、共通、共享的知识体系，为建设人类命运共同体提供知识与思想准备。

六、结语

“读书不作儒生酸，跃马西入金城关。”习近平总书记指出，“历史表明，社会大变革的时代，一定是哲学社会科学大发展的时代。当代中国正经历着我国历史上最为广泛而深刻的社会变革，也正在进行着人类历史上最为宏大而独特的实践创新。这种前无古人的伟大实践，必将给理论创造、学术繁荣提供强大动力和广阔空间。这是一个需要理论而且一定能够产生理论的时代,这是一个需要思想而且一定能够产生思想的时代”。⑫当今世界正经历百年未有之大变局,国内正处于实现中华民族伟大复兴的关键时期,国际力量对比深刻调整,单边主义、保护主义、霸权主义、强权政治对世界和平与发展的威胁上升,逆全球化思潮上升,世界进入动荡变革期。面对复杂严峻的国际形势和前所未有的外部风险挑战,我们必须牢牢把握新时代工作大局,紧扣服务民族复兴、促进人类进步这条主线,高举和平、发展、合作、共赢的旗帜,一如既往地以世界眼光关注人类前途命运,从人类发展大潮流、世界变化大格局、中国发展大历史正确认识和处理同外部世界的关系。⑬

“文章千古事,得失寸心知。”书生自古以天下为己任。中国特色区域国别学是应时代之需而推动建立的一门“经国济世之实学”,一门行走世界、认识寰宇、服务天下的大学问,也是一门实践性、操作性突出的新兴学科,它既是综合的、跨学科的,又是个体的、经验的、实践的,其建设路径尚有赖今日中国学界根据自身实际及研究对象特点而做多元化、多方位的探索,有赖于中国学术思想界努力形成自尊、自信、自立的治学精神去实践,并在努力走向外部世界的过程中,与世界各国家各区域各民族的学者一起,共同创造人类共建、共通、共享的知识体系。

举高慕远,躬身力行,求实创新,见远行更远,中国特色区域国别学必能走上开阔大道!期待我们编纂的这套领域广泛的非洲区域国别学系列丛书,为此大道之推进起到铺设砖瓦、架桥砌基之作用。

刘鸿武

---

⑫ 习近平:《在哲学社会科学工作座谈会上的讲话》,人民出版社2016年版,第8页。

⑬ 参见《中共中央关于党的百年奋斗重大成就和历史经验的决议》,载新华网,http://www.news.cn/2021-11/16/c_1128069706.htm。

非洲法律翻译及研究丛书总序*

发展同非洲的友好合作关系，是我国一以贯之的基本政策和坚定不移的战略选择。① 自20世纪中叶中华人民共和国成立和大批非洲国家纷纷独立以来，中非双方在半个多世纪的治国理政实践中都积累了丰富经验；自1978年中国改革开放，尤其是2000年中非合作论坛成立以来，中非双方在近几十年的互利合作实践中也积累了丰富经验。这两方面的丰富实践经验，在中非共建"一带一路"携手打造更紧密命运共同体的当下，需要我国学术界作出理论上的回应，从而为中非更好开展治国理政经验的交流互鉴和更好发展各领域的互利合作提供更具解释力和前瞻性的思想智慧与知识工具。②

在此背景下，近年来，非洲研究在国内逐渐得到重视和加强，其研究领域和方向不断拓展和延伸，日益成为当代我国学术研究的"新边疆"。③ 不仅如此，2020年8月27日，以浙江师范大学非洲研究院为建设主体的"非洲学"等交叉学科经教育部认可和批准设立，这是全国高校第一次直接冠

---

* 本序原为陈钊、吴卡的《中国非洲法研究的时代意义与推进建议》一文，载《外国法制史研究》2021年，此处有改动。

① 参见《杨洁篪在结束访问非洲三国之际接受新华社书面采访》，载新华网，http://www.xinhuanet.com/world/2019-12/21/c_1125373359.htm。

② 参见刘鸿武：《论中非关系三十年的经验累积与理论回应》，载《西亚非洲》2008年第11期。

③ 参见刘鸿武：《非洲研究：中国学术的"新边疆"》，载《光明日报》2009年11月9日，第8版。

以“非洲”名称的学科，这一“正名”为我国非洲研究学科建设与人才培养开创了新历史。2022年9月13日，国务院学位委员会、教育部发布新版《研究生教育学科专业目录(2022年)》，“交叉学科”正式成为新设的第14个学科门类，“区域国别学”(编号1407)则成为“交叉学科”下设的9个一级学科之一，并明确“可授经济学、法学、文学、历史学学位”，我国非洲学在内的区域国别学被国务院学位委员会、教育部正式确认。

在我国对非洲的研究中，非洲法研究是不可分割的组成部分。“法律是治国理政最大最重要的规矩”④，非洲国家自独立以来如何推进法治建设以实现治国理政目标？“国际合作，法律先行”，中非各领域合作自开展以来如何运行在法治轨道上以行稳致远？这两大方面的法律问题，即“当代非洲法律发展”与“新时期中非合作法律问题”，随着中非共建“一带一路”以构筑更紧密命运共同体不断拓展广度与深度，也需要我国法学界作出理论上的回应，从而为非洲国家治国理政和中非各领域互利合作提供中国法律智慧与法律方案。

一、非洲法研究的时代意义

基于上述时代背景和重大需求，非洲法研究在当下已经日益凸显其重要的时代意义，这体现在学术和实践两个方面。

就学术意义而言，首先，学术具有时代性与中国性。在中非共建“一带一路”以构筑更紧密命运共同体的当下，法律是助推这一策略行稳致远的重要利器。“文章合为时而著，诗歌合为事而作。”开展非洲法研究，有助于拓展我国对非洲法律的认知从而完善中国的法学学术体系，在此基础上推动构建中国的非洲法学术理论、提炼中国的非洲法学术话语、产生中国的非洲法学术影响。其次，学术具有共享性与互鉴性。构建中非命运共

④ 中共中央文献研究室编:《习近平关于协调推进“四个全面”战略布局论述摘编》，中央文献出版社2015年版，第100页。

同体,应有支撑、解释和服务这一命运共同体的中非共建共享共通的知识体系。开展非洲法研究,有助于夯实中国的非洲法律知识基础,拓展中国法学的学术视野,并积累中非共享知识,为中非治国理政法治经验的交流互鉴提供学术保障和智力支持,助推中非命运共同体建设。再次,学术具有专业性与交叉性。2020年8月,“非洲学”交叉学科已被教育部认可和批准设立。我国对非洲法律问题的研究,既涉及法学的专业性研究,又可结合“非洲学”的交叉性研究,从而使研究既更具动力与活力,又可增添特色与优势。最后,学术也强调实践性与参与性。法学是实践知识、实践学问,它总是通过实践来获取知识,并把法学知识应用于解决法律实践问题,为此提供答案。⑤ 开展非洲法研究,既有助于我国学者进一步开展对非洲法律的理论研究,又可推动其深入非洲社会生活和中非各领域合作的具体实践开展调研,进行应用研究。

就实践意义而言,首先,开展非洲法研究,有利于推动形成中非间以法治为核心的营商环境。“水深则鱼悦,城强则贾兴。”好的营商环境犹如阳光和空气,可促进中非经贸关系健康成长,而“法治是最好的营商环境”⑥。开展非洲法研究,可以更畅通地获取对非合作法律信息,推动中非法治化营商环境的形成,进一步提升中非企业在对方经商投资中的信心。其次,有助于防控对非经贸投资法律风险与纠纷。大量实践案例表明,中国企业在非洲遭遇法律风险和法律纠纷,在很大程度上是因为对非洲当地法律不了解。开展非洲法研究,提供及时准确有效的非洲国家法律信息,有利于我国企业了解非洲国家的宏观与微观法律环境,从而使其有效防控和解决相关法律风险与纠纷。最后,有助于推动中非法律外交,推进中非法律共享互鉴以更好开展治国理政经验交流。法律外交,是以法律为基础、形式、

---

⑤ 舒国滢:《并非有一种值得期待的宣言——我们时代的法学为什么需要重视方法》,载《现代法学》2006年第5期。

⑥ 2019年2月25日,习近平总书记主持召开的中央全面依法治国委员会第二次会议深刻阐述了这一重要论断。

内容、目的或手段的外交。⑦ 在深入研究非洲法的基础上，可以夯实、丰富、增强中非法律外交的基础、内涵和特色，增进中非以法治为核心的治国理政经验的交流。

二、我国非洲法研究的概况

我国对涉非法律问题的研究，主要聚焦于两个方面：一是非洲法律的历史与现状；二是中非关系尤其是经贸关系中的法律问题。

对非洲法律历史与现状的研究，肇始于20世纪90年代末。当时，湘潭大学在国内最早成立了非洲法研究所，组建了非洲法相关研究团队，开始了非洲法律的翻译与研究工作。20多年来，以洪永红教授为主要负责人的该团队相继出版了《非洲法导论》(2000年)、《非洲法律发达史》(2006年)、《非洲投资法概览》(2012年)、《作为一门独立学科的非洲法》(2017年)、《埃及法专题研究》(2019年)、《非洲实用商事法教程》(2023年)等力作。这些成果聚焦非洲法律的历史积累尤其是当代发展，并注重与区域国别研究紧密结合，既开了我国非洲法律研究之先河，又为我国开展非洲法研究奠定了良好基础。此外，夏新华的《非洲法律文化史论》(2013年)、孙谦和韩大元的《非洲十国宪法》(2013年)、韩良的《非洲商事法律制度精析》(2015年)，以及朱伟东的《非洲经济一体化的法律问题》(2018年)、《非洲商法协调组织》(2018年)、《非洲大陆自由贸易区法律文件汇编》(2020年)等专著、译著，对非洲宪法、法律文化、商事法律制度等做了梳理与分析，这些成果也都属于对非洲法的基础性研究。

对中非关系尤其是经贸关系中法律问题的研究，主要是随着近10多年中非经贸关系的发展而开展的。这方面的专著或译著主要有：朱伟东的《非洲涉外民商事纠纷的多元化解决机制研究》(2013年)、《中非争议解决：仲裁的法律、经济和文化分析》(2017年)和《中非双边法制合作》

⑦ 谷昭民：《法律外交》，中国法制出版社2018年版，第45～50页。

(2019年),张泽忠的《新时期中非经贸合作机制研究》(2013年),吴卡的《中非产能合作国际法律保障机制研究》(2019年)等。此外,韩秀丽、胡充寒、刘阳、郭彤荔、赵文杰、乔慧娟等学者在其著述中也就中非经贸关系所涉各领域法律风险防控和争议解决等问题做了研究。这些研究,旨在为我国提供非洲法律尤其是经贸领域法律发展现状的最新资料,并试图为中非经贸关系中的前沿性法律问题提供对策建议。

虽然我国的非洲法研究随着近年来中非各领域合作关系的发展而大有勃兴之势,但总体而言,我国的非洲法研究仍然处于初步探索阶段,还存在几个方面的明显短板:一是研究机构和人员偏少,成规模的研究团队则更少;二是研究成果偏少,非洲国别法与非洲区域组织法等研究成果更是缺乏;三是国内协同、中外协同尤其是中非协同研究较少,跨国内外高校的有组织性的科研力量极其薄弱;四是研究成果的影响力尤其是国际影响力偏小。总之,相较于非洲在政治、经济与外交等方面对我国的重要性,我国的非洲法研究现状与之不甚相称,有待提升。

三、我国非洲法研究的实践进路

鉴于上述研究现状与短板,需从研究思路与原则、研究机构和团队建设、研究内容、研究方式方法和研究目标等方面,进一步廓清我国非洲法研究的实践进路。

(一)研究思路与原则

1. 研究思路

以“当代非洲法律发展”与“新时期中非合作法律问题”两大研究主题为导向,以理论与实践两方面目标为引领,坚持国际化、协同化和交叉性等原则,进一步加强中非协同创新团队建设,采用社会调查、历史分析、比较研究、跨学科等多元研究方法,依循翻译—解读—研究—建议—数据库建设的路径,扎实推进非洲法研究,为中非各领域合作和中非法治经验交流提供既有理论深度又切合实需的意见建议。

2. 主要原则

一是国际化与协同化相支持原则。研究非洲法,既不能闭门造车、自说自话,又不能故步自封、妄自尊大,中非双方应互以平等开放的心态,组建以中非法学学者为主体、其他领域学者为补充的国际化研究团队,对非洲法开展协同研究。

二是基础性与前沿性相结合原则。聚焦"当代非洲法律发展"与"新时期中非合作法律问题"两大主题,前者主要就非洲国家和国际组织法律的历史沿革、当代发展及其在非洲治国理政中的效能等基础性问题进行研究;后者重点对中非合作尤其是经贸合作中的前沿法律问题进行研究。

三是理论性与应用性相促进原则。与非洲法研究两大主题相对应,在研究方法上应实现理论性与应用性相互促进。就"当代非洲法律发展",需要对非洲法律开展系统化的翻译与研究,因此以理论研究为主;就"新时期中非合作法律问题",需要在翻译与研究非洲法律的基础上,具体对中非关系中的法律问题进行调研与分析,因此以应用研究为主。

四是专业性与交叉性相协调原则。开展非洲法研究,既要重视对非洲法自身的研究,也不能脱离非洲特殊的政治、经济、文化、传统和历史等因素以及中非之间独特的政治、外交、经济等各领域合作关系,因此开展跨学科研究实属必要。

(二)研究机构和团队建设

目前,我国从事非洲法研究的机构和团队还很少,这既对我国非洲法研究成果的数量与质量造成了严重制约,又不利于在国内外开展非洲法的协同研究。鉴于此,中国法学会、最高人民法院等我国法学法律界的权威机构可根据中非合作战略需要,选择有条件的法科院校或涉非科研院所,合作设立非洲法研究机构,组建非洲法研究团队。我国有条件的法科院校或涉非科研院所也可根据实际需要,自行设立非洲法研究机构,打造非洲法研究团队。设立非洲法研究机构可以采用两种形式:一是设立非洲法学术研究机构;二是设立非洲法查明研究机构。这两种机构在功能上有所侧重,前者偏向对非洲法的学术研究,后者偏向对非洲法的社会服务。但总体上,任何一个非洲法研究机构,无论其名称如何,都应兼具科学研究和社会服务等功能。

鉴于我国没有专门的非洲法人才培养机制,所以非洲法研究团队的建设,首先,可以吸纳国内从事法学研究尤其是国际法研究的人员参加。这是因为,非洲法研究,特别是中非关系中的法律问题研究,大量涉及国际法问题。但是,非洲法研究也必须吸纳国内法研究人员,因为非洲法研究涉及对非洲各国各领域国内法的研究。其次,由于非洲法研究既不能脱离非洲特殊的政治、经济、文化、传统和历史等因素,又需要结合中非之间独特的政治、外交、经济等合作关系,所以非洲法研究还可以吸收上述领域的中外研究人员,这不仅有助于在中外开展非洲法的协同研究,也有利于形成跨学科研究的特色与优势。最后,非洲法研究团队建设,不能没有来自我国涉非实务部门人员的参与。涉非实务部门,如我国驻非使领馆、涉非企业、法院、律所等,是开展非洲法研究的我国自己的"一流人脉"资源,可以为我国非洲法研究提供必要的课题、案例或资料,从而使我国的非洲法研究更"接地气"、更具实用性。

特别值得一提的是,非洲法研究机构和团队的建设,离不开和非洲机构与人员的合作。在首届中非法学院院长论坛上,尼日利亚大学法学院院长伊费奥马·埃纳莫(Ifeoma Enemo)教授发言指出,中非法学院校间的交流尚未开展,中非在经济、政治、贸易、金融、文化等领域的合作都需要有法律的支持,中非法学院校间的合作有利于促进这些领域的进一步合作。[8] 鉴于此,当前亟须加强中非法学院校间的交流合作,特别是建立中非法学院校间的师生交流学习机制,不仅支持非洲国家法学院校师生来华访学交流,而且更重要的是,中国法学院校应积极引导和支持师生到非洲开展访学、交换、攻读学位等活动。[9] 在此交流合作基础上,将非洲法学院校及其人员吸收进我国的非洲法研究机构和团队,从而搭建我国非洲法研究在非洲的“一流人脉”资源,进而形成更紧密和有效的合作关系。为加强中非间协同研究,还可与非洲知名高校法学院校合作,在非洲设立非洲法研究机构。[10]

总之,我国的非洲法研究首先应加强机构建设,在此基础上形成一支以我国法学研究人员为主体,各涉非领域的中非研究人员为重要补充,我国各涉非实务部门人员为基本依托的研究队伍。

(三)研究内容

“当代非洲法律发展”与“新时期中非合作法律问题”是开展非洲法研究的两大主题。前一主题,主要涉及如何提升当代非洲法律在治国理政中的效能问题。亦即法律作为“治国理政最大最重要的规矩”,在非洲国家半个多世纪的治国理政中究竟发挥了怎样的作用?影响和制约非洲国家法律的治国理政效能的历史与现实、国内与国际、主观与客观等方面的因素是什么?中国如何与非洲国家开展法治经验交流互鉴以共同提高治国理政能力和水平?因此,“当代非洲法律发展”这个主题要解决的是,在非洲这样一个发展中国家最集中的大陆,法律如何才能成为推进非洲各国主

---

⑧ 《中国法学院院长代表团赴南非开普敦参加“首届中非法学院院长论坛”》,载中国法学创新网2013年4月7日,http://www.fxcxw.org.cn/dyna/content.php?id=3129。

⑨ 吴卡、田峰:《中非产能合作国际法律保障机制研究》,社会科学文献出版社2019年版,第73~74页。

⑩ 例如,2019年5月,浙江师范大学法政学院与达累斯萨拉姆大学法学院合作共建的“中非法律研究中心”在达累斯萨拉姆大学孔子学院进行了揭牌仪式,这是目前为止,国内高校与非洲知名大学共建的为数不多的几个法律研究中心之一。

权安全、政局稳定、政府有效、经济发展、社会进步、民族融合和民生改善的基本工具。后一主题，涉及法律如何为中非合作保驾护航问题。亦即既然“国际合作，法律先行”，那么如何让中非各领域合作运行在法治轨道上？第三方介入中非关系，会产生哪些法律问题？应如何解决？因此，这个重要命题要解决的是，中国这个最大的发展中国家和非洲这个发展中国家最集中的大陆，法律如何成为助推双方互利合作关系行稳致远的利器。

这两个主题中，前一个更多的是基础理论研究，后一个则以应用对策研究为主。中国非洲研究的前途在于深耕基础理论研究，如果基础理论研究“立不住”，那么应用对策研究难能“用得上”。[11] 据此，中国的非洲法研究，首先应更多重视和开展对前一个主题的研究，才能为后一个主题的研究提供坚实的理论支撑。但从现有非洲法研究实践来看，对前一个主题的研究显然不够。

围绕这两大主题，中国的非洲法研究可具体开展以下工作。

1. 非洲国家法律文本的翻译

这是最基础的工作。根据中非共建“一带一路”和产能合作布局需要，可以首先在非洲各区域各选取几个重点国家，就这些国家的贸易、投资、金融、税收、劳工、环保等领域的法律文本开展区域性、国别性与专题性翻译，在此基础上，翻译这些国家的其他相关法律文本，并逐步将范围扩大到所有非洲国家。须注意的是，这里所指的翻译，并非目前常见的对非洲法律的“走马观花”式的零散粗浅的翻译，而应是旨在产出翻译精准且成体系法律文本的“下马观花”式的翻译。

2. 非洲法律发展与中非法律比较研究

在对非洲法律进行精准和成体系翻译的基础上，可重点开展三方面研究：一是对非洲法律进行历时性研究，考察其产生、发展与规律。二是对非洲法律进行共时性研究，比较研究非洲各国不同的法律制度，分析它们的

---

⑪ 张宏明：《中国的非洲研究70年述评》，载《中国非洲学刊》2020年第1期。

性质、特点以及相互关系。[12] 三是中非法律的比较研究，通过比较研究中非法律，可发现其差异，对此提出协调方案，从而构建中非法律协调机制。通过这三个方面的研究，可为中非间开展治国理政法治经验交流和非洲国家法治建设提供建议。目前，我国对非洲法律文本的翻译成果已有一些，但对非洲法律发展和中非法律比较研究的成果还不多，而且这方面的研究属于基础理论研究，因此这方面的研究亟待加强，从而为应用对策研究提供更好的理论支撑。

3. 中非合作法律问题研究

这主要属于应用对策研究。这方面的研究内容也主要有三：一是研究中非经贸关系法律问题，这是当前研究的重点。对此，可与我国涉非实务部门尤其是在非中资企业合作，深入非洲，“驻马种花”，开展实地调研，获取一手资料，并结合非洲国家的法律文本，就非洲国家的经贸投资法律环境进行全面深入地解读与分析，为在非中资企业预防和解决经贸投资的法律风险与争议提供建议。二是研究中非其他合作领域中的法律问题，如政治、外交、军事、科技、人文等领域。三是对第三方介入中非合作关系时所涉法律问题的研究。

4. 非洲国际组织法律文本的翻译与研究

这也属于基础理论研究。鉴于非洲国际组织在非洲各领域的作用日益凸显，也需要对其相关法律开展研究。首先可选取非洲联盟、非洲经济共同体、非洲商法协调组织等非洲区域性国际组织，其次选取东非共同体、西非国家经济共同体、南部非洲发展共同体等非洲次区域性国际组织，就其相关法律文本进行翻译研究。在此基础上，逐步将范围扩大至非洲所有国际组织。在对非洲国际组织法律文本翻译研究的基础上，可进一步开展应用对策研究，为我国深化与这些组织的合作提供针对性的建议。

---

[12] 张文显主编：《法理学》（第5版），高等教育出版社2018年版，第5页。

5. 非洲国家与地区法律文本的数据库建设

就上述非洲国家与地区的法律文本,可以逐步分地区、分国家、分领域、分主题地开展数据库建设,该数据库不仅储存并及时更新法律文本及其译文,而且附以相应介绍或解释。鉴于非洲国家和法律的数量众多,且数据库建设需要长期、持续、大量的投入,这将是一项长期的工作。

(四)研究方式方法

根据非洲法研究的上述原则和内容,我国开展非洲法研究应采用国际化、协同化、应用性和交叉性等方式方法。一方面,开展非洲法研究,宜采用国际化和协同化的方式,即在中外尤其是中非间开展协同研究。对此,可将翻译"一带一路"重点非洲国家的重要法律文本作为起点,由我国涉非机构尤其是驻非使馆和在非中资企业委托我国法科院校组成中非联合课题组开展协同翻译。另一方面,非洲法研究在方法上应把理论研究与应用研究结合起来,既要"下马观花",对非洲国家和国际组织的法律文本进行精准且成体系的翻译与研究;又要"驻马种花",深入非洲一线进行调研,拿到一手资料,拿出一流成果。为此,可由驻非使馆或在非中资企业提供必要的协助,并与中非法科院校开展协同研究。为形成我国的非洲法研究特色与优势,在方法上还可融合领域学、区域学、国别学和专题学,并结合非洲独特的政治、经济、文化、传统和历史等开展跨学科研究。

(五)研究目标

非洲法研究的目标有四个方面:一是从"小船出海"到"集群共生",这是研究队伍方面的目标;二是从"个小体弱"到"量多质优",这是研究成果方面的目标;三是从"低端集成"到"智能制造",这是研究创新方面的目标;四是从"本土品牌"到"国际品牌",这是研究影响方面的目标。

具体而言,这四个方面的目标可以投射到学术和实践两个维度上。一方面，在学术上，通过对非洲国家和国际组织的法律文本协同开展分领域、分区域、分国家、分主题的系统化的翻译研究和相应数据库建设，我国的非洲法研究机构与团队得以发展壮大，中外协同研究能力得以提升，我国非洲法研究成果的数量和质量得以提高，我国非洲法研究的理论基础得以夯实，我国法学界对非洲法律的认知得以拓展。在此基础上，我国的非洲法学术体系得以构建，我国的非洲法学术话语得以提升，我国的非洲法学术影响得以扩大。另一方面，在实践上，我国对相关非洲国家和地区法律文本的翻译成果与研究成果真实可靠、切合实需，我国对非合作法律信息获得途径基本通畅，对非法治化营商环境得以优化，我国企业预防和解决对非经贸投资法律风险与争议的能力得到提升，中非官方与民间尤其是法学院校间的法律交流合作实现常态化，中非间以法治为核心的治国理政经验的交流互鉴得以广泛深入开展。

四、结语

我国的非洲法研究，历经 20 余年的发展，随着中非共建“一带一路”以构筑更紧密命运共同体的日益推进，已进入提质增效的新阶段。如今，“非洲学”作为交叉学科已被教育部正式确认，这也将为我国的非洲法研究注入新动力、激发新活力。我国法学界尤其是非洲法学界，理应顺势而为，奋发有为，扎实推进非洲法研究，为中非合作和非洲发展提供中国法律智慧与法律方案。

2023 年 7 月修订于金华芙蓉峰下

致　谢

第3章的早期版本《二元与混同:英国司法在非洲殖民地的两种指向——兼论塔斯林·奥拉瓦莱·埃利尔斯的司法的黑人性谱系》发表于2008年的《莱顿国际法期刊》(21,377－410)“国际法及其相关问题”系列特刊,专门介绍塔斯林·奥拉瓦莱·埃利尔斯的工作和思想(经剑桥大学出版社许可转载)。

第6章的早期版本《现代非洲法律的主体:尼日利亚报告》发表于2002年的《人权评论》(7/2,17－34)“经济、社会和文化权利”系列特刊(经施普林格出版社许可转载)。

第11章的早期版本《对穷人的法律授权:政治参与重要吗?》发表于2012年的《法学杂志》(14,201－224)“当代非洲法理学”系列特刊(经埃利尔斯·克拉克集团许可转载)。

撰　稿　人

阿德比西·阿维瓦(Adebisi Arewa),尼日利亚高级法律研究所研究员、执行董事,尼日利亚高级法律研究所编辑和对外联系部主任,尼日利亚跨国法律实践和跨境犯罪中心执行董事。

多米尼克·伯比奇(Dominic Burbidge),英国牛津大学博士候选人,肯尼亚内罗毕斯特拉斯莫尔大学研究员。

丹·库瓦里(Dan Kuwali),南非比勒陀利亚大学法学院人权研究中心博士后,马拉维姆祖祖大学安全研究中心副教授。

撒迪厄斯·梅茨(Thaddeus Metz),南非约翰内斯堡大学哲学教授。

巴巴费米·欧顿西(Babafemi Odunsi),尼日利亚伊莱夫奥巴费米·阿沃洛沃大学法学院讲师,加拿大多伦多大学法学院麦克阿瑟研究员。

阿奇·奥纳齐(Oche Onazi),英国邓迪大学法学院讲师。

奇科萨·莫舍希·西隆圭(Chikosa Mozesi Silungwe),马拉维利隆圭米兹马利(Mizumali)基金会顾问。

欧鲁菲尼·泰沃(Olúfémi Táíwò),美国康奈尔大学非洲研究中心教授。

马克·图法耶(Mark Toufayan),加拿大渥太华大学法学院助理教授。

巴泽尔·乌戈丘库(Basil Ugochukwu),加拿大多伦多约克大学奥斯古德霍尔法学院诉讼法讲师、博士研究生。

凯琳·齐维(Karen Zivi),美国密歇根州格兰谷大学政治学助理教授。

目录

第二部分 权　　利

第三部分 社　　会

1 导　　论

阿奇·奥纳齐(Oche Onazi)*

本书旨在从抽象的一般性层面讨论非洲法律理论问题。非洲社会正面临战争、反人类罪行、贫穷、饥饿、疾病、环境危机以及其他一些同样紧迫的问题。这是本书讨论的现实背景。这些问题也是生活在世界其他地方的人们正在或者曾经面对的。当然,由于经验的差异,这些问题是全球性的还是区域性的仍有争议。但是,一种得到普遍认同的观点是,非洲对于法律理论研究所提供的洞见或者回应,虽然存在,但是远远不够充分。我们应当看到,这一理论短板的存在既关乎法律理论研究,也在某种意义上超越了法律理论研究所探讨的范畴。

针对这一短板,本书不仅试图为我们所面对的当代问题提供基于非洲立场的解决方案,而且尝试为法学理论研究提供基于非洲视角的理解。为此,本书的作者们在非洲法律理论的语境下,讨论了非洲哲学、文化、社会以及关于非洲当代问题的理论前景。虽然非洲法律理论这个概念的内涵尚不确定,但仍然有继续讨论的必要。本书所讨论的非洲法律制度、概念和规则所体现的特质在撒哈拉以南非洲社会是最为普遍和一般的,这被学者称为“非洲社群主义”。[①] 事实上,本书所要展示的不仅是法律理论的非

---

* 阿奇·奥纳齐,英国邓迪大学法学院讲师。

① Metz T (2012) African conceptions of human dignity: vitality and community as the grounds of human rights. Hum Rights Rev 13:22 – 23.

洲样貌,更重要的是非洲传统的引人入胜之处。[②] 在完成这一任务的过程中,本书作者们并不认为撒哈拉以南非洲社会的法律制度、概念和规则,或者非洲社会当中体现非洲社群主义的特质在哲学上是自洽的。本书作者致力于实现的理论目标是,通过对非洲传统的解读与抽象,归纳非洲法律制度、法律概念和法律规范的共同特征,论证这些在哲学上有吸引力的共同特征在撒哈拉以南非洲的社会生活当中具有普遍性。

当然,本书的理论目标可能会招致一些批评。可能的批评主要来自两个方面:一方面,实践中的当代问题与法律理论之间的联系往往不是非常明显;另一方面,非洲法律理论的内涵尚不确定。这样的批评绝不是毫无根据的。事实上,本书的作者们也没有就非洲法律理论的内涵达成共识,他们对于非洲法律理论与当代问题间内在联系的争论甚至更为激烈。

关于法律理论与当代问题之间是否存在联系的怀疑态度可以通过厘清法律理论、法律哲学和法律社会学间的关系而得以缓解。对于这种怀疑主义,一种有价值的回应进路是,澄清法律理论的方法论性质及其范畴或边界。一般而言,法律理论都有着非常狭窄或者特定的范畴;尽管学者对于法律理论边界的限缩或扩张程度众说纷纭。[③] 但是,我们不妨认为,法律理论一般是系统、科学的关于法律内在性质、一般意义上的法和法律制度的研究,但这并不意味着法律理论不关心或者排除了哲学、伦理学和社会学的考量。[④] 虽然法律理论对正义本质和制定法正当性等问题态度含混,但在自然法理论的关照之下,法律理论有机会涉猎这个领域。[⑤]

从另外的意义上讲,法律理论即便没有直接解决本书关注的问题,但是通过与法哲学和法社会学的互动,法律理论也有机会面对和回应这些问

---

② 感谢撒迪厄斯·梅茨(Thaddeus Metz)让我们注意到了这一点。

③ Friedmann W (1967) Legal theory. Stevens & Sons, London, p. 3.

④ Cotterrell R (2003) The politics of jurisprudence: a critical introduction to legal philosophy. Oxford University Press, Oxford, p. 3.

⑤ Cotterrell R (2003) The politics of jurisprudence: a critical introduction to legal philosophy. Oxford University Press, Oxford, p. 3.

题。在这个意义上,法律理论非但没有与法哲学或者法社会学渐行渐远,反而在法学的统筹之下与之且行且珍惜。因此,法律理论与当代问题之间的关联性取决于如何抓住法哲学与法社会学为法律理论所做贡献的本质属性。法哲学和法社会学影响着法律理论,并对当代问题发挥影响力,为法律、公正、责任、义务、权利、职责、财产、土地、所有权、道德、人、身份、国籍、社区、国家、市场、犯罪、惩罚和其他重要的概念提供规范的和经验的标准。很少会有人反对的一个立场是,针对我们身处的这个世界存在的很多问题,提出和完善可行的法律解决方案的能力建立在正确理解法律概念的基础之上。因此,法律理论在应对全球当代问题上可以发挥关键作用。

在这个意义上,本书中的文章从批判的视角讨论非洲法律理论问题,寻求通过关注全球当代问题让非洲法律理论重获生机。实现这一目标,不仅要挑战既有权威观点,而且要确立非洲法律理论核心概念的基础地位。更重要的是,作为本书另一主题的当代问题有着不可磨灭的非洲印记。战争、饥荒、疾病、贫穷和其他不公正现象在非洲普遍存在。面对这些问题,却没有来自非洲的思想和回应。人们对于这块饱经磨难的大陆有着刻板而消极的印象。这种印象让人们没什么兴趣去分析和欣赏诞生在这片土地上的思想,更谈不上运用非洲大陆的本土理论成果为世界面对的当代问题寻求解决之道。事实上,本书作者们的一个共识是,非洲的本土法律理论以及哲学、司法和其他领域的思想在面对非洲当代问题时,没有得到充分的应用和理论化,更谈不上被应用到非洲以外。

知识界对于非洲法律理论缺乏了解、不感兴趣或者直接无视的状况关系到一个核心问题。这个问题涉及非洲法律理论本身,或者说,关于是不是存在非洲法律理论这样一个事物。与此相关的另一个问题是非洲哲学是否存在。非洲法律理论与非洲哲学面临极为相似的境况,尤其是非洲法律理论的产生与非洲哲学有着千丝万缕的联系。

关于是否存在非洲哲学的争论的根源涉及认识论,一个重要的原因是长期以来对非洲哲学中杂糅的方法论的质疑。一般意义上的法律理论是关于法律及其概念和规则的科学分析,那么承认非洲法律理论的存在就意味着承认其中含有源自非洲哲学的、非传统的、非科学的和非体系化的分析方法,这是一种极具争议性的观点。与其说这是关于是否存在非洲法律理论的争论,倒不如说这是关于是否存在非洲知识的争论。这个问题具体表现为,认为非洲法律理论是一种独立存在的观点以非洲哲学为基础,那么作为基础的非洲哲学是否能够为非洲法律理论研究提供推理、分析、演绎等必要的科学分析工具?毕竟,非洲哲学一般并不以文字作为载体,而是通过习俗、文化、传统、宗教、道德、传说、故事、谚语、寓言和文艺作品等形式存在和流传。当然,一个不容忽视的现象是,晚近关于非洲哲学的文本正变得越来越多,这些文本也是本书作者们所倚重的资源。

对于上述质疑的第一种回应是,非洲哲学提供了一种不同的法律理论分析进路,但这并不意味着这种进路就不是法律理论。换句话说,非洲哲学提供了一种不同的分析和推理方法,这让法律理论随之采用不同的方法或者技术路径。毕竟,其他哲学传统也不是仅仅依赖文本形式进行法律推理、分析和演绎的,那么我们有什么理由要求非洲哲学有与众不同的表现呢?而且,最近也有研究对使用文本之外的形式分析和理解法律表现出浓厚兴趣。⑥ 尽管非洲哲学还有待探索,但毫无疑问的是,非洲哲学为研究对法律的非文本理解提供了一种有益的语境。

对于上述质疑的第二种回应是,以鲍温图拉·德·苏撒·桑托斯(Boaventura de Sousa Santos)为代表的学者对现代知识和法律享有的垄断地位提出挑战。⑦ 根据他们的观点,知识的表现形态是多种多样的,现代知识仅是其中一种。在取得相对于其他知识的优势地位的过程中,现代知

⑥ Del Mar M, Bankowski Z (2013) The moral imagination and legal life: beyond text in legal education. Ashgate, Surrey.

⑦ Santos B (2007) Beyond abyssal thinking: from global lines to ecologies of knowledges. Review XXX(1):45.

识造成或者强化了其他知识形态的不可辨识的特征。换句话说，现代知识具有可辨识性，这是其他知识类型所不具备的。

通过区分科学上的真与伪，现代知识奠定了自己的主导地位。科学，只有科学，才能提供关于我们所处的世界的确定和普适的真相。这是神学和哲学力所不逮的。现代知识主导地位的取得有赖于对真理所做的科学的与非科学的区分，这让本土知识变得更加面目模糊。现代知识无视其他寻求普适真理的方法，理由仅在于其他寻求真理的方法违背其方法论。本土知识因此在现代知识面前显得令人费解，理由在于，它既不能提供普适的真理，也不能提供普适的谬误。本土知识不过是一种信仰、神话、观点或直觉，供现代知识做进一步的研究，是用来被征服的。在这一点上，现代立法面对同样的局面。立法的合法性取决于国家主权或者国际法规范。合法与否是唯一的法律思维方式。根据不是由主权国家颁布的法律作出是否合法的判断是不可思议的。本书的观点与桑托斯提出的开创性观点相一致，[⑧]现代知识在面对当代问题上的无所作为事实上支持了本书的立场。

基于上述观点产生的另一个认识论上的结论是，它可能指出了将非洲法律理论与非洲哲学紧密联系起来，或者将其仅仅认定为从非洲哲学上建立起来的说法的局限性或不完全性。无论基于什么原因，否认非洲法律理论或哲学知识存在的理由即便曾经存在，在当今时代也不再站得住脚。"后殖民时代"的非洲社会进行了大量的法律试验和变革，新的法律理论产生是一种必然。尽管我们还不能清晰地归纳这些发展变化带来的影响并得出相应结论。但是，有必要开展哲学和人类学研究以便了解正在发生的事情，并准确地描述和解释这些正在发生的事情。

我们的观点因此可以归纳为以下两点：一方面，不能仅以非洲哲学来

---

⑧ Santos B (2002) Towards a new legal commonsense: law, globalisation and emancipation. Butterworths LexisNexis, London, p. 12 – 14.

定义非洲法律理论,否则,将意味着无视法律描述的、经验的和社会的属性;另一方面,非洲法律理论回顾性的、保守的和静态的特质应当受到批判。在这一点上,非洲法律理论没能很好解释非洲法律与社会紧密相关的演进和渐变过程。从人类学视角研究非洲法律理论,需要倚重深受西方影响的研究方法。这些研究方法能够让我们在非洲社会持续变动的环境下,分析非洲法律理论、哲学概念和其他因素之间的相互作用。

从人类学的角度思考非洲法律理论,有助于理解非洲法律和哲学概念如何相互融合、转换和更新,或者说,有助于理解新的概念如何诞生,旧的概念如何消亡。更为重要的是,这一研究进路有助于我们理解非洲本土概念如何吸收和转化殖民时期继受的法律概念。比如,对现代非洲的观察就是一种详尽描述这个问题的方式。的确,现代非洲在西方的观点看来并不"现代",现代非洲同时保有现代和过去的特质。更恰当的说法可能是,它是两个世界的集合,或者充其量是传统与现代的混合体。

关于非洲城市的社会学和人类学研究让我们有机会分析当代背景下的非洲法律理论。[⑨] 近年来,这些研究对社会成员之间正式的经济和政治体制之外的新型合作形式开展了非常前沿的探索。在既不高估也不忽视非洲社会贫困问题的前提下,官方的城市研究严重低估了非洲社会的创造力、团结、信任、互惠与合作的程度。在这些新兴的社会组织形态当中研究非洲法律理论的内涵是非常有趣的事情。换句话说,探索非洲社会的新发展如何影响非洲法律概念、法律思想和法律制度的既有理论将十分有趣。

本书并未对上述所有问题做出确定、全面的回应,我们所做的尝试更多地体现为,向读者介绍支撑非洲法律理论的主要关切、问题、概念、动因和困惑。这些要素勾勒出非洲法律理论潜在的理论前景,尤其是阐释了支

---

⑨ Hetch D, Simone M (1994) Invisible governance: the art of African micropolitics. Automedia, New York; Simone A (2001) Straddling the divides: remaking associational life in the informal African city. Int J Urban Reg Res 25(1):103.

撑非洲法律理论核心观念的基本概念和理论动因。这样的尝试是为了更好地说明非洲法律理论能够在多大程度上回应包括非洲社会在内的人类社会共同面对的挑战。

虽然,本书中的各篇文章有着共同的理论目标,但它们在对非洲法律理论的前景及其在当代问题上的适用各有侧重。尽管关于非洲法律理论存在与否的争论了无终局。但是,本书仍在努力进行一个有意义的尝试,即在拓展非洲法律理论的内涵与其在当代问题上的适用之间寻求微妙而艰难的平衡。同样,由于这一极具争议性的主题,本书中的文章尽管风格迥异,但在总体上都具有争论性。当然,本书中的文章相比而言,有的文章更"争论",有的文章更"批判"。此外,术语使用上的差异也很明显。非洲法律理论、非洲法理学和非洲法哲学在内涵上虽各有侧重,但是在本书中,它们被交替使用以指代同一对象。

本书由三部分组成,每个部分讨论相似的主题。第一部分的文章集中讨论与非洲法律理论的定义及其适用相关的问题。奇科萨·莫舍希·西隆圭(Chikosa Mozesi Silungwe)为分析非洲法律理论的定义提供了一个很好的研究起点;由于非洲法律理论、非洲法理学和非洲法哲学经常被混用,他分析了非洲法律理论概念上的细微差别。在他看来,没有明确非洲法律理论本质属性,就将其与当代问题联系起来的努力必然是牵强的。他反对以纯粹主义的立场定义非洲法律理论,并指出了这一理论进路的弊端。他将纯粹主义的立场等同于伤感主义和法律多元主义的方法。这两种理论进路的相似之处在于,它们都尝试在当代语境下维护非洲概念的延续性。这个立场让纯粹主义和多元主义在面对来自非洲法律理论修正主义的批判时,看起来非常可疑。与纯粹主义和多元主义不同,修正主义的立场对于启蒙运动、殖民主义和资本主义造成的非洲法律理论上的扭曲非常敏感。纯粹主义、多元主义和修正主义争论的核心在于文化问题,非洲法律文化是否以一种纯粹的形式存在。作为回应,受霍米·巴巴(Homi

Bhabha)提出的文化间性理论的启发,西隆圭提出了一种非纯粹主义的非洲法律理论。西隆圭主张,纯粹的文化并不存在,应当正视错综复杂社会和政治环境下生成的非洲法律制度,以及浸淫其中的非洲法律理论(非洲法理学或法哲学)。当代移民催生的文化间性让移民文化在吸纳新元素的同时,得以保留自身传统的内容。文化间性理论更倾向于对混同和融合的认同,而不是对二元结构的维系。这是一种辩证的现象,但不同于黑格尔的辩证学说。正题和反题的辩证并未产生合题从而进入新一轮的辩证关系,而是进入另一个空间。不对等的力量存在其中,并且各自表达、彼此对话、相互斗争。西隆圭以反巫蛊法、反同性恋法和南非广受议论的乌班图精神与人权观念为例证,以说明这种非洲法律理论概念能够为很多法律现象提供更好的解释。在一般情况下,非洲的和西方的规范混杂交融。在这个交融的过程当中,一些规范可能比另一些规范表现得更加积极主动。这个过程可能令人感到困惑,但并不意味着会产生令人费解的现象。

如果混同和交融是非洲法律理论的特征,那么马克·图法耶(Mark Toufayan)对本书的贡献就体现在,基于已故尼日利亚法学家塔斯林·奥拉瓦莱·埃利尔斯(Taslim Olawale Elias)的观点,他论证了非洲法律理论取得上述特征的另一种方式。图法耶雄心勃勃的理论目标在于,本土知识分子在去殖民地化的斗争过程中,将国际法作为讨价还价的工具。埃利尔斯就是这样的一位本土知识分子。在分析非洲习惯法与英国法之间混同或者互动的问题上,埃利尔斯认为,维持非洲习惯法的纯粹性是保证其实现与英国法之间有效互动的必不可少的条件。在埃利尔斯的观念当中,被混同的是不同的法律框架,而不是基于非洲文化产生的规范。换句话说,在与英国法或其他继受法律规范互动的过程中,埃利尔斯将保留非洲习惯法的确定性作为一种互动方式。图法耶认为,埃利尔斯将非洲和西方的法律等量齐观,放在平等的地位上观察和分析,因此他在强调混同性的同时,也强调二元性。非洲人文主义是非洲习惯法确定性的特质之所在。用图法耶的话来说,埃利尔斯非常成功地恢复了非洲人文主义原貌,即它本来就是受西方和本土共同影响的产物。埃利尔斯很清楚非洲法治环境的复杂性,他的目标在于努力规划并推动不同法律规范在这个极为复杂的环境下能够和谐地共生和互动。图法耶认为,埃利尔斯在实现这一目标的过程中提出了"黑人性"的概念,这是一个超越政治意义的概念,是非洲意识对强加其上的殖民法制所做出的补偿和回应的产物。在两次世界大战之间,"司法的黑人性"这个概念曾经在法属非洲被广泛使用。埃利尔斯则在另一种意义上使用这个概念,但并未切断其内在联系。最终,埃利尔斯向我们提供了一个完全不同的视角来观察"夹缝中的法律",即在非洲法和英国法"之间寻求对话的条件"。如何定义非洲总是与对非洲法律本质属性的追问相关,在这一点上,埃利尔斯与西隆圭不谋而合。但是,埃利尔斯在非洲法律的问题上采用了一种完全不同的观点。他认为,揭示非洲法律的纯粹性和确定性是非常必要的,但不一定非要采用对立的立场,非洲法律和继受法律之间存在对彼此都有益的互动。透过图法耶的文章,我们可以看到埃利尔斯的观点为本书中的一些理论尝试奠定了基础。在埃利尔斯看来,将非洲的法律制度和法治观念孤立于政治和法律问题进行一般性讨论的做法是错误的。随之而来的看法是,将关于非洲法律制度和法治观念的讨论归入政治和法律问题一般性讨论的努力离不开对非洲法律的适当理解和准确表达。

丹·库瓦里(Dan Kuwali)的贡献在于,他努力尝试将非洲法律理论从主流法律理论中分离出来,从而使其能够更加直接地回应非洲社会面对的当代问题。他将非洲大陆普遍存在的非洲法律理论对本国事务和问题认识不足的情况归咎于殖民规则的负面影响。虽然库瓦里似乎无意卷入关于非洲法律理论确定性的争论,但是他倚重纯粹性来解读非洲法律制度本质特征的思路让他无意中参与了这场争论。库瓦里认为,法律理论中的非洲特征既可以从对非洲土著言行的哲学观察当中获取,也可以从非洲学者著述的文献研究当中获取。除了认为国际法理论传统在关键时刻未能给非洲人提供必要的支持之外，人们基本上认同，所有的立法均能够体现其所处社会环境的基本价值。如果非洲社会的立法要获得必要的合法性，被社会主体所接纳和遵循，也必须符合这样的要求。库瓦里将非洲法律理论的特征归纳为：植根于来自谚语的文化当中；寻求维系社会的平衡；为恢复性与和解性司法提供基础；崇尚互助和集体责任；遵循基于共识的决策理论。

多米尼克·伯比奇（Dominic Burbidge）为本书提供了关于非洲法律理论确定性之外的、新的焦点。他认为，非洲法理学同基于关系契约理论而生的推论一起呈现“非洲人”的视角。这一视角不仅是普适的，而且为文化、社会和信任研究提供了基础。非洲主义的政治学理论将非洲问题的根源归咎于制度的缺失或退化，唯独忽视了极具特色的“非洲人”概念。这样做的结果是，在面对非洲问题的时候，体现社会理性人丰富内涵的“道德考量”被排除在外了。从另一个角度来看，非洲主义的政治理论过于特别化，没能提供一个涵盖非洲大陆的解释模型，即便是名声在外的“泛非主义理论”也未能做到这一点。伯比奇认为，解释模型存在于对主体的关注当中，需要得到关注的是“非洲人”而不仅是“身在非洲的人”。伯比奇从非洲法理学，尤其是约翰·穆隆吉（John Murungi）提出的定义当中找到了支持其观点的依据。在伯比奇看来，穆隆吉的贡献在于将非洲法理学比作人与人之间的对话，从而在非洲经验与一般性的经验之间建立联系，进而排除了将非洲法理学与一般法理学联系在一起的理论障碍。伯比奇的理论目标不仅在于寻求非洲法理学与一般法理学之间的共同点，更在于论证非洲法理学能够为一般法理学的发展做出积极贡献，而这一点正是被一般法理学者所忽视的。非洲法理学的贡献在于，关注非洲社会中的人际联结和社会合作。伯比奇进一步将“非洲人”的概念与关系契约理论联系起来，从而为在一般意义上研究社会的性质奠定基础。其合理性在于，合同实质上是将承诺正式化的过程，这就为分析社会中的经济和政治生活提供了稳定的基础。

欧鲁菲尼·泰沃(Olúfémi Táíwò)分析了在非洲各国普遍存在的个人权利受到侵犯的现象。与之相关的文献汗牛充栋，但未能得到非洲法律理论研究者应有的关注。泰沃认为，个人权利受到侵犯的现象持续存在以及对其原因的准确理解必须把握现代法律体系存在的理由。要理解现代法律体系的运作机制，就需要理解形而上学如何认识个人。事实是，区别于非洲世界观之下的个人主义和社群主义，非洲法理论研究极少涉足泰沃称为“等同于法律主体的哲学自我”的个人领域。现代法律体系的架构是建立于个人之上的。区别于任何其他事物，个人被赋予理性的光环并享有特定的权利，得以免受来自公权力的不必要干涉。理性能力并非个人仅有的能力，但却可以说是个人最为重要的能力。在做出人生选择的过程中，理性必不可少。理性彰显自由，自由是人生存的能力。总而言之，泰沃主张建立一个将人的自由置于首位的现代非洲法律体系，这一体系应当基于欧美法律体系构建。他呼吁非洲学者在拥抱现代性的同时“摒弃他们基于现代性而生的自我厌恶”。泰沃并不认为丰厚的非洲哲学遗产乏善可陈，而是认为人们应当承认几乎所有现代法律体系都是继受的。如果不能完全放弃现存的现代法律体系，那么我们就应当做个学生，认真理解其核心哲学架构如何捍卫人的尊严，无论实现这一目标的前景有多渺茫。

本书第二部分的文章讨论与权利重要性相关的问题，也涉及权利如何基于非洲法律理论或哲学进路得以生成。撒迪厄斯·梅茨探讨了人权在非洲法律和政治哲学中的地位，克劳迪·阿克(Claude Ake)的开创性文章《人权的非洲背景》对这一论题有深入研究。梅茨并不赞同阿克对于群体权利和经济社会权利的偏好，与之相反，梅茨认为个人权利和公民自由更符合非洲共同体的价值观。阿克正确地认识到了社群联系对非洲社会的重要意义，但是他认为社群联系降低了人权重要性的观点是错误的。作为反驳,梅茨以撒哈拉以南非洲社会重要的共同道德哲学价值为基础,提出了一个统一的权利哲学理论。梅茨的权利哲学不仅为核心人权和社群权利,而且为《非洲人权和人民权利宪章》中规定的权利提供了哲学基础。梅茨调和了两项重要的价值:社群和个人尊严。过有尊严的生活有赖于与他人沟通的能力,这需要尊重,尤其是对他人权利的尊重。沟通的能力是“生物学上以己度人的能力,在更宽泛的意义上说,就是友善和爱的能力”。就此而言,人权必须得到国家的保护和他人的尊重,理由在于人权的维护有助于提升人在社群中生存的能力。最后,梅茨将其权利哲学应用于一系列权利之上,包括公民自由的权利、正当程序的权利、政治参与的权利和取得社会经济产品的权利。

我撰写的文章是关于当代公民概念含义的思考。现在我们使用的公民概念忽略了哪些要素?以及通过重述非洲法理学的立场,如何填补因此产生的漏洞?文章的主题与本书的总体目标密切相关。我所关心的是,无论是基于权利还是基于义务定义公民概念的理论路径,都严重低估了与这一概念相关的基本伦理和道德价值,这些价值鼓励公民彼此尊重对方的尊严。关于权利,我质疑其整合能力,即权利是否仅仅为公民提供免受国家和其他公民侵犯的保护机制?例如,权利能否促进社区发展、社会共存和社群凝聚?权利对于自愿和自由的强调是否转化为联系、纽带、同化和社群?义务在被视为责任的时候表示付出,毕竟它意味着某种美德或者品格。残酷的真相是,当人们需要对彼此承担道德义务或负起责任的时候,义务代表的美德却毫无悬念地宣告失败。这是由于责任几乎完全以垂直的方式被定义,它被看作一种对国家的义务,如投票、服兵役、缴税和守法。因为没有一个更好的表达,在需要展示忠诚的时候,相比于公民间的义务,履行国家责任显然容易得多。穆隆吉对非洲法学提出了开创性定义,将人类本体论置于首位。受其影响,我认为,应当在公民概念中融入伦理和道德要素以弥补上述缺陷。在我看来,非洲法理学中公民概念蕴含的道德要求首先指向人性，它超越并独立于权利和义务。

凯琳·齐维（Karen Zivi）的文章关注当代艾滋病等疾病的治疗权问题。她试图解释在南非主张治疗权过程中的微妙之处，包括乌班图精神在实现此类权利主张过程中所扮演的角色。在她的论证过程中，她基于自己的立场阐释并批判了南非当代立法进程中的两种主要观点。她认为，这两种观点都未能揭示各种权利主张基础之间的内在联系，而这种内在联系表明了社会斗争中新的身份认同或主体性的形成。齐维提出权利的行为视角以更好地观察和辨别其中的细微差别。基于对艾滋病治疗权的关注，齐维阐明在取得治疗权的斗争中，行为视角能更好地观察和分析“权利主张的根源”。原因在于，行为视角关注“综合性的语言实践，其结果往往超出人们的控制”。语言实践需要借助语言行为发生效力，后者被理解为一种包括言辞和行为的宽泛概念，经常产生的结果是行为人推动其意指的或超乎其意指的情形发生。换句话说，借助非指称语言理论，言辞和行为所欲的特定结果与未必是其所欲的非特定结果均有可能得以发生。行为视角的优势在沉淀的过程中得以清晰展示。沉淀过程是指在新的语境中使用人们熟知的行为、习惯或表达方式以使其获得新的含义，或者这些人们熟知的行为、习惯或表达方式在既有的语境中自发产生新的含义。例如，正像齐维最终在实践中提到的，一项权利的法典化并不足以解释拥有这项权利的效用。事实上，她所展示的正是权利主张的效用，“产生于权利的实践，进而超越法律论证或传统的话语行为”。因此，行为视角的优势不仅在于揭示了权利主张的复杂性，而且解释了权利主张渊源的多样性。在结论中，齐维说明了南非权利主张的多样渊源。它们包括宪法、国际人权文件、马克思主义、自由主义、国际女权主义主张，以及尤其具有现实意义和重要性的南非乌班图精神。于是，对于乌班图精神重要意义的深刻体认成为齐维理论主张的重要组成部分，尤其是如何通过采用行为视角有效证成乌班图精神对取得治疗权所具有的积极意义。

巴泽尔·乌戈丘库(Basil Ugochukwu)的洞见在于,对非洲文学,或者一般意义上的艺术作品的理解有助于认识非洲哲学和法律理论内涵。乌戈丘库的研究对象是钦努阿·阿契贝(Chinua Achebe)的《瓦解》**,这本小说在文学上的成功与人权问题无关。乌戈丘库的目标有二:第一,尝试重构《瓦解》的故事当中深受欢迎却展示负面形象的人权图景。第二,在这一尝试成功之后,用这本小说解读非洲前殖民社会中的人权实践。尽管当时的人权实践较当代大异其趣,但是乌戈丘库认为,时代原因造成的差异并不能否认其人权实践的属性。乌戈丘库将非洲前殖民社会中的人权实践称为伊博(Igbo)哲学下的人权,伊博哲学是一种带有强烈非洲社群主义特质的哲学形态。伊博哲学与《非洲人权和人民权利宪章》采用的哲学立场相近,其创新之处是将义务的概念引入国际人权法的讨论当中。在对这一主题的讨论当中,乌戈丘库注意到在非洲大陆的广大范围当中概括并准确提炼特定族群经验所面对的困境。而且,这一困境对依靠文艺作品为特定社会搭建规范架构的合理性提出了质疑。尽管如此,乌戈丘库从《瓦解》杂乱的故事线中梳理了关于女性权利、生命权和听证权的叙事。关于女性权利,《瓦解》当中描绘的情景,在当时存在于包括乌姆奥菲亚村在内的绝大多数非洲部落。但是,女性在乌姆奥菲亚村被看作二等公民的事实,并不足以证明女性权利没有得到任何保护。乌姆奥菲亚村的文化认可生命权,即便这种认可在有的时候是"矛盾和不充分的"。《瓦解》当中也展示了关于听证权的情节,发生争议的双方享有平等的程序权利。

组成本书第三部分的文章也有一个共同的主题,即对于社会问题,尤其是贫困和发展背景下法律问题的关注。在我的文章中,我集中探讨了与贫穷和发展相关的一般性话题。文章批评了一篇关于"赋予穷人权利"的

** 《瓦解》(*Things Fall Apart*)(有译《崩溃》或《这个世界土崩瓦解了》)是"非洲现代文学之父"钦努阿·阿契贝的经典名著,入选"20世纪非洲百佳图书",并且被选入当中最好的12本书籍。本书在全世界的销售已超过1100万册,被翻译为50余种语言。中文版有:《瓦解》,林克、刘利平译,重庆出版社2005年版;《瓦解》,高宗禹译,重庆出版社2009年版。——译者注

报告,这份报告是针对联合国开发计划署(United Nations Development Programme, UNDP)发起的一项扶贫计划起草的。“赋予穷人权利”倡议中归纳了将一些法律权利正式化的优势,尤其是将与减轻贫困有关的权利正式化所带来的认知优势。文章对此作了回应。虽然正式化议题涉及财产、贸易和劳工权益问题,但对政治参与的价值几乎只字未提。作为对“赋予穷人权利”倡议中这一忽视的回应,当代非洲贫困人口的非正式活动为我们提供了一个创新视角,以更好理解政治参与的价值。体现非洲精神的非正式的政治参与,“覆盖了正式政治倡议可望不可即的领域,无论这些正式活动的愿景多么美好,计划多么周详,保障多么有力”。非正式政治参与的特点在于,它反映了族群组织形态和关系网络试图逃避正式体制的意愿,正式体制,尤其是法律体制的严肃和僵化是这种意愿产生的重要原因。非正式政治参与被用来夺取公共产品和服务的政治控制。非正式政治参与不仅让穷人在影响他们生活的重大事务上享有自主权,而且让他们能够通过公共产品分配和非官方社区规划过上有尊严的生活。非正式政治参与是关系性的,它存在于人们的亲属、家族、信仰和伦理等一系列关系当中。最后,我认为人权领域非正式政治参与优于正式政治参与的关键在于,它没有割裂经济与政治之间的联系。非正式政治参与牢牢抓住了经济与政治排斥之间的关系,从而为我们渴望的经济民主提供了可能性。

阿德比西·阿维瓦(Adebisi Arewa)的贡献在于,他提出了一种可以成为所有的非洲社会、经济和政治实体哲学基础的人文平等主义假说,并以其替代经现代化和依赖性理论实证被公认失败的资本主义发展范式。在阿维瓦看来,从非洲大陆不断恶化的贫困、饥饿、疾病、无家可归、失业、不平等、缺医少药和资源分配不公的现实当中,可以看出这两种发展范式在面对改善人们的生存状态上一败涂地。非洲平等主义以“社会性的哲学观念”为基础,也就是对于在生物上互相依存的人而言,那些关乎其“生存、发展、安全和福祉”的要素。对于任何一个非洲的社会、经济和政治实体而言,社会性观念均是根本性的。阿维瓦为非洲平等主义提供了来自非洲土地习惯法和财产权的实证。非洲土地和财产权理论为从个人到家庭、从家族到部落的所有权网络结构提供理论基础,不同层次的所有权被用于保障部落和部落成员使用土地的权利。基于对部落成员与部落间联系的关注和体认,非洲平等主义通过对各类财产所有关系的反映,提供了一种更具生机的发展模式,以面对非洲大陆上来自贫穷与不平等的挑战。

在本书的最后一章当中,巴巴费米·欧顿西(Babafemi Odunsi)讨论了关于非洲土著刑法(前殖民时代的犯罪学体系)对当代刑事侦查、解决和预防的问题。他认为,非洲刑法从殖民时代开始就出现了刑法去非洲化的趋势,这一趋势一直延续到后殖民时期。通过改革、西方教育的引入、宗教传播和公共政策,非洲刑法被视为野蛮的刑法而被拒斥。这种现象的出现主要是由于非洲刑法实践对超自然力量的依赖。非洲刑法当中固然包含肉刑和超自然因素,但是二者紧密联系、不可分割。欧顿西尝试对非洲刑法的负面观点作出反思。他指出,非洲刑法即便面对持续的打压,但仍然在很多地方适用。此外,欧顿西比较了刑事侦查中的非洲做法和美国的"通灵证人",其中也涉及超自然力量,并以此质疑非洲刑法被整体抛弃的合理性。欧顿西的论证并未就此止步,他分析了美国刑法体系的效用,尤其是关于现代刑法体系的不足。非洲刑法体系为理解刑法的恢复、惩罚和威慑目标提供了另一种视角。非洲刑法的恢复性体现在对修复与和解的重视上。事实上,即便死刑仍然存在,非洲刑法也仅将其作为万不得已的最终手段。非洲刑法的惩罚性体现在非洲刑法的主要目标不是报复,而是对犯罪行为的谴责。威慑则是通过超自然的方式实现,典型的例子就是非洲刑法中关于誓言的详尽讨论。总之,非洲刑法的优势在于其在社区层面体现出来的参与性。他认为,相比现代刑法,非洲刑法的成本更低、效率更高。

参考文献

Cotterrell R (2003) The politics of jurisprudence: a critical introduction to legal philosophy. Oxford University Press, Oxford

Del Mar M, Bankowski Z (2013) The moral imagination and legal life: beyond text in legal education. Ashgate, Surrey

Friedmann W (1967) Legal theory. Stevens & Sons, London

Hetch D, Simone M (1994) Invisible governance: the art of African micropolitics. Automedia, New York

Metz T (2012) African conceptions of human dignity: vitality and community as the grounds of human rights. Hum Rights Rev 13:19 – 37

Santos B (2002) Towards a new legal commonsense: law, globalisation and emancipation. Butterworths LexisNexis, London

Santos B (2007) Beyond abyssal thinking: from global lines to ecologies of knowledges. Review XXX(1):45

Simone A (2001) Straddling the divides: remaking associational life in the informal African city. Int J Urban Reg Res 25(1):103

第一部分　法　　律

2 非洲法律理论:可能、不可能抑或一个难题?

奇科萨·莫舍希·西隆圭(Chikosa Mozesi Silungwe)*

2.1 引言

是否存在非洲的法律理论或者法哲学?如果这门学问真的存在,它具有什么特质和形态?面对全球问题,主流学术观点完全不考虑非洲法律理论或法哲学的做法是不是一种愚蠢的行为?尽管这些都是重要的问题,我还是建议应该退几步。在我们大张旗鼓地主张用“非洲的”法律理论、法理学或者法哲学来回应“当代的全球挑战”之前,我们不妨提出这样一个问题:“非洲的”法律理论、法理学或法哲学的概念是一种可能、不可能抑或一个难题?我认为,如果对“非洲法律理论、法理学或法哲学”的描述表现为一种纯粹主义的概念描述,那么基于此所进行的智识努力就是徒劳和无益的。[1] 在启蒙时期的“知识”创造语境下,支撑起现代性的资本主义和殖民主义当中一直存在“他者化”和“非知识化”的过程。与之相关的是,作为社会动物的人创造了一种可以被人认知的“真相”。真相的创造受“记忆”影响。基于“真相”和“记忆”的产生过程,我认为在霍米·巴巴提

---

* 奇科萨·莫舍希·西隆圭,马拉维利隆圭米兹马利(Mizumali)基金会顾问。

① See also Woodman and Obilade (1995, pp. xxiv – xxvi).

出的文化间性理论[②]下认识非洲法律理论、法理学或者法哲学是合理的。文化间性理论否认纯粹主义的文化概念，注重影响文化的要素的多样性。[③] 这种解释是恰当的，其合理之处在于将"非洲"理解为一种"场域"，"规范"和"法律"的继受过程发生在非洲这个场域之中。因此，理解作为一种现象的"非洲"是一个微妙的过程。我并不否认被重新定义为选民的"非洲人"的理解和思考能力。我认为，学者应当承认的是，第一，现代性的暴力对"知识"和"思想"有着深远且根深蒂固的影响；第二，提出"去欧洲化"或者"去美国化"的法律理论、法理学和法哲学著作虽然很有可能是"非洲的"，但是其中的观念却可能是现代性。基于文化间性研究非洲法律理论、法理学和法哲学问题的理论进路需要建立在两个前提假设之上：第一，非洲或者非洲社会的"规范"和"法律"存在于复杂的社会政治环境之下，非洲法律理论、法理学或者法哲学浸淫其中，深受影响；第二，文化间性理论对上述影响要素多样性的归纳给我们提供了一个机会去分析法律理论、法理学和法哲学在全球化问题面前的"非洲"意义。

2.2 非洲法律理论的相关文献

我们将使用"非洲法律理论"的表述来讨论本文的主题。从现有文献当中，我总结出至少有三种观点。第一，伤感主义。该理论认为，非洲法律理论是一种历史的、延续性的前殖民时代"概念"。[④] 第二，修正主义。该理论认为，非洲法律理论是有着历史特殊性的殖民工具，其目标在于巩固

---

② Bhabha H (1996) Culture's in-between. In: Hall S, Du Gay P (eds) Questions of cultural identity, Sage, London, pp. 53 – 60.

③ Bhabha H (1996) Culture's in-between. In: Hall S, Du Gay P (eds) Questions of cultural identity, Sage, London, pp. 53 – 60.

④ Elias TO (1962) British colonial law: a comparative study of the interaction between English and local laws in British dependencies. Stevens & Sons, London; Elias TO (1971) Nigerian land law. Sweet & Maxwell, London; Okoth-Ogendo HWO (1989) Some issues of theory in the study of tenure relations in African agriculture. Afr J Int Afr Inst 59(1):6.

殖民资本主义和后期帝国主义。[5] 第三，法律多元主义。该理论认为，非洲法律理论对于本土社会现实的分析至关重要，国家和律师的(习惯)法可以此为契机维护本土社会的利益。[6]

非洲"习惯法"当中的一些概念就很有助于说明上述三种观点各自的特点。在伤感主义者看来，一些概念的存在、演化和历史延续性常常被忽视了。就土地而言，"习惯法"上的土地使用权概念当中有着明显的社群情节。事实是，殖民制度得到巩固之后，"习惯法"上土地使用权中的社群情节被"根本性地改造了"，转而服务于宗主国、欧洲人和非洲社会精英阶层的利益。后者多由包括酋长和新兴商人阶层在内的男性组成。[7] 彼得斯(Peters)认为，[8]这种"习惯法"上的土地使用权当中蕴含的社群情节起源于早期殖民者和传教士的英国式倨傲，他们认为这种形态的土地使用权和英国强调个人私有的土地权利相比落后许多。这样一来，通过法律移植形塑(习惯法)的过程实质上就变成了对殖民地习惯法的"重述"。[9]

---

⑤ Snyder F (1981) Colonialism and legal form: the creation of "customary" law in Senegal. In: Sumner C (ed) Crime, justice and underdevelopment. Heinemann, London, p. 90 - 121; Snyder F (1984) Customary law and the economy. J Afr Law 28(1/2):34; Fitzpatrick P (1984) Traditionalism and tradition law. J Afr Law 28(1/2):20; Seidman A, Seidman RB (1984) The political economy of the customary law in the former British territories of Africa' law. J Afr Law 28 (1/2): 44; Chanock M (1985) Law, custom and social order. Cambridge University Press, Cambridge; Ranger T (1983) The invention of tradition in colonial Africa. In: Hobsbawm E, Ranger T (eds) The invention of tradition. Cambridge University Press, Cambridge, p. 211; Mamdani M (1996) Citizen and subject: contemporary Africa and the legacy of late colonialism. Princeton University Press, Princeton, NJ.

⑥ Benda-Beckmann Fv (1984) Law out of context: a comment on the creation of tradition law discussion. J Afr Law 28, p. 28; Woodman G, Obilade A (1995) African law and legal theory. Darthmouth Publishing Co Ltd, England, pp. xi - xxvi.

⑦ Peters PE (2009) Challenges in land tenure and land reform in Africa: anthropological contributions. World Dev 37(8):1317.

⑧ Peters PE (2009) Challenges in land tenure and land reform in Africa: anthropological contributions. World Dev 37(8):1317.

⑨ "非洲法律重述"对马拉维土地习惯法的重述工作由伦敦大学亚非学院完成。Ibik JO (1971) Restatement of African law, vol 4, Malawi Ⅱ, the law of land, succession, movable property, agreements and civil wrongs. Sweet & Maxwell, London.

著述颇丰的修正主义观点的支持者包括弗朗西斯·施耐德(Francis Snyder)、彼得·费兹柏德力(Peter Fitzpatrick)、马丁·沙诺克(Martin Chanock)、马哈茂德·马姆达尼(Mahmood Mamdani)、安·塞德曼(Anne Seidman)、罗伯特·塞德曼(Robert Seidman)、特伦斯·兰杰(Terence Ranger)和 V. Y. 穆迪贝(V. Y. Mudimbe)。[10]这些学者对于伤感主义的批判是基于从前殖民时代到殖民时代的(非洲)社会规范延续性的具体化;他们还对这些规范的"确定"提出了方法论上的质疑;最具批判意味的是,他们认为,所谓的"习惯法"产生于殖民统治者与非洲男性社会精英的互动过程当中,并通过被当地法院援引而固定下来。[11] 他们还认为,殖民主义在非洲引发的暴力事件让昔日松散的非洲社团面临"断裂、突变和强权统治"[12]。费兹柏德力[13]和施耐德[14]进一步认为,这种"形塑"往往被叠加于资本主义的生产形态当中。在解释和重述"习惯"的过程中,经济和政治利益有着巨大的影响力。"习惯"中的"神秘感"已经变成推动殖民资本主义蓬勃发展必不可少的"图腾"。[15]

法律多元主义者承认殖民资本主义和晚期帝国主义对"非洲"和"非洲人"的影响。但是,法律多元主义者也认为应当将非洲法律理论的存在与针对"非洲法律主要特征的关注区分开来"。[16] 多数时候,伤感主义和法

---

⑩ Mudimbe VY (2004) African identity and globalization. Available at http://muse.jhu.edu. Accessed on 11 Feb 2013.

⑪ Roberts S (1984) Some notes on the "African Customary Law". J Afr Law 28(1/2).

⑫ Roberts S (1984) Some notes on the "African Customary Law". J Afr Law 28(1/2), p.3.

⑬ Fitzpatrick P (1984) Traditionalism and tradition law. J Afr Law 28(1/2):20, p.20.

⑭ Snyder F (1984) Customary law and the economy. J Afr Law 28(1/2):34.

⑮ Fitzpatrick P (2001) Modernism and grounds of law. Cambridge University Press, Cambridge; Paliwala A (2003) Irresolutions of modernity, law, nation and empire: a reading of Fitzpatrick's modernism and the grounds of law in conjunction with Hardt and Negri's empire. Law Soc Just Glob Dev J 1. Available at http://www2.warwick.ac.uk/fac/soc/law/elj/lgd/2003_1/paliwala/. Accessed on 11 Feb 2013.

⑯ Woodman G, Obilade A (1995) African law and legal theory. Darthmouth Publishing Co Ltd, England, p. xi.

律多元主义是互补的。法律多元主义者认为提炼一种“不同的”非洲法律理论概念的尝试是危险的,尤其是当这种“不同的”概念与历史悠久的非洲土著社会传统相悖的时候。[17]

然而,社会现实也提出了概念上的挑战。有学者认为,社会现实其实是一幅主观的马赛克,是感受、认知和解释的混合体。因此,“社会现实”无论是否客观存在,更多在于构建。在这个意义上,法律多元主义的观点至少可以说是脆弱的。

上述三种关于非洲法律理论的学说都围绕一种特定的、纯粹的“文化”是否存在的争议。对此,我将在本文第2.4节详细讨论。可以这样说,后面的讨论其实都是关于“非洲”构成的问题。非洲是一个地理上的概念,还是一个观念的集成,抑或兼而有之?我认为,关于非洲法律理论的讨论应当建立在这样一个基础之上,即“非洲”是一个空间概念,而不是一个排他的、纯粹的知识体。只有如此,学者才能接受这样一个观点:现代性对“知识”和“思想”的侵犯影响深远且根深蒂固。

2.3 “知识”的创造:现代性的遗产

受启蒙运动和现代性影响,我认为纯粹主义者口中的非洲法律理论在“知识”创造上有两个缺陷。第一个缺陷在于,在启蒙运动时期,资本主义和殖民主义支撑起来的现代性语境下的“知识”创造过程中,存在一种普遍的“他者化”过程和“非知识化”立场。这里我重申鲍温图拉·德·苏撒·桑托斯在《超越鸿沟思维》中的观点。[18] 该书讨论了有关“知识”创造的观点交锋以及随之而来的“他者化”。桑托斯指出,“他者化”这一严苛

---

⑰ Snyder F (1981) Colonialism and legal form: the creation of “customary” law in Senegal. In: Sumner C (ed) Crime, justice and underdevelopment. Heinemann, London, p. 90; Snyder F (1984) Customary law and the economy. J Afr Law 28(1/2):34.

⑱ Santos BS (2007) Beyond abyssal thinking: from global lines to ecologies knowledge. XXX Review 1:45.

的过程通过彰显或湮灭知识的手段实现,这始终是现代性的根基。“鸿沟思维最伟大的表现形式”是以科学真理为基础的现代知识和法律。桑托斯论述道:

> 现代知识和现代法律是鸿沟思维最成熟的表现形式。通过类型化和区别对待,它们说明了现代全球的两条相互依存的主线。每一条主线都在彰显或者湮灭特定信息,并将其归入不同的子系统,从而将被湮灭的信息作为被彰显的信息的基础。在知识领域,鸿沟思维让现代科学垄断了区分真伪的特权,并造就哲学和神学两大知识体系。现代认识论一直在讨论真理形态的科学性和非科学性,争论的核心始终与现代科学在知识垄断中的排他特质有关。⑲

但是,这很令人感到意外吗? 现代性的动力来自启蒙知识、殖民主义和资本主义“三驾马车”的共同驱动。事实上,如果把现代性看作一种将个人主义和社会演化作为核心理性的价值体系,对“知识”的创造就变得很好理解了。⑳ 第一,理性涉及对“事物”的解释,而“事物”最初是在神的权威之下被解释的。因此,那些被彰显的“知识”在本质上有着明显的欧洲传统。学院派的艺术、人文、社会科学和自然科学有着清晰的启蒙运动烙印。启蒙运动之外的任何东西都被“非知识化”了。㉑ 第二,个人主义成为主要驱动力。个人的中心地位来自选择、接纳、原则、资源和机会平等之

---

⑲ Santos BS (2007) Beyond abyssal thinking: from global lines to ecologies knowledge. XXX Review 1: 45, p. 3.

⑳ Comeliau C (2002) The impasse of modernity: debating the future of the global market economy. Zed Books, London.

㉑ Santos BS (2007) Beyond abyssal thinking: from global lines to ecologies knowledge. XXX Review 1:45.

类的神话。[22] 第三，社会演进的定义所依据的是经济繁荣、发展或者贫困。这成为个人生活的唯一标准。科密里奥（Comeliau）注意到：

从启蒙运动开始，个人理性就融入社会演进目标的宏大叙事当中了。这种观念如此深入人心，以至于我们对其中激进的创新性反倒视而不见了。[23]

另外，则是穆迪贝关于“非洲”和“身份”的迷思。他的思考从如下追问开始：

非洲身份的问题由两个明显且毋庸置疑的要素构成，即“非洲”和“身份”。它们的含义是什么？它们从何时开始有了这样的含义？进一步的且更重要的问题在于，它们的含义由谁确定？依据什么确定？为什么要确定？被这样或者那样确定之后，又当如何？

是，这个问题当中隐含了另一系列追问：话语权在谁手中？有什么样的知识背景？意图产生什么样的结论以及向谁传递信息？[24]

穆迪贝认为，作为一个空间的“非洲”，当然主要是撒哈拉以南非洲，是启蒙运动“殖民地博物馆”的受害者，或者是一个可怜的模仿者。在他看来，纯粹主义者期待的关于“非洲”和“非洲人”的知识体系并不存在。

---

[22] Comeliau C（2002）The impasse of modernity：debating the future of the global market economy. Zed Books，London，p. 24.

[23] Comeliau C（2002）The impasse of modernity：debating the future of the global market economy. Zed Books，London，p. 24.

[24] Mudimbe VY（2004）African identity and globalization. Available at http://muse. jhu. edu. Accessed on 11 Feb 2013.

这催生了有助于理解现代性遗产的另一种视角：启蒙运动发现规训[25]之于救赎，知识之于教育就如同观念（doxa）之于认知（epistème）。[26] 对此，最切中要害的阐释来自霍米·巴巴，他将其称为"拟态"。他认为：

> 后启蒙时代的英国殖民主义观念更多是以异化的，而不是虚假的方式表达。如果殖民主义以历史的名义得势，那么它会用一场又一场的闹剧来宣示自己的权威。就人类文明进程史诗级的意图而言，"人类，但不是全体人类"总是能够生成这样一种文本，其中饱含错觉、讽刺、拟态和重复。一个颇具喜剧效果的转向是从殖民想象的崇高形象到低级模仿的实际效果，在这个转向过程中，拟态成了展示殖民权利和知识最难以捉摸却最有效的策略。[27]

霍米·巴巴的结论是：

> 殖民侵占的成功依赖不适当的批判得以广为流传，这有助于确保反对意见的失败，拟态因此在变得相似的同时，也危机重重。[28]

纯粹主义的非洲法律理论在"知识"创造上的第二个缺陷在于，将现

---

[25] Foucault M（1991）Discipline and punish：the birth of a prison（trans：Sheridan A）. Penguin，Hamondsworth.

[26] Carmen R（1996）Autonomous development：humanizing the landscape：an excursion into radical thinking and practice. Zed Books，London，p. 60.

[27] Bhabha H（1984）Of mimicry and man：the ambivalence of colonial discourse. October 28：126.

[28] Bhabha H（1984）Of mimicry and man：the ambivalence of colonial discourse. October 28：127.

实和记忆这两个羸弱的概念作为非洲法律理论赖以存在的基础。作为社会存在的人类构建了其所回应的现实。社会构建主义学者彼得·伯格(Peter Berger)和托马斯·卢克曼(Thomas Luckmann)曾指出，在人类的社会行为形塑或者构建"现实"的同时，人类也在体验(或者试图体验)这个被视为先验的"现实"。[29] 换句话说，人类在创造身处其中的世界(社会)的同时又将其视为一种实在。[30] 在这些观念的影响之下，"实在"成了一个极具竞争性的空间。这些思考与穆迪贝的"殖民博物馆"和霍米·巴巴的拟态有着强烈的学术共鸣。关于记忆，我将重申齐格蒙特·鲍曼(Zygmunt Bauman)的观点。他认为，在后启蒙时代，记忆，或者更准确地说"集体记忆"，与殖民遭遇密切相关。[31] 千真万确的是，基于传统、叙事和实践产生的群体心理经常是矛盾的。

最后，我们如何看待非洲法律理论学者中的去欧洲化或者去美国化主张？我认为，在"非洲的"法律理论、法理学和法哲学学者中，单纯的去欧洲化或去美国化主张不应不加检视就被简单地归入"纯粹主义"的范畴。真正关键的问题是在知识生产上的暴政和封闭性。[32] 因此，非洲法律理论当中去欧洲化或者去美国化的主张并不意味着非洲法律理论并不根植于现代性。恰恰相反，我认为非洲法律理论植根于现代性之上。这是非洲大陆法律或规范继受的事实。"非洲的"法学流派因此也有英国法、法国法

---

[29] Berger P, Luckmann T (1971) The social construction of reality: a treatise in the sociology of knowledge. Penguin, Harmondsworth; Burr V (2003) Social constructionism. Routledge, London, Chap. 9.

[30] Berger P, Luckmann T (1971) The social construction of reality: a treatise in the sociology of knowledge. Penguin, Harmondsworth; Burr V (2003) Social constructionism. Routledge, London, p. 185 – 190.

[31] Bauman Z (2009) Memories of class: the prehistory and after life of class. Taylor & Francis Abingdon, Oxford.

[32] Santos BS (2007) Beyond abyssal thinking: from global lines to ecologies knowledge. XXX Review 1:45; Comeliau C (2002) The impasse of modernity: debating the future of the global market economy. Zed Books, London.

或者葡萄牙法的烙印。例如,安里扎鲁(Ahiauzu)就承认非洲法律理论在去欧洲化和去美国化的过程中面临困境:

> 一个明显的问题是,我们接受的西方法学教育让我们无力应对这个问题。我们的法律思维本质上是西方式的,而要妥当地展开关于非洲法律理论的思考,我们就必须"跳出框框"。我们需要一种新的研究和思考的范式。而为了构建新的研究和思考范式,我们就必须搭建新的架构。即便是这样,我们仍然首先需要定义"非洲"。但是,其中也凸显了我们的优势,在两个传统间自由穿梭来解释和理解法律。为了打破既有的思维规则,我们需要质疑现有规则最根本的前提。我们能够发现一个不同于西方的法律世界。因此,我们也能够突破思维局限,进行比较法的研究,探索法律概念所有可能的内涵。[33]

2.4 "文化间性"提供了什么

非洲法律理论、法理学或法哲学可以在霍米·巴巴提出的"文化间性"理论之下完成概念化的过程。我认为,在文化间性基础上确定非洲法律理论、法理学或者法哲学的含义需要承认两个前提,第一,错综复杂的社会政治环境对非洲法律理论、法理学或者法哲学影响巨大;第二,文化间性理论揭示的影响因素多样性,让我们有机会在全球化的背景下思考法律理论、法理学或法哲学如何定义"非洲"。

那么,什么是"文化间性"?以只言片语概括霍米·巴巴的文化间性概念非常困难。霍米·巴巴立论的前提是,没有一种"纯粹的"文化。换句话说,霍米·巴巴论证了"纯粹的文化"是不存在的。霍米·巴巴基于

---

[33] Ahiauzu N (2006) Ubuntu and the obligation to obey the law. Camb Law Rev 37:17.

T. S. 艾略特（T. S. Eliot）的观点指出：

> 关键的问题不是将阿诺德人基于希伯来和希腊观念整合而成的文化概念抽象化或者理想化。令人颇感意外的是，身处多元文化战争中的我们更接近 T. S. 艾略特在《文化定义笔记》中描绘的情景，关于文化的思考会面对某种特定的不可为和不可言说。在欧洲文化自足的狂妄和单一国家文化纯粹的荒谬面前，他写道，“我们因此不得不在接受世界文化理念的同时，承认这个理念是不可想象的。我们只能将其看作两种文化之间联系的逻辑术语”。在宿命般地拥抱本土文化的纯粹或者自足的同时，却又不得不接受难以想象的文化“全球化”。这到底是个什么逻辑？[34]

霍米·巴巴指出，艾略特在殖民时代提出的观点在“第三世界移民的当代情况”面前依旧是有效的。[35] 霍米·巴巴援引艾略特的如下观点：

> 受某些社会、宗教、经济或者政治因素的单独或者共同影响，现代移民……已经出现了改变。有些东西在移民的过程中被以类似宗教分裂的方式去掉了。移民带走的仅是文化整体中的某个部分。……在新的土地上生长的文化与其母文化之间总是存在令人费解的共性和差异：移民文化与本土文化之间的联系本来就是复杂的，这种联系又加剧了移民文化与其母文化之间的冲

㉞ Bhabha H (1996) Culture's in-between. In: Hall S, Du Gay P (eds) Questions of cultural identity, Sage, London, pp. 53 – 54.

㉟ Bhabha H (1996) Culture's in-between. In: Hall S, Du Gay P (eds) Questions of cultural identity, Sage, London, pp. 54.

突。特殊类型的文化共鸣和文化冲突就此出现。[36]

霍米·巴巴就此在“部分文化”、“文化共鸣”和“文化冲突”的基础上提出了“文化间性”的概念。他认为：

> 这种“部分”文化，或者文化部分是不同文化间的受到彼此影响的结缔组织。这就意味着文化不可能是自足的，不同文化相互间也难以做到泾渭分明。这实质上就是文化的“间性”，令人困惑地将相似和相异集于一身。为了涵盖这种“无源的”、移民的、不完整的文化，我们必须重新使用“列举”这个词汇的古老含义：“限制”或者“界限”。这么做所产生的结果是，我们不得不接受文化解释上自由主义同化或者竞争的两极分化立场，文化解释是一种复杂的行为，在产生文化区隔的同时产生文化认同，或者说“文化共鸣和文化冲突相伴而生”。文化局部的特性，或者说其转喻的表现是联结文化自我认同的断裂。这种文化自我认同的断裂产生于社会分化和不均衡的发展，割裂了文化在民族、范畴和界限上的内在联系。在文化战争中，关于我们赞同或反对的少数群体的思考让我们不得不面对这样的社会议题：文化融合、对群体差异过度的重视、共性与差异间令人费解的混同。[37]

霍米·巴巴主张，“文化间性”作为对“文化”的准确理解，应当建立在“论证双重性”的基础之上。[38] 论证双重性不是二元的，而是一种混同或者

---

[36] Bhabha H (1996) Culture's in-between. In: Hall S, Du Gay P (eds) Questions of cultural identity, Sage, London, pp. 53 – 60.

[37] Bhabha H (1996) Culture's in-between. In: Hall S, Du Gay P (eds) Questions of cultural identity, Sage, London, pp. 54.

[38] Bhabha H (1996) Culture's in-between. In: Hall S, Du Gay P (eds) Questions of cultural identity, Sage, London, pp. 58.

混同的策略：

> 混同策略揭示了“权威”，甚至文化符号的权威描述当中的异化运动。在将自身具体化为普遍性的常识和常态的过程中，混同策略进入了一个权利不对等的对话空间，但是其赖以存在的联结也模棱两可。这种对话既不是同化也不是合作。这种对话让拒绝社会二元对立的中间形态得以产生。在不寻求文化霸权或者文化一致性的环境下，这种中间形态得以存在。用自己赖以出现的文化的一部分，这种中间形态为自己所处的少数群体地位提供关于社区愿景和历史记忆的叙事形式，以反映有内涵的外延和有整体的组成部分。[39]

通过这种方式，我将霍米·巴巴主张的文化间性理解为对二元主义的认知或者辩证。但是，将文化间性视为一种辩证现象并不必然意味着这个概念会落入黑格尔式的“具体—综合”概念当中，而是一种独特的霍米·巴巴式的第三种状态。[40] 正如霍米·巴巴在与 W. J. T. 米切尔（W. J. T. Mitchell）的访谈中所说的那样：

> 正如你所说，我在寻找一种没有超越的辩证。但是，你在这一点上也是正确的，的确存在一些辩证结构和辩证关系的概念，我们既不能置身其中，也不能置身其外。在反对黑格尔的过程中，我们需要“追寻”黑格尔以寻求其他辩证思维所需的“补充的”概念。我们不能仅仅因为反对扬弃的过程就尝试超越或者

㊴ Bhabha H (1996) Culture's in-between. In: Hall S, Du Gay P (eds) Questions of cultural identity, Sage, London, pp. 58.

㊵ Bhabha H (1995) Interview with W. J. T. Mitchell. Artforum 33(7): 80.

绕过黑格尔。我认为,将"矛盾"或者辩证概念化为一种存在或者思维状态的关键在于,如我在《文化的地位》中所说的,万物并不必然"非此即彼,尚有另一种境界"。

这就是瓦尔特·本杰明(Walter Benjamin)对我的影响。他对历史"事件"的时空性的思考,对于晚期现代性文化研究是不可或缺的。在我以文化分析为目的试图理解翻译条件这个概念的时候,他在《历史的天使》中展示的观念对我产生了深刻影响,"转变而不是身份或者相似性的概念才是持久不变的"。他的作品让我思考辩证思维过程中不同的时间运动,以及伴随辩证矛盾的超越倾向而出现的补充的或间质的"制约"——我称之为"第三空间"或"时间滞后"。在历史事件背景下思考暂时性让我暂时放下矛盾律,开始探索因果律的概念,但是矛盾律的影响和作用已经是不可忽视的要素。㊶

霍米·巴巴在这里断言"第三空间"存在于矛盾之中,正是在这个矛盾的空间中,"文化间性"得以蓬勃发展。在"第三空间"中,其他的概念和一般性术语得以出现。我将以三个例证来说明这一点,这三个例证分别是反巫蛊法、反同性恋法和作为一种人权观念的乌班图精神。

2.4.1 反巫蛊法

作为一种信仰体系的巫术通常意味着一个人有能力用超自然方式伤害他人。对巫术的信仰在非洲很普遍。㊷ 作为殖民意图的一部分,反巫蛊法意在吸引非洲原住民转投"文明的"、基于基督教教义的信仰。通过刑

㊶ Bhabha H (1995) Interview with W. J. T. Mitchell. Artforum 33(7):80.

㊷ Quarmyne M (2011) Witchcraft: a human rights conflict between customary/traditional laws and the legal protection of women in: contemporary Sub-Saharan Africa. William Mary J Wom Law 17:475.

事法律规范，立法剥夺了人们追问诸如“不幸、疾病、意外、自然灾害和死亡”等现象的形而上学缘由的权利。[43] 这样一来，在很多适用英国普通法的地区，代表性的刑事法律规范均认为指责他人使用巫术或者宣称对巫术的信仰属于犯罪。例如，1911 年颁布的《马拉维巫术法》当中，巫术就不被法律承认。指控他人使用巫术的行为被认为是违法的。该法第 4 条规定：

> 除了向法庭、警察、酋长或其他权威机构提供信息，任何人指控他人为巫师、使用巫术，以明示或暗示方式指控他人为巫师或女巫的，应处……的罚款，并处有期徒刑 5 年。

声称自己使用巫术的行为也属于犯罪。该法第 6 条规定：

> 任何人以言辞或行为声称自己是女巫或巫师，拥有或能够使用巫术的，应处……的罚款，并处有期徒刑 10 年。

在后一种情况下，罪犯被指控的实质是假装使用巫术。该法第 5 条还将雇佣或者招募巫师猎手的行为定为犯罪。在实践中，那些“被指为巫师”的人往往要面对法律的惩罚。[44] 马拉维的执法者似乎默默地承认巫术的存在。

此外，在后冷战时代，多数非洲国家继受了自由民主的宪法。这类宪法规定宗教信仰和言论自由。这些宪法规范同时也废止了与其规定相悖的制定法、习惯法规则和实践。

事实上，上述例证揭示了一种制定法规范当中的微妙平衡，一方面要

---

[43] Byrne C (2011) Hunting the vulnerable: witchcraft and the law in Malawi. Available at www. consultancyafrica. com. Accessed on 11 Feb 2013.

[44] Byrne C (2011) Hunting the vulnerable: witchcraft and the law in Malawi. Available at www. consultancyafrica. com. Accessed on 11 Feb 2013.

维护文化和言论自由,另一方面将作为一种信仰体系的巫术犯罪化。类似的紧张而微妙的关系也存在于南非、津巴布韦、坦桑尼亚和赞比亚,这些国家的立法并不承认巫术是一种宗教信仰并将其犯罪化。喀麦隆则另辟蹊径,立法承认巫术是一种宗教信仰,但仍然将其犯罪化了。[45] 无论怎样,本土文化概念与继受法律规范的互动过程中,后者会导致前者的变化。继受的法律规范在某种意义上定义了"文化的"本土现状。

2.4.2 反同性恋法

我无意在这里详细展开非洲关于同性恋问题的争论。我要指出的是,南北半球的文化联系在这场两极化、情绪化的争论中发挥了至关重要的作用。在很多适用英国普通法的地区,刑事法律规范当中处置"反自然的荒淫"和"严重的猥亵"的规定都被用来惩治同性性行为。的确,这些刑事法律规范很大程度上受到了维多利亚时代道德规范的影响,并伴随英国殖民和开化计划实施传播到英国的广大疆域。[46] 从 19 世纪到一战结束这段时间当中,英国殖民者大肆宣扬合乎自然秩序的、得体的性行为应有的样子。与之相应地,违背自然秩序的、不得体的性行为必然面对惩罚。21 世纪以来,我们看到非洲本土宗教"右翼"势力基于"文化"立场坚决反对女同性恋者、男同性恋者、双性恋者和跨性别者(lesbian, gay, bisexual and transgender,LGBT)群体。这种"文化"立场也意味着任何废止维多利亚时代反鸡奸法的尝试都将面对极为强烈的反对。我们看到的情况是,不同于反巫蛊法,继受的法律和道德颇受本土文化欣赏。继受的法律和道德规范被当作一种适当的(文化)现状。

另外,多数的自由民主的法律制度承认 LGBT 群体基于先天性别认知

㊺ Quarmyne M (2011) Witchcraft: a human rights conflict between customary/traditional laws and the legal protection of women in: contemporary Sub-Saharan Africa. William Mary J Wom Law 17:475.

㊻ Read J (1963) Criminal law in the Africa of today and tomorrow. J Afr Law 7:5.

而享有的免受歧视的权利。在这些立法例中,颇值得注意的是《南非宪法》第9条的规定:

(1)法律面前人人平等,平等受到法律保护,平等享有法律利益。

(2)平等权利包括,充分和平等地享有一切促进实现平等的权利和自由,以立法或其他方式保护或提升因歧视而处于不利地位的公民和群体。

(3)国家不得以种族、性别、性、怀孕、婚姻状况、民族或社会出身、肤色、性取向、年龄、残疾、宗教、良心、信仰、文化、语言、出生等任何理由直接或间接歧视任何人。

(4)依本条第3款,任何人不得以一项或多项理由,直接或间接不公平地歧视任何人。必须制定国家法律,预防或禁止不公平歧视。

(5)基于本条第3款规定的一项或多项理由对他人的歧视是不公正的,除非可以认定该歧视是公正的。

但是,宪法文本对于性的平等态度并不必然意味着"恐同心理"就此不复存在。以南非为例,即便宪法当中明确规定了不能基于性取向而作出任何歧视行为,但基于"恐同心理"而生的暴力行为在该国依旧时有发生。《马拉维宪法》第20条规定:

(1)禁止对人的任何形式的歧视,根据任何立法,所有人都受到平等和有效的保护,不受基于种族、肤色、性别、语言、宗教、政治或其他意见、民族、族裔或社会出身、残疾、财产、出生或其他情况的歧视。

(2)应当通过立法解决社会不平等并禁止歧视的行为及其扩散,此类行为应当受到审判并承担刑事责任。

通过扩张解释《马拉维宪法》第20条第1款中的“其他情况”,可以将其作为认可LGBT群体权利的宪法依据。这一事项尚未得到司法的认可。可以说,马拉维基于宪法或成文法层面上关于同性行为的讨论尚未承认非异性取向的性行为。总之,通过比较法角度的观察,南非和马拉维确认的是文化现状下的法律,或者说道德观念并不必然取决于宪法文本。

2.4.3 作为一种人权观念的乌班图精神

关于乌班图的讨论,试图强调的是在某种本土概念融入主流话语的过程中语言的准确性问题。这一讨论还涉及一个非洲本土概念对于主流话语的积极补充意义的例证。其实,在后一种情形当中,这种积极补充意义的独特之处在于,它的作用得以发挥完全基于非洲本土概念的观念性内涵。

乌班图来自恩古尼语(Nguni)**,可以大致地翻译为“人格、人性、为人和道德”。[47] 学者几乎一致地认为,很难为这个表述确定一个准确的定义。莫格鲁(Mokgoro)认为:

> 和很多非洲本土概念一样,乌班图这个概念很难定义。使用其他语言定义一个非洲概念,用抽象的观念去尝试定义非洲具体的世界观所得出的结果可能是令人费解的。因此,我不会尝试用

** 有学者认为乌班图来自祖鲁语。——译者注

[47] Mokgoro JY (1998) Ubuntu and the law in South Africa. Available at http://web.archive.org/web/20040928041520/www.puk.ac.za/law/per/documents/98v1mokg.doc. Accessed on 11 Feb 2013; Nkhata MJ (2010) Rethinking governance and constitutionalism in Africa: the relevance and viability of social trust-based governance and constitutionalism in Malawi. Unpublished LLD thesis, University of Pretoria, p.31.

> 精确的术语定义这个概念。这是一个不可能完成的任务。乌班图的样貌取决于个人的经验，它就是你看到的它的样子。我因此只能提出一些与这个概念本身有关的几个观点，就像其他研究者一样，我并不尝试提出结论。在定义乌班图的尝试过程中，这个概念可以大致表述为一种非洲社会的世界观和影响社会行为的认知得以形成的决定性要素。[48]

莫格鲁提出将乌班图作为一种世界观，也有学者将其理解为一种“生活哲学”或者“社会价值”。将乌班图理解为一种生活哲学的观点来自它的恩古尼语表述“umuntu ngumuntu ngabantu”，这句话的字面意思是“一个人通过其他人成为人”。[49] 恩卡达(Nkhata)认为，[50]作为一种生活哲学的乌班图应当被理解为互相依赖的，而不是原旨主义或者社群主义的。他认为乌班图类似于或者实质上就是人性的核心。其他将乌班图作为社会价值的观点认为，乌班图是“群体的团结、一致、热情、尊重、尊严、人本和统一”。[51] 事实上，乌班图几乎涉及生活的方方面面，包括宗教、政治、法律、贸易、社会保障、教育、医疗、性别和全球化。[52]

---

[48] Mokgoro JY (1998) Ubuntu and the law in South Africa. Available at http://web.archive.org/web/20040928041520/www.puk.ac.za/law/per/documents/98v1mokg.doc. Accessed on 11 Feb 2013, p. 2.

[49] Nkhata MJ (2010) Rethinking governance and constitutionalism in Africa: the relevance and viability of social trust-based governance and constitutionalism in Malawi. Unpublished LLD thesis, University of Pretoria, p. 34.

[50] Nkhata MJ (2010) Rethinking governance and constitutionalism in Africa: the relevance and viability of social trust-based governance and constitutionalism in Malawi. Unpublished LLD thesis, University of Pretoria, p. 36 – 37.

[51] Mokgoro JY (1998) Ubuntu and the law in South Africa. Available at http://web.archive.org/web/20040928041520/www.puk.ac.za/law/per/documents/98v1mokg.doc. Accessed on 11 Feb 2013, p. 3.

[52] Nkhata MJ (2010) Rethinking governance and constitutionalism in Africa: the relevance and viability of social trust-based governance and constitutionalism in Malawi. Unpublished LLD thesis, University of Pretoria, p. 38.

作为体现人格尊严的社会价值的乌班图在人权话语当中有最为明显的表现。乌班图与人格尊严之间的联系在国际法上表现为对于每个人"内在价值"的认可。就人权话题而言,人格尊严不可丧失。[53] 我们还有可能从康德的尊严观念当中找到乌班图与人格尊严之间的联系,人不是手段,而是目的本身。[54] 如果乌班图和康德式尊严定义了人性,那么体现在国际法上的联系就显而易见了。作为人权话题中的一种观念的乌班图说明了这样一种情况:"非洲的"观念和植根于现代性的观念不谋而合。不存在所谓文化间的转变,不存在一方对另一方的影响或者继受。

2.4.4 混同、社会—政治环境和影响的多样性

通过上述三个例证,我试图用图解的方式说明纯粹主义的非洲法律理论是无效的。反巫蛊法和反同性恋法的例证展示了产生于单一文化具体化过程中的法律(甚至道德)规范当中存在的内在矛盾。在对待同一规范的态度上,宪法和法律之间存在的不一致性揭示了复杂社会—政治背景下法律框架当中包含的不可言说的要素。就作为空间概念的非洲而言,在"知识"的历史叙事和现代性遗产当中,很多人扮演了关键角色。这些人包括欧洲传教士、殖民者、企业家、非洲土著男性和新兴非洲本土"右翼"宗教领袖。但是,这些关键角色依靠"游民"发展壮大,这个现象让"未开化的""边缘化的""少数的"游民完成了福柯主义的主体化过程。[55] 我们有理由认为"文化"的一般性叙事正变为一种规范形态。事实上,这正是来自自由主义的批判所针对的关键,关注"文化"的一般性意义,并以此解读"西方文化"。同样,纯粹主义的非洲法律理论、法理学和法哲学恰好落

---

[53] Kamchedzera G, Banda CU (2009) Dignifi ed rural living, the right to development, multiparty politics and legislation in Malawi. S A J Hum Right 25, p. 76 – 81.

[54] Kamchedzera G, Banda CU (2009) Dignifi ed rural living, the right to development, multiparty politics and legislation in Malawi. S A J Hum Right 25, p. 77.

[55] Rabinow P (ed) (1984) The Foucault reader. Pantheon Books, New York, p. 3 – 29.

入这种“文化”的一般性叙事的窠臼。

2.5　结论

本文的观点在于：缔造纯粹的“非洲的”法律理论、法理学和法哲学是一种徒劳无益的智识努力。建立在“文化间性”基础上的非洲法律理论、法理学和法哲学尝试的基础有二：第一，非洲法律或者规范的复杂社会—政治背景深深影响着非洲法律理论、法理学和法哲学；第二，“文化间性”的多元影响让我们有机会在全球化背景下理解非洲法律理论、法理学和法哲学当中的“非洲”概念。因此，纯粹主义的非洲法律理论、法理学和法哲学对“非洲”这个非常微妙的概念提供了一种危险的、同质化的、一般性的解读。

参考文献

Ahiauzu N (2006) Ubuntu and the obligation to obey the law. Camb Law Rev 37:17

Bauman Z (2009) Memories of class: the prehistory and after life of class. Taylor & Francis Abingdon, Oxford

Benda-BeckmannFv (1984) Law out of context: a comment on the creation of tradition law discussion. J Afr Law 28

Berger P, Luckmann T (1971) The social construction of reality: a treatise in the sociology of knowledge. Penguin, Harmondsworth

Bhabha H (1984) Of mimicry and man: the ambivalence of colonial discourse. October 28:125

Bhabha H (1995) Interview with W. J. T. Mitchell. Artforum 33(7):80

Bhabha H (1996) Culture's in-between. In: Hall S, Du Gay P (eds) Questions of cultural identity, Sage, London, pp. 53 – 60

Bless H (2004) Social cognition: how individuals construct reality. Psychology Press, Hove

Bourdieu P (1990) In other words: essays towards a reflexive sociology. Country Press, Cambridge

Burr V (2003) Social constructionism. Routledge, London

Byrne C (2011) Hunting the vulnerable: witchcraft and the law in Malawi. Available at www. consultancyafrica. com. Accessed on 11 Feb 2013

Carmen R (1996) Autonomous development: humanizing the landscape: an excursion into radical thinking and practice. Zed Books, London

Chanock M (1985) Law, custom and social order. Cambridge University Press, Cambridge

Comeliau C (2002) The impasse of modernity: debating the future of the global market economy. Zed Books, London

Elias TO (1962) British colonial law: a comparative study of the interaction between English and local laws in British dependencies. Stevens & Sons, London

Elias TO (1971) Nigerian land law. Sweet & Maxwell, London

Fitzpatrick P (1984) Traditionalism and tradition law. JAfr Law 28(1/2):20

Fitzpatrick P (2001) Modernism and grounds of law. Cambridge University Press, Cambridge

Foucault M (1991) Discipline and punish: the birth of a prison (trans: Sheridan A). Penguin,Hamondsworth

Ibik JO (1971) Restatement of African law, vol 4, Malawi Ⅱ, the law of land, succession, movable property, agreements and civil wrongs. Sweet

& Maxwell, London

Kamchedzera G, Banda CU (2009) Dignified rural living, the right to development, multiparty politics and legislation in Malawi. S A J Hum Right 25:73

Mamdani M (1996) Citizen and subject: contemporary Africa and the legacy of late colonialism. Princeton University Press, Princeton, NJ

Mokgoro JY (1998) Ubuntu and the law in South Africa. Available at http://web.archive.org/web/20040928041520/www.puk.ac.za/law/per/documents/98v1mokg.doc. Accessed on 11 Feb 2013

Mudimbe VY (2004) African identity and globalization. Available at http://muse.jhu.edu. Accessed on 11 Feb 2013

Nkhata MJ (2010) Rethinking governance and constitutionalism in Africa: the relevance and viability of social trust-based governance and constitutionalism in Malawi. Unpublished LLD thesis, University of Pretoria

Okoth-Ogendo HWO (1989) Some issues of theory in the study of tenure relations in African agriculture. Afr J Int Afr Inst 59(1):6

Paliwala A (2003) Irresolutions of modernity, law, nation and empire: a reading of Fitzpatrick's modernism and the grounds of law in conjunction with Hardt and Negri's empire. Law Soc Just Glob Dev J 1. Available at http://www2.warwick.ac.uk/fac/soc/law/elj/lgd/2003_1/paliwala/. Accessed on 11 Feb 2013

Peters PE (2009) Challenges in land tenure and land reform in Africa: anthropological contributions. World Dev 37(8):1317

Quarmyne M (2011) Witchcraft: a human rights conflict between customary/traditional laws and the legal protection of women in: contemporary Sub-Saharan Africa. William Mary J Wom Law 17:475

Rabinow P (ed) (1984) The Foucault reader. Pantheon Books, New York

Ranger T (1983) The invention of tradition in colonial Africa. In: Hobsbawm E, Ranger T (eds) The invention of tradition. Cambridge University Press, Cambridge, p. 211

Read J (1963) Criminal law in the Africa of today and tomorrow. J Afr Law 7:5

Roberts S (1984) Some notes on the "African Customary Law". J Afr Law 28(1/2)

Santos BS (2007) Beyond abyssal thinking: from global lines to ecologies knowledge. XXX Review 1:45

Seidman A, Seidman RB (1984) The political economy of the customary law in the former British territories of Africa' law. J Afr Law 28 (1/2):44

Snyder F (1981) Colonialism and legal form: the creation of "customary" law in Senegal. In: Sumner C (ed) Crime, justice and underdevelopment. Heinemann, London, p. 90

Snyder F (1984) Customary law and the economy. J Afr Law 28(1/2):34

Woodman G, Obilade A (1995) African law and legal theory. Darthmouth Publishing Co Ltd, England C. M. Silungwe

3　二元与混同：英国司法在非洲殖民地的两种指向

——兼论塔斯林·奥拉瓦莱·埃利尔斯的司法的黑人性谱系*

马克·图法耶(Mark Toufayan)**

3.1　引言

殖民主义带给殖民地人民的弊病和挑战已经在关于立法、制度和司法实践等问题上与本土文化产生持续的冲突。这一发展已经在"国际"和"国内"两方面引起人们的关注。[①] 非欧洲学者发起的政治斗争和抵抗在两条战线上作战。在国际上，他们强烈指责国际法将殖民者对第三世界人民的统治和压迫合法化，并寻求将国际法从一种统治和压迫的语言转变为

---

* 本章的初稿是 *When British Justice (in African Colonies) Points Two Ways: On Dualism, Hibridity and the Genealogy of Juridical Negritude in Taslim Olawale Elias*, 21 Leiden Journal of International Law 377 - 410 (2008)。作为"国际法及其相关问题"系列特刊的一部分，专门讨论塔斯林·奥拉瓦莱·埃利尔斯的著作和思想。感谢剑桥大学出版社允许在本书中重发此文。我把本文献给艾梅·塞泽尔(Aimé Césaire)，其在本文第一次发表时去世，这让关于本书主题的研究变得更加紧迫和必要。

** 马克·图法耶，加拿大渥太华大学法学院助理教授。

① 关于殖民者和土著人民在协商规范秩序时采取主张和策略的研究，see L. Benton, Law and Local Cultures. Legal Regimes in World History 1400 - 1900 (2002)。

体现其多方面斗争和愿望的解放运动。② 在国内,他们反对根深蒂固的代议民主和复杂的制度,并提出处理殖民者及其法律的普遍且务实的方法。③ 基于其本土立场,非西方学者提出的法律历史构造叙事表示一系列繁复的比较修辞,或者将其解读为"知识分子身份形成和固化策略的全球化现象"。④ 探索外来和本土传统的比较主义可以在多大程度上被视为国家建设或现代化的工具,如何理解跨文化认同,如何解释文化差异等方面的研究尚未起步。⑤ 关于本土法律人如何应用国际法,将其作为提升与欧洲对话能力并挑战"文明标准"合法性的工具,也没有太多的严肃和持久的研究。

埃利尔斯是尼日利亚第一代著名学者,他多才多艺,集教师、学者、政治家、外交家和法官于一身。他的学术形象即使不是独一无二的,也是极具启发性的。⑥ 在漫长而著述等身的职业生涯当中,他改写了国际法的发展历程,并为之做出了来自非洲的贡献。⑦ 他关于非洲习惯法的开创性研究被认为是世界关系霸权体系去中心化努力的一部分,也是基于非洲大陆

② A. Anghie and B. S. Chimni, Third World Approaches to International Law and Individual Responsibility in Internal Conflicts, (2003) 2 Chinese Journal of International Law 77, at 80 – 2.

③ 穆罕默德·贾维(Mohammed Bedjaoui)关于阿尔及利亚的作品是这一趋势的很好例证。See notably his La révolution algérienne et le droit (1961).

④ D. Kennedy, New Approaches to Comparative Law: Comparativism and International Governance, (1997a) 2 Utah Law Review 545, at 621.

⑤ 大卫·肯尼迪(David Kennedy)这样描述国际主义者和比较主义者之间的忧虑和不信任:"从比较主义者的角度来看,国际主义者似乎是庸俗的,他们愚蠢地专注于争取参与建立在最脆弱的跨文化理解基础上的新型治理结构。对国际主义者来说,比较主义者可能显得古怪、精英主义、无关紧要。"Ibid., at 588.

⑥ 关于埃利尔斯的传记有三种:I. O. Smith and C. A. Alade, Taslim Elias: A Jurist of Distinction (1991); F. A. Kuti, Elias: A Man of His Time (1991); and A. Thompson, Favored by the Gods (1991)。这些已脱销的传记均建立在已知的个人贡献基础上。

⑦ See by T. O. Elias, Africa and the Development of International Law (1972; 1988); Africa before the World Court (1981); The United Nations Charter and the World Court (1989a); The International Court of Justice and Some Contemporary Problems: Essays on International Law (1983); and The Role of the International Court of Justice in Africa, (1989b) 1 African Journal of International and Comparative Law 1.

400余年历史绘制的当代非洲地缘政治和法制地图的一部分。这两项学术成就紧密相关。在研究非洲习惯法的同时,他也关注非洲新独立国家的经济、社会和政治问题。⑧ 他研究英国法对非洲法发展影响的后期作品可以被视为成功的前瞻之作。他提出的许多见解也被运用到后续的专门研究当中。⑨ 即便如此,在非洲知识分子(非洲主义者)的圈子之外,他的后期观点也没有被完全接受。埃利尔斯受人尊重和敬仰的原因在于,他为后来的非洲法研究树立了标杆,但将他的研究成果应用于转变国际法传统的尝试还不多见。⑩ 国际主义者忽视了相关研究成果对于国际人权法中当代问题争议的意义。⑪

欧洲人对殖民地的扩张和贸易给殖民地社会、经济和法律结构带来了

---

⑧ 例如,1974年8月,埃利尔斯在尼日利亚大学恩苏卡非洲研究所的主持下组织了一次大型讲习班,随后将会议记录编辑出版:T. O. Elias, S. N. Nwabara, and C. O. Akpamgbo (eds.), African Indigenous Laws (1975)。

⑨ 最好的例子仍然是埃利尔斯认为非洲习惯法近似于习惯国际法,因为两者都是"法律",尽管它们不符合西方法律与主权概念和理论所强加的标准。See T. O. Elias, African Law, in A. Larson and C. W. Jenks (eds.), Sovereignty within the Law (1965), at 220, 222. 正如他一生致力于发展非洲习惯法一样,他在联合国、国际法委员会和国际法院国际机构中工作多年,致力于打破围绕大会决议、宣言与习惯法的摩尼教主义,这些决议和宣言与习惯法是国际社会立法的来源,也是推动第三世界国家解放计划的一种手段。See also A. Anghie, Imperialism, Sovereignty and the Making of International Law (2005), pp. 7, 20(这里援引埃利尔斯作为第三世界法学家之一,他们"试图证明国际法的一些基本原则——例如,规范和公平——也可以在非洲或东方的思维和治国体系中找到。事实上,它们不是起源于西方,而是起源于殖民世界本身"). 这种论证策略让人想起埃利尔斯关于非洲习惯法的著作。

⑩ 在献给埃利尔斯本人的纪念文集中,没有比这更恰当的概括了:E. G. Bello and B. A. Ajibola (eds.), Essays in Honour of Judge Taslim Olawale Elias, 2 vols. (1992)。他的贡献围绕两个贯穿其著作的主题:国际公法、非洲法和比较公法。编辑们煞费苦心地强调:"这些文章的框架表明,它们的目的是在经过充分检验并建立法律领域和那些处理'边缘地区'发展和变化的法律分支之间的关联。"总的来说,这并非不可能,任何人都以一种相互叠加的方式从整个实践的丰富性中汲取养料,但对各种文献的研究表明,这种交融很少发生。本文并不假装在这方面做得更好。

⑪ 在后殖民时代,人权运动为殖民政策的基本理念提供了类似的价值准则,即欧洲关于基本权利和自由的观念是殖民法律秩序的基础。从人类学工作中可以获得一些有趣的见解并将人权与习惯法联系起来。See T. W. Bennett, Human Rights and African Customary Law (1995); S. E. Merry, Human Rights and Gender Violence: Translating International Law into Local Justice (2006).

许多变化。作为尼日利亚的首任首席大法官和著名学者,埃利尔斯见证了殖民地法制的重大发展过程,因此成为"英国殖民地法"的中心人物。⑫ 他正确地意识到坚守本土习惯和传统的重要性,这一重要性在一些关键性案件中发挥重要的同化作用。他也是在英国接受教育的尼日利亚律师。1949 年,他在伦敦大学取得博士学位。职业教育经历让他成为英国法的坚定信徒。他极为推崇英国法学教育的职业化、教育体系、法律职业体系,以及英国法的自由主义立场、强大的适应性、正义和公平竞争的理念。⑬ 我们能否像对待他同时代的人一样,将他的工作和人生解释为对政治和智识发展影响法律的边缘性的尝试?他口中的"非洲"具有什么内涵?对法律现象或法律发源地的思考意义何在?他绘制的路线图反映了非洲习惯法发展的过程吗?最后,他的研究仅仅是重复国际法、比较法和后殖民时代研究中早已提出的西方作为理论模型的定位,印证第三世界国家仅仅是西方制度的容器和实施场地,还是提供了在同化和本土主义之外的另一种可能?

本文选取埃利尔斯的代表性文献作为分析工具,回溯非洲现行法律制度产生的散乱过程。但是,本文关注的核心不在于探寻英国法律理念对其殖民地产生了怎样的影响或者这种影响力发挥作用的方式,尽管这种探索具有描述性的价值。本文尝试通过解构与重构埃利尔斯研究的语境,分析非洲法律思想的勃兴与跨文化背景下的政治改革。由于缺乏更为"厚重"的分析工具和方法来识别本土的规则设计和创新,我们需要用一般意义上的传统概念来思考非洲这样的边缘性地域对于来自正统世界的法律概念

---

⑫ 埃利尔斯将这一表述定义得很宽泛,殖民地法制包括"部分由帝国立法和殖民法令组成的原则体系,部分由英国法律和英国殖民地的当地习惯法组成"。T. O. Elias, British Colonial Law: A Comparative Study of the Interaction between English and Local Laws in British Dependencies (1962), p. 6.

⑬ "埃利尔斯法官欣赏英国人;他们自己的特色和出色的教育制度。他对丹宁勋爵的评价很高。他还喜欢板球运动,经常用这项运动的语言来描述日常事件。"E. Bello, 'Preface', in Bello and Ajibola, *supra* note 10, at x.

的继受和重构间的联系。

埃利尔斯结交了众多见识广博、锐意创新且极具影响力的人物,并向他们传播自己的法律观。埃利尔斯的观点就这样在非洲不同的国家和地区得以传播。他的研究成果颠覆了主流观念中“中心”和“边缘”的区隔。我认为,他的学术思想是非洲法治思想觉醒的典型例证,我将其称为“司法的黑人性”。这一学术思想是一系列政治运动的思想源泉,也与诸多领域的发展息息相关。司法黑人性的影响力体现在对外来知识和制度的继受,并在成为被广泛接受的学说之后被不断解读和重构。⑭ 我在这样的意义上使用“黑人性”这个概念,它产生于两次世界大战之间非洲法语区的文化运动,但又与之有细微的差异。这场文化运动将黑人文化作为非洲文化核心特质的反映。但是,在埃利尔斯的著作中并未指出黑人性的渊源。

---

⑭ 其他著作中有很多关于法律意识在传统上属于“边缘”地区兴起的分析,我对这一概念的理解得益于邓肯·肯尼迪(Duncan Kennedy)的法律历史著作:“意识指的是心智的全部内容,包括外部世界的图像、自我的图像、情感、目标和价值,以及关于世界和自我的理论……这种(法律)意识的主要特点是,它包含了大量的法律规则、观点和理论,以及关于法律程序运行的大量信息,以及在特定时刻职业中流行的理想和目标的集合。”D. Kennedy, Toward an Historical Understanding of Legal Consciousness: The Case of Classical Legal Thought in America 1850 – 1940, (1980) 3 Research in Law and Sociology 3, at 23. 当探究的不仅仅是一个国家(美国)和一个相对固定的时期(19 世纪)的法律思想,而是一种跨越整个大陆的区域意识时,将“非洲法律意识”作为一个基本框架的困难就变得显而易见了,因为整个大陆被种族冲突和社会政治动荡,殖民时期和后殖民时期对各自国家法律制度的理解是分裂的。从事有关非洲法律思想史工作的部分偏好是验证先前的“非洲性”或“泛非团结”的直觉是否可以将其视为共同的话语和实践,这些话语和实践涉及广泛的群体和人民对区域统一和身份的明确或隐含的意识。这种偏好是有一定风险的。然而,我对黑人司法的理解要有限得多,而且仅限于从非洲法律界一位领军人物埃利尔斯的著作和思想中,即克瓦米·恩克鲁玛(Kwame Nkrumah,独立后的加纳第一任总统)所谓的“良心主义”。良心主义作为一种结合传统非洲人道主义原则的方式,借鉴了欧洲和伊斯兰模式,克瓦米·恩克鲁玛认为,这些原则也已成为非洲文化遗产的一部分。See K. Nkrumah, Consciencism: Philosophy and Ideology for Decolonization and Development with Particular Reference to the African Revolution (1964), pp. 68 – 70. 这种意识被理解为一个词汇(或语言),在这个词汇中,它的特定化身以积极制定规则的形式存在,或法律制度(子系统或结构或话语)在历史事件的谱系中占有一席之地。关于语言或话语, see D. Kennedy, A Semiotics of Critique, (2001) 22 Cardozo Law Review 1147, at 1175. On ‘subsystems’, see Kennedy, ‘Toward an Historical Understanding of Legal Consciousness’, *supra*。我对法律话语结构和法律意识要素的综合解读借鉴了邓肯·肯尼迪的《审判批判》(Fin de Siècle) (1997b), pp. 133 – 134。

我因此认为，应当结合埃利尔斯领导的尼日利亚独立斗争过程来理解黑人性思想。但是，埃利尔斯关于非洲法律以及非洲法律哲学在世界历史进程中地位的思考也不应当被忽视。因此，更为恰当的说法是，将本文中论及的互相紧密联系的时代、行为模式和非洲习惯法继受英国法的叙事概念化为“由一组可信的事实和证据搭建的本土叙事”。[15]

为什么要关注研究“边缘”领域学者作品呢？埃利尔斯的智识贡献所提供的意义在于，在世界历史、法律意识和法制多元背景下，他的非洲叙事是适当的。非洲正成为一个充满争议的地区，阿里·马祖利（Ali Mazrui）将其称为一场正在进行中的“信仰转换”[16]战争——本土的伊斯兰教法传统持续不断地与英国实证主义竞争，并发展成为一个新的文化综合体。[17]埃利尔斯提出的司法黑人性的意识形态需要和谐增长和发展，这种意识形态产生于非洲意识中非洲的三重遗产之间的碰撞。司法黑人性是埃利尔斯毕生从事的事业的表达，他致力于以英国普通法为蓝本制定尼日利亚普通法，并因此与英国普通法结成战略联盟。埃利尔斯接受融合，但拒绝被同化。与其说他是在非洲与西方的立场之间写作，倒不如说他在寻求二者之间的一种中间状态。

从方法论上讲，我认为使用玛丽－克莱尔·贝劳（Marie-Claire Belleau）提出的“交叉战略”对理解埃利尔斯的作品会更有帮助。[18] 贝劳的研究检视了魁北克公法和私法二元体制下民族与文化抗争产生的影响与女性主义之间的关联。她试图以本质化替代政治和文化背景产生的差异，

---

[15] D. Kennedy, Three Globalizations of Law and Legal Thought：1850－2000, in D. Trubek and A. Santos (eds.), The New Law and Economic Development. A Critical Appraisal (2006), p. 24.

[16] A. A. Mazrui, Cultural Forces in African Politics：In Search of a Synthesis, in I. J. Mowoe and R. Bjornson (eds.), Africa and the West. The Legacies of Empire (1986), p. 33.

[17] A. A. Mazrui, *Cultural Forces in African Politics*：*In Search of a Synthesis*, in I. J. Mowoe and R. Bjornson (eds.), Africa and the West. The Legacies of Empire (1986), at 33－4.

[18] M.-C. Belleau, La dichotomie droit privé/droit public dans le contexte québécois et canadien et l'intersectionnalité identitaire, (1998) 39 Cahiers de droit 177.

从而为核心和边缘文化间的相互理解提供机会。[19] 我认为，埃利尔斯对统一发展的追求体现了协调非洲人文主义领域各种尝试的复杂背景，尽管这些尝试往往是相互矛盾且难以调和的。[20] 这让我们得以理解他在其著作中展示的非洲法律制度的丰富内涵与不同身份认同间的竞争，揭示了基于核心——边缘区分而生的扭曲，而不仅是受困于单一共同体之内的同化与抗拒。

本文的时代划分大致有20年的时间跨度，涉及非洲殖民与后殖民时代的历史。文章各部分分别说明埃利尔斯的思想轨迹，并尝试遵循一种线性的叙事思路。第一阶段（1954—1960年），埃利尔斯论述了"社会—历史"环境下，英国对西非和东非附属领土的统治扩张，以及英国法律制度在1863年被称为"拉各斯殖民地"（位于现尼日利亚南部）的引入。在本文第二部分，我简要介绍了19世纪末到20世纪中叶非洲的社会、政治和文化背景，英国在殖民地的司法机构也是在这段时期由皇家尼日尔公司移交给英国王室。面对一个无所不包的外部霸权，非欧洲知识分子很难从西方民族中心主义的概念和价值观之外提出对非洲的理解。在这个傲慢和家长制作风盛行的时期，对"何为非洲"这个问题的超越必然意味着要回答另一个问题："何为法律"以及"如何执法"。我认为，埃利尔斯在这个形成时期对于英国法律的分析策略雄心勃勃：解释非洲与西方社会的联系，

---

⑲ 贝劳这样解释支撑她的方法论："策略交叉性包括想象当我们单独运用女权主义和民族文化认同的政治斗争时变得不可见的经验策略。"这种假想的备用策略需要揭示隐藏的相异和相似之处，解构神话，揭示投射和分裂的过程，以及促进新联盟的出现。Ibid., at 181 (my translation). 此外，贝劳对以社会学为导向的法国和魁北克法律学者进行了比较，试图解释批判性法学传统或意识的产生或消亡，这种传统或意识本可以促进将民法理解为一种社会/政治制度，就像对美国法律现实主义者的批判所成功做到的那样。See M.-C. Belleau, The Juristes Inquiets: Legal Classicism and Criticism in Early Twentieth-Century France, (1997) 2 Utah Law Review 379.

⑳ 意识中的"经验矛盾"（例如，从"不一致的事实、冲突的情绪或可操作的抽象"中产生）的"中介"功能，使矛盾不那么突出，see Kennedy, 'Toward an Historical Understanding of Legal Consciousness', *supra* note 14, at 24。

而不是将非洲作为欧洲知识巨轮的一个齿轮;与此同时,证成“几乎所有当代非洲社会的意识形态都是西方和本土人文精神的融合”。[21] 将法律与社会意识和社会生活结合起来是一种摆脱边缘地位并进入主流话语的现代主义尝试。埃利尔斯这个时期的作品主要针对以黑人诗歌为代表的区域性研究,在英国法的向心性压力、隐现的危机和独立的倾向之下,他热衷于非洲哲学、文化民族主义和认同感的生成。

第二阶段(1960—1970 年),埃利尔斯置身于去殖民化的环境当中,其间的主要任务是在殖民时期继受社会形态的基础上实现现代化转型。弗里德里克·卢吉(Fredrick Lugard)主导的英国殖民政府采用依赖精英的殖民政策让非洲习惯法与英国法的“相关性”在立法和司法过程中得以保留。[22] 在民族性受到压迫的情况下,恢复或者保留统一的自我意识就变得不那么重要了。在文章当中,我分析了习惯法在殖民时期和后殖民时期的出现,让埃利尔斯得以在此基础上构建他已经形成的洞见,并淡化基于秩序理性和社会发展需要而允许吸收习惯法因素的英国法律制度继续施行所带来的担忧。非洲人从看似对立的文化中综合提炼出一些支离破碎的元素,这让他们有能力在动荡的历史中生存下来,尽管这也让后殖民时期的独立运动不断冲击国家统一;在国家诞生的早期阶段,也利于从内部和外部两方面让非洲习惯法在英国法体系中取得一席之地。最后,我讨论了埃利尔斯在建国、非洲文化自由与发展等议题之下,关于非洲习惯法在法典化争论中的立场。他认为,尼日利亚普通法的发展应当契合非洲人文主

---

[21] R. Bjornson and I. J. Mowoe, Introduction, in Mowoe and Bjornson (1986), *supra* note 16, at 4.

[22] 一项有趣的研究是关于习惯法法庭的法官和书记员如何在巩固殖民统治中习惯性地共谋,有时甚至他们自己都没有意识到这一点。See B. N. Lawrance, E. L. Osborn, and R. L. Roberts (eds.), Intermediaries, Interpreters, and Clerks. African Employees in the Making of Colonial Africa (2006). See also Elias's admonishment of the arming of such subordinate offi cials of the statutory court with the new magic wand of the record book and of spoken English in T. O. Elias, The Nature of African Customary Law (1956a), p. 275.

义历史的发展趋势和总体框架。

3.2 塔斯林·奥拉瓦莱·埃利尔斯:非洲人文主义的兴起与复兴(1954—1960年)

埃利尔斯对于非洲法律的观察反映了民粹主义关于非洲习惯法的追问——它究竟是一部法律还是一个杂乱、无序和善变的大杂烩?厘清埃利尔斯所面对的挑战及其写作的理论背景,是理解他关于思想脉络的关键。与之相应,本文从对殖民时期非洲法律制度的简要回顾开始,尤其关注尼日利亚习惯法在英国统治下受到的影响,毕竟这是埃利尔斯最为熟悉的语境和写作对象。这个过于简单的文章架构虽存在一定风险,但是已经足以为更为广泛的讨论提供基础。文章接下来讨论埃利尔斯在他的开创性著作《非洲习惯法的性质》一书中倡导的非洲文化解放运动,通过援引他的论述,可以说明形成过程中的非洲社会法律意识中的政治意蕴。

3.2.1 走出伊甸园?追问非洲

当欧洲列强通过吞并、征服或是交易等方式在非洲大陆上建立起各自的统治秩序之后,他们开始面临管理财产和执法的问题。来自文化交流的压力和交易的必要让他们无法忽视土著居民的存在,他们的注意力必然被本土法律和习惯吸引。[23] 尼日利亚作为前殖民地、保护国和托管领土,其大部分地区由皇家尼日尔公司根据1886年的宪章管理。这家公司设立了一套司法制度,并规定应当考虑其治下不同阶层、部落或民族的习惯

㉓ Elias, *supra* note 12, at 102. 至于对帝国和殖民统治时期跨文化贸易如何影响行为规范、观念和制度迁移的实证研究,see P. D. Curtin, Cross-Cultural Trade in World History (1984)。

和法律。[24] 1886 年至 1900 年,皇家尼日尔公司为英国在非洲内陆势力的扩张做出了巨大贡献,但是这家公司也要面对本土势力对其贸易垄断的抵抗,以及针对东部边境来自法国的威胁及维持北部地区奴隶贸易等因素所带来的压力。英国政府最终决定在 1900 年接管尼日利亚,但在理论上保持了皇家尼日尔公司确立的对于本土法律和习惯的态度。[25] 可见,私人公司在殖民地国家发挥的作用绝不限于通过谈判和胁迫获取土地和巩固主权。[26] 在国际法历史上,私人公司对殖民地立法和司法的影响力被严重低估了。国际法关于其起源所做的规范叙事围绕着开化与原始的区隔展开,并进一步在区分国内与国外、公域与私域的基础上展开体系和规则的构建。这种双重排除的方法让一系列依赖殖民和帝国政策的地方治理问题难以被发现,而且模糊了二者之间的区别。[27]

无论是引入西方法律体系和理念的方式,还是引入的法律主体,均有明显差异。例如,英国法在海外属地的实施方式因该属地为殖民地、受保

---

[24] 影响尼日利亚立法的主要法学家和政论家的个人回忆,see T. O. Elias, Makers of Nigerian Law (1956b), a series of studies commissioned in 1956 by the editor of the journal West Africa and reproduced in T. O. Elias, Law in a Developing Society (1973a), pp. 11 – 75。关于尼日尔皇家公司在获取土地和与部落首领缔结条约方面的简要说明,see T. O. Elias, Nigerian Land Law (1971), pp. 17 – 33。

[25] 关于英国统治如何影响尼日利亚法律的发展,人们总是提到尼日利亚的埃利尔斯。The Development of its Laws and Constitution (1967).

[26] M. F. Lindley, The Acquisition and Government of Backward Territory in International Law (1969), pp. 91 – 108.

[27] 在其自身构建的学科叙事中,关于特许公司的典型话语运动本质上是双重的:要么他们不是国际法的"主体",因此在与土著人民的关系中被排除在国际法的范围之外;或者他们被认为是帝国臣民,因此,他们对当地人而言是主权者,然而,当地人却从从属的地位看待他们,并对他们的威严和在他们的领土上管理秩序和主持正义的能力感到高兴。例如,前者可以追溯到 Henry Wheaton's Elements of International Law (1866), p. 30, § 17. For the latter see T. J. Lawrence, The Principles of International Law (1900), p. 79, § 54。"很容易看出,当地人会怎样看待一支拥有英国南非公司这样的权威武装的队伍,他们拥有技术、精力、科学的机器和精确的武器。对他们来说,公司必须是无所不能的。他们对帝国政府所知甚少,甚至一无所知……他离战场有数千里之遥……实际上,就他们所统治的领土而言,该公司统治着他们的领土。它立法,管理,惩罚,谈判,发动战争,缔结和平……对它治下的野蛮或半野蛮的居民,它是至高无上的。"

护国抑或托管领土而各异。在涉及法国、葡萄牙和西班牙领土的情况下，冲突法规则集中体现在公民身份或者归化的问题上。需要确定的是，哪些人应当受到来自欧洲的法律秩序的庇护，哪些人属于普通的、未归化的非洲人。冲突法规对这些问题的处理反映了英国法吸收本土规则的一个弱化了的版本。由于英国人缺乏必要的资源将其法律制度适用于数量庞大且心怀敌意的人口，因此也乐意将本土规范作为中间立场调和矛盾，以降低其执法成本。本土规则因此有机会以一种“开化的”“文明的”样貌，在“不违反自然正义、平等和常识”的前提下，依据英国法得到有条件的适用。本文的第三部分将会讨论这一产生于殖民时期，本意在于构建当地法律秩序，共同维护殖民者与殖民地人民利益的“不违反自然正义、平等和常识”的原则。但是在实践当中，除了哲学立场和治理方式上的差异之外，殖民者和他们的助手却表现出对于非洲社会传统价值的公然蔑视。[28]托尼·安吉（Tony Anghie）在一篇关于国际法领域殖民起源的文章中指出，非洲国家的分散式政体不合乎欧洲的政权观念，它们不应被视为主权国家，当然也无法律可言。[29] 殖民主义在本土习惯上有着深刻的价值烙印，结果是这些烙印产生的影响受到仅关注外在和二手信息的人类学家的关注和嘲弄。但是，关于“何为本土”与“何为外来”的认识其实关乎某个整体或制度的凝聚力，关乎对其输入性、渗透力以及影响力的渴望、恐惧和

---

[28] 典型的例子是，一位著名的殖民地法官说明了这种普遍的心态：“怎么论证英国的司法原则能够应用于这么多不同的民族？尤其是，这些民族的观念和心态与英国人大相径庭，他们甚至无法理解英国人的思想。”我们相信，这些观念是能够规范司法的最好观念，而一个英国人，仅仅因为他是英国人，就不能采用别人的正义观念。我不会讨论不同的人们之间，不能彼此理解。即便共识无法达成，也不能放任其阻碍我们去做我们认为正确的事情。因为，良知不是共识，而是统治最后的手段。Sir S. Abrahams, The Colonial Legal Service and the Administration of Justice in Colonial Dependencies, (1948) 30 Journal of Comparative Legislation and International Law (3rd Series) 1, at 10.

[29] A. Anghie, Finding the Peripheries: Sovereignty and Colonialism in Nineteenth-Century International Law, (1999) 40 Harvard International Law Journal 1, at 29 – 30.

诱惑。[30]

3.2.2 黑人文化的兴起

当然,这种自发的、传统的、个人的、众所周知的、集体的和相对不变的观点隐含着一种特殊的"原始"思维的概念。这些连同其他一些更具贬义的称谓,强烈地影响了习惯法经典著作的产生,这些著作对数据收集和理论产生起到了同样重要的作用。[31] 对"存在"的原始完整性的追求逐渐主导了非洲人的思想,因为它满足了一种治疗性的需要,以抵消殖民所造成的社会结构和文化生活的混乱以及对自我意识的冲击。可以肯定的是,反对英国属地司法机关殖民政策和隐性种族歧视的作品要面临令人疑惑的困境,让"作者研究非洲法律和习俗的道路困难重重"。[32] 埃利尔斯毫无疑问地意识到了他在这样一个悲惨时代的领袖角色,并以"非洲觉醒"和"发现良知"[33]的立场回应这一需求:

> 我们身处的时代,非洲大陆的经济和社会重要性正在提升。在非洲大陆各个地方原住民瞬息万变的现代生活环境下,为满足他们政治意识和认同感的需要,更有必要做出一种能表达他们内

---

[30] 我认为习惯法存在于势力较弱和不发达的地理空间,吸引外国,即西方,有兴趣去进行殖民化。这借用爱德华·萨义德(Edward Said)在东方主义文学中对"东方性"的描述,仰卧的东方女性不仅暗示了繁殖力,还暗示了性承诺(和威胁),因此被描绘成既危险又有威慑力,需要控制和监管。Orientalism (1979), p. 190, 218.

[31] 这是一个得到普遍接受的观点,Hegel's Philosophy of World History (1837),它一般涉及非西方人民及其对非洲的特殊影响,这为殖民意识形态提供了最重要的思想基础。正是在这个基础上,古典人类学试图将欧洲人对其他种族的统治合理化,认为他们天生就不如白人。古典人类学的这种意识形态推动力可参见 Lucien Lévy-Bruhl's La Mentalité primitive (1922),这也标志着19世纪加勒比地区,特别是海地的原始黑人思想的发展。

[32] Elias, *supra* note 22, at 1.

[33] 这个表述来自 J. – P. 萨特尔(J.-P. Sartre),'Orphée noire', in L.-Sédar Senghor, Anthologie de la nouvelle poésie nègre et malgache de langue française (1948), pp. XI – XV,他在从一个未被反思的经验模式到一个被反思的经验模式的过渡中看到了这一点。

心想法的尝试。[34]

《非洲习惯法的性质》是必然的产物。在发表于1954年的早期著作中,埃利尔斯无意卷入关于习惯法规是否符合实证主义法律标准的争议,他简单地承认了这个立场并认为"尼日利亚习惯法中有存在可强制执行的要素"。[35] 发表于1951年的《本土土地法和习惯》是埃利尔斯在博士论文基础上修改而成的,其中,他开创性地用"本土法和习惯"代替了"习惯法"的表述,"本土的"往往含有未开化或者野蛮的意味。民族志学者很时髦地将"法律""文化"与"法律""习惯""传统"混用;其中,法律被认为与文化有着相同的明确且静态的外延,习惯则表示一种来自传统的合法性规范秩序,不关乎政治与社会,且不具有(西方视角上的)法律约束力。[36] 基于这个延续至今的错误概念对社会和法律人类学的影响,埃利尔斯对此概念的重构绝非浮于表面,而是对理解习惯及其在现代法律体系中的定位、非洲在世界法律哲学中的定位有着深刻影响。

在《尼日利亚法律体系》(1954年初版书名为《尼日利亚法律基础》)一书中,当时在曼彻斯特大学做西蒙·弗雷泽(Simon Fraser)研究员的埃利尔斯在论述殖民冲突对非洲法律影响的问题上,即便没有表现出明显的批判意味,但也采用了典型的实用主义立场。习惯对于尼日利亚法不是"边缘的",这与其在英国法中的地位不同。在尼日利亚发展历史上,习惯是主要的法源。[37] 这一现状在英国统治时期来临前已经存在,而且法院和

---

[34] Elias, *supra* note 22, at 4.

[35] T. O. Elias, *The Nigerian Legal System* (1963), p. 12 (first published in 1954 under the title: Groundwork of Nigerian Law).

[36] 关于肯尼亚与性别和财产关系有关的正式法律和习俗之间二分法的主流观点参见 C. I. Nyamu, Achieving Gender Equality in a Plural Legal Context: Custom and Women's Access to and Control of Land in Kenya, (1998 – 99) Third World Legal Studies 21。

[37] Elias, *supra* note 35, at 12, 14.

殖民地官员都承认这一点，习惯因此具有法律约束力。[38] 他的任务就是对习惯开展煞费苦心的研究，以确定其含义或者提供一个能够确定其含义的语境。[39] 英国人一方面承认习惯的存在，另一方面却忽视其内容及其在英国法中的适用，这让英国人不得不研究并明确非洲习惯法在尼日利亚的具体内容！埃利尔斯虽然没有从法律理论的角度解释为什么习惯法属于法律，但是他也确实以之奠定了他的法律观基础：

> 但是，不忽视附属国人民习惯法的明智政策的基础需要意识到这样一个完整的法律事实：法律作为受其约束的社会成员的社会意识表达，不能用纯粹的域外标准加以判断。在一个民族看来具有法律属性的规范，在社会规则和司法情感不同的另一个民族看来可能完全不具有法律属性。这并不是说法律继受是不可能的；这样说意在强调法律是一个相对现象，任何以绝对规则判断其效用的尝试都注定失败。关键在于，受其约束的人民对法律制度的接受和认可。[40]

---

[38] Elias, *supra* note 35, at 13.

[39] Ibid., at 14.（"这里的问题很大程度上是找出真正的本土规则是什么，以及当一种规则被发现时，它是否以及在多大程度上可以说是本土的或继受的。"）埃利尔斯他的许多作品中（除了《非洲习惯法的性质》），有一种自我任命的，几乎是救世主的角色，这迎合律师、法官、行政人员以及所有关注他研究的人。他在其中表现出一种英雄般的冲动，以改革非洲习惯法的学术规范，并将其从冷漠、无能、平庸和困惑中拯救出来。例如，在《本土土地法和习惯》第4版的序言（附注24）中，他坦率地说："有关这些主题的英国法已与尼日利亚法融合，其核心呈现在当今尼日利亚实践和应用的土地保有权的活法……因此，本书应满足尼日利亚所有法学院修订后的教学大纲的新要求，同时满足尼日利亚律师协会成员长期以来的需求。"管理者和投资者的要求也应该得到很大程度的满足。简言之，所有对比较法感兴趣的人，特别是对研究动态社会中英国法与非洲习惯法之间的相互作用感兴趣的人，都应该发现这本书是一本可靠而令人振奋的指南。这不仅证明了他惊人的学识和见地，也体现了作为法律学科先驱的态度，即在通往更美好明天的漫长旅程中，将他们的任务视为"个人探索"。当然，国际法学研究中不同语境下的"个人探索"含义各异。See D. Z. Cass, Navigating the Newstream: Recent Critical Scholarship in International Law, (1997) 65 Nordic Journal of International Law 341, at 365 - 9.

[40] Elias, *supra* note 35, at 5 - 6.

无论如何解释这种自我约束，这个问题都是无法避免的。然而，在《非洲习惯法的性质》一书中，关于习惯的基调和态度发生了重大转变。“面对白人法律的全部非洲问题”成为本书最具吸引力的命题。[41] 这种研究方式上的转变非常复杂。“西方法学家对于非洲本土法律和习惯的态度转变”[42]是有必要的，理由在于，将非洲法律和行政理念隔绝于政治和法律一般理论之外“会自觉或不自觉地为政治理论和实践中的规范性体制设计带来错误，受其影响的包括但不限于殖民地”。[43] 虽然非洲接受（欧洲对于）“法律”的理解，但“法律”却没有接受来自非洲的审视。在埃利尔斯的观念中，“所有对非洲法律概念的智识探索”，“如果不能扩大我们的视野，就应当丰富我们对于现代世界中法律作用和目的的知识”。[44] 这样一来，人们就会清楚地看到，一旦人们充分认识到非洲法律的基本特征，它就会成为法律的重要组成部分。因此，它不再与经常被笼统地称为“欧洲法”的东西对立起来，尽管二者在内容和方法上有许多公认的不同之处。[45]

在这两段论述中值得注意的是，它们巧妙地隐藏了这样的观点：非洲法律意识的组成部分被定义为非洲人文主义的一个方面，这既合乎又背离欧洲观念。非洲法律未能被视为法律的原因在于其蕴含的独有的非洲特质。于是，“什么是非洲”的追问就落入“什么是法律”这个问题当中，并以西方社会普遍存在的标准来被衡量。这两个概念之间不存在彼此独立的视角，他们彼此对立，将自己定义为对方的反面。因此，探索非洲人的内在自我，找回他们的本质特征就是必要的。只有这样，才有可能把非洲与一般意义上的法律联系起来。通过对非洲文化独特属性的表达（例如，在政

---

[41] Elias, *supra* note 22, at 5.

[42] Ibid.

[43] Ibid., at 17.

[44] Ibid., at 6.

[45] Ibid., at v. “欧洲法律”这个表述似乎并不恰当，因为“法律”是“欧洲的”，这一点几乎没有争议。但是，这个表述是否值得反思就另当别论。毕竟，关于非洲法律是否属于法律的讨论都是围绕“非洲”与“欧洲”的区别展开的。

治组织或政治理论意义上的非洲社会),埃利尔斯将其区分于欧洲,从而维护其在世界历史上的地位。但这仅是他研究的一部分,非洲与欧洲尽管差异明显,但共享类似的法律理念,这恰恰证明了“人类知识和经验的统一性”,也因此都接受法律制度的规范;因为,“除了社会环境的差异,法律不考虑种族或群体,它所面对的问题在世界各地都是相同的,即解决人类社会的冲突,维护和平与秩序”。㊻ “法律”一旦褪去西方的外衣,一视同仁地关注和回应非洲人和欧洲人的需要,非洲习惯法就毫无疑问地和英国法是同源之水。

埃利尔斯口中非洲法律的“本质特征”是一种修辞手法,是他“非洲权利”运动目标的一部分。作为一种文化意识形态的“黑人性”在二战之后逐渐成熟,两次世界大战之间的黑人文化转型均是其发生的背景。这场运动也逐渐向非洲法语区以外的地区渗透。但是,埃利尔斯所采用的策略与“黑人性”运动领导人的策略有着明显的差异。前者在语气和姿态上可能不那么具有争议性,但是其秉持的对立于殖民制度赖以维系的思想、意义和表象体系的立场非常鲜明。㊼

“黑人性”这个表述的首次出现,是在马提尼克岛诗人艾梅·塞泽尔(Aimé Césaire)的一首名为《回到我的祖国》㊽的法文诗当中,表达了历史文化被征服背景下,作为一名游子对非洲群体身份的接纳。这个词汇以及后来发展起来的文学和文化运动都强调通过坚定的种族和文化认同来否定这种征服的可能性。在它出现之后的几十年间,这个词成了表达法语世界去殖民化过程中黑人知识分子意识形态冲突的焦点。“黑人性”作为一

㊻ Ibid., at 6.

㊼ See C. Mwalimu, The Nigerian Legal System, Volume 1: Public Law (2005), p. 121 [“埃利尔斯是杰出的自由斗士之一,他运用法律,就像萨尔巴(Sarbah)在1898年所做的那样,为新兴的非洲国家推进自由和独立事业斗争”].

㊽ 关于塞泽尔诗歌的介绍以及其构思、创作和出版的背景, see M. Rosello, Introduction, in Aimé Césaire: Notebook of a Return to My Native Land/Cahier d'un retour au pays natal, trans. and ed. M. Rosello, with A. Pritchard (1995), pp. 9-68。

个概念包含并体现了大量的历史情境，也在不同领域产生新的争论。在这些新的争论当中，这个概念也被赋予各种各样的，甚至不同于塞泽尔所表达的内涵。本文无意加入这些争论。我只想说，对此存在两种本质上相反的解释，而几乎所有讨论都围绕这两种解释展开。第一种解释是，基于塞泽尔的观念，这个概念体现为一个文化的、历史的发展过程，政治层面表现为对于政治同化的抗拒。[49] 在他的作品中，异化了的黑人身份不得不面对自己被物化的表象。这个概念将"黑人性"看作一种自我疏离，是一种将黑人主体看作客体的事实或状态。这种姿态在塞泽尔的诗中引发了一场美学运动，通过一种强烈的侵略性的象征主义和颇具戏剧意识的复杂想象，基于对自我异化产生的否定，打破被征服的束缚从而实现自我意识。塞泽尔将黑格尔关于"异化"的观点应用到黑人主观性领域。异化其实是一个转换过程，在这个过程中，个人是一种"自然"的存在，对黑人的意识形态征服被一个人为的、自我创造的存在所否定。他就这样创造了黑人物化的、文本化的自我意识对象，一个自我理解和解放的程序。[50] 与之相反，列奥波尔德·塞达·桑戈尔（Léopold Sédar Senghor）（诗人，塞内加尔独立后的首任总统）的"黑人性"观念以及在西非对这一观念的接受和批判则集中于非洲情感、直觉、艺术创造力和人的本质的特征。桑戈尔将其称为"黑人灵魂"与客观世界之间的直接联系，它具有"永恒不朽的"特点，[51] 区别于来自西方的或是古希腊的理性。典型的非洲文明强调集体而不是个人，强调种族和文化而不是阶层，强调情感和神话而不是意识和理性，强调意象而不是概念，强调艺术与宗教而不是科学和技术。描述非洲和欧洲过程本身就是"反欧洲现代传统的一部分，他们试图找回现代性取得胜利

---

[49] Ibid., at 125.

[50] J. G. Vaillant, Black, French and African: A Life of Leopold Sedar Senghor (1990), p. 244.

[51] L. Sédar Senghor, Liberté Ⅰ: Négritude et humanisme (1964), pp. 71 - 4.

的过程中所丢失的东西”。[52] 简言之,桑戈尔的“黑人性”,用他自己的话来说,是一种修正主义的“本体论”,或者是对世界上“黑人”的研究,是无关乎历史的、是跨文化决定的,是对非洲散居社会中“黑人身份”的构成要素和共性的颂扬。

1956 年 9 月,在法国巴黎大学举办了首届世界黑人诗人和艺术家国际大会。关于黑人性的不同观点在这届大会上激烈碰撞的同时,埃利尔斯的《非洲习惯法的性质》为非洲法是否属于法律的讨论提供了一个现代性的转机,用欧洲反现代主义思想抨击了一系列典型的欧洲现代主义运动(并非启蒙运动的思想和理念体系,而是 20 世纪早期先锋艺术的文化和美学实验与创新)。鉴于桑戈尔基于多年的民族学和社会学考察而主张“非洲人格”的客观存在,埃利尔斯提出的司法黑人性其实是从反面定义非洲法中的“非洲”。厄尼斯特·拉克劳(Ernesto Laclau)所说的“欠缺”或者“缺席”所指的重要性的“缺失”,是指在非“不同空间中的客观身份”[53]:非理性的、原始的、集体的[54]、神秘的、保守的、静态的[55],但也是“自负的、傲慢的、自信的”;[56]换句话说,前几代作家关于习惯法的争论往往带有种族偏见。[57] 这场运动的意义重大,因为它完全脱离了既有学术思想的影响。例如,与埃利尔斯同时代的塞内加尔学者柯贝·姆巴耶(Kéba M'Baye)以典型的桑戈尔式的方式论证道,非洲法律有其自身的特征,这是“非洲法律

---

[52] R. H. King, Race, Culture, and the Intellectuals 1940 – 1970 (2004), p. 241.

[53] E. Laclau, Emancipation(s) (1996), p. 42. 拉克劳认为,重要性的缺失是指共同体的普遍、不可能圆满的状态。它是一种“扬弃了自己的特殊性”或“超越了自己的特殊性”的特质,以代表普遍性。Ibid., at 22.

[54] Elias, *supra* note 22, at 98.

[55] Ibid., at 80.

[56] Ibid., at 93.

[57] 埃利尔斯主要的理论对手是亨利·梅因(Henry Maine)爵士和他在《古代法》(1906 年)中表达的进化论观点。

理念本身的、终极的、非洲黑人文化维度的”产物。[58] 埃利尔斯质疑传教士,认为他们“想当然地认为非洲法律和习惯是异教的产物,必以基督教文明之名除之而后快”。[59] 地方官僚的政策则体现为,“将本地习惯升华,使其更加接近”他们眼中的“更高标准”,[60]就此而言,他们毫不开明。人类学家基于其学术训练可以更好地理解来自非洲的资料,但是他们的观点同样是有缺陷的;老一辈学者基本无视或者不关注非洲社会中的法律,他们强调“习惯为王”,[61]年轻一代的学者虽然认同非洲法律确属法律无疑,但是由于其存在的社会环境,同时认为非洲法律与其他法律形态确实存在“差异”。[62] 司法上,他们认为非洲法律仍然是法律,但是与欧洲意义上的法律和司法全然不同,因此不能以之“解释基本法律理论的基础”。[63]

埃利尔斯清除了这些理论赖以存在的文明与蒙昧的区隔。他的方法不是展示和讴歌非洲文化的特质,而是揭示非洲社会与人类社会的共同之处。非洲文化与其他文化在同样的人类文明之下参与人类社会活动。非洲法律的独特之处并不在于其适用于非洲的法律规则或者法律思想(非洲法律和英国法律没有差别,[64]即便存在不同之处,也仅限于程度,[65]或者

---

[58] K. M'Baye, The African Conception of Law, in International Encyclopedia of Comparative Law (1973), Ⅰ, 148 ff.

[59] Elias, *supra* note 22, at 25.

[60] Ibid., at 26.

[61] Ibid., at 92 - 3, also 160.

[62] Ibid., at 29.

[63] Ibid., at 36.

[64] 埃利尔斯举出的非洲法和英国法一致的主要例子是民法和刑法的区别(ibid., at 110 - 29),法律上错误的归责原则(刑法、合同法和侵权法)(ibid., at 130 - 61),所有和占有的概念(ibid., at 162 - 75),法律拟制(ibid., at 176 - 86),现代和习惯法(这里英国的影响是可接受的)(ibid., at 187 - 211),司法程序(ibid., at 212 - 72)。对于每一项,他都巧妙地驳斥了所有对非洲习惯法的诋毁,证明他们的反对意见都是基于对非洲社会的误解、无知和种族偏见,以及想当然的观点,基于非洲特质,非洲法律总体上必然与英国法律,以及更广泛地说,与欧洲法律有着不可调和的差异。

[65] Ibid., at 36.

说“规则各异,程序相同”[66])。非洲法律的独特之处在于其规则和标准体现的历史、经济,尤其是社会的差异。[67] 随后,他将这些差异内化为法律和社会凝聚力发展的不同阶段,而不是表示“人类法律”[68]共同有机特征的组成部分,从而重新划分了法律体系内部的不同发展进路。[69] 但是,埃利尔斯毫无疑问的天才之处在于,他拒绝接受“原始思想”或者他口中的“自卑情结”[70]的污名,因此他没有像塞泽尔一样将非洲当作具体化的对象。正如阿努尔夫·贝克(Arnulf Becker)在谈及智利法学家阿列航德罗·阿尔维茨(Alejandro Álvarez)时指出的那样,“克服文明与蒙昧之间的界限并不意味着本土身份的提升,而是在非此即彼的判断之外找到其他可能”,[71] 在“非洲的”与“欧洲的”之外找到其他概念,就是为另一种理念的存在提供了可能。[72]

通过清除文明与蒙昧之间的区隔,并将其排除于“什么是法律”这个问题的考量之外,埃利尔斯还为回应文明的问题扫清了道路。埃利尔斯认为,就文明而言,非洲与欧洲一样都是人类社会的成员,都渴望权力、影响力和地区优势地位。但是,要证实非洲习惯法属于法律,仍有必要进一步论证以扩充其内涵。如果“对于非洲习惯法是否属于法律的问题最好的

---

[66] Ibid., at 31.

[67] Ibid., at 121 - 2(“因此,我们绝不是在暗示,非洲的法律体系与英国等更发达的法律体系之间没有区别……忽视这样一个明显的事实,即一个社会的法律安排,与其他安排一样,受到其社会背景的影响,这不仅愚蠢,而且荒谬……这些观念会随着特定社区的风俗和精神而变化,也会随着他们的历史和地理条件而变化”).

[68] Ibid., at 34. See also Elias, *supra* note 35, at 8.

[69] 在他的著作中,有许多关于非洲社会不同发展水平的文献。See, for example, Elias, *supra* note 35, at 9 (“当然,这些地区的发展水平不尽相同,法院的等级也与有关社区所达到的特定发展阶段相对应”).

[70] Ibid., at 376.

[71] A. Becker Lorca, Alejandro Álvarez Situated: Subaltern Modernities and Modernisms that Subvert, (2006) 19 LJIL 879, at 915.

[72] 关于这种混杂性的研究, see Elias, *supra* note 22, at 213(“我们不必强调这种英国和非洲法律理念的综合是一种奇怪的混合体,其既不具有纯粹普通法仲裁的性质也不具有习惯法仲裁的性质”)。

回应在于,我们了解法律的内涵”,[73]而不是定义非洲,那么,非洲因素与这个问题的关联并不比西方社会和政府标准与这个问题的关联更紧密。只有一个没有歧视的统一的法律理论才能合理解释这两种情况,并在单一框架内容纳各种要素变量。埃利尔斯在他的早期作品中就表现出强烈的现代主义倾向,其法律意识是反对形式主义的。他的影响力在非洲大陆非常明显,至少在法属非洲殖民地问题上对法国反形式主义以及向社群思想的转向影响很大。在现存理论当中,埃利尔斯深受庞德的社会工程理论、埃里希的活法理论、萨维尼批判概念的内在意识理论影响,并将这些理论作为其法律观念的真正基础(尽管他因死板著称,对他的著作更恰当的描述可能是“关于传统的社会”)。但是,萨维尼的民族主义理论很难解释“为什么来自异族的法国民法典成为民众意志的表达”,[74]或者就像邓肯·肯尼迪所说的那样,“在发现民族特殊性的过程中,人们总是发现同样的东西”。[75] 最后,埃利尔斯发现,包括社会契约模型在内的所有理论在回应这个问题的时候都不如解释法律为何得到遵守[76]更具有说服力,[77]特定社会中的法律是“其成员视为义务的规则体系”,[78]这个定义能够合理回应“社区精神对社会而言是必不可少的”这一命题,这个命题“并非仅针对特定的政治组织或者特殊类型的社会哲学”,[79]而是同样适用于非洲和欧洲大陆。因为,“无论是在西方社会或是在其他地方,秩序、规则和社会责任感

---

[73] Ibid., at 37.

[74] Ibid., at 44.

[75] D. Kennedy, Two Globalizations of Law and Legal Thought: 1850 – 1968, (2003) 36 Suffolk University Law Review 631, at 661 (emphasis in original). 肯尼迪的假设是“社会的意识形态(也许)不是民族特殊性的反映,而是对目前不存在的民族共同体的‘想象’工具”,这对殖民地来说并非不合理,因为它们被剥夺了基于民族主义意识提出要求的能力,因此可以通过“缺位”来定义(或想象)“社会”的悖论。

[76] Elias, *supra* note 22, at 53.

[77] Ibid., at 73.

[78] Ibid., at 55.

[79] Ibid.

都是法律的基本要素”。[80] 他的理论尝试意在以共性为基础区分非洲习惯法和欧洲法律概念和理论,[81]而不是用浪漫的、具体的非洲视角作为区分的基础,这与其说是一种带有温和意味的修辞,不如说是一种借代。[82] 通过将非洲法与英国法置于同等地位,埃利尔斯得以将非洲作为殖民地法律发展的中心,并成功地让非洲人文主义重新成为西方与本土影响的混合体。这对即将获得独立的非洲国家的发展而言,至关重要。[83]

3.3 混同的策略:二元主义下非洲(民族)国家的构建(1960—1970年)

上文讨论了埃利尔斯著作中体现的非洲在英国殖民统治时期的第一轮法律意识觉醒呼应着非洲人文主义思想的崛起,其中包含了非洲对于自己的地位和世界历史进程中的角色定位,以及非洲对于本土的和西方的文化、法律以及政治传统的传承和继受。20世纪60年代许多非洲国家独立以来,研究的注意力从本体论和哲学思考转向面对实用主义的问题——化解并调和非洲本土法律和继受的西方法律理念之间的冲突。在这个民族主义和激进民族优越感复兴的时期,羽翼未丰的非洲大陆在面对现代性的问题时,有必要赋予非洲习惯法更多的确定性和更高的清晰度,从而在泛非洲文化形成的过程中防止其被外来文化吞噬。与此同时,将本土文化和外来文化归入统一的法律体系也是非洲现代化运动的必经之路。本文将

---

[80] Ibid. See also ibid., at 131, 268.

[81] 这样的解读似乎比下面的评论更公正地评价了埃利尔斯的壮举,因为在推理过程中存在某种循环,这些评论只会让读者感到困惑:“相反,他将非洲法未来定义的观点或属性与西方社会一般定义法律的基本要素结合起来。然而,他特别省略了某些因素,主要是因为它们都不能充分描述非洲习惯法的性质。”Mwalimu, *supra* note 47, at 125.

[82] 相反的见解,see ibid., at 128–9(“事实上,埃利尔斯并没有定义习惯法,而是从非洲的角度定义了一般的法律,我们已经认同并将其归于非洲习惯法定义的要素”)。

[83] 著名的非洲学者、塞内加尔最高法院首任院长、前国际法院法官柯巴·姆巴佩(Kéba M'Baye)曾谈到非洲法律的“分层”,非洲社会由于与神论宗教的接触和殖民的影响而发生了变化,各种因素相互叠加,而没有真正统一起来。See M'Baye, *supra* note 58, at 151.

会检视埃利尔斯在追求影响非洲各种法律传统的伟大融合过程中政治叙事的"一致性"和"进步性"，而不是追寻埃利尔斯这一时期的作品，尤其是以他的《英国殖民法》(1962)为代表的著作中对规范的扩张与继受以及对影响力的简单回顾。[84] 两个独特的要素将会让看似矛盾的文化民族主义、民族特殊论和以发展为核心的制度理性实现有机结合：作为英雄人物的开明法官确保社会均衡以对抗僵化的二元论；作为工具的"不一致"原则催化法律在同化与抵抗、传统与现代间的斗争中得以发展。

尽管在英国殖民统治下，非洲国家的经济社会条件有所不同，但人们都已经考虑到受制于英国法的非洲习惯法残留的"相关性"及其存在前景的问题。在1954年，埃利尔斯已经注意到这种不可避免的二元现象："农村地区的生活节奏和新思想的渗透步伐都在加快；人们正在迅速地学习并接受外来的法律概念，对新的文明日益熟悉。"[85]"现代交易方式的出现意味着新的法律现象的出现，这种现象显然不同于传统法律理念，英国法的本土继受因此成为必然。"[86]但是，讨论全面普及的英国法律制度对习惯法的渐进吸纳过程是否会导致"习惯法的全部或部分灭绝"仍然为时尚早，尤其是在婚姻、家庭、土地使用和继承等领域，立法明确排除了英国法的适用，坚持本土法律规范。在《非洲习惯法的性质》当中，作者描绘了一幅复杂的图景。一方面，英国法"在指出传统法律缺陷的同时，创造性地提供了新的商业和经济价值"。[87] 比如，放松基于亲属关系产生的束缚和义务，扩张基于习惯法而生的权利的范畴，限缩传统个人义务的内容以及重构自

---

[84] 我们不禁会注意到埃利尔斯在努力运用论文或教科书的形式来撰写和推进他关于发展非洲习惯法的计划时存在的持久矛盾。如果我们轻易地承认习惯法是"活法"，即实际上被其主体所遵守的法律，那么也必须承认，法律不能从外部获得。当然，仅仅讨论非洲习惯法是什么这一事实就在某种程度上构成了对该法律体系的一种新的、有些人为的提炼，以使其"可确定"和"为人所知"。关于法律教科书的优点，see Elias, *supra* note 12, at 283。

[85] Elias, *supra* note 35, at 7.

[86] Ibid., at 5. See also ibid., at 7.

[87] Elias, *supra* note 22, at 273.

足的经济人。这被视为“对传统非洲观念合乎逻辑的发展,即个人应当在不危害社会秩序的前提之下,自由地按照其意愿行事”。[88] 在其他时候,与欧洲习惯和理念的日常接触“与其说让习惯法摆脱了来自本土文化的、不够友善的、非社会性特征,倒不如说它在现代世界的环境下,无力抗拒”。[89] 另一方面,这种同化过程往往是微妙而难以察觉的,因此并不总是可以通过“有意识的”合作来判断某项具体规则是否被接受。[90] 在非洲民事和刑事法律制度方面,“无论好坏,英国殖民统治下的非洲必然走上一条在法律和社会治理方式上与英国即便不是完全相同,但也非常近似的道路”。[91] 然而,总体而言,这种接触的效果不会让二者完全一致,而是一种“法律上的、有差异的类似”。[92]

埃利尔斯于 1956 年的观点可能有着深远的影响,其重要性已经扩大到非洲英语区之外。该书的法语和俄语译本经阿利翁·迪奥普(Alioune Diop)编辑,由非洲存在出版社在 1961 年出版,已经成为推广黑人性议题的重要媒介。1956 年 9 月举办的首届世界黑人诗人和艺术家国际大会中,关于第三世界国家文化政治的一项重要议题是独立的非洲文化与西方文化共存的可能性,同样的议题在 1955 年由迪奥普所在的期刊社在印度尼西亚的万隆举办的会议上也受到了与会各方的关注。塞泽尔和桑戈尔基于不同立场为黑人性做出的贡献极具启发性,他们不约而同地预见到了非洲人文主义当中蕴含的实现文化融合的终极条件。桑戈尔眼中的终极目标是基于黑人文化与西方文化“和解”而产生的一般性的人文主义,这被他称为是“宇宙文明”[93]的、全新的、普适的文化秩序,其中,每一种文化都得到了尊重,每一种文化优秀特点都能发挥影响,当然文化同化的规则

---

[88] Ibid., at 281.
[89] Ibid., at 282.
[90] Ibid., at 278 – 9. See also ibid., at 280.
[91] Ibid., at 292.
[92] Ibid., at 274.
[93] L. Sédar Senghor, Liberté Ⅲ: Civilisation de l'universel (1977).

应当由非洲人,而不是欧洲人确定。[94] 塞泽尔也提出了一种设想,其中"新文明"是可能的,在这种新文明当中所蕴含的"文化特质既是欧洲的,也是本土的"。[95] 他因此认为,无论未来的文化融合以何种形式得以展现,一定是不同于任何单一文化的纯粹的、理性的形态:不是非此即彼,而是你中有我,我中有你。但是,塞泽尔也坚持存在一种复杂的连续性,也就是说,组成新的文化的各种要素之间存在一种文化上的共同体验,他称为"内生的同质性"。[96] 黑人性运动的另一位领袖人物是塞内加尔的谢克·安塔·迪奥普(Cheikh Anta Diop),他主张的"泛非洲主义"宣扬推进政治和文化的统一。[97] 我们不禁要揣测埃利尔斯、塞泽尔、桑戈尔和安塔·迪奥普在多大程度上影响着彼此的理论立场,[98]但是,他们之间的相似性无疑是惊人的。埃利尔斯的著作与范围广泛的政治事件之间有着明显的联系,《非洲习惯法的性质》在法国出版前两年,他提出"约鲁巴人、班图人、苏丹人、阿散蒂人和刚果人的习惯法虽然各具特色。但是,至少就基本内容而言,这

---

[94] L. Sédar Senghor, The Spirit of Civilization, or the Laws of African Negro Culture, (June-November 1956) 8 – 10 Présence Africaine 51, at 52, and his comments during the Discussion Session on 20 September 1956, ibid., at 219.

[95] A. Césaire, Culture and Colonization, (June-November 1956) 8 – 10 Présence Africaine 193, at 202.

[96] Ibid., at 204.

[97] C. Anta Diop, The Cultural Contributions and Prospects of Africa, (June-November 1956) 8 – 10 Présence Africaine 347, at 350 – 3. 然而,我们并不清楚迪奥普是一位历史特殊主义者,认为非洲的未来将与人类的其他部分分离;还是一位普遍主义者,希望非洲和欧洲之间的历史和文化融合。关于他叙事的矛盾, see M. Diouf and M. Mbodj, The Shadow of Cheikh Anta Diop, in V. Y. Mudimbe (ed.), The Surreptitious Speech: Présence Africaine and the Politics of Otherness 1947 – 1987 (1992), pp. 118 – 35。

[98] 例如,我们并不完全清楚,埃利尔斯是否参加了黑人作家和艺术家的两次大会,因为他的作品和关于非洲法律统一的想法将于 1959 年在罗马展出,或者他对文集的贡献是什么。[T. O. Elias, Judicial process and legal development in Africa, in Bjornson and Mowoe (1986), Legacies of Empire, pp. 189 – 210, *supra* note 16]1982 年 5 月下旬在俄亥俄州哥伦布市举行的"非洲与西方:非洲人道主义的挑战"会议上讨论了黑人运动的原则。桑戈尔也参加了会议,但目前尚不清楚埃利尔斯是否参加了会议,或者只是被邀请在会议中提交文章。See Bjornson and Mowoe, Introduction, ibid., at 6.

些习惯法之间有着惊人的相似之处”。[99] 1959 年 3 月至 4 月，在罗马召开的第二届世界黑人诗人和艺术家国际大会上，提交大会的一份报告中就援引了埃利尔斯的上述观点以支持“非洲法律统一”的论题。[100] 顺便说一句，正是在这次会议上，弗朗茨·法农(Frantz Fanon)明确抛弃文化泛非主义和黑人主义，把民族解放的意识形态作为民族文化的基础。[101] 会议重点并不在于讨论的这些观点是否一致，也不是埃利尔斯支持哪一种或几种学术立场，更不是他的著作与黑人性运动之间是否存在直接的联系；会议重点在于强调在新兴的、后独立时代的非洲，英国法和非洲习惯法混同、交融并相互影响的发展过程中，(有着不同解读的)泛非主义、文化民族主义和分裂种族身份的政治主张等为数众多的政治立场和理论观点(及其子系统)对于非洲法律意识而言，都是需要面对的，而不是需要吸纳的。

3.3.1 厌恶：政治和潮流的包容——排斥

尽管埃利尔斯在他的《非洲习惯法的性质》中重塑了非洲的自豪感和自信心，但是刚刚独立的非洲国家坚决抵制转向过去的非洲主义。上一代人对身份问题的单一关注已经被关于“非洲问题”的全面反思和重新定义所取代。埃利尔斯的思想也发生了类似的转变，他在 1960 年 10 月被任命为尼日利亚联邦共和国首任司法部部长。以马西恩·托瓦(Marcien Towa)为代表的“新哲学家”的作品也对此作出回应，这种哲学立场呼吁放弃过去的非洲所形成的自我认知，支持基于黑人性产生的主体意识。在他的《当代非洲哲学问题论文集》(1971)中，主张非洲哲学通过西方的理性主义和哲学为现代性的发展和实现注入动因，从而实现朝向现代世界的新

---

[99] Elias, *supra* note 22, at 3.

[100] 该报告已发表在非洲医学会会议记录上，现转载于 A. Allott, Essays in African Law (1960), pp. 55 – 71。

[101] F. Fanon, The Reciprocal Basis of National Cultures and the Struggles for Liberation, (February-May 1959) Présence Africaine 89.

思维与行动视角的复兴运动。[102] 由于其中民族多元和乡村保守主义的习惯性立场，这种哲学观点常常也被认为有碍于实现当时两大历史使命：国家统一与现代化。一些国家，尤其是继受民法法系传统的国家既不将习惯法排斥于国家法律体系之外，也不限制其作用范围。作为例证，T. W. 班奈特(T. W. Bennett)将勒内·达维(René David)称为20世纪伟大的比较法学家和分类学家。[103] 勒内·达维，《埃塞俄比亚民法典》的起草者，认为习惯因其变动不居的特点而缺乏真正的法律性质，而且埃塞俄比亚社会的行为规则建立于习惯之上的观点并没有得到充分的论证；埃塞俄比亚人民也不可能等上几个世纪，直到他们的法律足够成熟。因此，一场“革命”是必要的。[104]

当然，勒内·达维可能称不上非洲社会和习惯坚定的共情者。[105] 我在此援引他的著作仅为指出在前英国殖民地政策中出现的尖锐的矛盾，而在那里英国法律本来可以被继受和改造以适应传统的习惯法。英国殖民者深知，将一整套外来法律制度强加于原住民身上，尤其是在文化水平较低的乡村，必然会引发社会动荡。心怀“回归原始”的非洲精英们都迫不及待地要用他们的法律体系服务于“法律的去殖民化”、文化统一和“法律发展”，他们身处的新的社会环境和经济条件让精英们不断意识到需要改变历史“向后看”的倾向，以尊重现代法律精神的立场，实施一场立法改革。达成妥协的方式是“抵触”原则得以确立，即那些被法官认为“与国家正义、公平和良知相抵触”的习惯做法被法律所禁止。接下来，本文将讨论

[102] A. Irele, Contemporary Thought in French Speaking Africa, in Mowoe and Bjornson (1986), *supra* note 16, at 144 – 6, 154 – 5.

[103] T. W. Bennett, Comparative Law and African Customary Law, in M. Reimann and R. Zimmermann (eds.), The Oxford Handbook of Comparative Law (2006), p. 662.

[104] R. David, La Refonte du Code Civil dans les états africains, (1962) 1 Annales Africaines 160, at 162.

[105] 达维将习俗归入欧陆法、普通法和社会主义法，他认为这是世界上主要的法律体系。只是作为事后的想法，他才添加了一组异域的“其他”法律——犹太的、印度的、亚洲的和非洲的。See R. David, Les grands systèmes de droit contemporains (1973), pp. 571 – 602.

埃利尔斯对抵触原则和二元立法的担忧,以及他为了控制其负面影响并推进非洲整体法治设想而采取的论证策略。

1958 年,埃利尔斯在受尼日利亚联邦政府委托所作的题为《英国法对尼日利亚习惯法的影响》的演讲中首次提到了这一原则的影响,他认为,实践证明这一原则很难得以实施。他基于将司法看作犹如救世主般的信仰提出,司法对于社会平等的维护在国家转型时期至关重要,同时他也会对司法中的保守主义怀有愧疚:他们不应因偶尔适用域外的(或者基于法官职业训练、社会经验或个人偏好的)规则而受到指责,毕竟对于案件事实而言,在没有先例的情况下,如何确认"社会的"(或者说尼日利亚人民共同的、伦理的)准则?[106] 他在尼日利亚独立后撰写的第一部著作是《英国殖民法:宗主国与殖民地本土法律比较研究》。在书中,他巧妙地完成了针对习惯法的类型化,一方面,各具特色的习惯法有别于彼此;另一方面,本土的习惯法也有别于继受的英国法。此外,埃利尔斯通过文明与蒙昧的区分来讨论习惯法中的个别规范,从而非常智慧地重新将作为一个整体的非洲法提升到与英国法等同的地位上。他交替使用"蒙昧的"、"讨厌的"、"过时的"和"有悖于自然正义和良知"等术语:"在本土法律中所包含的各种要素在追求永恒的正义理念所进行的诸多尝试当中,应当符合文明价值的现代标准",[107]或者"符合与所面对问题相适应的公正准则与合乎人性的考量"。[108] 这些需要考虑的因素不一定是英国的,而是"任何地方的正派人都应当具备的"。[109] 法官面对一项艰巨的任务时,需要"在合理的可承受范围与文明价值的底线之间寻求平衡";[110]更糟糕的是,这些标准本身也可能需要修正或者调整。埃利尔斯竭力淡化英国观念对于道德和正义带来的

---

[106] T. O. Elias, The Impact of English Law upon Nigerian Customary Law, reproduced in Elias, Law in a Developing Society , *supra* note 24, at 3, 83 – 4.

[107] Elias, *supra* note 12, at 17.

[108] Ibid. , at 104.

[109] Ibid. , at 17.

[110] Ibid. , at 104.

巨大影响：虽然难以定义，但这些标准是“英国司法的重要特质”，而且“也因此成为殖民地法律体系的基本目标”。[111] 他并不否认，适用宗主国法律制度造成不公的现象的确存在，但就总体而言，“相对于这些含有偏见的孤例，司法对于殖民地习惯法持一种更为自由（或者开放）的态度”。[112]

尽管这一原则的应用带来了激进的改革并以“改革”非洲来抗拒重返“黑暗的”过去为目标，但是这反而不利于面对非洲现代化的挑战，人们普遍认为，它的出现本身就是殖民主义的产物。矛盾的是，这一殖民主义的产物在后殖民时代反而提供了反抗殖民主义影响的工具，强化了殖民者对于“本土法律和习惯”的蔑视或（和）无视，这反而鼓励他们拒绝接受不合乎英国文明行为观念的规则。[113] 这些批评考虑到了这一原则在创设界限和区隔时所扮演的角色，以及在产生、组织和维持征服与统治过程中的实践。在尼日利亚，或者在更大的地域内，非洲概念的应用让英国的司法体系兼顾二者。英国司法体系依靠良好的专业技能和法律职业训练的支持，很有可能逐渐吸纳本土体系。考虑到批评这一原则的观点的分量，以及回归污名化的文明可能带来的焦虑，埃利尔斯也倾尽全力尝试消弭这种焦虑，那么又应当怎样解释埃利尔斯对这一原则的称颂和对其负面效应的淡化呢？

习惯，就像传统一样，是一种工具，可以被用来争取权力。班奈特曾经说：

> 殖民时期和后殖民时期的政府通过重构已经存在的制度来实现新的政策目标，但又很快将这些制度交还给人民，好像其从

---

[111] Ibid., at 17.

[112] Ibid., at 106.

[113] See P. Nnaemeka-Agu, The Contribution of Judge Elias to African Customary Law, in Bello and Ajibola, *supra* note 10, at 518, 526; E. K. M. Yakpo, The Public Policy Doctrine in African Interlocal Conflict of Laws, in ibid., at 864–7.

> 未被改变。在这样的过程中,“历史被否认,传统被创造”。而面对这些改变的人民则依靠援引传统,在抗拒新的法律实施的同时,尝试理解新的形势。[114]

埃利尔斯明白,人类能动地参与文化和传统的创造,[115]就像在不同文化环境下对外来法律制度的继受过程一样。这对于理解非洲人的习惯法意识形态功能有着深远影响。显然,类似于巫术、杀婴和刑讯必须被制止(虽然即便是在现在,依旧很难定义这些含混的、形式各异的习惯性做法),[116]这将影响法制未来的发展方向,也会阻碍一个文化统一的大陆的建立。[117] 因此,在泛非主义运动过程中就有必要决定哪些本土习俗应当被保留。[118] 1956 年,埃利尔斯避免了当时流行的黑人的—非洲的区别,在传统方法之外,以家族相似(一系列要素、方法、感情和规则)作为黑人文明的价值表象,在此基础上,他为坚持并外化地针对类似基础的统一主题,采用了这样的策略:[119]在尼日利亚这样一个联邦制的国家,保守地实施差异化原则是有价值的,不仅因为这有利于保护和统一不同的习惯体系,更因为这一原则是阻止外来法律适用的立国工具。埃利尔斯认为,尼日利亚这个

---

[114] Bennett, *supra* note 103, at 665.

[115] See also J. Ngugi, Re-examining the Role of Private Property in Market Democracies: Problematic Ideological Issues Raised by Land Registration, (2004) 25 Michigan Journal of International Law 467(他认为,肯尼亚社会的某些部门拒绝接受土地登记的全部效力,例如个人注册所有者拥有近乎绝对的权力,他们整理、制定并适用习惯规范,以挫败新的“正式”权属安排制度的完全运作).

[116] Elias, Impact of English Law, *supra* note 106, at 81.

[117] Ibid., at 109.

[118] 埃利尔斯观察到,这种情况已经在非洲的大片地区存在,那里已经出现了大致相似的政治和经济条件,“可以说非洲习惯法原则的普遍存在,本质上与欧洲法律没有什么不同”。Elias, *supra* note 9, at 220.

[119] 姆巴佩虽然倾向于承认非洲法律的统一性是和非洲黑人对世界的态度联系在一起的,他也意识到这经常被提升到原则水平的态度,虽然奉承了非洲人的骄傲,但并不现实;那些赞同者立即意识到这一点,并毫不犹豫地放弃它,坚定地转向现代性。M'Baye, *supra* note 58, at 155.

新生国家的法律精英们要完成的任务是,在全世界均认可民族国家地位平等的环境中,而不是“野蛮”黑暗的外部环境中,发展非洲法律。法官对习惯法的修订权大于对英国法的修订权是“程度问题,而不是性质问题”。[120]通过立法接受这一原则展示了这样一种姿态,即通过世俗力量,依靠强化基于国情而生的民族主义观念,追求自由的世界主义,反对旧的殖民势力及其在当地破碎的遗留元素,并且在这个过程中不牺牲而是强化地方自治。

在埃利尔斯看来,这一原则另一项重要功能体现在习惯法与英国法互不相容的讨论当中。有一些“边缘”案件,既没有冒犯法官开明的道德感和公平感,也没有违反本土的伦理规范。这些案件应当如何处理?当习惯法与英国法发生冲突的时候,习惯法不是当然地不能适用;就像“不是所有违背自然法、平等与良知的原则”都得不到保留一样;在这些情况之下,或者英国法和习惯法均不能提供解决纠纷的规范的情况下,法官就拥有依据自然法、平等与良知的原则或者求诸“自然正义”或“合乎情理”(一种源于万民法和自然法的观念)的自由裁量权。[121] 这些更多体现为实用主义的“程序”指标,以“自然化”、“二元”和“解构”[122]效用为基础。在理念上,则

---

[120] Elias, *supra* note 12, at 119.

[121] Ibid., at 213, 222.

[122] 我从意识形态学术批判中借鉴了这些概念,并将其应用于托马斯·斯科特里斯(Thomas Skouteris)关于斯泰里奥斯·塞弗阿里迪斯(Stelios Seferiades)的作品中,以发展国际法中“进步词汇”的分析,即“话语策略能够巩固其对他人的权力,并试图将自己与意识形态对手区分开来”。T. Skouteris, The Vocabulary of Progress in Interwar International Law: An Intellectual Portrait of Stelios Seferiades, (2005) 19 EJIL 823, at 824, 837–40. 我认为,埃利尔斯的作品可以被看作另一种学术努力,通过塑造“进步”的面貌,并将其作为一种跨越不同意识形态斗争和个人/专业领域的叙事,使进步与非洲习惯法之间的关系成为该学科更新的核心。

表现为在“本国福祉”[123]与退化之间，以及在“有序发展和社会福利”[124]与欠发达之间，在现代工商业环境下的法治发展与衰退[125]之间的冲突。其中，群体与个人土地所有制的问题及其在现代经济发展环境下的适用性成为一个范例，即特定立法技术和观念有助于形塑殖民地的环境，并有助于接受复兴主义的政治风气。[126] 无论何时，只要合乎本土精英的“利益”（他们所理解或要求理解的），他们就会支持英国法通过这些观念并得以应用，或者对其加以必要的修正；但是，如果它反映的是英国法的特性，其适用于本地并不公平或者触及种族或民族问题，本土精英则会与支持传统的力量共同抵制这些规则。在另外的一些情况下，习惯虽然得到维护，但人们也会通过重新解释习惯，使其看起来更加符合发展、平等和进步的原则。[127] 邓肯·肯尼迪通过策略选择以协调不同，有时甚至以相互冲突的政治目标并使其得以实现的经验，解释了这种后殖民时期仰仗形式主义所取得的效用：

> 它向边缘精英们提供了家庭法的分类，包括流行的、政治的、宗教的、文化的、特殊的，因此是全国性的。作为交换，他们接受（通常是欣然接受）这样的事实，关于市场的法律，虽然不是完全

---

[123] Kennedy, *supra* note 75, at 659.

[124] Elias, *supra* note 12, at 241. 弗朗切斯卡基斯（Francescakis）提出了“公共秩序”的概念，作为一种方式来缓解人们对随意应用“反感主义”的恐惧，这种恐惧基于这样一种想法，即对社会发展有害的地方规则应该被忽视。See P. Francescakis, Problèmes de droit international privé de l'Afrique noire indépendante, (1964 – Ⅱ) 112 RCADI 269, at 305. “社会发展”作为一项政治政策目标，在何种意义上是更有用的手段并以更大程度的确定性加以应用，或者清除种族中心主义偏见，并不完全清楚。然而，社会发展学说和与之对立的学说似乎都具有相同的功能，即促进地方法律制度和社会的统一，套用桑戈尔的话说，运行在普遍文明的原则基础之上。

[125] Elias, *supra* note 12, at 142. See also Elias, Impact of English Law, *supra* note 106, at 107. （“在任何进步的法律体系下，如果要确保社会和经济生活的有序发展，大部分的改变都必须得到保障。”）

[126] Elias, *supra* note 12, at 223 – 44.

[127] Bennett, *supra* note 103, at 662 – 3.

彻底的,但也是一般性的和基本的,由适应"自由"市场的财产与合同规则组成。[128]

这是一种贯穿始终的身份交叉性思维,它交替地将特定的特征(传统或"非洲性")本质化,使其拥有者与众不同,以促进法律诉求(习俗)并使其合法化,并试图在这些诉求相互冲突时(文化综合)将其与其他基于身份的叙事诉求(发展)相协调。抵触原则及其结论大受欢迎,因为前殖民者和殖民地精英阶层都能够接受这项原则。这项原则解释了我们所理解的抵抗与支配,并且提供了一种有效的同化和抵抗的模式。它既有助于保存新封建制度,也有助于维护种族民族主义,被看作传统与现代法律观念的混同。

3.3.2 反对二元主义!为混同而模仿

本文已经讨论过在英国法被引入殖民地之后,非洲法律体系在成为西方化产物的过程中,其在接受移植的同时保有前现代化时期的习惯和非正式惯例。埃利尔斯一生致力于消弭英国法与本土习惯法之间令人不安的,有时甚至不可思议的二元结构。在竞争中共存的两套法律体系和法律机构之间,偶尔的摩擦和冲突时有发生。[129] 在《非洲习惯法的性质》中,他认为"二者之间并不存在本质对立,外在形式和基本原则内容上的差异可能产生于历史和地理因素,或者商业和技术考量",但是他也不太情愿地承认,"每个法律体系内都有特定内容针对特定社会,以实现特定目标,至少在适应欧洲文化的过程中,非洲社会没有分裂"。[130] 尽管非洲习惯法的形成受到不同力量的影响——英国的和本土的,但是二者所发挥的影响力很

---

[128] Kennedy, *supra* note 75, at 646.

[129] T. O. Elias, The Commonwealth in Africa, (1968) 31 Modern Law Review 284, at 301; Elias, Impact of English Law, *supra* note 106, at 106.

[130] Elias, *supra* note 22, at 299.

难确定并加以明确区分,因此也就很难说非洲法融合了传统与现代而被西方化了,或者说英国法正处在令人不安地被非洲化的边缘。那么,又该如何回应实践和理论当中的二元性?

埃利尔斯认为,当然存在一个渐进的过程。无论是断言非洲法律认同发展过程中存在非洲意识,还是意识到将泛非法律文化统一作为非洲国家建国的工具,都建立在反对西方帝国主义的立场之上。为满足“在国内形成人们为之奋斗的法治目标和认同所需要的条件”,[131]他主张以“英国法律统一力量”为指引,让法律沿着“共同道路”发展。作为“国家一般习惯”的发展过程是“演进的”,而不是“革命的”[132],这样才能适应不断发展变化的社会和经济环境;事实也证明,“这也能够吸收外来文化带来的冲击和应对飞速变化的社会需要所带来的挑战”。[133] 这为尼日利亚法律发展提供了一个“充满活力的社会中灵活务实的范例”。[134] 但是,就像不能用实然解释应然一样,我们不能就此认为非洲习惯法应当在实体和程序两个方面均遵循英国普通法的发展路径。埃利尔斯在这里强调,“英国法提供的是一个框架”,其中,“本土法律能够在有序自由和理性程序中蓬勃发展”。[135] 既然与英国法的密切联系已经非常明确,那么二者的“混合”就是可预测的,而且是在寻求“实现社会正义和国家稳定之后兴起的意识形态”统一和一致过程中,“对部落和民族中心主义偏见最好的防范”。[136] 司法系统将会“挺身而出”,通过理性思考和科学研究,提供“必要的合作精神以实现共生,而不仅仅是一个初步的综合”,[137]更不必忙于应对“以其他手段实现政治目

---

[131] Elias, Impact of English Law, *supra* note 106, at 110 – 11.

[132] Elias, *supra* note 22, at 301, also 274.

[133] Ibid.

[134] Elias, Impact of English Law, *supra* note 106, at 108.

[135] Ibid., at 111.

[136] Ibid.

[137] T. O. Elias, Towards a Common Law in Nigeria, in T. O. Elias (ed.), Law and Social Change in Nigeria (1972), p. 271.

标的指责"。[138] 但是,这个法律理念和规则的"大杂烩"最终会以何种面貌呈现仍然是个未知数。埃利尔斯尝试构建的后殖民时期非洲国家的图景在法律和宪法上已经被地区化与联邦化产生的后果"打出裂缝"。他用他关于非洲的背景故事来维持的这种联系,其实更像一种大而化之的比喻,将"非洲普通法统一的力量"和"理性的规则和程序"分别对应统一(或者改革)和部落优越感(的回归)。[139]

关于如何实现英国法与本土法律和谐共生的讨论——也就是一元论和二元论的经典比喻——本身也成为一种批评或者支持某些政治主张的话题。比如,最近流行的种族理论(对"谁是原住民"的回应是问题的中心,尤其是在将一元主义作为司法政策核心的时候)[140]和后殖民或新殖民治理模式。通过谈判、类型化和规范调整中心与边缘的界限,并在去殖民化的过程中扮演不同的角色(包括但不限于教化、约束、发展、管理、保护或主导),社会精英和各类人群得以产生和繁衍。埃利尔斯(在他完成于殖民时期但应用于后殖民时期的著作中)认为,这种思考提出了更深层次的问题:

> 英国法在殖民地法律发展中的适当目标是不是仅限于帮助本土法律实现发展,以使其在不断发展的殖民社会中成为实施社会控制的重要手段,而不在取得的成就当中分一杯羹?或者,在按照英国法律理念和法律规范完成对本土法律的革命性改造之后,英国法会最终取而代之?[141]

---

[138] T. O. Elias, Judicial Process and Legal Development in Africa, in Mowoe and Bjornson (1986), *supra* note 16, at 208("总的来说,英国普通法的司法技术应用于我们的习惯法常常导致理性的路线重塑传统的规则和概念,以适应我们的经济和社会特点").

[139] Elias, *supra* note 12, at 288.

[140] Ibid., at 102-3, 130-1.

[141] Ibid., at 287.

真相再一次存在于二者之间:不是非此即彼,“既不多元,也不单一”,“而是多元的统一”。[142] “英国法与本土法律的混同需要达到一定的比例,以真正实现你中有我、我中有你、取长补短,进而形成殖民地上真正本土的法律体系。”[143]

但是,“模仿”对于理解埃利尔斯语言中的司法黑人性有着重要的意义。我认为,埃利尔斯叙事中的“统一融合”促使我们反思英国法与非洲习惯法规范在发展过程中的关系,这实质上属于模仿文化与本土文化在实践中的冲突。后殖民时期批评家霍米·巴巴在他对都市文学的批评中对这个概念颇具特色的使用,为我理解这个概念提供了依据:作为殖民权力和知识的一种难以捉摸和有效的策略,然而,在它对他者的“双重愿景”中,铭刻在它的宣示行为中——“几乎相同,但又有所差异”——威胁着殖民的代表模式,并嘲笑通过揭露殖民话语中的矛盾心理而使其被模仿的权力,[144]在不将其完全摧毁的前提下打破文化的权威。[145] 霍米·巴巴这样解读法农的《黑皮肤,白面具》(英语和法语版本),后者对黑人的存在做了现象学的研究。在精神分析领域,法农研究了在白人主导范式下的社会心理学领域中,黑人社会价值观的形成会受到哪些影响。黑人的外表和白人的内心认同造成了自我认知的扭曲,让主人公的内心有了严重的“神经症”,并影响着他的生存。霍米·巴巴解释道:

---

[142] Ibid., at 9.

[143] Ibid., at 289 (强调本土).

[144] 巴巴解释说,殖民主义的存在“总是矛盾的,在其原始和权威的外观与重复和差异的表达之间分裂”。这是在表达行为中产生的分裂。这种差异的展示产生了一种对立(而不是对抗)的权威模式,即“在对立和对抗元素的协商(而不是否定)范围内”。H. K. Bhabha, The Location of Culture (2004), p. 153.

[145] 巴巴这样解释:“模仿是围绕一种矛盾心理构建的。为了有效,模仿必须不断地产生偏差、过剩、不同。因此,我称之为模仿的殖民话语模式的权威受到了不确定性的打击:模仿作为一种差异的表现而出现,而这种差异本身就是一种否认的过程。因此,模仿有双重标志;这是一种复杂的改革、监管和规训,在展现权力的过程中‘占有’他者。然而,模仿也是一种不恰当的差异或反抗的标志,它凝聚了殖民权力的主导战略功能,加强了监视,并对‘规范化’知识和规则构成内在威胁。”Ibid., at 122 - 3.

> 模仿者的矛盾心理——几乎却不完全——说明了对于殖民文化的盲目迷恋是一种潜在的反抗诉求。我所说的“身份效应”总是存在严重的分裂。在伪装的掩护之下,模仿,就像恋物一样,是一个不完整的部分,从根本上重新衡量针对种族、文字和历史优先性的规范认识。对权威恋物般的模仿会威胁到权威本身。同样,模仿按照自己的意识重现“他者”的存在,也是一种否定。[146]

殖民模仿现象产生于“混同的影响,态度上既有欣赏也有抗拒,地位上从被约束到渴望”。[147] “《黑皮肤,白面具》包含了矛盾的第三种选择。”[148] “在种族主义者的注视下,黑皮肤裂开展示出来的是兽性、生殖器、怪异的迹象,这是与白色身体无异的恐怖神话。”[149]

> 混同不是两种文化之间,可以用文化相对主义解决的宗谱或者身份的问题。混同是殖民代表与个体化的问题,逆转了殖民主义的否定效果,被他人否认的知识因此进入主流话语,使其权威基础,也使其认知基础变得陌生。[150]

来自混同的威胁最终必将无法控制,因为它打破了自我与他者、内在与外在、熟悉与陌生的对称和二元关系。

我认为,将英国法律引入前英国殖民地或者附属国的做法可以被看作是其与非洲法的混同,这类似于埃利尔斯观念当中本土文化在接受与抵御

---

[146] Ibid., at 129 – 30 (强调本土).
[147] Ibid., at 172.
[148] Ibid.
[149] Ibid., at 131.
[150] Ibid., at 162 (强调本土).

的辩证中所展现的颠覆意象，或者是更加不固定的结构转变过程。埃利尔斯著作中向混同的转变表明，处于核心或边缘地带的比较主义者和地方知识分子并不一定产生或者理解可吸收或不可吸收的要素地图。在他的观念中，非洲法一方面被描述为独具特色可以支持民族主义者主张的去殖民化和泛非主义，另一方面也被描述为很有弹性，受到（西方等）外来影响的同化。然而，在非洲法律意识觉醒的叙事中，这并不是一个选择的问题（二元主义的立场），[151]而是一个交错性的民族文化属性与民族中心特殊主义间的政治斗争。与之紧密相关的是，在去殖民化时代争取现代性的含义、广泛的法律统一与多元的意识形态目标。

仅基于特定的习惯规则的传统就断言存在一个强大的文化本土主义，其与西方法律的镶嵌和融合能够清除阻碍进步和发展的各种历史因素，这样的立场与下面的观点非常相似，即“民族阵线”（基于特定“传统”规则的传播而形成的法律统一体）被看作抵御接受西方发展理念和制度的工具。欧洲法和非洲法因此而结盟，可以战略性地提供变动不居的非洲映像。[152]这就意味着，关于非洲和欧洲的映像都是片面的和倾向性的，是“第一世界眼中的第三世界，和第三世界眼中的第一世界”。[153] 那些提供看似可行的发展策略的叙事正在面对挑战，同样面临挑战的还有为这些发展策略提供框架以追求特定意识形态和政治目标的理论。

---

[151] David Kennedy reads M'Baye, *supra* note 58, at 155 – 6（“非洲大陆是一个充满矛盾的世界：由于受到各种经常相互矛盾的力量的影响，它总是在它们之间犹豫不决”），需要帮助当地知识分子和精英在同化和例外主义之间做出这样的“选择”，并指出“后殖民地的非洲法律将涉及每个国家选择法律模式和规则，无论是西方的还是非洲的，在其特定情况下最适合实现国家发展和现代化的优先事项”。Kennedy, *supra* note 4, at 619 – 20, n. 104. 我认为埃利尔斯的学术研究表明了非洲法律的混合性一直反映了非洲人文主义的双重遗产，但事实并非如此。

[152] Belleau, *supra* note 18.

[153] 肯尼迪引用了拉玛 · 阿布 · 奥德（Lama Abu Odeh）关于伊斯兰法律文化和“荣誉谋杀”的著作，称其避开了异域主义和同化的选择，而拥抱了混杂（“她坚持认为，在那里被培养出来的人的主观身份中，既有传统元素，也有现代元素，既有同化元素，也有异域主义元素”）。Kennedy, *supra* note 4, at 622.

3.3.3 以重复作为更新:反形式主义改革

前文强调,后殖民时代非洲民族国家纷纷独立之后,非洲法领域最重要的任务是实现法典化和结构改革。[154] 立法领域的去殖民化体现了以发展为中心的转变。这个过程中有模仿、修正和创新,也有偶尔的抵制。法律(内部的、地区的和非洲的)统一转化成了极具重要性的话题。问题是如何在"国家的普通法"当中实现综合统一。非洲法语区新晋独立的国家为避免法国法的新殖民化,开始编纂它们自己的习惯法典。埃利尔斯想要的不仅是非洲法的现代化,更是这个新兴现代体系的和谐以及将迈向统一的未来。[155] 与他的诸多同侪不同的是,埃利尔斯避开了法典化和引入正统法律以实现新的法律改革,而是主张改造本土法律资源以应对紧迫的社会问题。是什么力量支撑他反对形式主义法律改革的坚定信心?这些力量又将如何影响非洲社会?

埃利尔斯相信按照普通法的思路发展习惯法的总体效用是"有益的和启发性的"。[156] 尽管要面对困难,但困难的成因在于对文化接触以及外来文化和理念的本土化缺乏科学和系统的研究。因此,需要开展大量的研究工作。"需要检验法律在新的社会中的作用,针对准律师的传统法学教育方式和司法行政方法已经不再适当了。"[157]人类学的田野调查毫无疑问是必要的。[158] 同时,"迫切需要引入开明的法学教育和研究规范,以便培养

---

[154] 埃利尔斯提出了两项"结构性"改革。一是重组法院以避免管辖权的平行性,即英国法或其修改版本与习惯法或其他传统法之间的平行性。二是简化英国法以便于将其与习惯法和当地社区的社会模式相结合。See Elias, *supra* note 12, at 288.

[155] Elias, Law in a Developing Society , *supra* note 24, at 139.

[156] Elias, Towards a Common Law in Nigeria, *supra* note 137, at 266 – 7.

[157] Elias, Law in a Developing Society , *supra* note 24, at 5.

[158] Elias, *supra* note 12, at 276 – 7.

具备新的社会意识和道德责任感的律师”。[159] 司法人员也要接受培训,“以仿效法官和律师的德性”,以“适当履行他们对于社会的职责”。[160] 埃利尔斯毫不怀疑“有了国家发展方向的自觉和意识,最终的统一只是时间问题”。[161] 但是,对他而言,实现这一目标的方法也同样重要。埃利尔斯对司法的极其迷恋(这当然离不开他在1972年至1975年担任首席大法官期间的不懈努力)也表现为其成功地融合了英国法与非洲习惯法,“通过理性实施司法程序,将秩序引入混乱的社会”,[162]而没有求助于法典化。[163] 习惯法具有适应性和情境性,这些特质有助于形成程序和交易意识,从而促成进步;而法典化则会让习惯法成为一套人为的、不可撤销的行为和事件,远离经验和对人的理解,从而滋生偏见。[164] 对埃利尔斯而言,反形式主义的社会因此成为一种积极的意识形态目标,并在社会转型期间具有象征性的效用。[165] 形式主义法律改革的动力忽视了政治参与带来的合法性与拓展性效应,而这些效应意味着法律的胜利。我在前文中认为,反对形式主义是埃利尔斯提出的混同的后身份政治学术主张中的一个重要组成要素。虽然法典化可以对抗英国法的普遍性主张,但也可能成为西方用来抵制非洲人主权和分配主张的工具。另外,通过将判例法作为竞争和谈判的混合来发展尼日利亚普通法,将利用西方法律作为发展和社会变革的工具,并

---

[159] Ibid., at 299. See also Elias, Law in a Developing Society, *supra* note 24, at 141. 埃利尔斯在建立尼日利亚高级法律研究所方面发挥了重要作用,并制定了强有力的研究议程,通过该议程,他将进一步为尼日利亚习惯法的发展作出贡献。See Nnaemeka-Agu, *supra* note 113, at 528 - 9.

[160] Elias, *supra* note 12, at 290.

[161] Elias, Law in a Developing Society, *supra* note 24, at 140.

[162] Elias, *supra* note 138, at 208 - 9. See also Elias, *supra* note 35, at 375 - 6.

[163] 埃利尔斯的第一手资料是关于“新英联邦”(非洲、加勒比和亚洲的英联邦国家)的法官对非洲法律的许多方面进行的分析,这些分析是基于原则的清晰性和客观性,以及“新英联邦”的实践。他在1975年至1985年发表的一系列讲座和论文中进行了归纳。See T. O. Elias, Judicial Process in the Newer Commonwealth (1990).

[164] Elias, *supra* note 138, at 205. See also Elias, *supra* note 12, at 299.

[165] Elias, *supra* note 12, at 280.

抵制不必要的、并非植根于人民精神的地方分歧，正如它将支持民族主义对西方法律科学和发展概念的抵制一样。

3.4 结论

埃利尔斯的著作和生平展示了一幅接受和误读外来法律理念、策略性接受和扬弃文化先天论的复杂图景，其中涉及边缘性的和核心的原则、规范和实践，关乎在非洲的法律和法律中的非洲，超越常规法律思维，突破学者固化理论的边界。本文尝试通过这位学者的思想和著作，将法律对非洲发挥影响力的历史与非洲的政治、经济和文化发展过程结合起来进行反思。尤其是，我追问了以埃利尔斯为代表的法学学者在抵抗或巩固世界霸权关系中所发挥的作用。我称为"黑人性"的法律意识，基于本土的民族文化综合或分裂，在非洲大陆层面上的文化聚集或分化，合乎或背离非洲文化的发展理念等都与法律或西方文化有着若即若离的联系。[166] 令人不安的是，即便与之相比，更少见的是出自非洲的不同的或独特的关于法律理念的理论主张。我已经介绍了混同产生的观念以及埃利尔斯统一尼日利亚普通法的努力，以说明这种观念作用机制的一种方式，以及非洲法上有着文化交融的烙印，而且只有在这个层面上才能做出完整的解释。这种混同所应达到的适当比例可能是第三世界的知识分子永无止境的探索，也是"全球知识分子"关于自身的追问，而社会精英在其所欲实现的社会角色和(民族主义、泛民族主义或者国际主义的)意识形态目标当中则各不相同。"有意识的混同"与"无意识的运用存在于本土与继受之间的法律"所产生的实际影响对于法制史或者国际法学者而言，十分值得关注，并做深入思考。

非洲一直尝试建立国家法律体系，其立法体系一直在很大程度上受到"法律移植"的影响。有很多方式可以解释这种现象，本文也触及这一主

---

[166] Kennedy, *supra* note 75, at 675.

题:法律如果作为一种规训被传授和理解,法律和司法职业的普遍地位,历史和文化基础,以及政治和社会现实当然都需要考虑。埃利尔斯的研究很好地说明了殖民地和独立的非洲在身份、法律理论、政治立场、法学教育等方面的争议,在对这些争议的研究中他既是观察者,也是参与者。但是,他未能揭穿神话并与非洲社会主流结成同盟。他为一些非洲人类学和法学学者的一些令人困惑的种族主义观点提供了解释,并在这一过程中让非洲在世界历史和法哲学历史上占据了牢固的地位。他在法学教育和法律与司法职业的专业化上采取现代主义的立场,并构建了一套应对策略。基于与英国法结成战略联盟,通过修订和改革立法以应对现代化带来的社会和经济问题。[167] 他对司法充满信心,认为司法可以通过训练得到完善,司法的终极目标是“在法律与社会之间,在法律科学的技术与社会正义的要求之间达成动态平衡”,[168]这是理解他关于非洲人文主义思想的关键,也是他的著作成为经典的关键。

参考文献

Allott A (1960) Essays in African law. Butterworths. London

Anghie A (1999) Finding the peripheries: sovereignty and colonialism in nineteenth-century international law. Harv Int Law J 40(1):1 - 80

Anghie A (2005) Imperialism, sovereignty and the making of international law. Cambridge University Press. Cambridge

Anghie A, Chimni BS (2003) Third world approaches to international law and individual responsibility in internal conflicts. Chin J Int Law 2:77

Anta Diop C (1956) The cultural contributions and prospects of Africa. Présence Africaine 347:8 - 10

---

[167] Elias, Law in a Developing Society, *supra* note 24, at 141.

[168] Elias, *supra* note 138, at 121.

Becker Lorca A (2006) Alejandro Alvarez situated: subaltern modernities and modernisms that subvert. Leiden J Int Law 19:879

Bedjaoui M (1961) La révolution algérienne et le droit, Association internationale des juristes démocrates, Bruxelles

Belleau MC (1997) The "Juristes Inquiets": legal classicism and criticism in early twentieth-century France. Utah Law Rev 2:379

Belleau MC (1998) La dichotomie droit privé/droit public dans le contexte québécois et canadien et l'intersectionnalité identitaire. Cah de droit 39:177

Bello EG, Ajibola BA (1992) Preface. In: Bello EG, Ajibola BA (eds) Essays in honour of judge Taslim Olawale Elias. Martinus Nijboff Publishers, Dordrecht/Boston/London, 2 vols

Bennett TW (1995) Human righis and African customary law. Juta, Cape Town

Bennett TW (2006) Comparative law and African customary law. In: Reimann M, Zimmermann R (eds) The Oxford handbook of comparative law. Oxford University Press. Oxford

Benton L (2002) Law and local cultures, legal regimes in world history 1400 – 1900 Cambridge University Press, Cambridge

Bhabha HK (2004) The location of culture. Routledge, London/New York

Cass DZ(1997) Navigating the newstream: recent critical scholarship in international law. Nordic J Int Law 65:341

Césaire A (1956) Culture and colonization, Présence Africaine 193:8 – 10

Curtin PD (1984) Cross-cultural trade in world history. Cambridge

University Press, Cambridge (Cambridgeshire)/New York

David R (1962) La Refonte du Code Civil dans les états africains Ann Afr 1:160

David R (1973) Les grands systémes de droit contemporains. Dalloz, Paris

Diouf M, Mbodj M (1992) The shadow of Cheikh Anta Diop. In: Mudimbe VY (ed) The surreptitious speech: Présence Africaine and the politics of otherness. University of Chicago Press, Chicago, pp. 1947 – 1987

Elias TO (1954) Groundwork of Nigerian law. Routledge & Paul, London

Elias TO (1956a) The nature of African customary law. Manchester University Press, Manchester

Elias TO (1956b) Makers of Nigerian law. Hazell Watson & Viney, Surrey

Elias TO (1961) La nature du droit coutumier africain (trans: Découfle et Dessau). Présence afric-aine, Paris

Elias TO (1962) British colonial law: a comparative study of the interaction between English and local laws in British dependencies. Stevens, London

Elias TO (1963) The Nigerian legal system, Routledge, London

Elias TO (1965) African law. In: Larson A. Jenks CW (eds) Sovereignty within the law. Oceana Publications, New York

Elias TO (1967) Nigeria: the development of its laws and constitution. Stevens, London

Elias TO (1968) The commonwealth in Africa. Mod Law Rev 31:284

Elias TO (1971) Nigerian land law. Routledge and Kegan Paul,

London

Elias TO (1972a) Towards a common law in Nigeria. In: Elias TO (ed) Law and social change in Nigeria. University of Lagos/Evans Bros Lagos

Elias TO (1972; 1988) Africa and the development of inernational law. A W Sijthoff/Oceana Publications, Leiden/Dobbs Ferry

Elias TO (1973a) Law in a developing society. Inaugural Lecture Series, Lagos

Elias TO (1973b) The impact of English law upon Nigerian customary law. Reproduced in Elias TO, Law in a developing society. Inaugural lecture series, Lagos

Elias TO (1981) Africa before the world court. University of Nairobi, Nairobi

Elias TO (1983) The international court of justice and some contemporary problems: essays on international law. Martinus Nijhoff Publishers, The Hague/London

Elias TO (1986) Judicial process and legal development in Africa. In: Mowoe IJ, Bjornson R (eds) Africa and the West: the legacies of empire Greenwood Press, New York

Elias TO (1989a) The United Nations charter and the world court. Nigerian Institute of Advanced Legal Studies, Lagos

Elias TO (1989b) The role of the international court of justice in Africa, Afr J Int Comp Law 1:1

Elias TO (1990) Judicial process in the newer commonwealth. University of Lagos Press, Lagos

Elias TO, Nwabara SN, Akpamgbo CO (eds) (1975) African

indigenous laws. Government Printer, Enugu

Fanon F (1952) Peau noire, masques blancs. Éditions du Seuil, Paris

Fanon F (1959) The reciprocal basis of national cultures and the stuggles for liberation. Présence Africaine 89:24 – 25

Francescakis P (1964 – II) Problèmes de droit international privé de l'Afrique noire indépendante. 112 RCADI 269

Hegel GWF (1837) In: Gans E (ed) The philosophy of history (trans: Sibree J, 1857). Bohn, London

Irele A (1986) Contemporary thought in French speaking Africa. In: Mowoe IJ, Bjornson R (eds) Africa and the West: the legacies of empire. Greenwood Press New York

Kennedy D (1980) Toward an historical understanding of legal consciousness: the case of classical legal thought in America 1850 – 1940. Res Law Sociol 3:3

Kennedy D (1997a) New approaches to comparative law: comparativism and international governance. Utah Law Rev 2:545

Kennedy D (1997b) A critique of adjudication (Fin de Siècle). Harvard University Press, Cambridge

Kennedy D (2001) A semiotics of critique. Cardozo Law Rev 22:1147

Kennedy D (2003) Two globalizations of law and legal thought: 1850 – 1968. Suffolk Univ Law Rev 36:631

Kennedy D (2006) Three globalizations of law and legal thought: 1850 – 2000. In: Santos A, Trubek D (eds) The new law and economic development. A critical appraisal. Cambridge University Press, Cambridge

King RH (2004) Race, culture and the intellectuals 1940 – 1970. Woodrow Wilson Center Press/Johns Hopkins University Press. Washington,

DC/Baltimore

Kuti FA (1991) Elias: a man of his time. Patrac, Benin City

Laclau E (1996) Emancipation(s). Verso, London

Lawrence TJ (1900) The principles of international law. DC Heath, Boston

Lawrence BN, Osborn EL, Roberts RL (eds) (2006) Intermediaries, interpreters, and clerks: African employees in the making of Colonial Africa. University of Wisconsin Press, Madison

Lévy-Bruhl L (1922) La Mentalité primitive. Presses universitaires de France, Paris

Lindley MF (1969) The acquisition and government of backward territory in international law. Negro Universities, New York

M'Baye K (1973) The African conception of law. In: Zweigert K. Drobnig U (eds) International encyclopaedia of comparative law, vol Ⅱ, Ch 1, 138

Maine H (1906) Ancient law: its connection with the early history of society and its relation to modern ideas. H. Holt, New York

Mazrui AA (1986) Cultural forces in African politics: in search of a synthesis. ln: Mowoe IJ, Bjornson R (eds) Africa and the West: the legacies of empire. Greenwood Press, New York

Merry SE (2006) Human rights and gender violece: translating international law into local justice. University of Chicago Press, Chicago

Mowoe IJ, Bjornson R (1986) Introduction. ln: Mowoe IJ, Bjornson R (eds) Africa and the West: the legacies of empire. Greewood Press. New York

Mwalimu C (2005) The Nigerian legal system, vol 1, Public law. P

Lang. New York

Ngugi J (2004) Re-examining the role of private property in market democracies: problematic ideological issues raised by land registration. MIJ Int Law 25:467

Nkrumah K (1964) Consciencism: philosophy and ideology for decolonization and development with particular reference to the African revolution. Heinemann, London

Nnaemeka-Agu P The contribution of judge Elias to African customary law. In: Bello EG, Ajibola BA (eds) Essays in honour of judge Taslim Olawale Elias, 2 vols. Martinus Nijboff Publishers, Dordrecht/Boston/London

Nyamu CI (1998 – 99) Achieving gender equality in a plural legal context: custom and women's access to and control of land in Kenya. Third World Legal Studies 15:21

Rosello M (1995) Introduction. In: Rosell M, Pritchard A (trans & eds) Aimé Césaire: notebook of a return to my native land/Cahier d'un retour au pays natal. Bloodaxe Books

Said EW (1979) Orientalism. Vintage Books/Random House, New York/Toronto

Sartre JP (1948) Orphée noire. In: Sédar Senghor L (ed) Anthologie de la nouvelle poésie nègre et malgache de langue française. Presses universitaires de France, Paris

Sédar Senghor L (1956) The spirit of civilization, or the laws of African Negro culture. Présence Africaine 51:8 – 10

Sédar Senghor L (1964) Liberté Ⅰ: Négritude et humanisme. Éditions du Seuil, Paris

Sédar Senghor L (1977) Liberté Ⅲ: civilisation de I'universel. Éditions du Seuil, Paris

Sir Abrahams S (1948) The colonial legal service and the administration of justice in colonial dependencies. J Comp Legis Int Law (3rd Series) 30(1):1-11

Skouteris T (2005) The vocabulary of progress in interwar international law: an intellectual portrait of Stelios Seferiades. Eur J Int Law 19:823

Smith IO, Alade CA (1991) Taslim Elias: a jurist of distinction. Lagos State University, Lagos

Thompson A (1991) Favored by the gods. Kolapo Standard Press, Ibadan

Towa M (1971) Essai sur la problématique philosophique dans I'Afrique actuelle. Éditions CLE, Yaoundé

Vaillant JG (1990) Black, French and African: a life of Leopold Sédar Senghor. Harvard University Press, Cambridge, MA

Wheaton H (1866) Elements of international law. Stevens and Sons, London

Yakpo EKM (1992) The public policy doctrine in African interlocal conflict of laws. In Bello EG, Ajibola BA (eds) Essays in bonour of judge Taslim Olawale Elias, 2 vols. Martinus Nijhoff Publishers, Dordrecht/Boston/London

4 解读非洲中心主义：去殖民化的法律理论

丹·库瓦里(Dan Kuwali)*

4.1 引言

广义的理论，是指解释特定事物的假设或思想体系。① 奥卡福(Okafor)从另一个角度将理论看作是对过去观察结论的系统的、正式的表达，具有预测性、逻辑性和可预测性。② 因此，理论是指以科学的方法提出的，对经验现象的解释。这个定义意味着，理论被用作一个框架以描述相关社会和自然现象。在这个意义上，法律理论，也被称为法理学或者法哲学的任务，是"澄清法律价值并对其最终的哲学基础提出假设"。③

法律哲学通常被称为法理学，其大致可以分为规范法学和分析法学。规范法学本质上属于政治哲学，解决"法律应该是什么"的问题；分析法学则解决"什么是法律"的问题。哈特在20世纪提出，法律作为规则的体

---

* 丹·库瓦里，南非比勒陀利亚大学法学院人权研究中心博士后，马拉维姆祖祖大学安全研究中心副教授。

① Allen RE (ed) (1989) The South African pocket Oxford dictionary. Oxford University Press, Cape Town, p. 801.

② Okafor OC (2008) Critical Third World Approaches to International Law (TWAIL): theory, methodology, or both? Int Commun Law Rev 10, p. 372 – 373.

③ Friedmann WG (1969) Chambers's encyclopaedia new revised edition, vol 8. International Learning Systems Corporation Limited, London, p. 449.

系,包括第一性规则(行为规则)和第二性规则(执行行为规则的规则)。[④]在这个意义上,第二性规则可以被细分为审判规则(解决法律纠纷)、改变规则(允许法律变更)和承认规则(确定法律的有效性)。[⑤]

当非洲国家处于欧洲人的殖民统治之下的时候,殖民者常常会针对他们的"臣民"开展研究,以便更好地实施殖民统治。殖民者翻译了西方的法律,并将其带到非洲大陆。在这样做的过程中,殖民者并不关心、分析继受的欧洲法在殖民地上与本土法律和习惯在共存的过程中如何互动。欧洲传教士认为,非洲习惯法不利于新的宗教信仰的传播,因此应当被彻底废除。殖民者认为,本土法律是异教徒的习俗,应当被废止,并以更加高级的殖民法律取而代之。[⑥]

直到最近,非洲法学者主要关注的还是描述性的讨论,而不是移植的殖民法律对本土法律和习惯的影响。对非洲本土法律认识上的差距推动盎格鲁-撒克逊或者西方的法律占据主导地位,对传统非洲社会的习惯和法律则缺乏了解。非洲法律理论的特点在于其对自然法的认同,以及对法律实证主义的反感。与实证法相反,自然法是普适的,约束着所有国家和人民,因此是一种基于普遍的权利和正义观念之上的非协商性法律。这与国际法颇为相似。自然法也因此被新兴的国际法实证主义解释所取代。[⑦]按照沙赫特(Schachter)的观点:[⑧]

国际法律师清楚地看到,制定和适用法律的国家并不受道德

---

④ Hart HLA (1961) The concept of law. Clarendon Press, Oxford.

⑤ Bayles MD (1992) Hart's legal philosophy. Springer, Dordrecht, p. 21.

⑥ Ayinla LA (2002) African philosophy of law: a critique. J Int Comp Law 6, p. 162; Elias TO (1956) The nature of African customary law. Manchester University Press, Manchester, p. 25.

⑦ Ticehurst R (1997) The Martens clause and the laws of armed conflict international review of the red cross. 317:125-134. Also available at http://www.icrc.org/eng/resources/documents/misc/57jnhy.htm. Accessed 11 May 2012.

⑧ Schachter O (1991) International law in theory and practice. Martinus Nijhoff, Dordrecht, p. 36.

> 或“自然理性”的约束；它们受权力和利益驱动。法律因此成了国家实现其“政治意志”的工具。

基于同样的理由，法律理论被以欧洲中心主义或者美国化的视角来看待。拉贾戈帕尔（Rajagopal）进一步指出，“不将霸权主义的国际法与美国的单边主义等同是非常重要的。真正应当关注的是，联合国安理会的多边机制如何被用来加强国际法的霸权主义”。[9] 法理学中，一个尚未被充分发掘的关于法律本质的哲学视角是非洲法律理论。对出现这种遗漏的原因有几种解释：一个原因是，国际法律秩序中，欧洲中心主义下的帝国主义进程。另一个原因是，关于法理学一般性问题的讨论中，缺乏来自非洲的声音。这一观点得到拉贾戈帕尔的认同，他曾经感叹，“即便是美国专门研究和教授法律和后现代主义的学者，也对来自第三世界学者的著作知之甚少”。[10] 斯莱特（Slater）认为，[11]这种知识“真空”出现的原因在于知识生产的劳动分工：

> 抹杀来自非西方世界的理论是西方国家构建国际知识劳动分工架构的关键策略，而且全球化进程也深受这一架构的影响。

西方与世界上其他国家的劳动分工所体现的立场彻底背离了揭示非洲哲学存在的最初立场。事实上，研究非洲哲学传统和第三世界国际法（Third World Approaches to International Law，TWAIL）的学者队伍正在不断壮大，他们的研究已经消除了对包括非洲哲学在内的非西方法理学的怀

---

⑨ Rajagopal B（2006）Counter-hegemonic international law：rethinking human rights and development as a third world strategy. Third World Q 27(5)：781.

⑩ Rajagopal B（1998－1999）Locating the third world in cultural geography. Third World Legal Study, p. 2.

⑪ Slater D（1994）Contesting occidental visions of the global：the geopolitics of theory and north-south relations, 4 Beyond Law, Mas Alla Del Derecho, p. 113.

疑。威廉姆斯(Williams)就认为,“对非洲哲学的怀疑已经寿终正寝,但是对于非洲法哲学的怀疑依旧阴魂不散”。[12] 威廉姆斯进一步认为,对经典和当代文献的研究“揭示了一个明显且引人注目的空白,与之相关的发现展示了这样一个事实,人们非常明显地遗漏了包含着非洲智识贡献和精神追问的重要非洲法律理论文献”。[13]

威廉姆斯对非洲法理学的困境提出了两个重要且彼此独立的问题。一是非洲法理学的本质是什么？二是什么阻碍了非洲法理学文献成为主流法学文献中的经典？[14] 然而,在此之前也有学者尝试回应这两个问题,本文尝试提出并说明身处主流法律理论中的非洲中心主义的细节。戴克(Dike)和阿贾伊(Ajayi)认为,[15]“每个不想失去自己身份的人,都必须将自己与过去联系起来”。[16] 因此,本文将通过发掘非洲法律理论家和国际法学者的观点,将法律理论从“欧洲中心论下的知识生产集权化倾向”[17]中解放出来。由于绝大多数非洲本土法律和习惯还都没有被文本化,本文也将借用以口头或图像为载体的非洲古代社会传统。

---

⑫ Williams I (2006) Against the Skeptical argument and the Absence thesis: African jurisprudence and the challenge of positivist historiography 6. Available at www. miami. edu/ethics/jpsl. Accessed 7 May 2012.

⑬ Williams I (2006) Against the Skeptical argument and the Absence thesis: African jurisprudence and the challenge of positivist historiography 6. Available at www. miami. edu/ethics/jpsl. Accessed 7 May 2012.

⑭ Williams I (2006) Against the Skeptical argument and the Absence thesis: African jurisprudence and the challenge of positivist historiography 6. Available at www. miami. edu/ethics/jpsl. Accessed 7 May 2012.

⑮ Dike KO, Ajayi JF (1968) African historiography. In: Sills DI (ed) International encyclopedia of social sciences, vol 6. Macmillan, New York, p. 394.

⑯ Cited in Oladosu J (2001) Choosing a legal theory on cultural grounds: an African case for legal positivism. West Africa Rev 2 (2). http://ivr2003. net/Abstracts/documents/OLADOSU-notinAssociations. pdf. Accessed 28 Sept 2013.

⑰ Rajagopal B (1998 - 1999) Locating the third world in cultural geography. Third World Legal Study, p. 4.

4.2 非洲法律理论何以存在?

在回答非洲法律理论问题为什么值得关注之前,也许首先需要回应的问题是法律理论的重要性。首先,法律是一套规则和指示的体系,通过社会规范调整行为。[18] 社会的构成方式,包括其法律的性质,通常反映其基本价值。格鲁克曼(Gluckman)认为,法律概念或多或少是道德律令。[19] 法学因此基本上是以人为中心的。如果法学是关于人的,那么法律当然也是关于人的。

这一假设,构成了各种文化当中法学贡献的基础。[20] 这也解释了为什么是法律和正义的概念而不是其他概念,处于分析和理解人类普遍面对的当代问题,特别是社会问题的核心地位。也是基于这个原因,法律理论是为社会面临的问题寻求答案的一项有用工具。但是,拉贾戈帕尔警告说:

> 期待国际法发展成为对抗霸权主义的工具且帮助弱者和受害者并让强权负起责任,这种期望的前景是黯淡的。在当今世界反抗霸权主义的力量当中,国际法尽管重要,但也仅仅是一个小小的组成部分而已。这个世界处理和平、战争、生存、繁荣、环境和多元的能力关乎这个世界的未来,世界的未来又取决于一系列要素,其中就包括大众的政治。处于精英主导和大众主导之间的法律改革,从未受到如此强烈的关注。[21]

---

⑱ Hart HLA (1961) The concept of law. Clarendon Press, Oxford.

⑲ Gluckman M (1963) Order and rebellion in tribal Africa, Chap. 7. Cohen and West, London, p. 198.

⑳ Williams I (2006) Against the Skeptical argument and the Absence thesis: African jurisprudence and the challenge of positivist historiography 6. Available at www. miami. edu/ethics/jpsl. Accessed 7 May 2012.

㉑ Rajagopal B (2006) Counter-hegemonic international law: rethinking human rights and development as a third world strategy. Third World Q 27(5):780.

尽管如此,非洲法律理论仍然需要从传统法哲学理论中解放出来,以回应非洲民众正面对的当代问题,并将解决哲学问题的有效工具概念化。在达尔富尔危机中,备受关注的关于和平与正义的争论已经表明,国际法尚不足以处理非洲地区的特有局势。另一个例证是,联合国安理会在1994年的卢旺达大屠杀中的消极作为。《联合国宪章》的起草者在安理会强行执行国际法基本规则时,限制了对使用武力的授权,从而造成了一种固有的选择性和软弱的制度。㉒ 奥拉多苏(Oladosu)强化了这一观点,他认为:㉓

> 法律实证主义者声称存在一种普遍有效和适用的理论,其可信度相当值得怀疑。尤其是当这种理论既不能准确表述,也不能充分回应特定文化环境下的司法需求,或者在特定文化环境下非常容易受到道德上不可欲的结果的影响时,更是如此。当其适用于非洲社会政治环境的时候,这种法律实证主义的缺陷正是学者想要证明的。

由于其因地制宜的特质,非洲法律理论在面对非洲问题的时候能够发挥核心作用。例如,拉贾戈帕尔就指出:㉔

> 当前人权理论与实践正面临抉择,它既可以与霸权主义合作,也可以作为反对霸权主义的工具。通过无视反帝国主义的历

㉒ White ND (2007) Regional organizations and humanitarian intervention. Utrecht J Int Eur Law 24(65):31.

㉓ Oladosu J (2001) Choosing a legal theory on cultural grounds: an African case for legal positivism. West Africa Rev 2(2). http://ivr2003.net/Abstracts/documents/OLADOSU-notinAssociations.pdf. Accessed 28 Sept 2013.

㉔ Rajagopal B (2006) Counter-hegemonic international law: rethinking human rights and development as a third world strategy. Third World Q 27(5):775.

史,支持战争,西方人权的话语主导者在葬送人权本身的未来。

正是这种个人与政治间截然不同的关系,使第三世界的文本与西方格格不入。[25] 此外,了解非洲法律理论也有助于倾听和理解非洲的声音,尤其是强化非洲国家在联合国中的作用,并让联合国在非洲发挥更大的影响力。进一步而言,理解非洲法律有助于国际组织理解非洲国家对于国际刑事法庭"选择性"司法的关注,后者被看作西方用来针对非洲人的工具。这里要说明的是,理解非洲法律和哲学思想有助于厘清其与这些问题之间的关联。实证法并不总是能够回答这些问题,也不足以回应当代问题。这就解释了为什么科洛马(Koroma)大法官在其《核武器咨询建议》中,针对为使用核武器特别禁令寻求原因的做法提出反对意见,他认为,"对特别禁令的徒劳追寻不过是另一种极端形式的实证主义罢了"。

另一个要强调的问题是非洲作为法律理论贡献者所发挥的重要作用。例如,根据国际法院(International Court of Justice,ICJ)关于核武器和核威慑的咨询意见,核武器非法化的支持者就依据自然法理论,敦促国际法院忽视国际法中的实证法规范。马尔顿条款(Martens Clause)能够支持这一立场,因为它表明武装冲突法不仅提供了实定法,而且提供了道德准则。例如,它确保小国或者国际组织单个成员的立场能够影响武装冲突法的发展。提克赫斯特(Ticehurst)认为,"这部分国际法不应仅仅反映军事强国的立场。武装冲突法能够反映整个国际社会的立场是极其重要的"。[26]

4.3 非洲法律理论是否存在?

到 19 世纪末,法律实证主义和国家主权的观念已经主导国际法的思

---

[25] Rajagopal B (1998 - 1999) Locating the third world in cultural geography. Third World Legal Study, p. 12.

[26] Ticehurst R (1997) The Martens clause and the laws of armed conflict international review of the red cross. 317:125 - 134. Also available at http://www.icrc.org/eng/resources/documents/misc/57jnhy.htm. Accessed 11 May 2012.

维,各国纷纷启动法典编纂。㉗ 正如上文所指出的那样,尤其是由于缺乏警察、议会和法院这些当代司法和立法机构,批评者质疑古代非洲法律的存在。㉘ 即便是在其他认同非洲社会并非法律“真空地带”的学者眼中,非洲本土法律制度的合法性和司法性也值得商榷。㉙ 到了非洲殖民时代,殖民者看到非洲土著拥有完善的、本土的和基于信仰的法律和习惯。征服者们并未摧毁这些制度,而是对其加以改造,以使其适应宗主国的法律传统并服务于宗主国的政治权威和生产关系。㉚

虽然有历史研究表明非洲传统制度当中蕴含了一套法律和治理体系,但这并不能证明完整的非洲法律理论的存在。㉛ 泰沃(Taiwo O)指出,㉜“当非洲学者回答哲学问题的时候,他们常常被要求用哲学规范证成其主张。但是,当哲学规范被非洲学者援引的时候,他们的理论就成了被西方学者主导的西方学术传统的附庸”。㉝

那么,问题就在于:理论是如何形成的?按照哈特的观点,尝试构建一套充分的法律理论的智识活动开始于将法律视为社会规范的一种形式。㉞

㉗ Ticehurst R (1997) The Martens clause and the laws of armed conflict international review of the red cross. 317:125 – 134. Also available at http://www.icrc.org/eng/resources/documents/misc/57jnhy.htm. Accessed 11 May 2012.

㉘ Ayinla LA (2002) African philosophy of law: a critique. J Int Comp Law 6:148.

㉙ Ayinla LA (2002) African philosophy of law: a critique. J Int Comp Law 6:148; Williams I (2006) Against the Skeptical argument and the Absence thesis: African jurisprudence and the challenge of positivist historiography 6. Available at www.miami.edu/ethics/jpsl. Accessed 7 May 2012.

㉚ Roberts R, Mann K (1991) Law in colonial Africa. In: Roberts R, Mann K (eds) Law in colonial Africa. Heinemann Educational Books, Portsmouth, p. 8.

㉛ Williams I (2006) Against the Skeptical argument and the Absence thesis: African jurisprudence and the challenge of positivist historiography 6. Available at www.miami.edu/ethics/jpsl. Accessed 7 May 2012.

㉜ Taiwo O (1998) Exorcising Hegel's ghost: Africa's challenge to philosophy, on the theme: religion and philosophy in Africa. Afr Stud Q 1(4).

㉝ Williams I, Moses O (2008) Theories of law and morality: perspectives from contemporary African jurisprudence. In-Spire J f Law Polit Soc 3(2):152.

㉞ Hart HLA (1961) The concept of law. Clarendon Press, Oxford, p. 78.

一套法律理论至少有两种方式可以被一个法律体系所采用。第一种与“主导地位”,尤其是与法律实证主义的主导地位相关。也就是,作为实证主义者的法律理论家和学者占据重要多数,或者对法律理论和实践有重大或主导性的知识影响。第二种是法律制度的“承认规则”,即将满足一定条件的道德规则或外来法律规则融入有效的法律规范体系当中,即便其存在某种道德上的缺陷。[35] 欧巴里(Obilade)进一步认为:[36]

> 没有哲学思考的法律理论是不完整的。一种法律理论的提出其实就是对法律的哲学化。在对法律哲学化的过程中,我们就可能提出一种法律理论。

在人类的历史上,人类从来没有在一个没有任何规则的社会中生存过,虽然当时的法律规则可能没有像现代法律这样与其主体相契合。[37] 但有一点是清楚的,“无论过去或是现在,非洲人和其他人一样拥有进行哲学思考和理解常识的能力”。[38] 这就证实了这样一个事实:即便是在古代的非洲社会,也存在调整社会关系的法律。埃莱希多(Elegido)就认为:[39]

> 传统非洲社会当然具备与现代法律制度极为相似的社会控

---

[35] Oladosu J (2001) Choosing a legal theory on cultural grounds: an African case for legal positivism. West Africa Rev 2(2). http://ivr2003.net/Abstracts/documents/OLADOSU-notinAssociations.pdf. Accessed 28 Sept 2013.

[36] Obilade AO (1995) A critique of current trends in legal philosophy. Lagos: University of Lagos Press, p.357.

[37] Ayinla LA (2002) African philosophy of law: a critique. J Int Comp Law 6:148.

[38] Oladosu J (2001) Choosing a legal theory on cultural grounds: an African case for legal positivism. West Africa Rev 2(2). http://ivr2003.net/Abstracts/documents/OLADOSU-notinAssociations.pdf. Accessed 28 Sept 2013.

[39] Elegido JM (2001) Jurisprudence. Ibadan: Spectrum Law Publishing, p. 127; Elias TO (1956) The nature of African customary law. Manchester University Press, Manchester, p. 1.

> 制制度。事实上,如果认真研究这些制度就不难发现,非洲法律制度与其他国家法律制度的区别仅是表面上的。

因此,以非洲本土社会没有法院、警察和立法机构为由,就认为非洲社会没有法律制度的观点仅关注社会制度的形式,却忽视了法律规范的实质。艾因拉(Ayinla)认为:[40]

> 人们当然不能在非洲社会找到一个拥有现代印记的议会,但是在非洲社会制定一项新的制度和修改一项旧的规则都有特定程序。在像伊博人或基库尤人这种没有酋长的部落中,新的规则由长老会制定;而在南非的茨瓦纳人部落中,酋长在部落会议中制定新的法律规范。

在同一本专著中,艾因拉补充道,[41]“就法官而言,当然没有戴着假发的绅士端坐在有橡木板装饰的高堂之上,但是肯定有专门的机构和人员处理法律规范及其执行过程中出现的争端”。至于警察,“在这些社会中存在确保统治者的决定得到遵守和维持社会秩序的特定官员”。[42] 他因此建议:[43]

> 一般性的问题仅仅在于我们要找到发挥立法、司法、执法这些基本社会功能的机制,但是这些机制发挥作用的方式可能不同于现代社会的通行做法。出现这种情况的理由在于,不同社会面

---

[40] Ayinla LA (2002) African philosophy of law: a critique. J Int Comp Law 6:166.
[41] Ayinla LA (2002) African philosophy of law: a critique. J Int Comp Law 6:166.
[42] Ayinla LA (2002) African philosophy of law: a critique. J Int Comp Law 6:166.
[43] Ayinla LA (2002) African philosophy of law: a critique. J Int Comp Law 6:166.

对的实际情况大相径庭。[44]

然而在一般情况下,组织比较严密的西方政治社会与其他组织不那么严密的社会相比,司法机构的确更能体现法律原则的运作过程。一种正义分配机制比其他机制更有组织性,并不意味着其他的机制不能实现分配正义的作用。因此,仅仅基于非洲本土法律不同于西方社会的法律习惯,就认为非洲本土法律不是法律的观点显然是不正确的。非洲本土法律和习惯广为流传,加上社会"对其得到遵守的真诚且深切的期待"都体现了非洲本土习惯和法律的规范价值。仅凭这些习惯和法律没有按照西方的程序起草,不能剥夺其固有的规范效力。[45] 法律理论并不总是黑白分明的。根据威廉姆斯的观点:[46]

> 关键在于,哲学本质上是关于思考的艺术。思考开启并沁润着哲学。这样的思辨体系依靠人类心智对于诸如死亡、生命及其意义等根本性问题的追问来支撑。真正有意义的是,这样的思辨体系并不总是具有书面的形态。我们认为,哲学不在于其书面形式的存在,而在于其实质。

特定社会中司法机关的成熟程度直接取决于其社会发展阶段和形态。西方社会有着高度发达的政治体系,与那些政治体系欠发达的社会相比,

---

[44] Elegido JM (2001) Jurisprudence. Ibadan: Spectrum Law Publishing, p. 126; Elias TO (1956) The nature of African customary law. Manchester University Press, Manchester, p. 34.

[45] Sheldo D (2008) Soft law. In: Armstrong D (ed) Routledge handbook of international law. Routledge, London, p. 22.

[46] Williams I (2006) Against the Skeptical argument and the Absence thesis: African jurisprudence and the challenge of positivist historiography 6. Available at www. miami. edu/ethics/jpsl. Accessed 7 May 2012.

西方社会更有可能拥有完善的法律原则体系和司法技术。[47] 基于特权传统，法制发达的社会当中，通常有着等级分明的法院以精致的机制执行司法判决。而在法制欠发达的社会当中，“规则而不是规则的执行者，权力而不是掌握权力的部门，体现着这些社会司法组织的特征”。[48] 法律程序的非正式性并不意味着混乱的实际情况。由长老会解决争议并执行其决定有着非常清晰的认知模式，即便具体的实施方式对于粗心的旁观者来说显得随心所欲。[49] 格鲁克曼基于他的观察印证了这一观点：[50]

> 我针对非洲的祖鲁兰和罗德西亚法院的研究表明，他们使用和我们的法院同样的基本原则构建非洲法律体系。与其他法律体系一样，非洲法律体系建立在理性人，责任，过错，直接、间接和传来证据等基本原则之上。非洲法官和非专业人员巧妙且合乎逻辑地对不同纠纷使用这些原则，以伸张正义。

针对这些问题，穆隆吉提出了一个很有说服力的例证，将非洲法学区分于其他法学。[51] 他说：

> 每一条法学的发展进路都代表着一种讲述人之为人的故事的尝试。除非对他人的人性毫无尊重，我们必须承认自己与其他所有人共享着一些特质。非洲法学所主张的是，非洲人之间关于人之为人的对话，非洲人与世界其他地方的人之间关于人之为人

---

[47] Ayinla LA (2002) African philosophy of law: a critique. J Int Comp Law 6:164.

[48] Ayinla LA (2002) African philosophy of law: a critique. J Int Comp Law 6:164.

[49] Ayinla LA (2002) African philosophy of law: a critique. J Int Comp Law 6:164.

[50] Gluckman M (1967) Judicial process among the Barotse. Manchester University Press, Manchester, p. 28.

[51] Murungi J (2004) The question of African jurisprudence: some hermeneutic reflections. In: Wiredu K (ed) A companion to African philosophy. Blackwell, Malden, pp. 525.

的对话。对话本身并不是目的之所在。对话的存在主义意蕴才是关键。

至此,我们可以认为,人类社会并不会因为没有主权者、身着制服的警察或者气势恢宏的监狱和法院而必然进入“无法无天”的“自然状态”。调整人们的行为,维护法律和秩序的机制在任何社会均可以被视为法律。[52] 艾因拉认为,“非成文法被接受的事实就足以证明这些规则适用于不同社区的成员”。[53] 毫无疑问的是,非洲由多个国家组成,这些国家有着各自的文化遗产和历史传统。[54] 但是,非洲社会“基于共同的价值观、集体责任和良知紧密团结,更反映了社会所欲实现的目标”。[55] 非洲法律已经成为一个术语,专门用来指称殖民统治下人民的习惯法。[56] 诚然,要破解非洲法律理论,就需要基于社会法律和经验研究,观察分析从法律制度及其本土实践中发掘出来的各种信息。[57]

4.4 非洲理论的性质

法律理论的主导哲学是实证主义。主流西方法律理论的选择主要基于两个方面的考虑:一是理论优势,二是道德优势;或是二者兼顾。[58] 虽然

---

[52] Elias TO (1993) Legal theory: a Nigerian perspective. In: Jegede MIJ (ed) Nigerian essays in jurisprudence. MIJ Publishers, Lagos, p. 12 – 13.

[53] Ayinla LA (2002) African philosophy of law: a critique. J Int Comp Law 6:151.

[54] Chimni BS (2006) Third world approaches to international law: a manifesto. Int Commun Law Rev 8:4.

[55] Ayinla LA (2002) African philosophy of law: a critique. J Int Comp Law 6:151.

[56] Ayinla LA (2002) African philosophy of law: a critique. J Int Comp Law 6:151.

[57] Holleman JF (1974) Issues in African law. Mouton, The Hague, p. 13; Oladosu J (2001) Choosing a legal theory on cultural grounds: an African case for legal positivism. West Africa Rev 2 (2). http://ivr2003.net/Abstracts/documents/OLADOSU-notinAssociations.pdf. Accessed 28 Sept 2013.

[58] Oladosu J (2001) Choosing a legal theory on cultural grounds: an African case for legal positivism. West Africa Rev 2(2). http://ivr2003.net/Abstracts/documents/OLADOSU-notinAssociations.pdf. Accessed 28 Sept 2013.

主流法律理论声称自己具有普适性,但是其欧洲和基督教起源是无可否认的。[59] 就非洲法律理论而言,讨论集中在文化领域。由此产生的一个不可避免的结论是,实证主义的法律理论在非洲法律体系面前"水土不服"。于是,这一观点的支持者很自然地转向自然法理论。[60] 自然法衰落的原因之一就是它完全是主观的,包含着相互矛盾的自然法规范。[61]

但是,有一些原则,如马尔顿条款,为定义自然法提供了客观方式:公众良知的要求。"这让武装冲突法律制度更加丰富,也允许所有的国家参与其发展。"[62]颇具讽刺意味的是,提克赫斯特注意到,实证主义者对于自然法的反对也并不一致,如"强大的军事国家一直反对自然法在武装冲突法上发挥影响,尽管这些国家在纽伦堡审判当中也求诸自然法"。[63] 纽伦堡审判在很大程度上,依靠自然法判定纳粹高级指挥官的罪责,这确认了自然法作为20世纪国际法基础的持续有效性。这一立场也得到了国际法委员会的支持。[64]

对于法律的性质及其在不同社会中的作用,存在不同的观点。[65] 法律

---

[59] Mutua M (2000) What is TWAIL?. ASIL Proceedings, April 5 - 8, Am Soc Int Law 33.

[60] Oladosu J (2001) Choosing a legal theory on cultural grounds: an African case for legal positivism. West Africa Rev 2(2). http://ivr2003.net/Abstracts/documents/OLADOSU-notinAssociations.pdf. Accessed 28 Sept 2013; Gluckman M (1967) Judicial process among the Barotse. Manchester University Press, Manchester, p. 28.

[61] Ticehurst R (1997) The Martens clause and the laws of armed conflict international review of the red cross. 317:125 - 134. Also available at http://www.icrc.org/eng/resources/documents/misc/57jnhy.htm. Accessed 11 May 2012.

[62] Ticehurst R (1997) The Martens clause and the laws of armed conflict international review of the red cross. 317:125 - 134. Also available at http://www.icrc.org/eng/resources/documents/misc/57jnhy.htm. Accessed 11 May 2012.

[63] Ticehurst R (1997) The Martens clause and the laws of armed conflict international review of the red cross. 317:125 - 134. Also available at http://www.icrc.org/eng/resources/documents/misc/57jnhy.htm. Accessed 11 May 2012.

[64] United Nations (1994) Report of the International Law Commission on the work of its forty-sixth session, 2 May - 22 July, GAOR A/49/10, p. 317.

[65] Williams I (2006) Against the Skeptical argument and the Absence thesis: African jurisprudence and the challenge of positivist historiography 6. Available at www.miami.edu/ethics/jpsl. Accessed 7 May 2012.

实证主义提出了这样一种理论,认为"只有国家制定或颁布的、可强制执行的规范才是法律"。这一法律概念所产生的结果是,"只有成文法才是真正的法律,因为它们正当地来自政治权威"。[66] 奥卡福认为,概念上的限制让法律实证主义者将一些基本性的问题排除在法哲学的领域之外,比如法律的本质是什么?公民为何要遵守法律?公正和不公正的法律的本质是什么?为什么违反法律必然违背道德?[67]

人们普遍认为,好的法律必须符合社会精神,因为法律作为一种不断发展的社会制度,并非源于人的本性,而是源于社会惯例。[68] 因此,理解非洲法就必须深入挖掘社会规范和传统,因为它们渗透到社会生活的方方面面。下面的几项法律学说当中就包含着非洲法律思想的基因,或者说非洲特征。

4.4.1 植根于习惯与文化

在非洲,法律是文化不可分割的一部分。[69] 这意味着法律不能脱离非洲文化,它是非洲人生活的一部分。法律和习惯"贯穿非洲人生活的方方面面"。[70] 这也意味着,"法律思想内嵌于人们所处的群体或社区的社会关系当中"。[71] 威廉姆斯和摩西(Moses)已经注意到文化所具有的多重含义:[72]

---

[66] Okafor FU (1984) Legal positivism and the African legal tradition. Int Philos Q 24(2): 157.

[67] Oladosu J (2001) Choosing a legal theory on cultural grounds: an African case for legal positivism. West Africa Rev 2(2). http://ivr2003.net/Abstracts/documents/OLADOSU-notinAssociations.pdf. Accessed 28 Sept 2013.

[68] Ayinla LA (2002) African philosophy of law: a critique. J Int Comp Law 6:147; Lloyd of Hampstead, Freeman MDA (1985) Lloyd's introduction to jurisprudence. Stevens, London, p. 549.

[69] Ayinla LA (2002) African philosophy of law: a critique. J Int Comp Law 6:147.

[70] Ayinla LA (2002) African philosophy of law: a critique. J Int Comp Law 6:167.

[71] Ayinla LA (2002) African philosophy of law: a critique. J Int Comp Law 6:147.

[72] Williams I, Moses O (2008) Theories of law and morality: perspectives from contemporary African jurisprudence. In-Spire J f Law Polit Soc 3(2):151-170.

> 在学术意义上而言,文化是“通过教育、规训和社会经验的发展行为;实现道德或智识的训练或提升”。在人类学意义上而言,文化则是指“所有人类行为的模式及其在思想、言论、行为和人造物品上的体现,依赖于人类通过工具、语言和抽象思维获取的学习和知识代际传播的能力”。

从这些定义中,我们可以清楚地看到文化包含了很多要素,抽象的和具体的,既存的和潜在的,这些要素有的时候是可以被感知的,有些时候则潜藏于一套生活准则当中。

有若干种理论尝试解释非洲法律理论中的法律与道德关系的本质。[73] 例如,文化主义的观点认为,法律和道德是人们的文化和生活方式的实例。[74] 概念互补的观点认为,没有道德的法律是不完整的;没有法律的道德同样是不完整的。[75] 在这个意义上而言,违反法律可能赢得半数民众的赞赏,他们可能暗自羡慕任何战胜了这个古老对手的人;而违背习惯则会招致普遍的敌视。因为习惯来自人民,而法律则是被强加于人民之上的。[76] 根据威廉姆斯和摩西的观点:[77]

> 某个特定文化的最高社会价值是统一性,这是一个整体性的结构,人们的信仰、期待和经验能够被解释和接受。文化因此关

---

[73] Williams I, Moses O (2008) Theories of law and morality: perspectives from contemporary African jurisprudence. In-Spire J f Law Polit Soc 3(2):156.

[74] Williams I, Moses O (2008) Theories of law and morality: perspectives from contemporary African jurisprudence. In-Spire J f Law Polit Soc 3(2):153.

[75] Williams I, Moses O (2008) Theories of law and morality: perspectives from contemporary African jurisprudence. In-Spire J f Law Polit Soc 3(2):153.

[76] Durant W (1954) Our oriental heritage. Simon and Schuster, New York, p. 26.

[77] Williams I, Moses O (2008) Theories of law and morality: perspectives from contemporary African jurisprudence. In-Spire J f Law Polit Soc 3(2):156.

系特定社会中人们创造性本质的形成、发展和体现。其实现往往有赖于对人与自然、社会和其他社会成员间共同关系的调整。

在非洲,不同的传统、信仰、习惯、实践、宗教、价值和社会背景都一直存在于社区当中。这些观念一直在规范社区事务,并且成为司法行政的基础。这一制度的根本目标在于维护社区福利,并通过调和社区成员的不同利益诉求增进社区福利。

但是,以文化为基础分析非洲法律理论的缺陷在于,非洲大陆的一大特色就在于文化多元。[78]奥拉多苏主张,文化多元的地区当中,道德或宗教往往存在根本性的分歧[79]。而道德或宗教上的分歧往往会侵蚀立法与司法上的共识。[80]

然而,威茨(Nwakeze)则认为,"非洲文化多元之中,存在令人惊讶的文化一致性,这让关于'非洲文化'的讨论成为可能"。[81] 奥拉多苏也认为,尽管非洲社会文化多元带来复杂性,但是在不同的社会当中讨论文化共性仍然是可能的。[82]

承认文化共性的存在,并不意味着否认现代非洲国家中不同种族群体的多样文化。承认非洲国家公民能够在关涉道德价值的很多重要问题上

---

[78] Oladosu J (2001) Choosing a legal theory on cultural grounds: an African case for legal positivism. West Africa Rev 2(2). http://ivr2003.net/Abstracts/documents/OLADOSU-notinAssociations.pdf. Accessed 28 Sept 2013, p. 22.

[79] Oladosu J (2001) Choosing a legal theory on cultural grounds: an African case for legal positivism. West Africa Rev 2(2). http://ivr2003.net/Abstracts/documents/OLADOSU-notinAssociations.pdf. Accessed 28 Sept 2013, p. 24.

[80] Oladosu J (2001) Choosing a legal theory on cultural grounds: an African case for legal positivism. West Africa Rev 2(2). http://ivr2003.net/Abstracts/documents/OLADOSU-notinAssociations.pdf. Accessed 28 Sept 2013, p. 24.

[81] Nwakeze PC (1987) A critique of Olufemi Taiwo's criticism of legal positivism and African legal tradition. Int Philos Q 27(1):101 – 105.

[82] Oladosu J (2001) Choosing a legal theory on cultural grounds: an African case for legal positivism. West Africa Rev 2(2). http://ivr2003.net/Abstracts/documents/OLADOSU-notinAssociations.pdf. Accessed 28 Sept 2013, p. 24.

达成共识,同样并不意味着否认这些公民会基于不同的宗教和伦理信仰,在关涉道德和宗教价值的很多重要问题上存在分歧。

因此,在不同非洲社会的不同文化中对于非洲法律理论的解读,应当将注意力集中在得到普遍认同的社会实践、价值观和原则之上。[83]

4.4.2 保存于谚语

在非洲土著社会,谚语是法律思想的重要载体。因此,无论是在非洲社会的传统体系还是在社会政治体系当中,谚语曾经是,也仍然是司法行政处理法律和正义问题的重要辅助手段。这个观点源于约鲁巴语中的一句谚语,"owe l'esin oro, bi oro ba sonu, owe laa fii wa a",意思是"思想存于谚语之中,当思想晦暗不明,就用谚语点亮它"。[84] 谚语往往植根于传统,一般是"一代一代传承下来的信仰或者实践,被奉为权威,得到无条件的服从"。[85] 弗雷斯查克(Flesichacker)将传统定义为"代际传递的习惯,以及维护这些习惯的信仰和价值观"。[86]

传统,因此可以被看作"任何从过去传递到现在的东西"。[87] 文化和传统之间有一个明显的区别。根据凯凯(Gyekye)的研究,文化与传统的区别被这样一个事实强化了,即人们能够创造文化价值,但是并不是所有的文化价值都能够得到传统的认可。[88] 区别就在于,在几乎每个社会当中,

---

[83] Oladosu J (2001) Choosing a legal theory on cultural grounds: an African case for legal positivism. West Africa Rev 2(2). http://ivr2003.net/Abstracts/documents/OLADOSU-notinAssociations.pdf. Accessed 28 Sept 2013, p.24.

[84] Adewoye O (1987) Proverbs as vehicle of juristic thought among the Yoruba. Obafemi Awolowo Univ Law J 3(4), p.1.

[85] Acton HB (1952/1953) Tradition and some other forms of order. In: Proceedings of the Aristotelian Order New Series 53, p.2.

[86] Fleischacker S (1994) The ethics of culture. Cornell University Press, Ithaca, p.45.

[87] Shils E (1981) Tradition. Chicago University Press, Chicago, p.12.

[88] Gyekye K (1997) Tradition and modernity: philosophical reflections on the African experience. Oxford University Press, Oxford, pp.218 – 212.

文化元素需要时间以融入传统当中。[89]

有一些谚语被用作法律和公正的指引。例如,齐切瓦语(马拉维的官方语言)中的"usi umafuka pomwe payaka moto",意思是"没有火就不会有烟"。这条谚语指导着裁判者决定在具体案件中所提出的指控是否存在可能的争议或者价值,有的时候也意味着倒置被告或者嫌疑人自证清白的举证责任。

又如,齐切瓦语中的"khuyu zodya mwana zipota wamkulu",字面意思是"孩子吃果子是从父母那里学来的"。这句谚语通常意味着要求父母或者雇主分别为子女或雇员的过错承担替代责任。这句谚语与第三行凶者的概念类似,即一个人对另一个人的犯罪行为超越二人的范围,而影响到与行凶者相关的其他人。第三行凶者的概念扩展到主要行凶者的家庭及其所来自的社会。通过这种方式,对第三行凶者的惩罚通常是赔偿、罚款和社会声望的贬损。然而,非洲法律制度当中的各类责任倾向于支持将人们团结起来的救济和惩罚。

4.4.3 保持社会平衡与稳定

保持平衡是非洲法律概念当中的基本原则之一。[90] 非洲人认知之下的法律不是权利的分配工具,而是一种维持社会和谐的社会控制工具。法律在非洲是一种保持社会平衡的工具。[91] 在这个意义上而言,法律在非洲基本上被用来在作为一个整体的社会成员之间维持持续的和平、和谐人际

---

[89] Williams I, Moses O (2008) Theories of law and morality: perspectives from contemporary African jurisprudence. In-Spire J f Law Polit Soc 3(2):159.

[90] Ayinla LA (2002) African philosophy of law: a critique. J Int Comp Law 6:153.

[91] Ayinla LA (2002) African philosophy of law: a critique. J Int Comp Law 6:147.

关系。[92]艾因拉认为:[93]

> 法律上的民刑之分对于非洲人而言毫无意义,甚至会加深他们对于法律和正义的误解。法律"包括所有那些调整个人和团体行为的行为规则,通过维持社会平衡而有必要作为一个整体持续发挥作用"。

一般而言,非洲法律思想中的法律理念并不是用来惩治犯罪或者将犯罪性加诸个人的,而是指导个人和社团如何对待彼此。其全部目标是维持社会平衡。通过这种方式,报复或者刑罚理论并不发挥作用。德里贝格(Driberg)分析道:[94]

> 触犯谋杀罪所受刑罚是基于这样的逻辑。当族群、家庭或者社区的一名成员被杀害,社会的平衡就被打破,法律要做的是通过处决凶手或者支付赔偿来恢复平衡。对凶手的处决或者其家庭财产的减少是这一根本动机的附带结果,这完全不是惩罚,而是对社会平衡的恢复。

这种法律哲学支持法律与道德并不对立的观点,由于其内在起源和发展,二者共同致力于增进社会福利,在非洲法律理论的意义上而言,即社会

---

[92] Oladosu J (2001) Choosing a legal theory on cultural grounds: an African case for legal positivism. West Africa Rev 2(2). http://ivr2003.net/Abstracts/documents/OLADOSU-notinAssociations.pdf. Accessed 28 Sept 2013, p. 22.

[93] Ayinla LA (2002) African philosophy of law: a critique. J Int Comp Law 6:153.

[94] Driberg JH (1934) The African conception of law. J Comp Legis Int Law 16(4):230–245, http://www.newyorker.com/reporting/2012/07/30/120/30fa_fact_leghrer, p. 231.

凝聚力和平衡的增进和维护。[95]

4.4.4 追求恢复性正义,而不是报复性正义

在非洲,法律和正义的概念倾向于恢复性正义,而不是西方法律哲学所追求的报复性正义。非洲社会中的正义概念在本质上就不是报复性的,而是恢复性的,追求恢复现有社会关系中的和平与和谐。基于这一立场,埃利尔斯认为,将监禁作为实现刑事正义的全部方式不能适应非洲习惯法的实践,因为“惩治罪犯与受害人补偿是两个不同的问题,如果要实现真正的正义,就必须面对这两个问题”。[96] 非洲习惯法的实践倾向于在对于正义的两方面要求之间寻求更加具有实用性的平衡,或者对于社会秩序的恢复给予同等的甚至更加重要的关注。这就是为什么非洲法律理论是恢复性的,而不是报复性的。[97]

即便是面对严重罪行,非洲习惯法实践也不是惩罚性或报复性的,而是努力让刑罚与罪行相适应。[98] 和解和恢复性司法是非洲法律哲学的首要考虑。[99] 威廉姆斯和摩西清晰地阐述了恢复性司法的过程:[100]

---

[95] Williams I (2006) Against the Skeptical argument and the Absence thesis: African jurisprudence and the challenge of positivist historiography 6. Available at www. miami. edu/ethics/jpsl. Accessed 7 May 2012, p. 45.

[96] Elias TO (1956) The nature of African customary law. Manchester University Press, Manchester, p. 287.

[97] Wilson RA, Nesiah V, Zyl P (2002) Challenging restorative justice. Human Rights Dialogue 2(7). http://www. carnegiecouncil. org/publications/archive/dialogue/2_07/articles/246. html. Accessed 29 Sept 2013.

[98] Ayinla LA (2002) African philosophy of law: a critique. J Int Comp Law 6:158; Oladosu J (2001) Choosing a legal theory on cultural grounds: an African case for legal positivism. West Africa Rev 2(2). http://ivr2003. net/Abstracts/documents/OLADOSU-notinAssociations. pdf. Accessed 28 Sept 2013, pp. 13–14.

[99] Williams I (2006) Against the Skeptical argument and the Absence thesis: African jurisprudence and the challenge of positivist historiography 6. Available at www. miami. edu/ethics/jpsl. Accessed 7 May 2012, p. 45.

[100] Williams I, Moses O (2008) Theories of law and morality: perspectives from contemporary African jurisprudence. In-Spire J f Law Polit Soc 3(2):153.

> 酋长或者其他享有司法权的人在执行公法规范的过程中,扮演法官的角色并制定适当的判决;而在民事诉讼中,庭审更类似于仲裁,法庭通常也不会制作判决,而是提出对当事人而言显而易见的一般性意见。[101]

非洲和解和恢复性司法为法律和政治机构提供基础的一个典型例证是南非真相和调解委员会的出现。就像很多读者所知道的那样,这个委员会的成立是为了处理种族隔离时代发生的暴力和侵犯人权的行为。委员会的支持者认为,“报复性的正义”是“非非洲的”。[102] 基于这一理由,该委员会认为,与报复性正义的个人权利实现和追捕罪犯相比,推进实现社会稳定是更加重要的目标。[103] 另一个非洲恢复性司法的例证是,1994 年卢旺达种族灭绝大屠杀之后进行的“gaçaça 审判”。类似的恢复性司法机制在乌干达北部社会也有实践,当地人称之为“culo kwor , mato oput , kayo cuk , aciluc and tonu ci koka”。[104]

4.4.5 调解(重新调解)与妥协

非洲法律理论中的调解理论源于这样一个事实,正义寻求在非洲社会

---

[101] Driberg JH (1934) The African conception of law. J Comp Legis Int Law 16(4):242, http://www.newyorker.com/reporting/2012/07/30/120/30fa_fact_leghrer.

[102] Williams I (2006) Against the Skeptical argument and the Absence thesis: African jurisprudence and the challenge of positivist historiography 6. Available at www.miami.edu/ethics/jpsl. Accessed 7 May 2012, p.45.

[103] Williams I (2006) Against the Skeptical argument and the Absence thesis: African jurisprudence and the challenge of positivist historiography 6. Available at www.miami.edu/ethics/jpsl. Accessed 7 May 2012, p.45.

[104] Ocen J (2007) Can traditional rituals bring justice to Northern Uganda? Institute for war and peace reporting. Available at. http://iwpr.net/report-news/can-traditional-rituals-bring-justice-northernuganda. Accessed 7 May 2012.

中恢复和平、和谐与既存的社会关系。[105] 通常在现代司法程序当中，由法庭判断权利由谁享有。作为事实发现者，法庭基于事实作出判断。整体而言，这是一个“赢者通吃”的局面。在非洲的语境下，这是一场零和博弈，原因在于为确保社会的持续稳定，当事人之间需要保持友好。在北罗得西亚（赞比亚的旧称）的巴罗茨地区，格鲁克曼阐释了非洲社会问责和调解的框架：[106]

> 法官在审理案件的过程中，他们要完成的任务不仅是确定孰是孰非，更要调整受到干扰的社会关系并使其得以保持和延续。他们必须对系争纠纷作出裁判，他们也要在可能的情况下，在法律允许的范围内促使当事人达成和解。

南非的真相和调解委员会再次成为和解概念的有效例证。这个依据1995年《促进民族团结与和解法》成立的组织，目的是促进和解事业。和解的理念在于保持各方之间的总体和谐，这种和谐总是受到来自怨恨、愤怒和实现报复正义的欲望的威胁。[107] 非洲社会中和解的观念类似于现代社会矛盾多元化解中的通过调解、和解、仲裁和谈判解决各种争端的过程。甚至有艾因拉等学者认为，现代的矛盾纠纷多元化解机制实质上就源自非洲。[108]

---

[105] Williams I, Moses O (2008) Theories of law and morality: perspectives from contemporary African jurisprudence. In-Spire J f Law Polit Soc 3(2):153.

[106] Gluckman M (1967) Judicial process among the Barotse. Manchester University Press, Manchester, p. 28.

[107] Williams I (2006) Against the Skeptical argument and the Absence thesis: African jurisprudence and the challenge of positivist historiography 6. Available at www.miami.edu/ethics/jpsl. Accessed 7 May 2012, p. 45; Wilson RA, Nesiah V, Zyl P (2002) Challenging restorative justice. Human Rights Dialogue 2(7). http://www.carnegiecouncil.org/publications/archive/dialogue/2_07/articles/246.html. Accessed 29 Sept 2013.

[108] Ayinla LA (2002) African philosophy of law: a critique. J Int Comp Law 6:160.

4.4.6 乌班图:相互依靠与集体责任

乌班图概念是非洲法律传统以及引领和治理的核心。“乌班图”这个词来自南部非洲的班图语,是指人的本质。实质上,“乌班图是一个祖鲁词汇”**,来自祖鲁谚语“umuntu ngumuntu ngabantu”,意思是人无法超然世外而孤立地存在。它表明了人与人之间的相互联系和相互依赖关系,有助于理解为什么非洲人愿意将其他人看作“来自另一位母亲的兄弟”。乌班图更多地被看作一种经典非洲哲学或者世界观。乌班图的含义被理解为“我因为我们而存在”。1996 年,南非真相与调解委员会主席德斯蒙德·图图(Desmond Tutu)援引乌班图的概念并解释道,“我们的人性因对方的存在而存在”。[109] 乌班图因此被看作一种非洲的社区伦理或人本哲学,集中关注人与人之间的忠诚和联系。[110] 乌班图哲学被直截了当地用于对抗南非臭名昭著的种族隔离政策。在教义学上,乌班图被定义为:

> 彼此关心、彼此扶助的原则。每个人的人心都通过他与他人之间的关系来表达,他人的人性也存在于彼此的关系当中。乌班图意味着人之为人、赖于他人。在增进个人与社会福利的过程中,乌班图也承认每个公民的权利和责任。[111]

在这个意义上,乌班图将义务解释为个人与他人和社群之间的道德联

** 有学者认为乌班图来自恩尼古语。——译者注

[109] Williams I (2006) Against the Skeptical argument and the Absence thesis: African jurisprudence and the challenge of positivist historiography 6. Available at www. miami. edu/ethics/jpsl. Accessed 7 May 2012, p.45.

[110] Gade CBN (2011) The historical development of the written discourses on U buntu. S Afr J Philos 30(3):303 - 329.

[111] Republic of South Africa (1996) White paper on welfare. Government Gazette of South Africa, No. 16943 of 2 Feb 1996, Pretoria. http://www. greengazette. co. za/dates/20051230. Accessed 9 Nov 2013, p.16.

系。索马里谚语“一个有一百只羊的人却有个穷亲戚,这人就和他的亲戚一样穷”[112],也能印证这一点。通过进一步分析乌班图哲学,我们可以发现它对于人的尊严的尊重,人权在非洲因此不是舶来品。支持这一观点的是一句乌干达格言:

> Ekitiibwa ky'omuntu eky'obutonde; okwenkanankana, wamu n'obuyinza obutayinza kugyibwawo ebyabantu bonna, gwe musingi gw'eddembe; obwenkanya n'emirembe mu nsi.

这一格言意思是,“人的尊严生于人权中的平等与自由”。[113] 虽然乌班图的概念与西方社会的个人主义信条背道而驰,但是非洲法律理论也明显地经由乌班图等概念得以汇入西方主流法律理论。例如,贝格莱(Bagley)在提及美国外交政策的时候说道:“基于对将我们联系起来的责任的理解,我们意识到我们必须依靠彼此,要破除成见和固化的治国技能,来造就一个更好的世界。”[114]对乌班图更为直白的解释是2002年国际刑事法院对《罗马规约》的解释,“应当意识到所有人都系于共同的联系,人类的文化构成我们共同的遗产,更应当意识到的是这种微妙脆弱的联系随时可能毁于一旦”。

更为重要的是,乌班图在国际人道主义法中的“人道对待”规则、刑法中的“轻刑化”、国际贸易中的“公平交易惯例”等原则和规范上都有所体现。研究国际法院关于核武器的意见可以看到,在乌班图哲学的关照之下,不难找到关于核武器合法性问题的答案,尤其是国际人权法中关于禁

---

[112] Lindy A (2010) The early morning phone call: Somali refugees remittances: studies in forced migration, vol 28. Berghahn Books, New York, pp. 28, 73.

[113] 分别于2012年5月9日和5月10日在比勒陀利亚人权中心接受作者采访时得到阿查尼(Achani)游击队和克里斯托弗·马巴齐拉(Christopher Mabazira)证实。

[114] Bagley EF (2009) United States Department of State special representative for global partnerships, Global Partnership Initiative, Office of the Secretary of State, 18 June.

止滥杀滥伤武器的规定。

4.4.7 兄弟的守护者:人类社会

时任非洲统一组织(Organization of African Unity, OAU)秘书长的阿赫迈德·萨利姆(Ahmed Salim)曾经说过,每一个非洲人都是他的兄弟的守护者。这种说法来自一句在非洲大陆耳熟能详的谚语——“邻居的房子着火的时候,我们不会袖手旁观”。萨利姆秘书长的这番话是在回应乌干达总统约韦里·穆塞韦尼(Yoweri Museveni)对非洲各国领导人的指责,他认为非洲各国领导人在不干涉内政的幌子之下纵容了伊迪·阿明(Idi Amin)实施种族大屠杀。约韦里·穆塞韦尼总统宣称:

> 在过去的20年中,75万乌干达人丧生。杀害他们的凶手正是本应保护他们生命的政府。……因为非洲的沉默,乌干达人民深刻感受到了背叛的滋味……对如此严重的罪行不予谴责的原因据说是在非洲统一组织和联合国宪章精神下,不愿干涉成员国的内政。我们不能接受这样的理由,因为在同样机构的规则中明确规定人类生命神圣不可侵犯。[115]

作为回应,萨利姆表示,不应把《非洲统一组织宪章》中的不干涉条款理解为漠不关心。他进一步表示,《非洲统一组织宪章》中没有任何条款允许非洲政府屠杀自己的人民。他讲道:

> 《非洲统一组织宪章》的创立是为了维护非洲人民的人性、尊严和权利。不能用该宪章中的一个条款压迫非洲人民,并宣称

---

[115] 乌干达总统穆塞韦尼于1986年7月在埃塞俄比亚亚的斯亚贝巴举行的非洲统一组织国家元首和政府首脑会议第二十二届常会上的首次讲话。

> 正在执行该宪章。现在的情况下,人们把该宪章理解为隔壁邻居发生的事情,与己无关。这并不符合现实。⑯

萨利姆敦促非洲统一组织在改变传统主权观念中发挥积极作用,发扬非洲亲情和团结的价值。他认为,“我们的国界充其量只是人造的”,但是“我们非洲人应当用我们自己的文化和社会关系来理解不干涉原则,使其在防范和化解冲突当中发挥积极作用”。⑰ 萨利姆的分析有助于我们理解2000年非洲联盟(African Union, AU)宪章中加入干涉权的原因。对非洲联盟成员国进行干涉的权利与2005年得到联合国大会支持的“保护责任”(responsibility to protect, R2P)源于相同的理论。⑱ 保护责任观念在世界范围内获得认可是在非洲联盟提出干涉权之后,保护责任的观念来自“非洲大地和精神”。⑲ 南非前总统塔博·姆贝基(Thabo Mbeki)雄辩地指出:⑳

> 由于我们互相依赖并有着共同的命运,我们很难认同绝对国家主权原则。我们不能容忍国家的独立反而让我们成为罪行的旁观者。我们必须接受这样的立场,我们是兄弟姐妹的守护者。

---

⑯ Quoted in Bah (2005), p.41.

⑰ See Proposals for OAU Mechanisms for Conflict Prevention and Resolution, Report of the Secretary General on Conflicts in Africa, CM/1710(L. VI), Organization of African Unity, Addis Ababa, 1992, p.12.

⑱ Kuwali D. (2011) The responsibility to protect: implementation of article 4 (h) intervention. Martinus Nijhoff Publishers, Leiden.

⑲ Luck EC (2008) Statement at Arria formula meeting on the responsibility to protect. Working Group on Conflict Prevention and Resolution in Africa United Nations Security Council, p.1.

⑳ Mbeki T (2003) Guardian. Lecture of the President of South Africa, Thabo Mbeki, Nigerian Institute of International Affairs, Lagos.

"非洲人是兄弟守护者"的观念还合乎人类普遍共同体的自然法理念。基于此,我们还可以认为普遍管辖权也产生于"兄弟守护者"的观念。这一点也可以从"津巴布韦虐囚案"中得到证实,该案中,南非高等法院裁定南非法律制度可以被用来调查并起诉涉嫌反人类罪行的津巴布韦官员。汉斯·法布里修斯(Hans Fabricius)法官认为:[121]

> 南非人民应当拥有一个履行国内和国际义务的政府。南非作为国际社会中的一员,以合乎国家形象的方式发挥作用,向犯下了违背全人类良知的罪行的人追究责任,当然合乎公共利益。针对实施酷刑的指控进行调查,将犯罪者绳之以法。不这样做的决定是在逃避责任,南非民主对此严重关切。公众显然关心公职人员如何在立法规定的框架之下履行其职责。

法学家法布里修斯认为,作为一个负责人的社会成员,南非不能对邻国发生的重大罪行视而不见,尤其是罪行的受害者们无处寻求保护。这一观点也能在国家法之父雨果·格劳秀斯(Hugo Grotius)那里得到印证,他认为,"国王,以及那些享有和国王相同权力的人,不仅有权惩罚那些伤害他和他的臣民的人,也有权惩罚那些虽未伤及他们但违背自然法和实定法的人"。[122] 这就将国际法中的"人道主义干涉理论"扩张适用于主权国家所应承担的责任,使其成为"兄弟守护者"。[123]

4.4.8 基于共识的决策

非洲大陆上多数条约都以基于共识的决策为主线。例如,根据《非洲

---

[121] Hans Fabricius (2012) Zimbabwe Torture case (SALC 诉国家公诉署署长等案), p. 54.

[122] Grotius H (1925) De Jure Belli ac Pacis. Oxford University Press, Oxford. Book Ⅱ, Ch. 25, sec. 8, Vol. Ⅱ, pp. 472 – 473.

[123] Geldenhuys D (2006) Brothers as keepers: Africa's new sovereignty regime. Strateg Rev South Afr 28(2), p. 2.

联盟宪章》第 7 条的规定，政府首脑会议应当“基于一致作出决定，而不是 2/3 的多数决”。基于共识的决策是一种团队决策过程，这个过程寻求意见一致，而不是必然要求达成协议或者谋求问题的解决方案。艾伦（Allen）将共识定义为意见的一致；多数意见。[124] 共识可以被视为完全一致，或者团体在信仰和情感上的一致性。[125] “共识”一词被用来描述决策和达成决策的过程。在非洲社会，基于共识的决策既是指达成共识的决策过程，也是指应用这一过程所带来的社会和政治效用。

在传统非洲社会，社会成员，尤其是年长者通常会用“头脑风暴”式的会议来解决问题，形成多数看法，达成一致意见。共识通常被看作实现共同目标的最优方案。共识并不意味着全体一致，这虽然是理想的结果，但并不总是能够实现；也不意味着是投票的结果。达成共识的过程意味着在尊重社会规范的前提下，决策过程包含了将所有合理关切纳入考量的努力。非洲社会基于共识的决策与其他类型的群体活动的区别就在于，前者当中没有批评与负面反馈。如果有人担心他们的想法会招致嘲笑，这个过程就会失败。[126] 可以认为，基于共识的决策过程催生了现代国际法律文书中的协商一致条款。此外，“智囊团”“知名人士”“长老会”等概念也源自传统的非洲决策过程和法律理论。

4.5 结论

欧洲人对非洲国家的殖民化并不必然破坏非洲的本土习惯和法律制

---

[124] Allen RE（ed）（1989）The South African pocket Oxford dictionary. Oxford University Press, Cape Town, p. 157.

[125] Merriam-Webster Dictionary（2012）Available at：http://www. merriamwebster. com/dictionary/consensus. Accessed 7 Apr 2012.

[126] Lehrer J（2012）Groupthink：the myth of brainstorming myth. The New Yorker available at：http://www. newyorker. com/reporting/2012/01/30/20130fa_fact_lehrer. Accessed on 28 sept 2013, p. 22.

度,更有可能的是让这些本土习惯和制度变得面目模糊。[127] 殖民法律源自欧洲,被移植到世界其他地方。殖民主义当然影响着殖民地的法律,而且波及法律与道德之间的关系。[128] 然而,殖民主义对于非洲本土法律和习惯的影响存在一处空白。不难理解,被移植的西方法律没有受到非洲本土法律理论的影响。作为这种法律制度交互的结果,各种法律理论错综复杂地交织在一起,而霸权主义的西方法律理论则一枝独秀。主流法律理论之所以占据突出地位,原因在于其受到西方人类学者和法律学者的青睐;而非洲本土理论则没有被记录下来,仅存在于谚语和其他口头传统当中。

非洲本土习惯和法律不合西方规范并不会否定其规范价值,尤其是社会当中"真挚、深刻的对遵守规则的期待"。[129] 这样的习惯规则已经在诸多例证中被证明,在处理社会问题上与法律有着相同的效果。诚然,非洲法律思想倾向于自然法,并且由于其程度较高的主观性以及包含了相互抵触的观念而在正当性上受到质疑。但是,马尔顿条款等原则确立了确定自然法含义的客观方式。这就允许自然法观念影响武装冲突法律制度的发展。[130] 为解读不同非洲社会当中的各类习惯规范,人们应当集中关注社会中实践、价值和原则上的惊人一致。[131]

非洲法律理论已经变得软弱,受制于霸权主义支持下的传统法律理

---

[127] Roberts R, Mann K (1991) Law in colonial Africa. In: Roberts R., Mann K. (eds) Law in colonial Africa. Heinemann Educational Books, Portsmouth, p. 8.

[128] Williams I, Moses O (2008) Theories of law and morality: perspectives from contemporary African jurisprudence. In-Spire J f Law Polit Soc 3(2):158.

[129] Sheldo D (2008) Soft law. In: Armstrong D (ed) Routledge handbook of international law. Routledge, London, p. 22.

[130] Ticehurst R (1997) The Martens clause and the laws of armed conflict international review of the red cross. 317:125 – 134. Also available at http://www.icrc.org/eng/resources/documents/misc/57jnhy.htm. Accessed 11 May 2012.

[131] Oladosu J (2001) Choosing a legal theory on cultural grounds: an African case for legal positivism. West Africa Rev 2(2). http://ivr2003.net/Abstracts/documents/OLADOSU-notinAssociations.pdf. Accessed 28 Sept 2013, p. 24.

论。[132] 尽管如此,在霸权主义的法律理论中解释非洲法律理论并说明其贡献仍然是可能的。[133] 起点是发掘非洲本土社会中的法律理论和实践,寻找其中的法律理论和原则。[134] 许多研究非洲法律的学者都认为,法律"贯穿了非洲人生活的方方面面,法律思想因此植根于他们的社会关系当中,可以在人们所处的社会中寻得痕迹"。[135]

即便是在殖民时代之前,非洲人就在他们居住的社会建立了司法制度体系。虽然,本土体系在精致程度上与西方相比存在差距,但是其目的是确保社会稳定和维持社会平衡。最主要的目标在于通过调和不同人的不同利益诉求,提升社会福利。[136] 在非洲,法律是文化的一个组成部分,是维持社会平衡的工具,强调分配正义而不是形式正义。[137] 艾因拉正确地指出:[138]

> 各种各样的法律和程序以及民刑法律的区分均来自欧洲文化,这与非洲文化毫无共性可言。这些原则的发展和情感均不能被用来解释本土法律理论,即便作出这种尝试,所得出的结论也是错误的。

非洲社会植根于集体主义,而西方传统则倚重个人主义。[139] 在非洲环

---

[132] Rajagopal B (2006) Counter-hegemonic international law: rethinking human rights and development as a third world strategy. Third World Q 27(5):780.

[133] Rajagopal B (1998 – 1999) Locating the third world in cultural geography. Third World Legal Study, pp. 1 – 20.

[134] Oladosu J (2001) Choosing a legal theory on cultural grounds: an African case for legal positivism. West Africa Rev 2(2). http://ivr2003. net/Abstracts/documents/OLADOSU-notinAssociations. pdf. Accessed 28 Sept 2013, p. 15.

[135] Ayinla LA (2002) African philosophy of law: a critique. J Int Comp Law 6:167.

[136] Tobi N (1996) Sources of Nigerian law. MIJ Professional Publishers, Lagos, p. 1.

[137] Ayinla LA (2002) African philosophy of law: a critique. J Int Comp Law 6:147.

[138] Ayinla LA (2002) African philosophy of law: a critique. J Int Comp Law 6:153.

[139] Ayinla LA (2002) African philosophy of law: a critique. J Int Comp Law 6:153.

境当中,法律人格的范畴是如此广泛,以至于人格之间的依赖可以被扩张于与家庭间的责任。这种集体责任背后的理性基础在于,确保一个整体的社会中全体成员间有着持续的、和谐的关系。[140]

集中规则体现了非洲本土法律思想真实、中肯的特色,其特点在于反映和解和恢复性正义,而不是报复性正义。[141] 此外,通过调解、和解、仲裁和谈判等非诉讼方式解决冲突是非洲在法律和正义方面的遗产,应当归功于非洲法律制度。[142] 在人类尊严和人权的概念中很容易看到非洲特性。

乌班图的概念是另一种植根于非洲,并扩散到西方理论的哲学概念。例如,乌班图精神合乎国际法中"人道对待"原则,尤其是马尔顿条款在武装冲突法律规范当中,提供了超越条约规则和习惯考量,在人性原则和正义观点中寻找依据。[143] 可以认为,乌班图精神有助于解决国际法院在核武器咨询意见中由于优柔寡断所产生的所谓不确定性。其他蕴含乌班图精神的还有刑法中的轻刑化规则、国际贸易中的公平交易管理等。

非洲法学的另一明显的例证是非洲传统社会中基于共识的决策,以及由此产生的"智囊团""知名人士""长老会"等组织。普遍管辖权的概念也产生于"兄弟守护者"的观念,如"津巴布韦虐囚案"所体现的那样,一个国家有义务惩罚在另一个国家犯下反人类罪的罪犯。"保护责任"的观念在世界范围内得到认可与《非洲联盟宪章》中的干涉权相关,可以追溯到"兄弟守护者"的理念。就此看来,有着如此丰富法律理论资源的非洲不应当仅仅作为法律理论的接受者,更应当作为与西方一样的法律理论的贡

---

[140] Williams I, Moses O (2008) Theories of law and morality: perspectives from contemporary African jurisprudence. In-Spire J f Law Polit Soc 3(2):160.

[141] Williams I (2006) Against the Skeptical argument and the Absence thesis: African jurisprudence and the challenge of positivist historiography 6. Available at www. miami. edu/ethics/jpsl. Accessed 7 May 2012, p. 45.

[142] Ayinla LA (2002) African philosophy of law: a critique. J Int Comp Law 6:160.

[143] Ticehurst R (1997) The Martens clause and the laws of armed conflict international review of the red cross. 317:125 – 134. Also available at http://www. icrc. org/eng/resources/documents/misc/57jnhy. htm. Accessed 11 May 2012.

献者。在国际舞台上，非洲和非洲学者进一步完善法律理论的任务不应被忽视。[144]

参考文献

Acton HB (1952/1953) Tradition and some other forms of order. In: Proceedings of the Aristotelian Order New Series 53, pp. 1 – 28

Adewoye O (1987) Proverbs as vehicle of juristic thought among the Yoruba. Obafemi Awolowo Univ Law J 3(4), pp. 179 – 195

Allen RE (ed) (1989) The South African pocket Oxford dictionary. Oxford University Press, Cape Town

Ayinla LA (2002) African philosophy of law: a critique. J Int Comp Law 6:147 – 168

Bagley EF (2009) United States Department of State special representative for global partnerships, Global Partnership Initiative, Office of the Secretary of State, 18 June

Bah AMS (2005) The intervention dilemma. In: Aboagye FB, Bah AMS (eds) A tortuous road to peace: the dynamics of regional, UN and international humanitarian intervention in Liberia. Institute for Security Studies, Pretoria, pp. 29 – 34

Bayles MD (1992) Hart's legal philosophy. Springer, Dordrecht

Chimni BS (2006) Third world approaches to international law: a manifesto. Int Commun Law Rev 8:3 – 27

Dike KO, Ajayi JF (1968) African historiography. In: Sills DI (ed)

---

[144] Maluwa T (2000) International law making in the organisation of African unity: an overview. RADIC 12:201; Muntharika AP (1995) The role of international law in the twenty-first century: an African perspective. Fordham Int Law J 18:1706.

International encyclopedia of social sciences, vol 6. Macmillan, New York

Driberg JH (1934) The African conception of law. J Comp Legis Int Law 16(4):230 – 245, http:// www. newyorker. com/reporting/2012/07/30/120/30fa_fact_leghrer

Durant W (1954) Our oriental heritage. Simon and Schuster, New York

Elegido JM (2001) Jurisprudence. Ibadan: Spectrum Law Publishing

Elias TO (1956) The nature of African customary law. Manchester University Press, Manchester

Elias TO (1993) Legal theory: a Nigerian perspective. In: Jegede MIJ (ed) Nigerian essays in jurisprudence. MIJ Publishers, Lagos

Fleischacker S (1994) The ethics of culture. Cornell University Press, Ithaca

Friedmann WG (1969) Chambers's encyclopaedia new revised edition, vol 8. International Learning Systems Corporation Limited, London

Gade CBN (2011) The historical development of the written discourses on Ubuntu. S Afr J Philos 30(3):303 – 329

Geldenhuys D (2006) Brothers as keepers: Africa's new sovereignty regime. Strateg Rev South Afr 28(2)

Gluckman M (1963) Order and rebellion in tribal Africa, Chap. 7. Cohen and West, London

Gluckman M (1967) Judicial process among the Barotse. Manchester University Press, Manchester

Grotius H (1925) De Jure Belli ac Pacis. Oxford University Press, Oxford. Book Ⅱ, Ch. 25, sec. 8, Vol. Ⅱ

Gyekye K (1997) Tradition and modernity: philosophical reflections on the African experience. Oxford University Press, Oxford

Hans Fabricius (2012) Zimbabwe Torture case (SALC and another v. National Director of Public Prosecutions and others)

Hart HLA (1961) The concept of law. Clarendon Press, Oxford

Holleman JF (1974) Issues in African law. Mouton, The Hague

International Court of Justice, Legality of the threat or use of nuclear weapons, Advisory opinion of 8 July 1996, ICJ Reports 1996 (Ⅰ). (See dissenting opinion of Judge Koroma, p. 14)

International Military Tribunal, The trial of German major war criminals. Proceedings of the international military tribunal sitting at Nuremberg, Germany, Judgment of 1 Oct 1946

Kuwali D (2011) The responsibility to protect: implementation of article 4(h) intervention. Martinus Nijhoff Publishers, Leiden

Lehrer J (2012) Groupthink: the myth of brainstorming myth. The New Yorker available at: http:// www. newyorker. com/reporting/2012/01/30/20130fa_fact_lehrer. Accessed on 28 sept 2013

Lindy A (2010) The early morning phone call: Somali refugees remittances: studies in forced migration, vol 28. Berghahn Books, New York

Lloyd of Hampstead, Freeman MDA (1985) Lloyd's introduction to jurisprudence. Stevens, London

Luck EC (2008) Statement at Arria formula meeting on the responsibility to protect. Working Group on Conflict Prevention and Resolution in Africa United Nations Security Council

Maluwa T (2000) International law making in the organisation of African unity: an overview. RADIC 12:201 - 225

Mbeki T (2003) Guardian. Lecture of the President of South Africa,

Thabo Mbeki, Nigerian Institute of International Affairs, Lagos Merriam-Webster Dictionary (2012) Available at: http://www. merriamwebster. com/dictionary/ consensus. Accessed 7 Apr 2012

Muntharika AP (1995) The role of international law in the twenty-first century: an African perspective. Fordham Int Law J 18:1706 – 1713

Murungi J (2004) The question of African jurisprudence: some hermeneutic reflections. In: Wiredu K (ed) A companion to African philosophy. Blackwell, Malden, pp. 519 – 526

Mutua M (2000) What is TWAIL?. ASIL Proceedings, April 5 – 8. Am Soc Int Law. 31 – 40

Nwakeze PC (1987) A critique of Olufemi Taiwo's criticism of legal positivism and African legal tradition. Int Philos Q 27(1):101 – 105

Obilade AO (1995) A critique of current trends in legal philosophy. Lagos: University of Lagos Press

Ocen J (2007) Can traditional rituals bring justice to Northern Uganda? Institute for war and peace reporting. Available at. http://iwpr. net/report-news/can-traditional-rituals-bring-justice-northernuganda. Accessed 7 May 2012

Okafor FU (1984) Legal positivism and the African legal tradition. Int Philos Q 24(2):157 – 164

Okafor OC (2008) Critical Third World Approaches to International Law (TWAIL): theory, methodology, or both? Int Commun Law Rev 10: 371 – 378

Oladosu J (2001) Choosing a legal theory on cultural grounds: an African case for legal positivism. West Africa Rev 2(2). http://ivr2003. net/Abstracts/documents/OLADOSU-notinAssociations. pdf. Accessed 28 Sept 2013

Rajagopal B (1998 – 1999) Locating the third world in cultural geography. Third World Legal Stud, pp. 1 – 20

Rajagopal B (2006) Counter-hegemonic international law: rethinking human rights and development as a third world strategy. Third World Q 27 (5):767 – 783

Republic of South Africa (1996) White paper on welfare. Government Gazette of South Africa, No. 16943 of 2 Feb 1996, Pretoria. http://www.greengazette.co.za/dates/20051230. Accessed 9 Nov 2013

Roberts R, Mann K (1991) Law in colonial Africa. In: Roberts R, Mann K (eds) Law in colonial Africa. Heinemann Educational Books, Portsmouth, pp. 3 – 58

Schachter O (1991) International law in theory and practice. Martinus Nijhoff, Dordrecht

Sheldo D (2008) Soft law. In: Armstrong D (ed) Routledge handbook of international law. Routledge, London, pp. 66 – 80

Shils E (1981) Tradition. Chicago University Press, Chicago

Slater D (1994) Contesting occidental visions of the global: the geopolitics of theory and north-south relations, 4 Beyond Law, Mas Alla Del Derecho

Southern African litigation centre and another v. national director of public prosecutions and others (77150/09) [2012] ZAGPPHC 61; 2012 (10) BCLR 1089 (GNP); [2012] 3 All SA 198 (GNP) (8 May 2012) (See decision of Judge Hans Fabricius, p. 54)

Taiwo O (1998) Exorcising Hegel's ghost: Africa's challenge to philosophy, on the theme: religion and philosophy in Africa. Afr Stud Q 1 (4)

Ticehurst R (1997) The Martens clause and the laws of armed conflict international review of the red cross. 317: 125 – 134. Also available at http://www.icrc.org/eng/resources/documents/misc/57jnhy.htm. Accessed 11 May 2012

Tobi N (1996) Sources of Nigerian law. MIJ Professional Publishers, Lagos

United Nations (1994) Report of the International Law Commission on the work of its forty-sixth session, 2 May – 22 July, GAOR A/49/10

White ND (2007) Regional organizations and humanitarian intervention. Utrecht J Int Eur Law 24(65):24 – 33

Williams I (2006) Against the Skeptical argument and the Absence thesis: African jurisprudence and the challenge of positivist historiography 6. Available at www.miami.edu/ethics/jpsl. Accessed 7 May 2012

Williams I, Moses O (2008) Theories of law and morality: perspectives from contemporary african jurisprudence. In-Spire J f Law Polit Soc 3(2): 151 – 170

Wilson RA, Nesiah V, Zyl P (2002) Challenging restorative justice. Human Rights Dialogue 2(7). http://www.carnegiecouncil.org/publications/archive/dialogue/2_07/articles/246.html. Accessed 29 Sept 2013

5 通过对契约的共同理解,将非洲法学与普遍法学联系起来

多米尼克·伯比奇(Dominic Burbidge)*

5.1 引言

I begin my five-line verses putting them into rhyme	我赋诗以韵
so setting them forth that they shine	诗中有光
like a lamp	一如明灯
to tell of Liyongo the lion of cities	讲述城市雄狮利昂戈
Yes, it is a homily that I begin and	我的布道从这里开始
bring to its ending	也从这里结束
How shall I set it out so that I	我该如何开始
may compete (this poem on)	让这诗配得上
the good nobleman?	那位高尚的贵族?
I swear by the Word and the Psalter	我以经文和诗篇起誓
and it is an oath indeed am no	千真万确

* 多米尼克·伯比奇,英国牛津大学博士候选人,肯尼亚内罗毕斯特拉斯莫尔大学研究员。

waverer when evil overwhelms me	面对邪恶,我没有屈服
I direct my heart and scoff at evil	我用赤诚之心嗤笑邪恶
wherever it is	无论身处何方
He who strives for honour is	为荣誉斗争的人
is honoured as he strives	代表着他为之斗争的荣誉
he is not told, You are mine, even	没有人告诉他,你是我的,即便
though his soul is expiring	他的灵魂正在消失
I make myself a slave to my friends	我愿为挚友的奴隶
that I may gain friendship	为了友谊
nor do I slander or run to them	我不会毁谤
with complaints	更不会向他们抱怨
but I do not	但我不会
submit to abuse nor to occasion for	屈从于谩骂,更不会屈从于
humiliation	污蔑
I am gentle and yield gently	我温和而顺从
when people hold me	在人们的怀抱中
but I am a warrior-slayer when I	但我也是斗士,是杀手
hear ill-word's infamy	当我听到佞妄的污蔑
When I see the fray even	当我看到烦恼
though I am ill I become well	即便在病中,我也要起身
and I become happy like a	我要变得快乐
bridegroom in the bridal	像婚礼上的新郎
procession	

I turn my heart	我要献上我的心
I am as a lion proud to die	我像雄狮般傲视死亡
fearing only disgrace and that my	我恐惧的是蒙羞
enemy should find me in the	在敌人面前退却**
back-ranks	

这首诗是根据一首在地牢里创作的歌改编而成,传奇英雄利昂戈(Liyongo)在被达德·默里瓦利(Daud Mringwari)囚禁在肯尼亚东海岸附近的帕特岛上的时候唱了这首歌。① 作者"写这首歌是为了让人们遵守勇士王子的骑士规则",②而歌中的英雄被比作亚瑟王和齐格弗里德。歌中的重点不在于讲述一个有趣的故事,而是激励听众展示同样的英雄主义,在逆境中表现同样的美德。这首歌的作者可能是赛义德·阿卜杜拉,他忠告他的读者,为实现友谊,应当成为挚友的奴隶,为"死亡而骄傲",为荣誉而奋斗。③

这样的赞扬对于身处当代的人们是完全陌生的,这与我们所理解的政治制度运作模式与合法性的取得完全不同。现在我们使用的方法是,基于简单的理性经济人形象,促进以个人为中心的理性化激励机制。法律与制度的角色因此表现为用短视的"胡萝卜"和"大棒"指引行为朝着更有效率的方向发展。这是一种完全不同于共和主义与义务论的方式,后者植根于公民的美德或者康德式的正直。④

** 此处有删减。——编者注

① Harries L (1962) Swahili poetry. Oxford University Press, Oxford, pp. 188 – 193.

② Harries L (1962) Swahili poetry. Oxford University Press, Oxford, p. 189.

③ Harries L (1962) Swahili poetry. Oxford University Press, Oxford, pp. 189 – 191.

④ 正如菲尔普(Philp)对共和主义的描述:"我认为共和主义的吸引力在于它提供了一个有说服力的解释,说明了政体中社会、经济和规范之间的相互联系,它承认了国家中公民美德的重要性。"Philp M (1996) Republicanism and liberalism: on leadership and political order-a review. Democratization 3(4): 386.

本文尝试勾画一个法学理论的轮廓，该理论认为非洲社会人是非洲社会和法律的基本支撑。将已经存在于非洲社会话语中的分工与互惠用于法律合法性的讨论尤其必要。非洲社会和政治理论一直以来就致力于从制度与文化历史不相适应的角度解释这片大陆的独特之处，这可能会成为文化主义批评的对象。这是一种要么“民族中心主义”，要么“过于简化”的立场。[⑤] 寻找一个针对某一大陆的解释模型可能是有问题的，理由在于，任何对于社会行为的哲学解释要么应当适用于所有人，要么不适用于任何人。本文的前提在于，一个真正的非洲理论只能作为一个与人存在普遍联系的理论而存在。需要解释的不是非洲人，而是人这个概念本身，这与人生存于何处并无关联。非洲，作为世界上最为生机勃勃、美丽并充满活力的大陆，蕴含着支持这一探究的证据。关键在于，不是解释身处非洲的人，而是用非洲解释人。这一观点合乎穆隆吉提出的非洲法律理论，他认为，关于非洲的讨论不是一种与其他民族及其社会环境无关的“人类学哲学”[⑥]，而是具有真正意义的对话，其中非洲经验对于一般性的法律理论而言是有意义的。穆隆吉进一步解释道：

> 一个理所当然的判断是，在非洲人组成的社会当中，非洲人是非洲人，就像在由人组成的社会当中，人是人一样。非洲法律理论在非洲人之间讨论关于人的问题，这一对话注定会与其他人的对话发生交集。[⑦]

因此，非洲法律理论的定义与其他一般性法律理论之间没有任何理论

---

⑤ Chabal P (2009) Africa: the politics of suffering and smiling. University of KwaZulu-Natal Press, Pietermaritzburg, p. 182.

⑥ Murungi J (2004) The question of an African jurisprudence: some hermeneutic reflections, Ch 43. In: Wiredu K (ed) A companion to African philosophy. Blackwell, Oxford, p. 520.

⑦ Murungi J (2004) The question of an African jurisprudence: some hermeneutic reflections, Ch 43. In: Wiredu K (ed) A companion to African philosophy. Blackwell, Oxford, p. 525.

上的区别。在实现法律理论使命的过程中,非洲大陆提供的实践和经验证据目前尚未得到充分的研究。基于这一思路,本文首先介绍了非洲大陆在回答人类团结和社会合作规范是如何形成和维持的问题上所提供的经验性见解。然后概述了以国家为中心的政治学对非洲研究的渗透是如何将这些见解从当代政治哲学和法学的学术话语中剥离出来的。即便受到这种抨击,作为一种回应非洲共同体的互惠理念,其仍然可以被重构为一种内容更为丰富且更具一般性的对于代理和合同的理解。即使在法律理论的框架之内,合同也被认为具有更为深远的、社会的和互惠的意涵。合同不仅能够阻止“搭便车”的行为,而且是对既存社会关系的确认,是合作的一个落脚点。基于合同所具备的上述复杂特性,霍布斯和洛克提出的社会契约可能是人们能够想象到的社会性程度最低的契约(对于寻求实现互补和平的国家——社会关系没什么帮助)。在非洲共同体互惠理念与合同法律理论结合的基础上,本文论证的最后一步是提出一种更具普适性的以代理为中心的契约和信赖产生的理论。

自始至终,本文均聚焦于一个细微的现象:互惠的社会规范向有制度保障的契约的转变。本文讨论了对人际关系的考虑为什么比非关系型契约理论更具说服力,进而将非洲主义研究中发现的差异更好地贴合于当前的规范理论。这一点对于非洲而言至关重要,理由在于,这种联系的中断将导致规范融合的理念成为一种外来的、强加于非洲之上的理念。这一点对于在一般意义上解释社会契约的法律理论也非常重要,毕竟要使杠杆或者利益中介发挥作用的前提是人屈从于“胡萝卜”和“大棒”。

5.2 非洲的地方自治文化

在一篇自下而上解读非洲社会的文章中,沙巴尔(Chabal)大胆地论述道:

人们已经注意到，在非洲，社区的重要性远远大于个人。但是，这种观察结论没能在概念或者分析上得到发展。如果对此展开讨论，它要么被归为民族问题，其影响被看作个人身份的标志；要么被当作所剩无几的迅速消失的传统，尽管在事实上传统的消失并没有那么迅速。在这两种情形下，前提性的假设是社区不过是人类普遍发展过程的中转站，这种普遍的发展过程让社区成为个性化的聚合形态。⑧

维雷杜（Wiredu）在社区层面厘清了非洲社会的概念，并在此基础上逐步提出了一种理解，以缓和不可避免的关于"个性化"的争论。维雷杜将社群主义的社会定义为，在社会关系中发挥决定性作用的扩展了的亲属关系，并以此解释殖民主义如何通过瓦解社会生活破坏了非洲人的政治参与。⑨ 这一观点与曼达尼（Mamdani）不谋而合，后者认为，对殖民地的间接统治造就了"分裂的国家"，其核心在于向人民寻租的同时避免承担社会责任。⑩ 与曼达尼不同的是，维雷杜在批评社群主义的同时，保留了其抽象的独特性。维雷杜坚持认为，"事实上，在传统社会当中，社群归属感是如此强烈，以至于社群成员关于自身的认识不仅与社群的存在有关，而且与社群的价值观紧密联系"。⑪ 与亚里士多德关于友谊和社区的思考类似，维雷杜的观点中关于自我的概念有着明显的扩张，允许基于语境理解

---

⑧ Chabal P (2009) Africa: the politics of suffering and smiling. University of KwaZulu-Natal Press, Pietermaritzburg, p. 36.

⑨ Wiredu K (2001) Society and democracy in Africa. In: Kiros T (ed) Explorations in African political thought: identity, community, ethics. Routledge, London, ch 10, p. 172.

⑩ Mamdani M (1996) Citizen and subject: contemporary Africa and the legacy of late colonialism. Princeton University Press, Princeton, pp. 300 – 301.

⑪ Wiredu K (2001) Society and democracy in Africa. In: Kiros T (ed) Explorations in African political thought: identity, community, ethics. Routledge, London, ch 10, p. 172.

人的概念,人的"固有习惯表现出对社区基本价值的敏感度"。[12] 这被朗斯代尔(Lonsdale)称为"道德种族的可归入性","自我化"的过程产生于"社会责任的内化"。[13]

在这种内部话语当中,随之而来的是克服社区挑战和社会困境的决策过程。在这一过程中,强烈的互惠与互助促使社区成员实现利益趋同,尤其是当作为一个整体的社区面临挑战的时候。此外,团队中部分成员承担的特定角色要求他们即便是在其个人安全和利益没有受到威胁的情况下,也要负责任地寻求适合所有相关方的解决方案:

> 众所周知,多数传统的非洲人(即便不是所有的)在涉及人际关系的问题上是如此重视协商一致,以至于"长辈们会坐在大树下谈,直到谈出些什么"。这里的协议甚至不需要是关于真假,或者关于该做什么与不该做什么的一致意见。协议只是关于将要做什么。[14]

协商与妥协的艺术对社区的存在而言不可或缺。长者协商形成的共识将得到执行,通过整合相关利益得到的结果就是经济学家们口中的对公共产品的最优分配。例如,在讨论理想的纳税水平的时候,萨缪尔森通过将公共产品提供水平纳入个人偏好评估,计算出了最优解决方案。简单来说,假设政府的钱花在刀刃上,如果能保证其他人都缴纳同样的税款,人们就乐意缴税以换取公共服务。如果公共产品的成本与个人偏好的总和成

---

⑫ Wiredu K (2001) Society and democracy in Africa. In: Kiros T (ed) Explorations in African political thought: identity, community, ethics. Routledge, London, ch 10, p. 172.

⑬ Lonsdale J (2004) Moral & political argument in Kenya. In: Berman B, Eyoh D, Kymlicka W (eds) Ethnicity and democracy in Africa. James Currey, Oxford, p. 76.

⑭ Wiredu K (2001) Society and democracy in Africa. In: Kiros T (ed) Explorations in African political thought: identity, community, ethics. Routledge, London, ch 10, p. 173.

正比，我们就可以说公共产品的生产是有效率的[15]（前提是只有在所有人都诚实地表明其偏好的时候，才能实现自然的平衡）。[16] 在非洲，要实现这一点需要长时间的对话，也可能要在树下坐好久；通过分享对集体利益的不同观点，才能实现有效率的目标。

出于这个原因，维雷杜用更令人愉快的语言指出，“我们传统中的共识治理本质上是民主的”，尽管它同时也是角色固化的。[17] 经济学家安东尼·唐斯（Anthony Downs）将投票描述为表明对社会福利的偏好，并将最具妥协性地采用中间立场者称为“中间选民”。[18] 这一思路仅仅看到了欲望最基本的信号，进而构建了一个关注个体的模型，这个模型基于对中间点的战略偏好反而可能走向极端。与协商的社群模型相比，这种投票模式称不上民主。更确切地说，其中的智慧在于，相反，当利益与他人最密切相关的人以一个群体成员的身份进行对话时，产生的结果才会更加民主。[19] 我们期待着有经济学家能像传统部落长者那样，将群体偏好纳入个人效用曲线。

5.3 非洲主义者的政治科学

遗憾的是，上文关于社区的理想主义描述被认为已经过时了。按照当

---

⑮ Samuelson PA (1954) The pure theory of public expenditure. Rev Econ Stat 36:387 – 389; Samuelson PA (1955) Diagrammatic exposition of a theory of public expenditure. Rev Econ Stat 37: 350 – 356; Samuelson PA (1969) Pure theory of public expenditure and taxation. In: Margolis J, Guitton H (eds) Public economics: an analysis of public production and consumption and their relations to the private sectors. MacMillan, London, ch 5.

⑯ 用经济学术语来说，公共产品的最优生产发生在所有相关个人的公共产品和私人产品之间的集体边际替代率等于公共产品和私人产品之间的边际转换率的情况下。

⑰ Wiredu K (2001) Society and democracy in Africa. In: Kiros T (ed) Explorations in African political thought: identity, community, ethics. Routledge, London, ch 10, p. 174.

⑱ Downs A (1957) An economic theory of democracy. Harper & Row, New York. For the median voter theorem, see Black D (1948) On the rationale of group decision-making. J Pol Econ 56(1):23 – 34.

⑲ 从这个意义上说，间接民主可以比直接民主更民主，因为它坚持审议的理念。

前的分析趋势，非洲社群主义更多表现为一种虚构，而不是真实的存在，或者像朱利叶斯·尼雷尔(Julius Nyerere)提出的乌贾马(Ujamaa)社会主义那样被错误构建。“理想主义者和道德主义者”对于传统非洲的信仰，在弗洛伊德(Freund)看来是民族主义时代的产物，这片大陆的历史上曾经拥有的民族美感在独立带来的糟糕的政治环境下已经不再可信。[20] 由于大量针对“传统”的例证所采用的狭隘视角，关于部落和土著帝国的智识尝试在欠发达理论的冲击面前分崩离析。一个重要的表现是“新一代的非洲知识分子已经不再满足于让非洲的古老‘文明’重现荣光或者让非洲倡议赢得掌声”。[21] 弗朗茨·法农撰写的《大地的受难》(*The Wretched of the Earth*)引领了这样一种突然出现又持续存在的潮流：是殖民主义让非洲成为“一个渴望施虐的受虐者”。[22] 让－保罗·萨特(Jean-Paul Sartre)在这本书的前言中写道：

> 当你驯养你的同类时，你减少了他的产出，无论你给予他的有多少，农民消耗的总比他产出的多。基于这样的原因，殖民者不得不停止破坏；结果是，驯养者和被驯养者都被同化。[23]

由于非洲政治上的长期贫困，这一形象没有得到洗刷，也因此亟须国际社会提出结构性的解决方案以提升非洲大陆的政治水平。社区曾经拥有的意义被遗忘，因为它已经是一种负担，让社会滑向民族中心主义的地狱。例如，曼达尼就将关于非洲的讨论描述为现代主义者与社群主义者之间的分歧，现代主义者信仰权利并将政治融入公民社会，社群主义者则将

---

[20] Freund B (1984) The making of contemporary Africa: the development of African society since 1800. Indiana University Press, Bloomington, pp. 7, 10 – 11.

[21] Rodney W (1972) How Europe underdeveloped Africa. Tanzania Publishing House, Dar es Salaam, p. 13.

[22] Fanon F (1963) The wretched of the earth. Penguin, London, p. 41.

[23] Fanon F (1963) The wretched of the earth. Penguin, London, p. 14.

古老的社区置于中心地位。[24] 在曼达尼的另一篇文章中,他进一步推进这一分歧,并认为政治认同应当区别于"经济和文化认同"。[25] 政治在这里已经脱离了社区。对于非洲社会整体而言如此陌生的概念是如何出现的呢?

答案不仅在于学术界对于独立后非洲负面信息的关注,还在于主宰着对文化、社会结构和规范一般性解读的以制度为基础的思路。这一趋势对于非洲研究的渗透在近期非洲政治学研究的著作中表现得非常明显。例如,纽金特(Nugent)提出了两类检视非洲现状的当代学术主张。第一类主张认为,"殖民国家来自外界力量";第二类主张认为,殖民国家在面对非洲精英和文化在独立问题上突如其来的爆发式增长不够强大。[26] 这两种主张之下,文化的过错要么在于不同,要么在于文化的存在本身就是过错。

非洲主义的政治学者正在与其他规训的需要一起,回应将非洲研究与世界其他地方的区域研究结合起来的需要。这样做的危险在于,结构变量的跨区域集成,忽略了对于机构的一般性理解。例如,巴雅特(Bayart)认同,"非洲研究尚未被纳入当代政治学研究"。[27] 但是,他的回应却把重点放在国家结构上。就文化而言,关于文化的讨论主要针对国家,而不是社会的行为。巴雅特认为,"在社会层面上对国家的理解与在政治实体内在逻辑分析中对国家的理解之间并不存在矛盾"。[28] 他创造了一个术语——"腹部政治"(politics of the belly)——用于描述在非洲"能够积累和分配财富的当权者如何成为一个'有荣誉的人'"。[29] 这个被用来指称利昂戈

---

[24] Mamdani M (1996) Citizen and subject: contemporary Africa and the legacy of late colonialism. Princeton University Press, Princeton, p. 3.

[25] Mamdani M (2001) Beyond settler and native as political identities: overcoming the political legacy of colonialism. Comp Stud Soc Hist 43(4):662.

[26] Nugent P (2004) Africa since independence: a comparative history. Palgrave MacMillan, Hampshire, pp. 8-9.

[27] Bayart J (1993) The state in Africa: the politics of the belly. Longman, London, p. 5.

[28] Bayart J (1993) The state in Africa: the politics of the belly. Longman, London, p. 228.

[29] Bayart J (1993) The state in Africa: the politics of the belly. Longman, London, p. 242.

(坦桑尼亚的传奇英雄、诗人)的词汇,转而被用来描述暴食者。

这是一个复杂的情况。政治学者认为可以安全地将非洲大陆的道德理念看作道德滥用的工具,部分原因是其直指腐败问题的核心:贫穷的起因及其结果。与此同时,无论基于何种理由,人们一定会对这一点感到失落,即将非洲社会的人类学和规范研究简化为解释国家与社会不协调的因果变量。这种失落感源于我们无法将非洲的政治行动与有意义的出色标准进行比照。批评者们希望控制腐败,却又避免提及没有腐败的官员应当如何履职。投资者希望开发撒哈拉以南的非洲国家,因此资助非政府组织。我们想要一个崭新的非洲,所以我们培养并训练我们的年轻人在非洲以外的地方接受教育。所有这些都是避免使用非洲道德思维解决非洲问题的例证。

最近关于非洲政治变革的解读将文化研究与制度分析结合起来,但这些解读当中几乎不含有任何文化理念,其仅仅描述了当前的社会规范与“现代性”或者官僚主义之间的冲突。[30] 同样,对非洲政权制度性灾难的研究探讨了社会精英如何巧妙使用国家权力以实现其腐败目标,这清晰地表明非洲国家在国内外所面临的困境来自少数精英以大众的利益为代价中饱私囊。[31] 西方投资者被挑拨,并使其与中国对抗;少数人把持大量外汇,并使本国货币贬值;选区层次被降低,以确保选举过程中可以容易地操控选民;社会不稳定和暴力被用来挟持选举委员会,以确保其得出有争议的危险结论,从而让国家接受联合政府。在分析这些现象的过程中,有观点认为,殖民主义及其后续效应产生了软弱的政府,这个软弱政府后来逐渐被非洲文化残余摧毁、推翻和操纵。正如戴维森(Davidson)所言:

㉚ Chabal P, Daloz J-P (1999) Africa works: the political instrumentalization of disorder. James Currey, Bloomington.

㉛ Bayart J, Ellis S, Hibou B (1999) The criminalization of the state in Africa. James Currey, Oxford.

所留下的是一个脆弱的、容易犯错的公民社会的外壳，大多数人都在寻求保护自己的方式。他们找的主要方式是“部落主义”，或者更准确地说是裙带关系：一种坦慕尼派（Tammany Hall）[32]式的关系，其存在依赖个人、家庭以及与之类似的本地利益网络。裙带关系已经自成体系，并成为非洲政客中极为普遍的运作手法。[33]

所有这些批评都是正确的，但是被用来解释这一过程的模型让关于非洲规范和文化的法理理论讨论变得几乎不可能。该模型从根本上认为非洲文化的缺陷在于本应中立的官僚机构受到污染。这是一个糟糕的论点，并不是说所有的非洲文化都是好的，而是说压根不存在一种中立的官僚机构。之所以会出现这样的论调，在于有人提出了“新爱国主义”的概念，并用它来描绘非洲精英如何运用行政机构大搞腐败[34]。而这个概念赖以存在的前提就是可能存在一种中立的官僚机构。当韦伯（Weber）的理论被应用于对非洲监管结构演化的评估时[35]，规则反而成为精英们理性的疯狂举动的理论借口。[36] 沙巴尔和达洛兹（Daloz）认为，在非洲“最为重要的

---

[32] 韦伯在1919年的演讲中也使用了“坦慕尼派”这个短语，指的是“有共同兴趣的人组成的强大的政治俱乐部”。See Weber M（1948）Politics as a vocation. In：Gerth HH，Wright Mills C（eds）From Max Weber：essays in sociology. Routledge，London，ch 4.

[33] Davidson B（1992）The black man's burden：Africa and the curse of the nation-state. James Currey，Oxford，p. 12.

[34] Eisenstadt SN（1973）Traditional patrimonialism and modern neopatrimonialism. Sage，London.

[35] Evans PB，Rueschemeyer D，Skocpol T（1985）Bringing the state back in. Cambridge University Press，Cambridge；North DC（1981）Structure and change in economic history. W. W. Norton and Co.，New York；North DC，Weingast BR（1989）Constitutions and commitment：the evolution of institutions governing public choice in seventeenth-century England. J Econ Hist 49(4)：803－832.

[36] Bates RH（2008）When things fell apart：state failure in late-century Africa. Cambridge University Press，Cambridge.

是,从前殖民时代转向后殖民时代,重视社区在政治实践中的重要性。[37]这背后的理由在于,脆弱而粗糙的殖民制度意味着非洲大陆从未真正摆脱具有强烈工具性和个人性的'传统的'非洲治理模式"。[38]

上述分析的问题在于其中毫无希望可言。也就是说,分析中的绝望情绪让人类的境况没有希望。社会科学家会立即反驳说,调查结果是否合乎人们的胃口与其是否真实、是否具有科学价值无关。但是,从分析角度而言,这一点却很重要:对任何社会而言,作出这样的假设以消弭机构形成新的、更好的社会规范的能力,以及为社会条件发展制定共同战略和制度的能力,都只给出了结构主义的观点,这是硬币的一面。人更多地被视为一种特殊的生产要素,并"在政治上与他们在生产体系中的地位保持一致"。[39] 这种观点认为,这样的人数量越多,他们在生产关系中就越会受到剥削,形势就越危险。在这一立场之下,社会科学家在隐秘的理解下观察爆发点,既存的社会结构将会崩溃,一个乌托邦将会取而代之。结构主义的方法在分析上是错误的,理由在于,人类有时的确能够很好地共同行动并发展出进一步促进共同行动的规范;这些规范是制度演进的动力,但不一定引发革命。正如切斯特顿(Chesterton)曾经说过的那样,受过教育的人"只会将暴民视为破坏者——即便他们也承认这样做是正确的。但是,暴民却是生产者"。[40] 面对殖民主义产生的破坏,曼达尼追问道,"要怎样面对历史,而又不重蹈覆辙?"[41]这是对社会科学家的一个考验,因为人们

---

[37] Chabal P, Daloz J-P (1999) Africa works: the political instrumentalization of disorder. James Currey, Bloomington, p. 11.

[38] Chabal P, Daloz J-P (1999) Africa works: the political instrumentalization of disorder. James Currey, Bloomington, pp. 12 – 13.

[39] Chabal P (2009) Africa: the politics of suffering and smiling. University of KwaZulu-Natal Press, Pietermaritzburg, p. 107.

[40] Chesterton GK (1918) A short history of England. Chatto & Windus, London, 6th impression, p. 89.

[41] Mamdani M (2001) Beyond settler and native as political identities: overcoming the political legacy of colonialism. Comp Stud Soc Hist 43(4):659.

似乎总能找到重复历史的办法。

非洲社会研究中文化价值的具体化往往是作者分析范式的产物。在《非洲国家：肚皮上的政治》一书1993年的英文版前言中，巴雅特写道：

> 我承认，本书与其说关于非洲，倒不如说关于政治的充实与空洞，并为非洲提供语境和经验资料的理论和对比的文献。[42]

的确，非洲的政治科学、公共政策和法律理论被广泛地认为是几乎所有意识形态狂欢的必经之路。沙巴尔轻车熟路地为后殖民时代的非洲梳理出七种政治理论：发展主义、马克思主义、依附主义、社会主义、本土主义、新世袭主义和民主主义。[43] 为了让讨论向前发展，需要做的是注意力的转变。当代非洲政治学家们的共识在于，他们对于制度的关注往往围绕国家地位的问题。例如，纽金特关于非洲国家与社会契约的文章中，确立了三种契约：强制型、生产型和许可型。即便是最具参与性的生产型契约也是以国家为中心的，"是主权国家与其民众或公民之间的一种对话形式，其中前者的规则有助于提升后者的福利"。[44] 事实上，这根本就不是契约。如果从纯粹物质的给予与索取的角度来看，压根就不存在什么关系（国家在给予，公民在索取）。因此，当前的分析不能评价对于分析和批评非洲政治极为关键的关系原则。正如沙巴尔所指出的那样：

> 尽管在非洲主义的政治科学当中，道德问题虽然几乎没有被明显地突破，但已经是"房间里的大象"。此处仅需两个例证即可说明。非洲大陆上暴力被经常使用，这些行为多数被外来者看

---

[42] Bayart J (1993) The state in Africa: the politics of the belly. Longman, London, p. XV.

[43] Chabal P (2009) Africa: the politics of suffering and smiling. University of KwaZulu-Natal Press, Pietermaritzburg, p. 3.

[44] Nugent P (2010) States and social contracts in Africa. New Left Rev 63:43.

来非常恶劣或者“野蛮”;但是政客们同样道德沦丧,这正是腐败破坏发展的根源。[45]

规范性既是经验事实,也是将语境与比较、分析和制度研究结合起来的重要工具。然而,为了发挥这一作用,一个完善的、合乎非洲人类学研究发现的社会规范概念需要与对人的理解相一致,即人是一种能合作的、有理性的和社会性的存在。

5.4 从承诺到契约,从德性到社会

关于非洲文化和社会讨论的核心在于对互惠的重要性的认识。在一个以殖民和贸易为标记的大陆,礼物和交换“在群体内和社区之间维系着身份、德性和良好的关系”。[46] 有趣的是,在合同法理论当中同样强调互惠原则。本文认为,这绝非巧合。合同的概念构成经济关系(商务合同)和社会关系(社会契约)的基础。虽然,合同的正式表现形式被定义为“产生法律强制执行或认可的义务的协议”,[47]而真正令人感兴趣的是合同当中非正式的、难以抹杀的关于人性的内容。非洲主义者对于相互依存和互惠的理解与合同的关系理论相一致,因此可以共同作为理解社会性质的更好的基础。虽然政治合同和经济合同通常被认为是不同的,但是本文将一并考察它们的观念基础,理由在于,本文所关注的是人类如何形成和建立合作关系。为实现这一尝试,我们应当注意到合同法通过对特定当事人之间的要约—承诺行为适用一般性的法治规则解决这个问题,这种做法完成了

---

[45] Chabal P (2009) Africa: the politics of suffering and smiling. University of KwaZulu-Natal Press, Pietermaritzburg, p. 67.

[46] Chabal P (2009) Africa: the politics of suffering and smiling. University of KwaZulu-Natal Press, Pietermaritzburg, p. 73.

[47] Treitel GH (1999) The law of contract, 10th edn. Sweet & Maxwell, London, p. 1.

从个人关系向社会规范的跳跃，而这正是非洲哲学中的社会人力所能及的。[48]

合同的基础是要约和承诺，即“一方接受另一方提出的要约”。[49] 古罗马法上的合同理论已经明确了这一点，并为后世民法学说所继受。在罗马法上，要式口约（*Stipulatio*）形成正式合同，并要求一方做出的口头承诺被对方接受，即一方问“你承受义务？”（*Spondesne*？）另一方答“我承受义务”（*Spondeo*）[50]。有趣的是，罗马法对合同的承认并不是法律的创制，而是法的承认。正如巴克勒（Buckler）评价的那样，“契约即便不是贸易的产物，也是其使女”，因此“我们发现随着罗马文明的发展，商业不断繁荣，契约也随之复杂和灵活”。[51] 契约的独特之处在于，它仅仅为互惠的社会关系提供便利和保障。科恩（Cohen）解释说，“合同得以自由订立并能得到普遍执行的制度让个人具有更大程度的主动性，并推动国家财富的最大化”。[52] 合同的重要性又反过来加强了对于经济和社会生活的基础地位。

法律强化了社会规范，后者是公民间预期行为的主要组织者。英国合同法如何促成协议的实施就是一个恰当的例证。在中世纪的英国，被违背的承诺只有在协议另一方已经履行其义务的情况下才是可以强制执行的。裁判构成违约的方式是未偿债务仍属于未履行其承诺的一方。正如迪芬

---

[48] 正如社会学家詹姆斯·S.科尔曼（James S. Coleman）所言，“为什么要使用英美普通法作为确定社会结构要素的来源，从这些要素中可以构建理论？为什么不使用法国法律，或者它所依据的拿破仑法典呢？为什么不是穆斯林的法律，或者东欧和苏联的法律？部分原因在于，英美普通法是通过先例逐步发展起来的，它比欧洲法律体系所依据的正式法典更能反映社会中社会关系的实际结构”。See Coleman JS (1990) Foundations of social theory. Harvard University Press, Cambridge, p. 146.

[49] Treitel GH (1999) The law of contract, 10th edn. Sweet & Maxwell, London, p. 8.

[50] Hunter WA (1934) Introduction to Roman law, 9th edn. Sweet & Maxwell, London, p. 108; Buckler WH (1895) The origin and history of contract in Roman law: down to the end of the republican period. C. J. Clay and Sons, London, pp. 20 – 22.

[51] Buckler WH (1895) The origin and history of contract in Roman law: down to the end of the republican period. C. J. Clay and Sons, London, pp. 1 – 2.

[52] Cohen M (1933) The basis of contract. Har Law Rev 46(4):562 – 563.

(Teeven)所解释的那样,"一桶酒的买受人之所以负担义务,并不是因为他同意为酒支付价款,而是因为他得到了这桶酒"。[53] 这带来了很多问题,比如合同订立的当时需要确定标的物的价格,此外,"在土地交易和涉及服务的合同当中,也缺乏互惠的补救措施"。[54] 根本的问题在于,法律的框架并不要求人们对未来的承诺负责,仅要求对已经做出的承诺承担责任。斯莱德案的判决为此提供了解决方案,该案的审理从1596年持续到1602年。汉弗莱·莫里(Humfrey Morely)向约翰·斯莱德(John Slade)承诺以一定的价格购买其庄稼,但是当斯莱德完成对庄稼的收割之后,莫里拒绝付款。法庭经过反复考虑,作出了倾向于斯莱德的判决,并确认"所有待履行的合同均含有允诺"(也就是说,对未来行为的允诺即产生义务)。[55]

在将习惯法与现代法律制度相比较的过程中,纳瓦布兹(Nwabueze)抱怨习惯法缺乏对可执行的协议的认可,并进一步认为这种缺陷会使其无力支持现代工业社会。[56] 这一分析来自诸多学者的观点,他们认为,在当代社会经济增长所必需的劳动分工和财产权利的背景下,分散式的立法是对工业和城市关系唯一有效的保障。[57] 对这种观点最为坚定的支持者是韦伯[58],其有利的论证只在涂尔干(Durkheim)的《社会分工论》一书面前受到真正的挑战。[59] 涂尔干在他的著作中展示了职业分工带来异化的另一

---

[53] Treitel GH (1999) The law of contract, 10th edn. Sweet & Maxwell, London, p. 9.

[54] Treitel GH (1999) The law of contract, 10th edn. Sweet & Maxwell, London, p. 46.

[55] Teeven KM (1990) A history of the Anglo-American common law of contract. Greenwood Press, London, p. 48.

[56] Nwabueze BO (1971) Integration of the law of contracts. In: Allott A (ed) Integration of customary and modern legal systems in Africa. University of Ife Press, Ile-Ife, p. 140.

[57] 关于新古典契约理论的讨论是与古典立场的妥协, see Feinman J (1990) The significance of contract theory. Univ Cincinnati Law Rev 58: 1283 - 1318; Campbell D (2001) Ian Macneil and the relational theory of contract. In: Campbell D (ed) The relational theory of contract: selected works of Ian Macneil. Thomson Reuters, London。

[58] Weber M (1978) Economy and society: an outline of interpretive sociology. University of California Press, London.

[59] Durkheim É (1933) The division of labour in society. Free Press, Glencoe.

种图景，“虽然区别明显，却又紧密联系的社会有机体”[60]产生于经济上高度的互相依赖。韦伯的立场则获得现代主义者的支持，他们在“从身份到契约的社会关系变迁”[61]当中找到了社会进步的历史轨迹，并且描述了“作为根本特征的西方法律和社会中的个人主义”[62]。这一观点将会使认为社会和非正式非洲规范与一般性法律理论相关的观点产生分化，理由在于这种观点并不合乎合同关系理论的立场。

对于合同的经典理解可能受到“绿野仙踪法理学”[63]的威胁，基于书面和分离规则所产生的清晰观点可能因此被推翻。关系理论，作为另一种视角正在做这样的尝试。麦克尼尔（Macneil）在批判合同法理论中的分离规则的时候就指出，这种观点缺乏对语境的考量。关系理论认为合同“更像婚姻，而不是露水夫妻”[64]，关注人与人之间基于书面文本缔结的联系。爱泼斯坦（Epstein）指出，“一套纯粹的社会规范常常被认为落入了尴尬的无人区，介于纯粹主观偏好与完全可强制执行的法律规范之间（就像香草与巧克力口味的冰淇淋）”。[65] 通过承认主观与客观均很重要，合同关系理论将注意力集中于二者的融合。

合同是为集体行为提供保障的工具。麦克尼尔合同理论的起点不是始于关系的概念，[66]而是始于合作概念的类型化。[67] 通过梳理裁判中的合

---

[60] Reiner R (1984) Crime, law and deviance: the Durkheim legacy. In: Fenton S (ed) Durkheim and modern sociology. Cambridge University Press, Cambridge, Ch 6, p. 177.

[61] Cotterrell R (1992) The sociology of law, 2nd edn. Butterworths, London, p. 119.

[62] Cotterrell R (1992) The sociology of law, 2nd edn. Butterworths, London, p. 119.

[63] Macaulay S (1985) An empirical view of contract. Wisc Law Rev 3:478.

[64] Gordon R (1985) Macaulay, Macneil, and the discovery of solidarity and power in contract law. Wisc Law Rev 3:569.

[65] Etzioni A (2000) Social norms: internalization, persuasion, and history. Law Soc Rev 34 (1):159.

[66] Campbell D (2001) Ian Macneil and the relational theory of contract. In: Campbell D (ed) The relational theory of contract: selected works of Ian Macneil. Thomson Reuters, London, p. 9.

[67] 事实上，麦克尼尔第一本案例书的副标题就叫“社会合作的构成”（Instruments for Social Co-operation）。

同规范及其背后的人际关系，麦克尼尔对霍布斯的社会契约理论提出异议，认为后者忽略了人作为社会存在的属性。[68] 面对当代合同理论的哲学困境，戈德雷（Gordley）揭示了一种两难的处境。亚里士多德对合同的理解主宰着中世纪经院哲学对合同的认识。这种认识借助罗马法、亚里士多德和托马斯哲学在自然法理论中的综合，在16世纪和17世纪初达到顶峰。[69] 这种方法基于所有人均具有的，基于可理解的美德表达其意志的能力支持关于合同的观念，其中的美德体现为：（1）信守诺言；（2）慷慨（在适当的时间支付适当数量给付）；（3）交换正义。[70] 当亚里士多德的方法论和哲学被人们认为"阻碍而不是促进自然科学发展"[71]之后，这种基于美德的方法也不再受到青睐。与之相伴的是，启蒙运动和休谟关于道德不能建立在理性之上的论断。失去了哲学支撑的合同法，"在19世纪的理论当中彻底将美德的观念从合同理论当中清理出去，于是仅剩的概念就是意志了"。[72] 正是这种对于意志的单一关注（麦克尼尔将这一传统追溯到霍布斯那里），对于理解合同究竟如何形成发挥着关键作用。基于意志的非合作原则在法庭上发挥的作用在于，将书面合同作为防止悖约行为的保证，并成为合同关系的全部。因此，传统合同法的实践问题在于，其目的是对背信行为作出补偿，而补偿的范围仅限于确定的、可预见的损失。正如坎贝尔（Campbell）所解释的那样，"这种补偿不能有效调整含有（事前不特

---

[68] Macneil I (1980) The new social contract: an inquiry into modern contractual relations. Yale University Press, New Haven.

[69] Gordley J (1991) The philosophical origins of modern contract doctrine. Oxford University Press, Oxford, p. 69.

[70] Gordley J (1991) The philosophical origins of modern contract doctrine. Oxford University Press, Oxford, p. 55, 162.

[71] Finnis J (1998) Aquinas: moral, political, and legal theory. Oxford University Press, Oxford, p. 30.

[72] Gordley J (1991) The philosophical origins of modern contract doctrine. Oxford University Press, Oxford, p. 162.

定的）义务以及（事后不可补偿的）投资的合同”。[73]

不同于从对立的角度理解合同的传统观点，麦克尼尔提出将合同视为当事人之间的合作关系的视角来理解合同。他认为：

> 承诺不可能包含社会关系的全部信息。至少，关于社会关系未来走向的信息一定是不全面的，而承诺无论多么笼统，只能在特定背景下加以理解。[74]

麦克尼尔正在做两件事情。其一，他承认人类不能掌握全部知识，因此不可能编纂出一部无所不包的法典。[75] 其二，他将合同看作社会关系的垫脚石。古典契约理论和新古典经济学均认为契约是一种防止背信行为的尝试。相比之下，麦克尼尔提供了另一种可能：合同当事人确认了一种已经存在的共同目标。就经济学而言，这种思路放弃了经济人（*homo economicus*）假设，而将更为吸引人的互助的社会人置于核心地位。

麦克尼尔又是如何证明他对于合同当事人之间共同关系的关注是正当的呢？除了交易能够让合同当事人的经济地位得到提升这一事实之外，他发现，“合同当事人之间存在的共同的‘感觉’可能最终消除当前存在的任何隔阂，从而使他们成为实现彼此（利益）最大化的人”。[76] 长期来看，稳定的关系有助于人们对他人的行为、特性和情绪形成稳定的预期，从而在

---

[73] Campbell D（2001）Ian Macneil and the relational theory of contract. In：Campbell D（ed）The relational theory of contract：selected works of Ian Macneil. Thomson Reuters，London，p. 16.

[74] Campbell D（2001）Ian Macneil and the relational theory of contract. In：Campbell D（ed）The relational theory of contract：selected works of Ian Macneil. Thomson Reuters，London，p. 132.

[75] See also the concept of bounded rationality. Simon HA（1997）Administrative behaviour，4th edn. Free Press，New York.

[76] Macneil I（1981）Economic analysis of contractual relations：its shortfalls and the need for a “Rich Classificatory Apparatus”. Northwest Univ Law Rev 75（6）：1024.

决策过程中发挥积极作用。这种频繁的互动让“针对适当行为标准的规范性的规则得以产生”。[77] 关键在于,礼仪与社会规范的基础并不在于他们本身的价值,而是在于他们如何展示与他人和谐稳固的关系(例如,在伊斯兰国家,人们用右手吃饭)。例如,特拉斯(Truss)将礼仪说成“最终关乎想象力的。想象如何成为其他人”。[78] 就像语言是一种建立互惠关系和沟通(共同想象)的基本工具一样,共同的规范对于合同行为而言也是基本性的工具。[79] 基于其微妙的适用,合同法更多反映并保障规范,而很少生成规范。

合同关系理论的价值来自它将关于互惠的理解与关于承诺和社会规范的理解结合起来。有趣的是,非洲人类学研究发现了丰富的与互惠和社会规范有关的资源,也建立在将人理解为社会的、相互依存的基础之上。虽然非洲主义的法学和政治科学一般与文化特殊主义联系在一起,但是合同关系理论的发现则为社会信任和法律研究提供了这样一条进路,使非洲人对社会人的理解具有普遍价值。

5.5 结论

在对非洲社区的研究当中,互惠是一个核心发现,也众所周知地存在于个人与社会之间的联系中。事实上,能够产生行为预期和信赖关系的互惠是合同的本质。这一点从合同出现开始就非常明显,只是在最近才被合同关系理论注意到罢了。以合同规则替代社会规则的主张没有注意到的是,通过要约—承诺完成的许诺过程有的时候是一个自下而上的、寻求制度认可和司法保障的过程。合同法是务实的,其公民导向的适用趋势倾向

---

[77] Macneil I (1980) The new social contract: an inquiry into modern contractual relations. Yale University Press, New Haven, p. 36.

[78] Truss L (2005) Talk to the hand: the utter bloody rudeness of everyday life (or six good reasons to stay at home and bolt the door). Profi le Books, London, pp. 24 – 25.

[79] Macneil I (1983) Values in contract: internal and external. Northwest Univ Law Rev 78 (2):340 – 418.

于依靠社会规范，从而巩固了合同规则对于司法制度的重要意义。正如很久以前西塞罗所言，“法律源于自然，那些有用的标准被习俗确立。源于自然并由习俗所确立的权威在此基础上强化其约束力”。[80]

政治科学对于非洲社会研究的渗透让人们对制度产生了极大的兴趣，却使社区、互惠和规范同关于制度产生和演进的讨论相脱离。利益沟通、人际知识和行为保障中的步骤是经济和政治交流的基础。因此，认为非洲文化能够解释中立官僚模式机构退化的观点没有注意到的是，社会规范对上述规则适用的重要性。通过将政治成就定义为解决社会问题的人的协同行为，我们可以认为，就像没有互惠中的内在一致，经济增长是不可能一样的，政治增长也不能实现。需要做的不是去除非洲文化，而是要意识到，在关于规则如何发挥作用以及法治如何实现的一般性讨论中，非洲文化能在多大程度上发挥作用。

参考文献

Bates RH (2008) When things fell apart: state failure in late-century Africa. Cambridge University Press, Cambridge

Bayart J (1993) The state in Africa: the politics of the belly. Longman, London

Bayart J, Ellis S, Hibou B (1999) The criminalization of the state in Africa. James Currey, Oxford

Black D (1948) On the rationale of group decision-making. J Pol Econ 56(1):23 – 34

Buckler WH (1895) The origin and history of contract in Roman law: down to the end of the republican period. C. J. Clay and Sons, London

---

[80] d'Entrèves AP (ed) (1959) Aquinas: selected political writings. Macmillan, New York, p. 115.

Campbell D (2001) Ian Macneil and the relational theory of contract. In: Campbell D (ed) The relational theory of contract: selected works of Ian Macneil. Thomson Reuters, London

Chabal P (2009) Africa: the politics of suffering and smiling. University of KwaZulu-Natal Press, Pietermaritzburg

Chabal P, Daloz J-P (1999) Africa works: the political instrumentalization of disorder. James Currey, Bloomington

Chesterton GK (1918) A short history of England. Chatto & Windus, London, 6th impression

Cohen M (1933) The basis of contract. Har Law Rev 46(4):553 – 592

Coleman JS (1990) Foundations of social theory. Harvard University Press, Cambridge

Cotterrell R (1992) The sociology of law, 2nd edn. Butterworths, London

d'Entrèves AP (ed) (1959) Aquinas: selected political writings. Macmillan, New York

Davidson B (1992) The black man's burden: Africa and the curse of the nation-state. James Currey, Oxford

Downs A (1957) An economic theory of democracy. Harper & Row, New York

Durkheim É (1933) The division of labour in society. Free Press, Glencoe

Eisenstadt SN (1973) Traditional patrimonialism and modern neopatrimonialism. Sage, London Etzioni A (2000) Social norms: internalization, persuasion, and history. Law Soc Rev 34(1):157 – 178

Evans PB, Rueschemeyer D, Skocpol T (1985) Bringing the state back in. Cambridge University Press, Cambridge

Fanon F (1963) The wretched of the earth. Penguin, London

Feinman J (1990) The significance of contract theory. Univ Cincinnati Law Rev 58:1283 - 1318

Finnis J (1998) Aquinas: moral, political, and legal theory. Oxford University Press, Oxford

Freund B (1984) The making of contemporary Africa: the development of African society since 1800. Indiana University Press, Bloomington

Gordley J (1991) The philosophical origins of modern contract doctrine. Oxford University Press, Oxford

Gordon R (1985) Macaulay, Macneil, and the discovery of solidarity and power in contract law. Wisc Law Rev 3:565 - 579

Harries L (1962) Swahili poetry. Oxford University Press, Oxford

Hunter WA (1934) Introduction to Roman law, 9th edn. Sweet & Maxwell, London

Lonsdale J (2004) Moral & political argument in Kenya. In: Berman B, Eyoh D, Kymlicka W (eds) Ethnicity and democracy in Africa. James Currey, Oxford

Macaulay S (1985) An empirical view of contract. Wisc Law Rev 3:465 - 482

Macneil I (1980) The new social contract: an inquiry into modern contractual relations. Yale University Press, New Haven

Macneil I (1981) Economic analysis of contractual relations: its shortfalls and the need for a "Rich Classificatory Apparatus". Northwest Univ Law Rev 75(6):1018 - 1063

Macneil I (1983) Values in contract: internal and external. Northwest

Univ Law Rev 78(2):340 -418

Mamdani M (1996) Citizen and subject: contemporary Africa and the legacy of late colonialism. Princeton University Press, Princeton

Mamdani M (2001) Beyond settler and native as political identities: overcoming the political legacy of colonialism. Comp Stud Soc Hist 43(4): 651 -664

Murungi J (2004) The question of an African jurisprudence: some hermeneutic refl ections, Ch 43. In: Wiredu K (ed) A companion to African philosophy. Blackwell, Oxford

North DC (1981) Structure and change in economic history. W. W. Norton and Co. , New York

North DC, Weingast BR (1989) Constitutions and commitment: the evolution of institutions governing public choice in seventeenth-century England. J Econ Hist 49(4):803 -832

Nugent P (2004) Africa since independence: a comparative history. Palgrave MacMillan, Hampshire

Nugent P (2010) States and social contracts in Africa. New Left Rev 63:35 -68

Nwabueze BO (1971) Integration of the law of contracts. In: Allott A (ed) Integration of customary and modern legal systems in Africa. University of Ife Press, Ile-Ife

Philp M (1996) Republicanism and liberalism: on leadership and political order-a review. Democratization 3(4):383 -419

Reiner R (1984) Crime, law and deviance: the Durkheim legacy. In: Fenton S (ed) Durkheim and modernsociology. Cambridge University Press, Cambridge, Ch 6

Rodney W (1972) How Europe underdeveloped Africa. Tanzania Publishing House, Dar es Salaam

Samuelson PA (1954) The pure theory of public expenditure. Rev Econ Stat 36:387 – 389

Samuelson PA (1955) Diagrammatic exposition of a theory of public expenditure. Rev Econ Stat 37:350 – 356

Samuelson PA (1969) Pure theory of public expenditure and taxation. In: Margolis J, Guitton H (eds) Public economics: an analysis of public production and consumption and their relations to the private sectors. MacMillan, London, ch 5

Simon HA (1997) Administrative behaviour, 4th edn. Free Press, New York

Teeven KM (1990) A history of the Anglo-American common law of contract. Greenwood Press, London

Treitel GH (1999) The law of contract, 10th edn. Sweet & Maxwell, London

Truss L (2005) Talk to the hand: the utter bloody rudeness of everyday life (or six good reasons to stay at home and bolt the door). Profi le Books, London

Weber M (1948) Politics as a vocation. In: Gerth HH, Wright Mills C (eds) From Max Weber: essays in sociology. Routledge, London, ch 4

Weber M (1978) Economy and society: an outline of interpretive sociology. University of California Press, London

Wiredu K (2001) Society and democracy in Africa. In: Kiros T (ed) Explorations in African political thought: identity, community, ethics. Routledge, London, ch 10

6 现代非洲法律的主体:尼日利亚报告

欧鲁菲尼·泰沃(Olúfémi Táíwò)*

6.1 引言

非洲司法正面临困境。① 司法机关和执法者的行为引起了诸多关注。此外,有证据表明侵犯人权的行为并不鲜见,轻则粗暴对待嫌疑人,重则实施私刑,大众对此已经见怪不怪。有人通过占据主导地位的法律理论解释非洲司法的失败②,也有人主张这种困境来自非洲法律制度与各种本土文化和习惯的抵触。

本文将讨论非洲司法系统中的一个虽然经常被媒体报道,却尚未得到

---

* 欧鲁菲尼·泰沃,美国康奈尔大学非洲研究中心教授。

① 尼日利亚和肯尼亚出现法官涉嫌腐败的案例。2004 年 4 月 21 日星期三,尼日利亚《先锋报》公布了肯尼亚法官的价目表,标题是"50 亿尼日利亚元贿赂指控:国际刑警组织审问首席法官和其他六人——与此同时,国际刑事法院逮捕了阿克瓦 - 伊博姆(Akwa-Ibom)首席法官和选举法庭成员"。"'Price list' for Kenya's Judges", BBC News Online, Friday, October 3, 2003 [http://news. bbc. co. uk/2/hi/Africa/3161034. stm].

② See in general the debate on this issue by F. U. Okafor, Legal Positivism and the African Legal Tradition, (1984) 24 International Philosophical Quarterly 157 - 164; Olúfémi Táíwò, Legal Positivism and the African Legal Tradition: A Reply, (1985) 25 International Philosophical Quarterly 197 - 200; P. C. Nwakeze, A Critique of Olúfémi Táíwò's Criticism of Legal Positivism and African Legal Tradition, (1987) 27 International Philosophical Quarterly 101 - 105; Jare Oladosu, Choosing a Legal Theory on Moral Grounds: An African Case for Legal Positivism, (2001) 2 West Africa Review [http://westafricareview. com]. See also B. O. Nwabueze, Judicialism in Commonwealth Africa (London: C. Hurst Publishers, 1977), Chap. XIV.

充分关注的问题：对个人权利的侵犯。

侵犯个人权利的现象在非洲法律制度的不同领域都会存在。在侵权法中，国家缺乏有效的胜诉判决执行程序。而当败诉方是国家或为数众多的分支机构的时候，这种情况会变得更加糟糕。在行政法中的情形也大致如此，尤其是涉及行政命令的情况。在这一讨论当中最为重要的是，宪法和刑法中侵犯个人权利的例证。非洲政府一般不会宣扬涉及本国公民的败诉案件，尤其是这些案件是关于公民指责政府实施了侵犯其权利的行为。一起发生在津巴布韦的臭名昭著的事件是，政府对本国的白人农民发动了一场“战争”。这个问题最为突出的争议领域存在于刑法当中。涉及刑法的违法行为包括嫌疑人受到警察和狱警在肉体或者其他方面虐待，庭审程序被无休止地拖延，无法获得律师的服务以及私刑。

鉴于个人及其权利在非洲国家法律体系中的核心地位，特别是在那些普通法传统的国家，以及在这些司法管辖区，从理论上讲，法律及其机构主要负责保护个人这一事实，我们不禁要问，为什么这一责任如此经常地被推卸？个人权利的中心地位解释了本文所遵循的路径。我提出，分析类似于尼日利亚的普通法国家现代法律体系的哲学结构。也就是说，我希望分析保护个人权利不受国家机关及其成员侵犯的观点是现代国家及其法律制度当中的原则。这里的个人是指法律主体。法律主体所包含的意义对于法律体系的运作有何意义？现代法律体系倾力保护个人权利的要求有何体现？③ 我认为，一般而言，非洲现代法律体系和非洲法学学者一样，对

③　顺便说一句，一旦人们同意公司可以被认定为“法人”，它就有资格享有人类法律主体所享有的许多特权。这只是为了强调法律主体在现代法律体系中的中心地位。

于现代非洲法律当中的法律主体的关注严重不足。[④] 由此产生的结果是在非洲法律理论和实践当中，法律主体几乎从来没有成为评论者和实践者关注的对象。基于同样的理由，我认为，如果我们要理解非洲法律制度失败的原因并将对个人的影响降到最低，我们就必须认真面对法律制度赖以形成的形而上学框架。

不仅在涉及个人权利和国家的案件中，法律主体几乎不存在，在刑事司法实践当中的情况甚至可能更加糟糕。无论是警察、监狱或是法庭，无论是在军事管制还是在民主政权之下，我们每天面对的法律当中几乎找不到法律主体存在的证据。我认为，要消除或减少宣传报道中常见的侵犯人权的恶劣事例，我们就必须认真面对法律主体的问题。无论是学者还是实践部门的人员，都应当参与一项影响深远的事业，那就是教育那些与非洲国家司法实践有关系的人，无论他们是法官还是法警、狱卒或警察。

本文的研究基于这样一些基本假设，在这里我们不打算再展开论证。正如我在接下来的论述当中将要做的那样，我将会不断地从美国或欧洲汲取灵感，原因在于英联邦非洲国家的法律制度来自那里，而这些欧美国家是现代法律逻辑得到充分发展的化身。这一现象得以存在的理由毫无疑

---

④ 例外情况，see Michael Reisman, The Individual under African Law in Comprehensive Context, in Dr. Peter Nanyenya Takirambudde, ed., The Individual under African Law, Kwaluseni, 1982, pp. 9–27; see also, in general, Thierry G. Verhelst, ed., Legal Process and the Individual: African Source Materials, Proceedings of the Economic Commission for Africa Conference of African Jurists, Addis Ababa 1971。他们的论文集中对相关问题的讨论值得关注（New York: New York University Press, 1995），戈登 · R. 伍德曼（Gordon R. Woodman）和 A. O. 奥比拉德（A. O. Obilade）没有考虑将法律主体或与法律中个人概念相关的问题作为他们的主题之一。如果他们选择在他们的文集中讨论这个问题，也不太可能找到太多的文献。这表明非洲法律理论中关于个人主体著作的缺乏。我并不是说建议人们不要谈论权利。问题是，他们要么用纯粹的工具主义术语来谈论权利，要么在讨论中表现得过于技术性。在很大程度上，很少有人关注我们法律制度的哲学基础。这不是律师的工作，大多数非洲法律评论员都来自律师队伍；这是法律理论家和哲学家的工作。遗憾的是，在英美法系国家，很少有哲学研究涉猎非洲法律。本文就是这样的一个尝试。

问是非常明显的。[5]

在尼日利亚,占据主导地位的法律制度是外来的,民族主义再多的尝试也不可能改变这个历史事实。从我的经验来看,这一立场很容易被误解。我并不认为,在奴隶制、大西洋奴隶贸易、伊斯兰教、基督教和殖民主义等重塑非洲土地和精神面貌的外来历史运动之前,非洲的本土法律制度并不存在。但是,我认为在尼日利亚和其他讲英语的英联邦非洲国家当中,从立法到司法,从立案到听证、庭审和裁判,占据主流地位的司法制度与这些国家的本土法律资源没有任何关系。

在一些国家当中,伊斯兰法律与英国法律之间存在冲突。比如,在苏丹就很难认为现代法律制度毫无疑问地占据了主导地位。有人也许会将尼日利亚北部作为另一个例证。我认为,尼日利亚普通法制度优于伊斯兰教法,而在二者发生冲突的时候,后者往往会作出让步。毫无疑问的是,我并不否认非洲人在某种程度上改变了他们继受来的法律制度,但这并不是本文讨论的重点。基于其并未占据统治地位的事实,所有本土法律制度都仰承现代法律制度之鼻息,并且只能在不与之发生冲突的情况下才能发挥有限的作用。如果我的观点是正确的,或者至少是可能的,学者就应当认真探究法律制度的源头,认真学习其哲学基础。这样做是为了寻找我们的司法重大失败的原因,并为我们在法学、社会学和政治科学的技术讨论当中指明可能的补救方向。

同样,我们必须认真对待作为形容词的“现代”。例如,在主导法律制度发源地的英国,在不同的历史时期有着不同的封建法、奴隶法和部落法。在认真对待“现代”这个耳熟能详的词汇的过程中,我们也为我们的范本划定了界线,以将其与封建法律和其他形式的法律区别开来。在这样一个现代法律体系当中,法律制度是占据支配地位且是至高无上的。

---

⑤ 在非洲国家正在进行的广泛的司法教育中,现在必须加上哲学家和思想历史学家的投入,他们可以反复灌输一种使特定法律实践得以实现的哲学原则。

6.2 法律主体:定义与重要性

谁是法律主体?法律主体又如何取得现代法律的核心地位?米兰达权利经常会出现在美国的新闻报道当中。研究法律理论和实践的学者经常遇到包括谋杀在内的一些案件,由于警察在实施逮捕或调查的过程中侵犯了嫌疑人的米兰达权利而不得不将其释放。[⑥] 其中的一些案例当然会令人感到愤怒,因为这冲击了人们的道德底线。律师、政治理论家或者哲学家则会在程序规范面前俯首称臣,并期待警方下一次能有更好的表现。我选择这个例证的原因就在于它体现了程序相对于结果的优越地位,而这正是现代法治的典型特征。[⑦] 对民主及其孪生学说——法治的激进批评者习惯于将两者都视为虚假的东西。只有当我们认同自由、民主和法治在抑制国家强权时,有时能够真正发挥作用,比如美国的爱国者法案所体现的允许未经审判的羁押。我们才能为"9·11"恐怖袭击事件之后人们所遭受的损失感到痛心。我在痛惜他们受到伤害的同时也坚决捍卫民主和法治,理由在于我们生活的这个世界还没有足够的规则对抗肆意。

让我们简短地将注意力转向尼日利亚。下面的文字来自福特基金会资助的对尼日利亚刑事司法体系的调研报告。当论及警察在刑事司法体系中的角色和行为时,作者是这样评论的:

> 法律要求警察在记录嫌疑人陈述之前需要向嫌疑人作出说明。[⑧] 大约3/5(64.8%)的嫌疑人宣称警察在录口供之前什么都没说。令人吃惊的是,警方的回应表明不到1/10(8%)的案件

---

⑥ 最近,州最高法院因警方未能向嫌疑人宣读米兰达权利而推翻了一起谋杀罪, see Maura Dolan, "Police Are Rebuked on Miranda", Los Angeles Times, 15 July, 2003, A1。

⑦ 事实上,当所有这些历史悠久的原则在美国受到司法部部长约翰·阿什克罗夫特(John Ashcroft)领导的前现代势力的猛烈攻击时,现在正是深入了解这些原则遵守情况的最佳时机。

⑧ 这种说明相当于尼日利亚版本的米兰达警告。

中,嫌疑人在事前被告知其有权保持沉默。而在另外9/10(90.2%)的案件中,警方直接提起指控,而没有作出任何警告。在被拘留和逮捕之后,嫌疑人会认为提供口供是理所当然的事情,警察自己也认为让嫌疑人招供是他人的职责。对警示义务的忽视是对宪法权利的严重侵犯。

你有什么要说的吗?你可以保持沉默,但你说的任何内容将被记录下来并可能用作证据。⑨

3/5的嫌疑人没有从警察那里得到警告本身已经非常值得注意了。这一内容翔实的报告详细记录了警察、法院、律师和公众等刑事司法体系中不同部门的不同人员违背这些维护公民权利规则的行为。

报告的两位作者是尼日利亚律师协会的资深成员,也是备受尊重的成熟学者。人们可能会期待作者会表达强烈的愤懑,或者至少对刑事司法体制运行过程中广泛存在的渎职行为表现出一定程度的义愤。在谈到警方对警告反复无常的态度时,作者写道:

(警方在办案过程中忽略警告的行为)如此频繁地发生是对警方办案方式的一种悲哀的反映。这至少说明,警方尚未意识到他们有责任提醒嫌疑人在受到指控之后有保持沉默的权利[……]

毫无疑问,亟须向警察提供充分的培训,以使他们意识到自己有责任提醒嫌疑人在受到指控之后有保持沉默的权利;即便是在被规劝、敦促甚至强制的情况下,嫌疑人也可以拒不提供任何口供。⑩

---

⑨ M. Ayo Ojomo and I. E. Okagbue, Human Rights and the Administration of Criminal Justice in Nigeria, N. I. A. L. S. Research Series No. 1, Lagos, 1991, pp. 111 – 112. My emphasis.

⑩ Ojomo and Okagbue, p. 112.

十有八九,这两位作者过于认真地保持了自己在学术上的超然立场。对于这种“自毁城墙”的行为必须表达强烈的不满。我们所讨论的原则是不应当被违背的,即便是像在尼日利亚的流于表面的法律体制当中也是如此。如果真的如作者所认为的那样,警察执法中存在的问题根源仅在于缺乏必要的培训,那么在这样的思路之下,更应当进行充分培训的内容应当是无罪推定的理念。起码,警察在受训期间有的是适当的获得必要知识的途径。

当然,刑事司法体系中的通常情况是嫌疑人的申诉会被拒绝。这就像他们常常对自己说的那样:嫌疑人为了脱罪,什么话都说得出。D. O. 艾迪塞恩(D. O. Adesiyan)通过观察发现,尼日利亚的法庭“在坚决地防止过分热心的官员滥用权力”,“但是,法院在一些地区根除对被告采取非法措施的问题上遇到了很大障碍。这是由于,当被告提出控告的时候,法院发现这些控告很难被接受,因为举证的难度非常大”。[11] 由此导致的结果就是,警察没有清理其行为的动机:警察针对嫌疑人所提出的指控不可能被推翻。而在英国或者美国,类似的情形就极有可能让检察官的案件岌岌可危。在后面的讨论中,我们将回到艾迪塞恩所描述的态度。

更为值得关注的问题是,警察会承认没有提醒嫌疑人其享有的权利。这甚至不是唯一他们承认的常见的违背程序规则的行为。在尼日利亚,拘留和逮捕嫌疑人的亲属以使其主动投案是一种常见的做法,警方对此毫不避讳。我在这里也不打算回顾那些执法者作出违法行为的统计数据,其中不乏谋杀。需要思考和评论的问题是,非洲和欧美国家共享现代法律体系,但是,在尼日利亚起码的正式层面上,对此几乎没有类似的体现。为什

---

⑪ D. O. Adesiyan, An Accused Person's Rights in Nigerian Criminal Law, Ibadan, 1996, p. xii.

么同样的行为在不同文化环境之下，法律后果迥异？⑫

对于上述问题的答案需要追溯到哲学层面，尤其是现代法律体系的哲学背景。欧美法律制度是现代性的重要组成部分。我认为，现代性具备6种基本组成要素：理性的中心地位、行为自由、自由民主、法治、开放的未来、对于创新的痴迷。⑬ 限于篇幅，我们不能讨论这些全部组成要素。但是，我可以简要地描述一些相关的要素。

现代哲学话语的核心是作为个体的人。但是这并不是指任何个体。毕竟，人类社会就是由个体组成的。但是，现代性几乎凭借一己之力将个体提升到人类社会基本元素的地位。现代性的这一特征非常容易被误解。现代性之下的个体概念与之前的各种关于个体的观念截然不同。现代性之下的个体概念是组成社会的基本要素，且个人的人格完整不能受到侵犯，非经允许不得干涉。这种近乎绝对的对于个人的保护以及由此产生的社会关系的人为属性将个人的观念区别于其他观念，尤其是区别于那些涉及群体优先和超然地位的概念。熟悉西方哲学的人会知道，除了意识形态立场之外，关于个人的认识千姿百态。例如，在美国关于作为一种社会存在的个人的认识与传统观念当中的立场相比，几乎没有相似之处。柏拉图和亚里士多德都不会接受他们"关于什么是人类"的观念与"西方传统"之下的"什么能让人类及其后代过上美好生活"的观念之间有什么亲缘关系。⑭

---

⑫ 文献中不乏答案。除了教育水平低下之外，还可以对普遍存在的腐败、缺乏足够的装备和设施提出呼吁。接下来的内容是为了补充现有的解释，而不是取代它们。更重要的是，它很少被非洲学者仔细研究。

⑬ See in general Jürgen Habermas, The Philosophical Discourse of Modernity, trans. Frederick G. Lawrence Cambridge, 1990; Stuart Hall, David Held, Don Hubert and Kenneth Thompson, eds., Modernity: An Introduction to Modern Societies Oxford, 1996; Bill Bourne, Udi Eichler and David Herman, eds., Modernity and Its Discontents Nottingham, 1987.

⑭ 这也是赖斯曼(Reisman)提出的观点。正是因为许多人认为个人主义是西方文明的一个古老而固有的方面，所以有必要简要地提一下各种主张，以便理解西方只是在其自身发展的较晚阶段才产生了个人主义的学说和实践。"The Individual under African law in Comprehensive Context", 11. 全面的历史回顾，see Colin Morris, The Discovery of the Individual: 1050 - 1200, New York, 1972。

也就是说,西方文化传统当中对于个人本质及其属性的理解是新近发展的产物。

在现代话语体系当中,被赋予理性的个人过着最完善的生活,因为他(她)不仅用理性构筑自己的生活,而且只接受合乎理性而不是“天启”或者传统的事物。这意味着理性所拥有的中心地位。按照哲学、人类学的观点,拥有理性的人就是自由的人。也就是说,自由属于作为人的人。自由得以展示的方式之一是人们可以在世界上自我表达的能力。换句话说,为了自己的欲望和利益行为或者作出反应的能力。行为自由是指这样一个事实,即人是自由的,他们应当拥有行动的自由。既然我们的目标是在行为当中交错和互动,那么更恰当的说法是,法律也只有在行为之后而不是之前具有相关性。基于上述观点,任何先发制人的法律在现代法律制度当中都是一种反常的现象。对于思想的惩罚既不存在,也不应当存在。

个人自由是绝对的。这当然有一些夸张。这样做的目的在于强调我后面将要提出的观点。个人自由的绝对性最好构建于某种理论预设的基础之上。这类似于我们认为人在本质上是自由的。我们不会追问人为什么要自由;我们会要求那些试图剥夺人类自由的人说明,人为什么不应当是自由的。基于同样的立场,从人的自由是绝对的这一判断当中,我们不能得出自由不会被剥夺的结论;这仅仅意味着,包括政府在内的任何人在侵犯自由的时候,都要证明其干预自由的行为的正当性。他们口中可能满是关于个人自由的夸夸其谈。[15] 但在事实上,除了大宪章中关于人权谱系

---

⑮ 最近,泛非关于人权的声明加入了宪法。See in general, Chidi Anselm Odinkalu, “The Individual Complaints Procedures of the African Commission on Human and Peoples' Rights: A Preliminary Assessment”, (1998) 8 Transnational Law & Contemporary Problems 359; Yemi Akinseye-George, “New Trends in African Human Rights Law: Prospects of an African Court of Human Rights”, (2001) 10 University of Miami International & Comparative Law Review 159 - 176.

的陈词滥调之外,这些观点本身就是可疑的,[16]他们在哲学层面根本提不出关于人及其尊严的本质说辞来支持其观点。[17]

而且,即便是在宪法基本条款中得以确立的权利,也被非洲宪法文本中常见的"例外条款"(clawback)抵消了。例外条款,是指一般附于宪法条文之后的关于例外情况的规定,在关于人权的规定当中较为常见。例如,《尼日利亚宪法》规定,"任何人的隐私和家庭生活、住宅和通信均应受到尊重",该条的例外条款规定,"本条规定不影响下列民主社会当中合理的法律的效力,(a)为保护公共安全、公共秩序、公共道德、公共卫生或社区经济福利的;(b)为保护他人权利和自由的"。鉴于尼日利亚的立法者认为这样的规定出现在宪法当中是合理的,我们可以认为这些条款所体现的立场得到了尼日利亚立法者的一致认同。

《尼日利亚宪法》的立法者们真的认为在一个姑且称为民主的社会当中,对公民个人隐私和家庭生活、住宅和通信的干涉应当得到允许,只要这种干涉所保护的利益体现为"保护公共安全、公共秩序、公共道德、公共卫生或社区经济福利"? 可以确定的是,立法者们不仅没有"认真地对待权利",[18]而且已经意识到了他们的主张可能引起的哲学上的难题。从某种意义上而言,他们采用了一种原始的功利主义进路,认为个人权利可以被用来换取多数人的福利。[19] 在我的视野之内,尚未注意到非洲学者对于作为非洲权利宪章的宪法当中的例外条款可能引起的伦理和政治哲学问题

---

⑯ 这种叙述是不准确的,因为在大宪章宣布的时候,英国是一个封建社会,谈论农奴的自由在术语上是矛盾的。人们赋予大宪章当中自由的含义可以更恰当地追溯到1701年的《定居法》和为其奠定基础的1688年光荣革命。我们认为英国人自1215年以来就获得了自由,更不用说英国女人了,这表明我们对继承下来的欧美制度历史的理解受到了相关知识欠缺的影响。

⑰ 严格地说,这是哲学层面的问题。关于人权的无数讨论和非洲关于人权的不断扩大的讨论没有涉及这一因素。他们理所当然地认为个人的概念是显而易见的或毫无问题的。

⑱ See in general Ronald Dworkin, Taking Rights Seriously (Cambridge: Harvard University Press, 1978).

⑲ 这种方法是罗纳德·德沃金(Ronald Dworkin)在《认真对待权利》一书中严厉批评的主要对象。

开展充分的讨论。[20]

在法律上,法律主体是理性的拥有者、利益的享有者、行为的实施者,享有同等法律地位,是意志的来源。在现代国家当中,国家垄断了合法使用暴力的权力,我所描述的身处国家治下的法律主体不受当权者不适当或不必要的干涉。在现代国家当中,个人需要也有必要得到来自国家的保护;而不是国家需要来自个人的保护。作为法律实践基础的最为重要的原则是,在有合理理由认定嫌疑人有罪之前的无罪推定原则。无罪推定原则蕴含了非常丰富的哲学内涵,限于篇幅,我们在这里不展开讨论。[21] 它在所有法律领域均有影响力。尽管这一原则更多地适用于刑法领域,但在侵权法中也有体现。侵权法律关系当中,加害人不必证明其行为不构成侵权行为;受害人承担相应的举证责任。

在尼日利亚,我怀疑这种立场是否得到了认真对待。类似的例证几乎唾手可得。[22] 无罪推定原则要求检方承担嫌疑人或被告罪行的举证责任;并不要求嫌疑人或被告自证清白。但是,举证责任被放错了地方。基于哲学上的立场,这种不对称的安排完全是有意为之。而且,这项规则的制定

---

[20] 与《非洲人权和人民权利宪章》中收回条款有关的例证, see Nsongurua J. Udombana, "Toward the African Court on Human and Peoples' Rights: Better Late Than Never", (2000) 3 Yale Human Rights and Development Law Journal 45; Chidi Anselm Odinkalu, "The Individual Complaints Procedures of the African Commission on Human and Peoples' Rights: A Preliminary Assessment", (1998) 8 Transnational Law & Contemporary Problems 359。这些作者并没有被我们关注的哲学问题所困扰。

[21] 其中包括一种假设,即自由是如此重要,以至于必须由禁令和宽容的堡垒来支持。因此,排除合理怀疑需要证据。另一个则可以追溯到笛卡尔(Descartes)在求证知识时的怀疑游戏。当有疑问时,相关的主张几乎不会被接受;当没有疑问时,它通常被接受。这种超越合理怀疑的证明要求的认识论基础必须建立在对人性及其认知工具的怀疑主义之上,因为两者都以错误的可能性为标志。

[22] 虽然我不在这里讨论它,但一个完整的解释必须包括这样一个事实,即尼日利亚法律专业的大多数参与者要么不熟悉欧美哲学传统,要么受到他们作为律师、法官、法律教师、法院法警、监狱官员、警察等工作合法性和正当性的影响。

者清楚地知道,政府拥有一切必要的资源以阻碍司法公正、栽赃甚至陷害。[23] 在国家及其工作人员决心认定其有罪的情况下,个人在国家面前毫无胜算。想一想,国家手中掌握着个人不可能拥有的丰富社会资源。尼日利亚的学者和公众对我刚刚所说的情况并非一无所知。关键在于,我们是否认真对待现代环境下国家与个人之间辩证关系的哲学基础。

6.3 哲学范式

如果没有对现代法律体系背后的哲学范式有完善的理解,我们就不能理解现代国家或者现代法律体系。支撑现代法律体系的契约传统[24]产生于这样一种分离主义的哲学立场,即在社会形成之初,组成社会的个人之间并不存在有机联系。每个人都被看作是独立的个体,拥有理性,能够与自己的同伴沟通以实现自己的利益或提升满足自己愿望的能力。在国家形成的过程中,个人让渡了自助的权利。但在国家侵犯个人利益的情况下,保留了从国家或者隶属于国家的宪法当中撤回同意的权利。

与此同时,个人通过放弃自助的权利,让国家实现了权利的垄断并能够代表个人行使权利。其中包含着对于人类本质的判断,但这种判断并不乐观。在这一立场之下,我们的制度设计表明,人们并不认为自己不会占别人的便宜,或者牺牲他人利益以满足个人欲望。这种对人类本质的怀疑立场能够解释我们为什么在现代国家当中建立了特权和容忍的制度藩篱。基本的原则是保障个人在不损害他人利益的前提之下实现个人意愿。这就是绝对自由的含义。这就是为什么任何人,尤其是国家机关在干涉他人行为的过程中需要证明自己行为的合法性的原因。

㉓ 美国的历史,尤其是埃德加·胡佛(Edgar Hoover)长期担任联邦调查局局长的历史,充满了这类诡计。非裔美国人的经历也证明了政府有能力通过操纵法律主体来破坏司法公正。

㉔ 以约翰·洛克(John Locke)、托马斯·霍布斯(Thomas Hobbes)、大卫·休谟(David Hume)和让·雅克·卢梭(Jean-Jacques Rousseau)为代表,并在我们这个时代被约翰·罗尔斯(John Rawls)复兴。

我上面的论述对于研究西方传统的尼日利亚学者而言再熟悉不过了。在人权与法治领域工作和参与讨论的人都在产生上述思想的传统当中接受教育。需要思考的问题在于,为什么作为现代法律体系的操作者和评论者,我们不能像阿尤莫(Ajomo)和奥卡布(Okagbue)早先引用的那样,没有关于非洲社会的强烈权利意识和启蒙思想,甚至当我们的基本权利被国家机构侵犯的时候,除了同情却没有表现出愤怒?㉕

为什么警方在承认他们违反了警察机构长久以来赖以运行的合法性原则时,没有表现出任何尴尬的迹象?为什么法官支持了这种情况的存在,甚至像上文中艾迪塞恩指出的那样,㉖自己做出违法行为?为什么国家机构在实施逮捕过程中粗暴对待犯罪嫌疑人,或者嫌疑人和罪犯被关押在制造死亡和疾病的监狱中时,民众表现出来的是同情而不是愤怒?㉗

尽管我了解非洲国家的人权和民权组织在人权保护上的不懈努力和巨大成就,但我还是要提出这些问题。非洲国家的人权情况的确正在得到改善。但是,巩固人权组织不懈努力所取得的成绩,并减少他们所反对的侵犯人权的现象的发生,需要对本文所讨论的主题有更为深刻的理解和认同。问题在于,我看不到人们,尤其是私法体系中的执法者们对我所提出的哲学原则的根本性认同,这种情况会分散保护个人尊严所必须的注意力。

在警察、监狱、法庭、律师和法学院等执法者的体系之外,我们看不到非洲国家的公众接受了关于普通法的基本历史和哲学教育。因此,我们也不能期待公众对于法律体系的基本原则遭到违背而感到愤怒,即便这些原

㉕ 这种态度表现在反复地、往往是卑躬屈膝地向行政人员请求救济;尼日利亚许多州的首席法官访问其管辖范围内的监狱,释放那些本来就不应该被关进监狱,或者那些等待审判的时间可能比他们被指控的罪行被判有罪的时间更长的嫌疑人。但是,很少有官员因侵犯权利或保障权利的程序而受到制裁。

㉖ See note 11 above.

㉗ See Ajomo and Okagbue, Rights and the Administration of Criminal Justice in Nigeria. 人权保护委员会这样的机构从尼日利亚发回的人权报告充满了这样的指控。

则源自启蒙思想的人道主义观念。我们也不能说执法者和学者没有接受身处必要的法治环境,让他们不能对违背尼日利亚法制的行为作出恰当的反映。事实上,正是他们掌握的知识让他们没有作出恰当的反映。那么,我们又该怎样解释这种现象呢?

6.4 没能认真对待法律主体的原因

这里有一个可能的解释。支撑现代法律体系的哲学基础之一是区分原则,即区分国家与个人、此人与彼人、此机构与彼机构、个人与群体等。[28]在殖民时代,当现代法律体系中的各种结构要素被带到非洲国家,殖民者没有向管理这些机构的非洲人传授相关的技能。事实上,很多评论者已经指出,殖民统治并没有孕育法治。[29] 当然,有非洲人通过获得必要的教育取得了相应的能力。殖民当局及其在学术界的喉舌很快就将他们妖魔化了。[30] 非洲不得不转而接受一种必要但不理性的热烈情绪,错误地维护非洲传统、个性或者集体主义的世界观。结果是,从那时起直到现在,作为社会秩序原则和解释社会现象模型的个人主义在非洲人的观念中成了异端,社会生活现代形态的研究者和管理者就是如此,在法律和政治领域这种现象就更加严重。

这个背景能够部分解释非洲司法实践和法律理论文献当中缺乏哲学维度的思考和现代法律体系的影响。尼日利亚仅仅是一个例证,这种现象在非洲英语区广泛存在。我不想被误解。但是,关于个人权利以及在法律不同领域当中关于个人地位的文献的确大量存在。真正缺失的是,非洲法

---

[28] 欧美哲学中关于人性的讨论被现代哲学创始人笛卡尔开创的身心问题所主导,这并非偶然。

[29] See Omoniyi Adewoye, The Judicial System in Southern Nigeria 1854 – 1954, Atlantic Highlands, N. J., 1977; J. P. W. B. McAuslan and Y. P. Ghai, Public Law and Political Change in Kenya, Oxford, 1970.

[30] See for the Nigerian case, Omoniyi Adewoye, The Judicial System in Southern Nigeria 1854 – 1954, Chap. 6.

律理论学者对于个人主义的哲学以及作为其在法律领域当中映射的法律主体制度的认同和实践。

有这样一个例证。尼日利亚法官很喜欢援引的臭名昭著的利夫希奇(Liversidge)诉安德森(Anderson)案中阿特金斯(Atkins)爵士著名的异议：

> 当案件涉及国民人身自由的诉求时，法官仅采用这种单一的解释方法便得出结论，比行政机关更为行政机关考虑，这令我深感忧虑。即便今天的英国战火纷飞，但法律并不因此沉默。战时的法律虽然可以进行修改，但没有修改的法律在战争时期与和平时期的用语是完全相同的。因此，法官必须坚持法律面前人人平等，在行政机关与国民之间居中裁判，并警惕那些披着合法外衣的非法行为。这是我们一直为之奋斗的权利柱石和自由原则之一。㉛

卡约德·埃索(Kayode Eso)大法官进一步说明：

> 在法治实践当中，法官的角色不应也不能缺位，法官必须坚决地阻止行政权力侵犯个人自由的任何尝试。他们必须保持警醒，时刻警惕行政行为是否在法律上是正当的，而不是出于一时冲动或是反复无常的情绪。㉜

㉛ (1942) A. C. 206. Cited from I. O. Agbede, "The Rule of Law and the Preservation of Individual Rights", in M. A. Ajomo and Bolaji Owasanoye, eds., Individual Rights Under the 1989 Constitution, Lagos, 1993, p. 41.

㉜ "Judge-Lawyer Co-operation in the Protection of Human Rights," in Ajomo and Owasanoye, eds., Individual Rights Under the 1989 Constitution, 84. Footnote omitted.

我们可以很容易地看到阿特金斯爵士和埃索大法官在对主体自由的问题上持相同观点。这个结论却没什么根据。虽然阿特金斯爵士的同僚们对他在利夫希奇诉安德森案中的意见持保留意见,但事实是,我们没有看到多少英国法律体系当中没有认真对待主体自由的例证。而埃索大法官身处的尼日利亚法律体系当中的情况则完全不同,这就让我们不得不考虑相同的原则在不同的法律体系当中是否像立法者声称的那样具有类似效力,尽管其外观极为相似。区别在于,对阿特金斯爵士而言,个人独立性让主体自由取得了合法性,未经正当程序而有损于主体自由的行为是不能被允许的。他所接受的教育让他从未怀有个人主权和个人空间的神圣地位。他不会考虑长期存在的个人与社区之间的紧张关系,他始终将个人主义作为现代性的核心问题看待。

埃索大法官所处的社会不会将个人主义作为构建社会秩序和解释社会现象的原则。[33] 即便是在战时阿特金斯爵士也坚定地捍卫主体自由,这种自我的形而上学并不属于埃索大法官日常生活的一部分。是的,他也许在学校学习过相关知识并将其作为法律的一个组成部分。但是这份知识却令人困惑。19 世纪早期,第二次福音浪潮让尼日利亚开始接触现代化,如何在非洲本土文化环境下解决对个人的立场就引起了激烈的争论。这场争论至今尚未平息。埃索大法官因此不大可能像曾经的殖民者那样怀有分裂的立场。

由于现代性与殖民主义之间的密切联系,我们继承现代性的经验充满了矛盾与冲突。作为法律人,我们也许可以将法律中体现的个人主义视为一种善,或者起码是一种必要的恶。但是,作为普通人,我们很难认同作为社会秩序原则的个人主义。问题在于,我们是否认为个人主义在整体上是

---

[33] 根据他的传记作者的说法,埃索法官确实具有与个人主义一致的气质,甚至可能从他父亲那里遗传了这种气质。但在传记中特别提到这一点,证实了我的说法,即这样的观点在埃索的文化环境中并不被视为理所当然。See J. F. Ade-Ajayi and Yemi Akinseye-George, Kayode Eso: The Making of a Judge, Ibadan, 2002.

好的,或者个人主义在生活领域当中是值得捍卫的原则,这是一件比我们在有限的职业空间当中所认为的更加重要的事情。这也是埃索大法官和阿特金斯爵士的观点区别之所在。[34] 我的建议是,为了让非洲法律制度当中的个人主义具备与欧洲法律制度相同的地位,法律研究和理论应当接受关于现代性的哲学立场,非洲哲学家们必须克服他们对于将自我哲学作为现代性基础的厌恶。接下来,我们就开始讨论这一哲学传统。

从霍布斯到拉斯基再到罗尔斯,现代国家的哲学家们基于对人性的不信任,在设计国家制度,尤其是法律制度的时候,将个人从压倒性的国家权力当中分离了出来。我们寻求建立这样一种司法体系:作为执行者的法官拥有近乎超人的公正和无偏私的能力,从而能够完成其在国家与个人之间作为仲裁者的角色,并且能够抵御那些和普通人一样自利的国家机构公职人员。[35] 他们不能将自己看作国家机构、公职人员或者官僚,也就是说,法官的职责不在于保护国家免受来自个人的威胁。

上文已经分析了弱小的个人与强大的国家之间权利的不平衡,法官如果不能对国家采取怀疑,至少是谨慎的态度,就很有可能让国家在物质、精神或者道德领域对个人做出野蛮的干涉。我认为,即便是尼日利亚最优秀的法官、法学家、学者、哲学家和政治理论家也很少具备这种气质。B. O. 纳瓦布兹(B. O. Nwabueze)在他的文章中也持类似的观点:

> 就个人权利和自由而言,联邦法官与他们的美国同行表现出了完全不同的态度。除了阿特金斯勋爵和丹宁勋爵,霍姆斯、休斯、布兰代斯和道格拉斯的立场在联邦法院的影响力甚微。美国法院关于个人自由与国家权力的裁判立场更是少有人问津。对

㉞ 毋庸置疑,埃索法官关于现代的观点并不矛盾。也有前殖民地居民的看法与之相反。我只是用这种对比来说明我的观点。

㉟ 关于这种人性观与法治观之间联系的讨论, see Olúfémi Táíwò, “The Rule of Law: The New Leviathan?”, (1999) 12 Canadian Journal of Law and Jurisprudence, 151 – 168。

> 相关裁判立场的肯定态度更是难觅踪迹。联邦法官在处理此类案件的时候,使用的是与其他案件相同的思维来处理个人权利与国家权力之间的问题,从而在这个最为敏感的社会问题上寻求平衡。由此产生的结果就是忽视了选择的权利,法院也没有在内在意义和外在效用上发挥其本应发挥的作用。司法错失了其发挥创造力的机会。[36]

我之所以选择将埃索大法官的观点与阿特金斯爵士对比,在于他是一位享有盛名的进步法学家。在他担任法官的时候,他在司法主动主义的环境下依旧支持自由主义。埃索大法官也因此不是非洲法官当前行事风格的始作俑者。我们无从了解他内心是否存在上文所讨论的那种分裂的态度。我的分析目的仅在于将值得讨论的问题提炼出来。如果像埃索大法官一样持进步立场的法官会将其哲学偏好与司法立场区隔开来,在对个人主义的立场上表现出哲学立场和司法立场的分离。那么,对于那些甚至并不认同其关于个人主义的哲学立场的法官来说,他们在司法上的态度就不言而喻了。个人主义者的解释经常受到来自尼日利亚学者的质疑,尼日利亚的普通民众对于个人主义也持怀疑态度,尤其是那些特权享有者。

G. N. K. 乌库·夸希埃(G. N. K. Vukor-Quarshie)将对肯·萨罗维瓦(Ken Saro-Wiwa)的谋杀认为是对尼日利亚正义的“强奸”,他在评论中说道:

> 相比之下,多数非洲人在被指控犯有某项罪行的时候,只有真正的罪犯才会保持沉默,而现行关于证言的法律规范应当进行相应的修订。不过,我们不应当因为现行刑事法律制度中有英美法血统就将其完全抛弃。事实上,继受法律当中大多数的程序保

---

[36] B. O. Nwabueze, Judicialism in Commonwealth Africa, p. 298.

> 障和基本人权规范要么已经成为国际法上的强制规范，要么已经被纳入对缔约国有约束力的国际公约。[37]

主张坚持无罪推定的嫌疑人在国家看来反而更加值得怀疑，他们当然要承担自证清白的举证责任。于是，无罪推定的基本原则即便没有被放弃，也受到了破坏。这就好像我们向个人宣称："为什么在众人之中偏偏把你抓起来了？你被抓起来这个事实本身就说明你有问题。"这就能很好地解释为什么非洲人会与那些宣誓保护他们却违背自己誓言的人合作。

鉴于警方对于开展自我监督和建立内部问责机制很不情愿，尼日利亚司法机构的监督作用就变得极为关键了。然而，尼日利亚司法系统当中为数不多的几个案例却让这种检视令人失望。即便是在证据确凿的情况之下，尼日利亚法院似乎不能或者不愿意将违法官员绳之以法。当被问起的时候，尼日利亚的人权律师能够回忆起来的可能只有一起警员过度使用暴力的判例。[38]

卡拉比·怀特(Karibi-Whyte)大法官在回顾了尼日利亚独立后最高法院审理的涉及人权的案例之后，评论道：

> 在制定这些裁判的过程中，适用的是制定法的一般性规则。规则的适用依据的是帝国议会或者地方议会的规范。法庭并没有对公民自由给予特别的关注，更没有在公民与行政权力发生冲突的情况下，将合理怀疑产生的利益归于公民。法院在审理此类案件的过程中，应当倾向于维护公民的自由，但是谨慎地避免作出超越自然意义的解释。在所有这些相关的案例当中，一个重要

---

[37] G. N. K. Vukor-Quarshie, "Criminal Justice Administration in Nigeria: Saro-Wiwa in Review", (1997) 8 Criminal Law Forum 87. Footnotes omitted.

[38] Lawyers Committee for Human Rights, The Nigerian Police Force: A Culture of Impunity, New York, 1992, p.10.

的追问是,议会制定的法律文本中所使用的词汇意义何在?其中没有表现出在任何时间、任何条件之下维护公民自由的决心。[39]

法官可以找到很多办法为其对无偏私职责的放弃提供合理性。他可以援引立法行为中的合宪性原则,也可以求助于政治问题原则。但是,无论法官如何闪转腾挪,他回避其仲裁者角色的行为本身就意味着其倾向于公民的默认立场被放弃,或者至少被削弱了。卡拉比·怀特的哀叹是有益的,理由在于,他并没有急于指责我们惯常指责的对象,尤其是针对行政行为的不法性,并急于以这种常见的方法说明公民没能从合理怀疑中获益的原因。正如上文的讨论已经说明的那样,个人作为独立存在的基本模型是自由,任何对于自由的侵犯必须能够证明自身的正当性。卡拉比·怀特的观点在于,尼日利亚的多数法官并不具备这样的观念,即在任何情况下,尤其是在涉及公民自由的情况下,均能作出有利于公民自由的裁决,无论合理愿意所产生的利益有多么微小,均能将其归于自由受到侵犯的公民个人。我的建议是,如果我们尝试扭转这样的局面,我们就需要认真面对这样的任务,即向现代法律体系的执行者和公民灌输上述的观念。

6.5 结论

人们对于本文核心观点的一种可能的反应是,我试图将尼日利亚变成西方的翻版,或者我没有从尼日利亚的传统当中发现任何有益的内容。这种批评的方向失之偏颇。讨论非洲国家的现代法律体系,与是否需要传承本土传统毫无关系。

我们应当意识到的是,我们的宪法当中保障的任何权利都不是尼日利亚传统思想的原创产物。绝大多数的宪法权利在尼日利亚于 1960 年 10

[39] A. G. Karibi-Whyte, The Relevance of the Judiciary in the Polity-in Historical Perspective, Lagos, 1987, pp. 58 – 59. My emphasis.

月1日成为一个独立的主权国家之前就已经得到了世界上绝大多数国家的认可和保护。准确地说，继受的英国普通法承认了这些权利，而1948年的《世界人权宣言》却给所有这些权利打上了已经被普遍接受的印记。㊵

对于提出上述反驳的人，我认为他们需要首先放弃主流法律体系才能让自己的观点变得有说服力。在尼日利亚决定接受普通法传统之后，才能公平地说一些关于人的尊严的哲学立场被认为在有限的范围内值得推广，也是在此之后，尼日利亚才开始成为现代法律体系的受益者之一。鉴于尼日利亚人的决定似乎还不够坚定，我所主张的不过是认真对待我们的法律体系立基于其上的基础，即便我们打算认定这些原则存在不足，这样的判断也首先应当建立在对这些原则本来面貌的完整理解的基础之上。要做到这一点，现代法律体系的执行者们必须认真学习其哲学基础，并且批判地接受其哲学立场。

当然，这样的法律体系是不是我们想要的仍在讨论之中。但是，这是我们现在拥有的法律体系，如果我们希望它发挥作用以按照我们期待的那样维护人的尊严，我们就必须熟悉现在的法律体系立基于其上的哲学基础。这是本文最终目的之所在。就我个人而言，我宁愿拥有一个能够认真对待法律主体的法律体系，而不是一个忽视法律主体的制度，至于其起源于哪里，其实是一个无关紧要的问题。㊶

㊵ T. Akinola Aguda, "Judicial Attitude to Individual Rights in Nigeria," in Ajomo and Owasanoye, eds., Individual Rights Under the 1989 Constitution, 68.

㊶ 这篇论文所依据的原始报告是在达累斯萨拉姆大学举行的国际非洲哲学与研究学会(ISAPS)第九届年会上发表的，Dar es Salaam, Tanzania, 9 – 11 April, 2003. An earlier written version was presented at the conference on "Rights in Africa: New Contexts, New Challenges, New Agendas", Program of African Studies, Northwestern University, Evanston, Illinois, U. S. A., 9 – 10 May, 2003。我要感谢西雅图大学资助我参加ISAPS会议。我要感谢勒内·希尔弗斯坦(Leni Silverstein)邀请我参加会议，感谢寇拉坡·阿宾博拉(Kolapo Abimbola)对本文早期版本的评论。我要向两次会议的与会者表示深切的感谢，他们对论文观点的激烈批评使我重新思考一些早期的表述，让我以更加清晰和简洁的方式论证我的观点。

参考文献

Ade-Ajayi JF, Akinseye-George Y (2002) Kayode Eso: the making of a judge. Spectrum, Ibadan

Adesiyan DO (1996) An accused person's rights in Nigerian criminal law. Heinemann, Ibadan

Adewoye O (1977) The judicial system in Southern Nigeria 1854 – 1954. Humanities, Atlantic Highlands

Agbede IO (1993) The rule of law and the preservation of individual rights. In: Ajomo MA, Owasanoye B (eds) Individual rights under the 1989 constitution. Nigerian Institute of Advanced Legal Studies, Lagos

Aguda TA (1993) Judicial attitude to individual rights in Nigeria. In: Ajomo MA, Owasanoye B (eds) Individual rights under the 1989 constitution. Nigerian Institute of Advanced Legal Studies, Lagos

Ajomo MA, Okagbue IE (1991) Human rights and the administration of criminal justice in Nigeria, N. I. A. L. S. Research series No. 1. Nigerian Institute of Advanced Legal Studies, Lagos

Ajomo MA, Owasanoye B (eds) (1993) Individual rights under the 1989 constitution. Nigerian Institute of Advanced Legal Studies, Lagos

Akinseye-George Y (2001) New trends in African human rights law: prospects of an African court of human rights. Univ Miami Int Comp Law Rev 10:159 – 176

Bourne B, Eichler U, Herman D (eds) (1987) Modernity and its discontents. Spokesman, Nottingham

Dworkin R (1978) Taking rights seriously. Harvard University Press, Cambridge

Eso K (1993) Judge-lawyer co-operation in the protection of human rights. In: Ajomo MA, Owasanoye B (eds) Individual rights under the 1989 constitution. Nigerian Institute of Advanced Legal Studies, Lagos

Habermas J (1990) The philosophical discourse of modernity (trans: Lawrence FG). MIT Press, Cambridge

Hall S, Held D, Hubert D, Thompson K (eds) (1996) Modernity: an introduction to modern societies. Blackwell, Oxford

Karibi-Whyte AG (1987) The relevance of the judiciary in the polity-in historical perspective. Nigerian Institute of Advanced Legal Studies, Lagos

Lawyers Committee for Human Rights (1992) The Nigerian police force: a culture of impunity. Lawyers Committee for Human Rights, New York

McAuslan JPWB, Ghai YP (1970) Public law and political change in Kenya. Oxford University Press, Oxford

Morris C (1972) The discovery of the Individual: 1050 – 1200. Harper & Row, New York

Nwabueze BO (1977) Judicialism in commonwealth Africa. C. Hurst Publishers, London

Nwakeze PC (1987) A critique of Olúfémi Táíwò's criticism of legal positivism and African legal tradition. Int Philos Q 27:101 – 105

Odinkalu CA (1998) The individual complaints procedures of the African commission on human and peoples' rights: a preliminary assessment. Trans Law Contemp Prob 8(2):359 – 405

Okafor FU (1984) Legal positivism and the African legal tradition. Int Philos Q 24(2):157 – 164

Oladosu J (2001) Choosing a legal theory on moral grounds: an African case for legal positivism. West Afr Rev 2. http://westafricareview.com

Reisman M (1982) The individual under African law in comprehensive context. In: Dr. Takirambudde PN (ed) The individual under African law. University of Swaziland, Department of Law, Kwaluseni

Táíwò O (1985) Legal positivism and the African legal tradition: a reply. Int Philos Q 25(2):197 – 200

Táíwò O (1999) The rule of law: the new Leviathan? Can J Law Jurisprud 12(1):151 – 168

Udombana NJ (2000) Toward the African court on human and peoples' rights: better late than never. Yale Hum Right Dev Law J 3:45 – 111

Verhelst TG (1971) Legal process and the individual: African source materials. In: Proceedings of the economic commission for Africa conference of African jurists. Economic Commission for Africa, Addis Ababa

Vukor-Quarshie GNK (1997) Criminal justice administration in Nigeria: Saro-Wiwa in review. Crim Law Forum 8(1):87 – 110

Woodman GR, Obilade AO (1995) African law and legal theory. New York University Press, New York

第二部分　权　　利

7　非洲价值、人权和集体权利：《班珠尔宪章》[*]的哲学基础

撒迪厄斯·梅茨(Thaddeus Metz)[**]

7.1　引言

撒哈拉以南非洲原住民的伦理、政治和法律思维最显著的特征可能是对社区的重视。研究非洲传统的学者认为社区的价值在于维护其自身的存在。① 还有学者认为，生活在社区当中能够提升一些基本价值，比如人的生命力或者福利。② 姑且不论社区与道德之间的关系，可以肯定的是，

---

* 《非洲人权和人民权利宪章》，又称《班珠尔宪章》，是一项国际人权文书，旨在促进和保护非洲大陆的人权和基本自由。——编者注

** 撒迪厄斯·梅茨，南非约翰内斯堡大学哲学教授。

① Tutu D (1999) No future without forgiveness. Random House, New York, pp. 34 – 35, 212 – 213.

② Magesa L (1997) African religion: the moral traditions of abundant life. Orbis Books, Maryknoll; Gyekye K (2010) African ethics. In: Zalta E (ed) The Stanford encyclopedia of philosophy. http://plato.stanford.edu/archives/fall2010/entries/african-ethics/. 也有学者认为社区对话有助于人们学习恰当的行为方式。Bujo B (1997) The ethical dimension of community (trans: Nganda CN) Paulines Publications, Nairobi, pp. 24 – 42; Bujo B (2001) Foundations of an African ethic: beyond the universal claims of western morality (trans: McNeil B) Crossroad Publishers, New York, pp. 45 – 71.

“社群主义”的标签很适合被用来描述撒哈拉以南地区的社会规范。[③]

在社群主义和对人权的关注之间存在一种表面上的紧张关系。简单地说,社群主义更加符合社会的规范性立场,而人权则意味着应当无差别地对待社会成员以实现社会利益。那么,非洲社群政治和法律哲学当中有人权的一席之地吗?如果有,又在哪里呢?

本文尝试对这个问题作出回应。本文回应的基础是对于阿克的《非洲人权背景》[④]的批判性研究,该书是撒哈拉以南非洲最具影响力的人权研究著作之一。阿克在书中提出了他的著名论断——西方对待权利的方式并不适合非洲。原因有二:一方面,人权的法律框架可能适应于“个人主义”的社会,但是并不适合权利首先属于群体的撒哈拉以南非洲社会。另一方面,在欠发达的非洲社会中取得社会—经济产品的权利比公民自由、正当程序等权利更加重要。

在反思阿克文章的基础上,[⑤]我认为撒哈拉以南非洲社会中有一种价值观可以用来解释权利。这不仅可以用来质疑阿克提出的两个原因,而且可以重构社群主义的框架以提供新的人权认知。在总结阿克观点的基础上(第二部分),我提出个人因具有社区能力而享有尊严的主张,并为其提供了来自非洲的论证(第三部分)。接下来,我提出如何对待社区能力,尤其是以统一的方式看待包括人权在内的一系列基本权利(第四部分)和主观权利(第五部分)。这种分析实际上表明《非洲人权和人民权利宪章》[⑥]的所有主要条款在道德上的共同之处。最后,我将这一理论与阿克提出的

---

③ Gyekye K (1997) Tradition and modernity: philosophical reflections on the African experience. Oxford University Press, New York, p. 35 – 76; Masolo DA (2004) Western and African communitarianism: a comparison. In: Wiredu K (ed) A companion to African philosophy. Blackwell, Oxford, pp 483 – 498; Wiredu K (2008) Social philosophy in postcolonial Africa: some preliminaries concerning communalism and communitarianism. S Afr J Philos 27:332 – 339.

④ Ake C (1987) The African context of human rights. Afr Today 34:5 – 12.

⑤ 请注意,我不寻求参与阿克作品的讨论。

⑥ Organization of African Unity (OAU) (1981) African charter on human and people's rights. http://www.africa-union.org/root/au/Documents/Treaties/Text/Banjul Charter.pdf.

两方面的原因结合起来(第六部分)。由此可以说明,个人权利的观念与关于人的尊严的非洲主张相吻合,阿克认为"非洲语境下权利的意义"必然通过群体体现的观点是错误的,⑦作为权利的"自由"对于"多数非洲人毫无意义"的观点也是错误的。⑧ 作为结论,我回应了非洲社群主义与人权之间不能实现和解的观点,以及与凯凯将二者合流的主张相比,我的观点更具合理性的原因(第七部分)。

7.2 权利与阿克的社群主义

接下来,我将首先解释什么是人权,以及它与集体权利等相关概念之间的区别。在此之后,我说明阿克的观点,他认为,站在非洲视角观察人权当中的很多内容,尤其是西方社会特别珍视的关于公民自由、正当程序和政治参与的权利,事实上并不重要。在阿克看来,正确地评价社区意味着将群体权利和对于社会—经济发展的权利放在首位。

7.2.1 权利及其类型

拥有权利意味着他人承担一项必须履行的义务,即便对于该项义务的违反可能有助于生活质量的提升或者从长期看有助于维护权利。例如,拥有财产权意味着他人不得盗窃该项权利保护的财产,即便是为了盗窃者或其他人能够更好地生活,或者阻止其他窃贼。需要注意的是,这一立场下,特定(财产)权利可能基于特别考虑被其他效力更强的权利推翻。

人权是一种特殊的权利。这种权利具有三种其他权利所不具备的特殊属性。第一,人权的权利人是个人。人权的权利人是自然人几乎是没有争议的表达,但对于所有字面意义上的"人"都可以享有人权存在争议。例如,无脑、畸形的婴儿属于人类,但能否享有人权存在争议;黑猩猩等类

⑦ Ake C (1987) The African context of human rights. Afr Today 34:9 – 10.

⑧ Ake C (1987) The African context of human rights. Afr Today 34:10.

似于人的动物能否享有人权也存在不同观点。因此,对于人权的权利人选择持一种中立的立场应当是明智的。

第二,人权在本质上意味着,由于权利人具有人的基本特征,他人因此应当对权利承担义务。也就是说,因人性而享有人权。这只是一种粗略的观点,这种观点说明人基于人类共同拥有的特征而使他人负担义务,这种主张可能引发争议。基于某种虽然不是全人类,但大多数人具备的特征,而应当被以特定方式对待的权利,也可以被称为“人”的权利。

第三,人权当中包含义务性的内容应当得到立法的承认。这种承认表现为:组织社会,使人们不会违反此类义务;采取保护措施,防止对权利的威胁;惩罚谴责违背义务者;向权利受到侵犯者提供补偿。认为人权应当得到以国家为代表的政治实体的确认并不意味着人权在事实上得到了确认。我认同这样的观点,即人权是一种道德范畴,这在原则上为批评不公正的政治制度提供了有利角度。

总之,人基于其具备了人之为人的特性而享有人权,应当得到适当对待。即便是出于提升生活质量或减少对其威胁的理由,基于人权而生的义务也不应被违反。这一重要属性应当被立法认可。我认为,人权应当具备上述三种基本特征。因此,一项未能得到公众认可的权利,可以被称为“道德”权利。一项不包含人类,而是动物基本特征的权利,可以被称为“动物”权利。读者可能更为关心的问题是,不是由个人,而是由个人组成的群体享有的权利,可以被称为“集体”权利。

7.2.2 阿克论人权

撒哈拉以南非洲的许多知识分子对于人权概念和关于人权的讨论持怀疑态度。关于人权的讨论很多时候因服务于意识形态目标而受到批评,典型的例证是指责关于人权的讨论将帝国主义国家干涉非洲事务的行为合法化。这些批评并没有影响人权本身的属性,却着重于人权的某些不可欲的功能。非洲传统中对于人权的批评观点类似于西方传统中的边沁和马克思,他们反对人权现在的存在方式,或者根据西方标准所做的人权阐释。尼日利亚政治学家阿克就是其中最为重要的一员。⑨

阿克对于撒哈拉以南非洲以人权为中心的发展提出了两个反对意见。其一,"人权,或者一般意义上的法律权利观念以一个原子化或个人主义化的社会为前提",⑩然而非洲本土社会并非如此。阿克所谓的原子化和个人主义化,是指人们倾向于考虑区别于他人的个人利益。只有在这样的基础之上,即"人们意识到了彼此间的区隔",⑪主张权利才是有意义的,对于义务的这一认识才是有意义的。这种观点认为,他人有义务以特定方式对待他人,即便为了更为广泛的利益也不应违背这种义务。

其二,阿克主张非洲黑人的典型价值观与此恰恰相反,其中包括了"对于有机的集体的归属感,这个集体可以是家族、宗族或者民族",⑫因此"我们不认同个人享有凌驾于群体之上的权利主张"。⑬ 如果撒哈拉以南的非洲要实现"和谐,而不是利益分化",⑭个人利益的实现就意味着,事实上也应当意味着做有利于他人之事。权利观念因此应当发生转变,理由在于,有利于群体利益的行为不可能侵犯个人权利。

阿克对于非洲价值观的描述体现在一些常被用来概括非洲价值的格

---

⑨ 类似的观点还有,Legesse A (1980) Human rights in African political culture. In: Thompson K (ed) The moral imperatives of human rights: a world survey. University Press of America, Washington, DC, pp. 123 – 138; Gbadegesin S (1991) African philosophy: traditional Yoruba philosophy and contemporary African realities. Peter Lang, New York, pp. 66 – 67; Nkondo GM (2007) Ubuntu as a public policy in South Africa: a conceptual framework. Int J Afr Renaissance Stud 2:88 – 100。

⑩ Ake C (1987) The African context of human rights. Afr Today 34:5, 9.

⑪ Ake C (1987) The African context of human rights. Afr Today 34:5.

⑫ Ake C (1987) The African context of human rights. Afr Today 34:9.

⑬ Ake C (1987) The African context of human rights. Afr Today 34:5.

⑭ Ake C (1987) The African context of human rights. Afr Today 34:5.

言当中。比如,“我存在是因为我们存在”,[15]“人因他人而为人”。[16] 虽然对于不熟悉语境的人来说,这些格言听起来像是描述性的陈词滥调,但是它们实际上主要是评价性的主张。这些格言表达了这样的观念:人最高的善是发展自己的人性,实现这一目标的方式就是与他人一同融入集体。典型的非洲社会价值认为最好的生活存在于与他人的互助关系中,这种观点与阿克认为人权观念在撒哈拉以南非洲社会没有存在基础的观点不谋而合,理由在于,人权意味着一个人的直接利益只有在他人放弃其福利的情况下才能实现:

阿克并不排斥权利的概念,他仅对个人权利心存疑虑。他主张,个人的善应当与集体的福利相吻合,甚至就是集体利益的体现。

> 将人权观念扩张到包含家庭、宗族和种族的互助的群体人权的观念是必要的。人们更加倾向于考虑群体权利并用行为证明了这样的立场……人权观念要在非洲社会发挥作用,就必须将其纳入社群人权概念麾下。[17]

在我已经将人权的权利人定位为个人的前提之下,再用阿克主张的社群人权的概念进行讨论毫无疑问会产生矛盾。阿克的潜台词是非常清晰的:群体权利适合非洲价值体系,我和读者们所说的人权这样的个人权利与非洲价值体系格格不入。

阿克在非洲语境下反对人权观念还有另一个理由。西方和联合国人权倡导者们认为,言论和结社自由、接受公平审判的权利至关重要,也值得国家给予关注。但是,按照阿克的观点,即便这些权利得到认可,那也是在

---

⑮ Mbiti J (1969) African religions and philosophy. Heinemann Educational Books, Oxford, p. 108.

⑯ Tutu D (1999) No future without forgiveness. Random House, New York, p. 35.

⑰ Ake C (1987) The African context of human rights. Afr Today 34: 9, 9 – 10.

不同于撒哈拉以南非洲的社会当中,在那些没有受到极度贫穷困扰的社会当中。他的观点基于以下两个理由。

第一,阿克主张,这些所谓的“自由”权利只有在有资源可用的前提下才有意义,而撒哈拉以南非洲社会并不存在这些资源。阿克提供了这样的例证:有意竞选公职的人不拥有参选必需的时间和资金,他甚至还在为生存而奋斗。既然这些权利根本“不可实现”,那么承认它们就没有意义。

第二,取得社会—经济产品有助于人们“在残酷的现实中,为生存而作出的奋斗”。[18] 与“寻求更为深刻的自我实现”[19]的权利相比,生存无疑重要得多。假设人要在避免饥饿的食物和对抗疾病的药物与言论和思想自由的权利之间选择,选择后者看起来是愚蠢的。

有趣的是,尽管阿克拒绝使用以个人为权利主体的人权概念,但是他认为使用“人权”这一表述有利于谋求撒哈拉以南非洲的发展。[20] 他认为关于人权的讨论作为一种修辞工具,有助于整合各方力量以对抗法西斯主义以及在非洲大陆肆虐的贫穷和疾病。

总之,阿克认为西方的权利观念并不适合非洲。对于传统的黑人,权利的享有者应当是集体,其共同目标在于取得社会—经济产品。对于西方人而言,将个人看作权利主体并寻求实现个人自由、公正审判和机会平等是适当的。下文中,我将论证人权的概念是适合撒哈拉以南非洲传统社会的,这与阿克的立场恰恰相反。我认为,(个人的)人权观念是非洲人业已接受的尊重他人为人的重要组成部分,这种尊重同时体现了对于“自由”以及社会—经济权利的认同。

7.3 尊严和社区

阿克认为非洲价值倾向于共产主义的观点是正确的。但是正如加纳

---

⑱ Ake C (1987) The African context of human rights. Afr Today 34:5.

⑲ Ake C (1987) The African context of human rights. Afr Today 34:5.

⑳ Ake C (1987) The African context of human rights. Afr Today 34:8.

政治哲学家凯凯所说,更为恰当的解读是非洲价值"适度倾向于共产主义"。[21] 这也意味着非洲价值与人权相一致。我在文章这一部分的目标并不在于为非洲黑人广泛认同的人权理念提供经验证据,这是人类学家的任务。[22] 我的目标在于,找到一系列已经被非洲黑人接受的产生于基本价值的权利。阿克认为诸多传统非洲文化将人权的观念排除在外,我的目标与他恰恰相反。

阿克忽略的一个重要问题在于,大量文献表明撒哈拉以南非洲社会以及身处其中的知识分子认为,每个人都有尊严。凯凯和维雷杜为将加纳阿肯人的世界观介绍给英语世界的读者做了大量工作。他们指出,阿肯人相信每个人都有尊严。[23] 尼日利亚的哲学理论家潘塔莱翁·伊罗格布(Pantaleon Iroegbu)和古德弗里·奥纳(Godfrey Onah)都将以非洲为中心的道德框架建立在人类生命价值的基础上,前者明确使用了"人类尊严"[24]的表述,后者也认为"非洲人敬畏神圣的生命"[25]。非洲著名人权学者弗朗西斯·丹(Francis Deng)认为,南苏丹的丁卡人相信人的尊严。[26] 穆托姆博·库鲁·辛哈(Mutombo Nkulu N'Sengha)在研究《班珠尔宪章》及其全球伦理立场之后认为,来自中非地区的卢巴人认为人类尊严是人类生命的

---

[21] Gyekye K (1997) Tradition and modernity: philosophical reflections on the African experience. Oxford University Press, New York, pp. 35 – 76.

[22] 关于人类学研究成果的简单总结和评价, See Metz T (2012a) Human rights, African perspectives. In: Chatterjee D (ed) Encyclopedia of global justice. Springer, Dordrecht, pp. 501 – 505。

[23] Wiredu K (1996) Cultural universals and particulars: an African perspective. Indiana UniversityPress, Bloomington, p. 158; Gyekye K (1997) Tradition and modernity: philosophical reflections on the African experience. Oxford University Press, New York, p. 63.

[24] Iroegbu P (2005a) Right to life and the means to life: human dignity. In: Iroegbu P, Echekwube A (eds) Kpim of morality ethics. Heinemann Educational Books, Ibadan, pp. 446 – 449.

[25] Onah G (n. d.) The meaning of peace in African traditional religion and culture. http://www.afrikaworld.net/afrel/goddionah.htm.

[26] Deng F (2004) Human rights in the African context. In: Wiredu K (ed) A companion to African philosophy. Blackwell, Oxford, pp. 499 – 508, p. 501.

基础。[27] 同样来自中非地区的伦理学家班尼泽特·布佐(Bénézet Bujo)在阐释非洲伦理问题的过程中经常援引人类尊严的概念。布佐通常将人们的尊严建立在生命的基础上,称其为"人类心中的神圣火花",[28]认为尊严存在于人类共同的天性当中。[29] 南非宪法法院在阐释乌班图的精神内涵时,也援引人类尊严的概念,[30]"人性"在祖鲁语中被用来指代道德。南非知识分子和哲学家们也坚持认为,乌班图精神包含了尊重他人的观念,因为人都有尊严。[31]

但是,认为非洲伦理学者已经就尊严的核心地位达成共识,还言之尚早。[32] 上述文献至少能够表明撒哈拉以南非洲学者关于道德的思考是倾向于这种观点的。个人拥有同样的、至高的、基本的得到尊重的价值,并且与之相关的一系列涉及人权的基本价值已经得到了伦理学家、法学家和社会活动家的广泛认同。在非洲语境之下,我们的尊严更多地被认为来自我们的灵魂或(和)生命,有时存在于我们的集体共性之中,有时来自我们的智慧。

㉗ N'Sengha MN (1998) The African charter on human and peoples rights: an African contribution to the project of a global ethic. http://globalethic. org/Center/mutombo1. htm.

㉘ Bujo B (2001) Foundations of an African ethic: beyond the universal claims of western morality (trans: McNeil B) Crossroad Publishers, New York, pp. 2, 138 – 139, 142.

㉙ Bujo B (2001) Foundations of an African ethic: beyond the universal claims of western morality (trans: McNeil B) Crossroad Publishers, New York, p. 88.

㉚ Constitutional Court of the Republic of South Africa (1995) The state versus T Makwanyane and M Mchunu, Case No. CCT/3/94, http://www. safl ii. org/: para 225, 309 – 311.

㉛ Ramose M (1999) African philosophy through Ubuntu. Mond Publishers, Harare, pp. 49 – 64, 138 – 145, 163 – 195; Botman HR (2000) The OIKOS in a global economic era: a South African comment. In: Cochrane JR, Klein B (eds) Sameness and difference: problems and potentials in South African civil society. The Council for Research in Values and Philosophy, Washington, DC. http://www. crvp. org/book/Series02/II – 6/chapter _ x. htm; Mnyaka M, Motlhabi M (2005) The African concept of Ubuntu/Botho and its socio-moral significance. Black Theol 3:215 – 237.

㉜ 比如,一些明显的功利主义解释, See Tangwa G (1996) Bioethics: an African perspective. Bioethics 10:183 – 200; Bewaji J (2004) Ethics and morality in Yoruba culture. In: Wiredu K (ed) A companion to African philosophy. Blackwell, Oxford, pp. 396 – 402。

在其他的文章当中,我曾经主张我们基于社区而获得的尊严是撒哈拉以南非洲道德思想中最有可能为人权提供支持的观念,神性、活力或者理性都不能与之相比。[33] 为节省篇幅,我仅说明我的立场。我们融入社区的能力以特定方式让我们拥有尊严。下文我将说明尊严在《班珠尔宪章》当中体现的将人与其他权利有机结合的价值。

要理解我们的共同特征如何为人的尊严和人权提供更好的解释,首先要考虑社区的含义。在典型非洲思想中,社区的概念由两种逻辑上截然不同的关系组成,"认同"与"团结"。[34] 人与人之间的认同很大程度上来自认为自己与他人归属于同样的群体,也就是说,形成一个"我们"的观念。人们因此可以从事同样的行为,实现共同的目标并搭建情感上的纽带,即相同或近似的荣誉感和羞耻感。认同实际上涉及人们共享的生活方式。与之对立的观念是,将他人具体化为对立的立场,并尝试阻挠其目标的实现。

体现团结的方式是在两种意义上关注彼此的生活质量的。其一,互相帮助,在行为上体现为互惠(最为理想的状态是长时间保持这种状态)。其二,关心,在情感和动机上积极实现他人的利益,如同情并帮助他人。如果人们没有表现出团结,就往往意味着对他人漠不关心,甚至怀有敌意或残忍的负面情绪。

认同与团结是两种不同的关系。一个人可以认同他人,但并不与之团结,如公司中的工人和管理层。一个人也可能与他人团结,但并不认同对方,如匿名的慈善捐赠。与几位非洲思想家相同,我主张,一个有前途的社

---

[33] Metz 2010, 2011, 2012, c. Metz T (2010) Human dignity, capital punishment, and an African moral theory. J Hum Right 9:81 – 99; Metz T (2011a) Ubuntu as a moral theory and human rights in South Africa. Afr Hum Right Law J 11:532 – 559; Metz T (2012b) African conceptions of human dignity: vitality and community as the ground of human rights. Hum Right Rev 13:19 – 37; Metz T (2012c) Developing African political philosophy: moral-theoretic strategies. Philosophia Afr 14:61 – 83.

[34] Metz T (2007) Toward an African moral theory. J Polit Philos 15:321 – 341.

区应当包含这两种关系。这两方面的因素可以这样的方式存在于撒哈拉以南非洲的伦理立场当中:“每个人都应当将自己看作共同体的成员,并为实现所有人的共同利益发挥积极作用”;[35]“我们人生的意义就在于服务社区和社区归属感”;[36]“和谐是通过群体内部紧密且充满同情心的社会关系实现的”;[37]“如果你问乌班图的支持者和哲学家,是什么指导和影响着你的生活?答案是,表达对形成他们身份的社区利益的认同,以及体验他们的生活与社区的生活紧密相连的需要”。[38]

如上所述,一些非洲学者可能认为我们作为群体的成员就拥有了尊严。例如,H. 拉塞尔·布特曼(H. Russel Botman)就认为,“人类的尊严来自人际关系的网络,来自作为群体成员的身份;在非洲人看来,这不可能被简化为一个独立的、竞争性的、自由的自我”。[39] 但是,这一立场可能产生反直觉的推论,即没有身处认同和社会关系之中的人,如被单独监禁者,是没有尊严的。[40]

为了在群体基础上得出所有人,包括那些孤立的人,都拥有尊严,我们必须认同人们天生有能力与他人建立群体关系。例如,一位巴士司机要在

---

[35] Gbadegesin S (1991) African philosophy: traditional Yoruba philosophy and contemporary African realities. Peter Lang, New York, p. 65.

[36] Iroegbu P (2005b) Beginning, purpose and end of life. In: Iroegbu P, Echekwube A (eds) Kpim of morality ethics. Heinemann Educational Books, Ibadan, p. 442.

[37] Mokgoro Y (1998) Ubuntu and the law in South Africa. Potchefstroom Electron Law J 1: 1 – 11 http://www.ajol.info/index.php/pelj/article/viewFile/43567/27090, p. 3.

[38] Nkondo GM (2007) Ubuntu as a public policy in South Africa: a conceptual framework. Int J Afr Renaissance Stud 2, p. 91.

[39] Botman HR (2000) The OIKOS in a global economic era: a South African comment. In: Cochrane JR, Klein B (eds) Sameness and difference: problems and potentials in South African civil society. The Council for Research in Values and Philosophy, Washington, DC. http://www.crvp.org/book/Series02/II – 6/chapter_x.htm; Cobbah J (1987) African values and the human rights debate: an African perspective. Hum Right Q 9:309 – 331; Bujo B (2001) Foundations of an African ethic: beyond the universal claims of western morality (trans: McNeil B) Crossroad Publishers, New York, p. 88.

[40] 撇开高度争议的形而上学的主张,比如说,一个人总是与像祖先这样的精神共同存在。

撞人还是撞猫之间作出选择,他会选择撞死猫,这是基于人拥有更高价值的直觉而作出的选择。我提出的一种基于非洲的观点是,人具有最高价值的原因在于人能够与他人沟通,并为他人的利益考虑。简单来说,人拥有友善和爱的能力。

总之,我已经指出,非洲伦理学家达成的共识在于人类拥有值得尊重的尊严,而且人的尊严也与人所拥有的社区能力息息相关。接下来,我将阐明《班珠尔宪章》当中规定的人权以及与之相关的重要权利遵循的基本原则,我们应当尊重认同和团结的社区能力。

7.4 从作为共同特征的尊严到人权

众所周知,非洲价值观一方面是社群主义的,另一方面也尊重个人尊严。将二者融合的可行理论路径遵循这样的原则:基于人有共同体能力而尊重人的尊严。接下来,我将说明,这种对撒哈拉以南地区价值观的哲学阐述如何为各种人权理论提供基础。大致上已经达成共识的观点,是人权被理解为国家及其机构有责任保护、促进和以其他方式表达对人民社群能力的尊重,而对于人权的侵害就被认为是侵犯或者弱化了这种能力。[41]

7.4.1 社会—经济产品

如果说人类的特别之处是我们有能力建立认同和团结的关系,那么国家就有责任与贫困作斗争,任何其他有能力这样做的富裕机构可能也有这

---

[41] 对人权的一些分析是从其他文献中借鉴来的,而对群体权利的讨论则是全新的;这篇文章的主要贡献是展示了人权和人民权利如何在我们社群能力的尊严中有一个共同的非洲根源。See Metz T (2010) Human dignity, capital punishment, and an African moral theory. J Hum Right 9:81 – 99; Metz T (2011a) Ubuntu as a moral theory and human rights in South Africa. Afr Hum Right Law J 11:532 – 559; Metz T (2011b) An African theory of dignity and a relational conception of poverty. In: de Gruchy J (ed) The humanist imperative in South Africa. African Sun Media, Stellenbosch, pp 233 – 241; Metz T (2012b) African conceptions of human dignity: vitality and community as the ground of human rights. Hum Right Rev 13:19 – 37; Metz T (2012c) Developing African political philosophy: moral-theoretic strategies. Philosophia Afr 14:61 – 83.

样的责任。将人们视为具有社群能力并因此而拥有尊严的人,需要通过帮助最贫困的人来发展社区,原因有二。

第一,如果国家不推行增进福利的方案,就无法回应与之存在联系的个人需求。国家如果不能维系与其人民之间利他主义的互助关系,而让人民自谋生路,人民也不大可能与这样的国家产生团结感。

第二,国家鼓励社群能力的发挥意味着促进这种能力的发展,也就是说向人民提供必要的资源以保持和传播认同和团结。这些资源包括资金、教育、食品和医疗,以使人民能够生存并为增进彼此利益而共同努力。相关的资源还包括信息、基础设施、技术、劳动力等维系社区关系并对抗反社会关系,如妇女庇护所、咨询服务、社区公园以及和解项目。

总之,如果国家没有对抗贫穷并因此没能表现出与其人民的认同和团结的能力,或者促进人民发展这类关系,就意味着国家没有将这种能力作为最高价值,并侵犯了"积极"人权。

7.4.2 政治权力

非洲政治理论学者普遍认为,传统的撒哈拉以南非洲社会承认政治参与中包含的人权内容。[42] 许多土著黑人酋长或者土皇会基于长老会的共识或多数人的主张做决定。政治领袖的合法性不仅来自他们会为了维护共同利益而努力,而且在于他们的决策行为以寻求共识和广泛听取意见为基础。

---

[42] Gyekye K (1992) Traditional political ideas: their relevance to development in contemporary Africa. In: Wiredu K, Gyekye K (eds) Person and community; Ghanaian philosophical studies, I. Council for Research in Values and Philosophy, Washington, DC; Wiredu K (1996) Cultural universals and particulars: an African perspective. Indiana University Press, Bloomington, pp. 172 – 190; Bujo B (1997) The ethical dimension of community (trans: Nganda CN) Paulines Publications, Nairobi, pp. 157 – 180; Ramose M (1999) African philosophy through Ubuntu. Mond Publishers, Harare, pp. 135 – 152; Legesse A (2001) Oromo democracy: an indigenous African political system. Red Sea Press, Trenton.

这些一人一票的民主规则被视为尊重人的社群能力的方式。一个不承认自己国民终局政治决策权利的国家是在降低人的认同能力，既不能与其国民分享生活方式，国民之间也不能分享生活方式。此外，国家让国民在对政治决策的影响力上拥有不平等权利，如让受过教育的人拥有更多选票，就意味着国家没有平等对待拥有同样认同能力的国民。

7.4.3 正当程序

尊重人民的社群能力的一项基本义务是尊重人们的选择。虽然应当以同样的方式对待所有人，但是如果某一社会成员表现出反社会的一面，那么阻止他或者帮助受害者就是以同样反社会的方式作出回应，这并不影响他的社群能力。例如，对于盗窃他人财物并拒绝归还者，国家强制其归还并不影响他的社群能力。同样地，如果一个人因其暴力行为让他人感到恐惧并采取必要的防卫措施，那么限制此人的行动或者采取其他惩罚性方式以减少其犯罪的可能性也不影响他的社群能力。[43]

虽然对心怀敌意的人表现出敌意并不可耻，但是对没有敌意的人表现出敌意就可能被认为有反社会倾向了。因此，由作为第三方的国家出面，基于事实解决人们之间的争议就很有必要，也就是说，有必要查清谁的行为更有侵略性。这就意味着人们应当享有得到公正审判的权利。这包括未经定罪不应受到惩罚的权利、在理解和适用法律的过程中取得律师帮助的权利、辩护的权利、不被强制认罪的权利等。所有这些权利对于从无辜者中找到罪犯而言必不可少。

7.4.4 公民自由

最后一类人权是不受干涉的“消极”人权。拥有人权可以让人们免受

---

[43] Holmgren M (1983) Punishment as restitution: the rights of the community. Crim Just Ethic 2:36 -49.

种族清洗、经济控制,不受强权压制、虐待,不被种族隔离,不因表达自己的政治观点而受到攻击。对于上述权利的侵犯应当被看作是对社群能力的侵犯。

在上文中,我认为以反社会的方式对待实施反社会行为并不是对他人的不尊重,否则才是不尊重他人。这一原则表明,种族灭绝、酷刑、奴役、种族强奸等严重侵犯公民自由的行为的共性是,它们在实质上是反社会的。也就是说,其是以分化和恶意的态度对待与自己不同的人,诋毁他们表现出来的认同和团结的能力。具体地说,从事这种行为的人怀着极大的敌意或以极其缺乏爱心的方式对待那些本身没有反社会或缺乏爱心的人。这些人对待他人的态度是分离的、低人一等的,而不是团结的;是破坏他人的意图,而不是努力实现共同目标;行为人基于自己的立场或意识形态伤害他人,而不是互相帮助;恶意对待他人的善意,而不是作出同情的反映。

至此,我解释了尊严与社群这两种突出的非洲价值观在理论上与人民由于拥有认同和团结的能力而应当得到国家的尊重这一原则相结合是可能的,并为人权提供了广泛的基础。国家不与贫困作斗争、不民主、不保证公平审判及身体完整与行动自由,是对个人及其社群能力的贬损。下文中,我将讨论被阿克看作非洲社会基础的、并在《班珠尔宪章》中被看作首要权利的群体权利。

7.5 个人尊严、群体权利和社区价值

群体权利是指权利主体不是个人,而是个人的集合。《班珠尔宪章》因为将“人民”看作相互关联的群体而闻名。有大量文献讨论人民的具体含义,其指代的是国家,还是作为一个非政治团体的民族?如果是后者,那么其含义是什么?

如果将关于权利主体的讨论放在一边,我们在《班珠尔宪章》中发现了两种不容忽视的人权,鉴于阿克在《非洲人权背景》中坚持的对抗法西

斯主义的立场和满足人的基本需要的立场，他很可能会接受这两种人权。第一，人们享有不被支配并抵抗支配的权利（第20条）；第二，人民享有取得自然资源，实现社会经济发展及其必要环境的权利（第21、22、24条）。

第三种看似合理的群体权利是文化权。2006年非洲联盟颁布的《非洲文化复兴宪章》提出[44]：通过提供必要的资源，非洲发展并丰富（序言和第3、5条）少数民族对其文化的权利（第5条），努力促进非洲国家和侨民的文化发展（第18、30、32、33条）。从群体的角度考虑人民、少数民族、国家和侨民的权利是很自然的。

自决的权利、社会经济发展的权利和文化的权利当然存在，问题在于这些权利的享有者是不是群体。有两种观点能够支持群体能够享有权利，但是我采取了二者之外的第三种论证方式。

第一种观点认为，群体作为权利的享有者有其内在价值。[45] 在上文所述的以社区为中心的框架内，人们可能认为不仅拥有社群能力的个人拥有尊严，社群本身也是有尊严的。如果社群拥有与个人相同的最高的、内在的价值，那么社群就可以成为潜在的权利享有者。

这种主张并不是一种合理的策略，而且需要进一步的论证。我不支持这一主张的原因也是出于理论上简洁的考虑。我所主张的在非洲基本价值观基础上实现权利法典化的尝试，致力于使用更少而不是更多的基本特征来说明权利。因此，在理论上最为简洁明了的方式是，用人们共同享有的尊严将相关权利衔接起来。

第二种观点认为，为了取得公平且没有争议的个人权利必须同时求诸个人和群体。所有权利均来自人的尊严，这种尊严让人们能够认同他人并

---

[44] African Union (AU) (2006) Charter for African cultural renaissance. http://www.africa-union.org/root/au/documents/treaties/text/Charter% 20 – % 20African% 20Cultural% 20Renaissance_EN.pdf. Ake C (1987) The African context of human rights. Afr Today 34:5 – 12.

[45] 或者能够蓬勃发展，这是阿克可能赞成的观点，因为他显然坚持权利的"利益"理论，详见下文第7.6节。

与他人团结起来。当且仅当这种思路失败的时候,我们才有可能将群体作为权利主体。

反对群体基于自身价值可以成为权利主体的典型是,政治学家詹德兰·库卡塔斯(Chandran Kukathas)提出的群体的"集合性"概念。[46] 他认为权利仅具有工具性价值。[47] 按照这种观点,群体不过是个人的集合,其发挥的作用体现为对个人的意义。基于这种解读,任何群体权利不过是个人权利的集合。库卡塔斯基于这种观点认为种族灭绝之所以是错误的,并非在于这种行为针对特定民族或人群,而是在于这种行为杀害了诸多个人。[48]

虽然我不认为群体拥有尊严或者其他使其成为权利享有者的内在价值,但是我认为不应当将群体看作实现个体利益的工具。第三种理论选择的基础恰恰在于个人基于其社群能力而拥有尊严。根据这种立场,群体正是个人尊严的表现,因此应当得到保护。

作为认同和团结关系产生的共同体,群体当然不是其组成人员的简单集合,而是个人能力的实现。而且,尊重个人社群能力往往也意味着对于其实践这种能力的方式作出道德考量,或者与之相应的立场是,破坏某种社会关系的方式就是贬低其创造者的能力。当国家破坏某种公共社会关系的时候,以家庭关系为例,国家做法的错误不仅在于对个人产生负面影响,而且在于不尊重拥有社群能力的个人。

接下来让我们回到那些关于自决、发展和文化的权利上来。这些权利貌似属于群体权利,但是我坚定认为这些权利的享有者是个人。我不需要坚持这种令人难以置信的观点,即破坏公共关系的全部谬误在于对个人生

---

[46] Kukathas C (2006) Genocide and group rights. Unpublished lecture given at the University of Cape Town, p. 14.

[47] Kukathas C (2006) Genocide and group rights. Unpublished lecture given at the University of Cape Town, p. 15.

[48] Kukathas C (2006) Genocide and group rights. Unpublished lecture given at the University of Cape Town, p. 21.

活产生的负面影响。但是,这种行为本身造成了对于个人的贬损。例如,夺取某个社区的控制权,为实现自利的目的而不尊重其创始者,这当然可以作为贬损关于认同和团结关系的权利的例证。基于同样的理由,不保护一个团体的文化可以被合理地认为是侵犯人权的行为,因为奖励那些以这种手段分享生活方式的人注定会是一种失败。

7.6 阿克错误的分析

上文我阐明了尊重人的尊严原则的一些主要含义,即尊严是通过包含认同和团结的社群能力体现出来的。我用这个以非洲为基础的原则对若干人权作了解释,并分析了阿克和其他学者对于群体权利的错误认识。接下来,我们回到阿克的观点上来。

阿克主张一般意义上的人权适用于那些认为自己是独立的人,即通过帮助他人以取得善的人。虽然有人主张个人最大的善在于成为社区成员,但是阿克认为牺牲他人利益以满足个人需要是不适当的。他坚定认为,非洲人"不允许个人拥有超越社会的权利"。[49]

作为回应,非洲道德律令当中包含着这样的立场:通过尊重拥有社群能力的他人,人可以作出适当的行为并成为一个好人。一方面,这与仅仅作出能够让社群利益最大化的行为存在区别;另一方面,这与尊重他人社群能力存在区别。从道德要求的角度看,真正的人类生活方式要求人需要承担尊重他人的义务,这意味着尊重他人的人权。简言之,实现个人利益与维系与他人间的互惠关系紧密联系,这种被阿克和其他学者看作社群主义的视角,与认为他人拥有个人权利的观点是一致的。

为了确定这一点,我们不妨考虑以下场景。在我所居住的国家,大约只有 1/4 的人能够获得器官移植所必需的器官。挽救生命的一种方式是,对一个健康无辜的人实施无痛安乐死,之后使用他的器官,以一条生命为

---

[49] Ake C (1987) The African context of human rights. Afr Today 34:5.

代价,可以挽救至少3至4条生命。但是,如果把这样的做法看作对社群主义的合理应用,那就太疯狂了。相反,要做正确的事并成为真正的人。我要做的不是任何可以让群体利益最大化的行为,而是基于群体能力而尊重他人。也就是说,应当为了社会利益牺牲个人的生命。阿克的观点建立在将二者对立的基础上,即一项权利的实现意味着另一项权利的消解,但是他忽略了这样的视角,即对他人权利的尊重并不必然意味着二者之间非此即彼的对立关系。

那么阿克的主张是否正确地认识到一个人对他人主张权利是基于其对"对立"的认识呢?有趣的是,这种"对立"的认识既不存在,也无必要。在主张个人权利的过程中,并不隐含个人利益有别于群体繁荣这样的判断。例如,有人计划绑架我以勒索赎金,或者强奸我以获得控制感。这种行为不会给族群或者社会带来收益。当我基于人权主张不应受到这样的对待的时候,我当然并不认为对我而言最好的方式是免受会使他人获益行为的影响。

在某些情况下,主张个人权利会给社会带来成本,这是事实。在这些情况之下,我认为将个人利益与他人利益相区分是适当的。回头考虑一下关于器官的案例。如果有人试图对你实施强制性的安乐死以获得能够挽救3条生命的器官,你当然可以合理地反抗并且主张对于你个人的善与涉及3条生命的更大的善冲突了。你的意识被"原子化"或者"个人主义"无伤大雅,也不会是不可欲的或者"不够非洲"。可以确定的是,在撒哈拉以南非洲社会帮助核心家庭成员或者亲属的责任非常重要;个人可能需要作出很多牺牲。[50] 但是,这并不必然意味着非洲传统思想根深蒂固地认为个人不具备独立的权利。我们承认存在一些极端例证合理地要求个人作出

---

[50] Appiah A (1998) Ethical systems, African. In: Craig E (ed) Routledge encyclopedia of philosophy online. http://www.rep.routledge.com/about; Gyekye K (1997) Tradition and modernity: philosophical reflections on the African experience. Oxford University Press, New York, pp. 70–75.

牺牲。例如,如果没有一个无辜个人的牺牲,那么整个社区将会灭亡。[51]这仅能表明这种权利在某些情况下可能被无视,但不能说明这种权利并不存在,或者在非洲的传统思想当中没有这种权利的位置。

回到阿克质疑人权概念适用于撒哈拉以南非洲社会的第二个原因:在极端贫穷的环境下,公民自由和政治参与既不可实现,也无关紧要。在饥饿面前,如果必须在言论自由和获得食物的权利之间选择,后者显然具有优先性,而前者则是空洞的。

即便是罗尔斯这样的自由主义者也承认,在这种境况之下,这种选择是公平的。[52] 但是,生活中的实际情况往往不会如此简单。对于阿克论断的一种回应是,有经验证据表明公民自由和政治参与在获得社会经济产品的过程中表现出极大的工具性价值。这些证据在罗达·霍华德(Rhoda Howard)[53]和阿玛雅·辛(Amartya Sen)[54]的分析中已经存在了大约30年。事实上,已经有人从辛关于食物短缺的深入研究中得出了这样的结论:"在一个容忍反对立场,接受选举压力并且可以公开批评的民主政府的国家当中,从未发生过严重的饥荒。"[55]

除了回顾表明没有所谓的"自由"权利就不能满足公民基本需求的社会科学统计数据,我认为有很多理论思考可以被用来反驳阿克的主张。我已经在上文说明了非洲理论基础提供了充分理由来质疑这些权利在经济社会产品匮乏的情况下是"不可实现"的,而且也证实了这些权利有着与社会经济权利类似的重要性。

---

[51] Gbadegesin S (1991) African philosophy: traditional Yoruba philosophy and contemporary African realities. Peter Lang, New York, pp. 66 – 67.

[52] Rawls J (1971) A theory of justice. Harvard University Press, Cambridge, pp. 542 – 543.

[53] Howard R (1983) The full-belly thesis: should economic rights take priority over civil and political rights? Evidence from Sub-Saharan Africa. Hum Right Q 5: 467 – 482.

[54] Sen A (1999) Development as freedom. Oxford University Press, Oxford, pp. 146 – 188.

[55] Vizard P (2006) Poverty and human rights: Sen's 'capability perspective' explored. Oxford University Press, Oxford, p. 116.

考虑到权利取得或实现的条件,阿克很好地用“利益理论”解释了自己的观点,认为权利是对利益的维护。[56] 这样的观念能够很好地解释他主张的权利如果不能在与其他条件的共同作用之下满足特定的利益,就毫无意义。为此,阿克使用了这样一个例证:

> 我当然地享有言论自由。但是,这种自由在哪里?这种权利在哪里?我不识字,也不会写字。我忙着活下去,压根没有时间去思考。贫穷让我只能受人摆布。那么,权利在哪里?权利又是什么?[57]

毫无疑问,如果享有言论自由的人拥有时间,接受了必要的教育并有其他行使权利的条件,言论自由所能发挥的意义会大得多。但是,站在基于尊严的权利视角思考,可以认为即便是在社会资源匮乏的情况下言论自由依旧是有意义的。不同于基于利益观察权利的立场,基于尊严观察权利的立场要求尊重他人的尊严。在这种观念之下,人权的作用不在于提升人的福利或者改善其生活质量;恰恰相反,人权的意义在于避免人的退化。[58]

具体而言,假设一个国家采取一系列措施限制人们的言论和结社自由。这个国家禁止人们对政府的政策提出批评,阻止学者开展政府不允许的研究,干预工会和其他民间组织的成立和运行,以性别或者身份作为取得某些职位的前提。或者设想一个国家限制人们竞选公职的权利,比如要求现任领导人选定其继任者,或者以特定血统确定候选人资格。

按照阿克的观点,只要人们没有对抗这些政策的法律上的可能,那么

---

[56] Wenar L (2011) Rights. In: Zalta E (ed) The Stanford encyclopedia of philosophy. http://plato.stanford.edu/entries/rights/-2.2.

[57] Ake C (1987) The African context of human rights. Afr Today 34: 10.

[58] Metz T (2011a) Ubuntu as a moral theory and human rights in South Africa. Afr Hum Right Law J 11, pp.541-543, 545-547.

这些政策就不构成对人权的侵犯。我认为,这些政策侵犯了人权,理由在于这些做法贬损了人们的社群能力。具体而言,侵犯了认同他人的能力。一个人为了一项事业或者分享生活方式所做的真诚努力在上述政策之下,不会得到尊重。这当然削弱了基于自愿和透明形成的关系。

需要注意的是,一些撒哈拉以南非洲国家领袖之间基于尊重形成的共识很好地说明了过去10至15年间保护人权和公民政治自由的地区机制所取得的进展,《非洲人权和人民权利宪章议定书》(该议定书设立了一个非洲法院来执行这些权利)和《非洲民主、选举和治理宪章》,这两份重要文件都将人的“尊严”和“神圣”作为“人权”的组成部分。

即便不考虑人权在缺乏必要物质资源的情况下是否存在或能否保持其重要性,我也讨论了最后一个问题,即公民自由和政治权利是否和取得社会经济产品的权利同等重要。一种质疑阿克主张人权的重要性低于生存权的方式是,观察人权所能实现的利益并将其与生存权所实现的利益相比较。[59] 在以尊严为基础考虑权利的视角之下,我提出了一种不同的主张。

人构建社区关系的能力可能在几个方面被削弱,而且削弱的程度各有不同。因此,不能对公民政治权利和经济权利进行简单划分。为了尊重他人的社群能力,应当分别考虑人的公民自由、正当程序、政治和社会经济权利。这些权利的欠缺会导致对个人人格的贬损。国家限制对其公民的食物供给会侵害人权,而国家因为其公民组织工会对其进行折磨,或者因为其政治主张而在未经审判的情况下处决公民,无疑也侵犯了公民的人权。在对人权造成损害的程度上即便不比前一种情况更严重,也绝不次之。

这个例证和与之相关的例证表明,政策的介入性越高,对于人权的贬

---

[59] 由霍华德提出的维护道德完整性价值的策略, see Howard R(1983) The full-belly thesis: should economic rights take priority over civil and political rights? Evidence from Sub-Saharan Africa. Hum Right Q 5:467 –490。

损也越严重。罚款或者逮捕等国家行为对个人生存、自我或者身体完整的影响越大,对人的完整的影响就越严重。哲学家玛莎·努斯鲍姆(Martha Nussbaum)就指出,与“综合”(也被称为“外在”)能力受到侵犯的情况相比,“内在”能力受到侵犯的情况下,“尊严受到贬损的程度要严重得多”。[60] 这种直观的观点在公民政治领域和经济领域都适用。

7.7 结论:怎样成为一个温和的非洲社群主义者

本文批判了阿克的观点。他认为人权概念并不适合非洲语境,理由在于撒哈拉以南非洲社会共同的价值体系和他们所面临的经济困境。我认为,阿克正确地看到撒哈拉以南非洲社会中的传统黑人倾向于认为过上人类生活需要重视社群关系,但是这并不意味着人权并非如此。我粗略地指出,这些人也相信个人拥有尊严,他们拥有社群能力并因此需要被尊重。也就是说,需要以一种道德视角来看待他人所享有的人权。我还认为,意识到许多非洲道德思想所具有的人权以尊严为基础的特点,会促使我们看重公民自由、正当程序和政治权力有着与社会经济产品相同的重要性。

通过回应社群主义和人权能否实现调和,并捍卫与凯凯颇具影响力的和解方式,本文得出了结论。就前者而言,可能有人会质疑,我并未证明个人权利与社群价值如何兼容。一方面,我并未回应实现人权的主张可能会导致社会分裂的担忧。[61] 在进行人权观察的过程中,确实有很多情况不仅没有形成社群关系,反而产生了不和谐的关系。另一方面,我在最后的分析中否认群体权利,转而寻求限制人们主张个人权利的权利以维护人们的社群能力。如果仅仅因为集体权利得到优先考虑,就认为这个观点是社群主义的,那么我在社群框架下构建人权的尝试可能并不成功。

---

[60] Nussbaum M (2011) Creating capabilities: the human development approach. Harvard University Press, Cambridge, pp. 30 – 31.

[61] 这个问题超出了阿克的关注范围,即诉诸权利意味着一种原子化的自我概念。

作为回应，我认为在这一领域当中存在不同程度的社群主义。用凯凯的术语，可以将其表述为“温和的”和“极端的”。我主张的社群主义并不极端。极端的社群主义很可能规定长期来看，哪些行为能够最大限度地增进凝聚力，或者主张群体是道德诉求的最终受益者。但是，这并不是社群主义唯一可能的形态。我所阐述的道德哲学之所以被称为“社群主义”，在于它的要素是基于作为人的共性的单一、基本价值，并被理解为认同他人且与他人团结的能力。我已经提出，认识非洲社群价值最好的方式不是将个人看作实现特定社会目标的工具，而是基于个人拥有社群能力而将个人作为有尊严的人来看待。当然，为了维护他人利益而杀害无辜的人，是对社群关系的不恰当的尊重。

凯凯赞同这一结论，[62]但是他采用了不同的论证方式。他也是一个温和的社群主义者，承认个人尊严和相应的个人权利。凯凯基于三个理由认为非洲价值观是符合人权的。我认为这三个理由并不比本文的立场更有说服力。本文认为，人权就是尊重人的尊严，因为他们有表现为身份和团结的社群能力。

第一，凯凯认为，只要个人权利得到尊重，群体就能够得到发展。[63] 他指出，一个社会的成员能够“各得其所”的时候，这个社会就能变得更好。就像本文所讨论的关于器官的例证一样，这一点经常是正确的，但也会有例外。在有些情况下，个人利益与群体利益之间可能存在深刻的冲突，在这个时候往往需要作出艰难的选择。

第二，凯凯含混地认为，适当的道德框架应当能够反映自我的本质，结合自我包含了个人与社会两个维度，这就表明正确的道德必须考虑个人的

---

[62] Gyekye K (1997) Tradition and modernity: philosophical reflections on the African experience. Oxford University Press, New York, pp. 35 – 76.

[63] Gyekye K (1997) Tradition and modernity: philosophical reflections on the African experience. Oxford University Press, New York, p. 64.

自治。[64] 但是,没有关于如何对待他人的道德规范性仅仅遵从我们的实际状态的证据。个人可以作出让步但同时批评群体规范的事实并不意味着个人可以随心所欲地这样做,这是凯凯作出的一个看似并不合乎逻辑的推论。

第三,也是最具理论前景的,凯凯认为个人基于人权的享有而期待被尊重。[65] 这是我赞同的立场,但是凯凯没有将其具体化。他注意到理论家寻求将尊严建立在人具有理性思维的基础上。然而,他最终并没有提供支持其中某个理由的原因。而且,他也没有从人类尊严的特定概念中得出具体的权利。[66]

与之不同的是,我在本文阐述了一个清晰的、有着非洲社群主义血统的关于人的尊严的理论,并且说明了这一理论如何解释我们享有的人权和其他直觉性权利。撒哈拉以南非洲价值观的"理性重塑"向读者提供了强烈的理由去质疑阿克影响深远的非洲语境下的人权理论,以及《班珠尔宪章》中提出的统一的关于人权的哲学观念。[67]

参考文献

African Union (AU) (2003) African charter on democracy, elections and governance. http://www. au. int/en/sites/default/files/AFRICAN _CHARTER_ON_DEMOCRACY_ELECTIONS_AND_GOVERNANCE. pdf

African Union (AU) (2006) Charter for African cultural renaissance.

---

[64] Gyekye K (1997) Tradition and modernity: philosophical reflections on the African experience. Oxford University Press, New York, pp. 52 – 59.

[65] Gyekye K (1997) Tradition and modernity: philosophical reflections on the African experience. Oxford University Press, New York, p. 63.

[66] Metz T (2012c) Developing African political philosophy: moral-theoretic strategies. Philosophia Afr 14:61 – 83.

[67] 感谢阿奇·奥纳齐和欧里斯特格布贝米·托尼·欧尤为(Oritsegbubemi Tony Oyowe)对本文提出的宝贵意见。

http://www. africa-union. org/root/au/documents/treaties/text/Charter% 20 - % 20African% 20Cultural% 20Renaissance_EN. pdf

Ake C (1987) The African context of human rights. Afr Today 34:5 - 12

Appiah A (1998) Ethical systems, African. In: Craig E (ed) Routledge encyclopedia of philosophy online. http://www. rep. routledge. com/about

Bewaji J (2004) Ethics and morality in Yoruba culture. In: Wiredu K (ed) A companion to African philosophy. Blackwell, Oxford, pp. 396 - 402

Botman HR (2000) The OIKOS in a global economic era: a South African comment. In: Cochrane JR, Klein B (eds) Sameness and difference: problems and potentials in South African civil society. The Council for Research in Values and Philosophy, Washington, DC. http://www. crvp. org/book/Series02/II - 6/chapter_x. htm

Bujo B (1997) The ethical dimension of community (trans: Nganda CN) Paulines Publications, Nairobi

Bujo B (2001) Foundations of an African ethic: beyond the universal claims of western morality (trans: McNeil B) Crossroad Publishers, New York

Cobbah J (1987) African values and the human rights debate: an African perspective. Hum Right Q 9:309 - 331

Constitutional Court of the Republic of South Africa (1995) The state versus T Makwanyane and M Mchunu, Case No. CCT/3/94, http://www. safl ii. org/Deng F (2004) Human rights in the African context. In: Wiredu K (ed) A companion to African philosophy. Blackwell, Oxford, pp. 499 - 508

Gbadegesin S (1991) African philosophy: traditional Yoruba philosophy and contemporary African realities. Peter Lang, New York

Gyekye K (1992) Traditional political ideas: their relevance to development in contemporary Africa. In: Wiredu K, Gyekye K (eds) Person and community; Ghanaian philosophical studies, I. Council for Research in Values and Philosophy, Washington, DC, pp. 243 – 255

Gyekye K (1997) Tradition and modernity: philosophical reflections on the African experience. Oxford University Press, New York

Gyekye K (2010) African ethics. In: Zalta E (ed) The Stanford encyclopedia of philosophy. http://plato. stanford. edu/archives/fall2010/entries/african-ethics/Holmgren M (1983) Punishment as restitution: the rights of the community. Crim Just Ethic 2:36 – 49

Howard R (1983) The full-belly thesis: should economic rights take priority over civil and political rights? Evidence from Sub-Saharan Africa. Hum Right Q 5:467 – 490

Iroegbu P (2005a) Right to life and the means to life: human dignity. In: Iroegbu P, Echekwube A (eds) Kpim of morality ethics. Heinemann Educational Books, Ibadan, pp. 446 – 449

Iroegbu P (2005b) Beginning, purpose and end of life. In: Iroegbu P, Echekwube A (eds) Kpim of morality ethics. Heinemann Educational Books, Ibadan, pp. 440 – 445

Kukathas C (2006) Genocide and group rights. Unpublished lecture given at the University of Cape Town

Legesse A (1980) Human rights in African political culture. In: Thompson K (ed) The moral imperatives of human rights: a world survey. University Press of America, Washington, DC, pp. 123 – 138

Legesse A (2001) Oromo democracy: an indigenous African political system. Red Sea Press, Trenton

Magesa L (1997) African religion: the moral traditions of abundant life. Orbis Books, Maryknoll Masolo DA (2004) Western and African communitarianism: a comparison. In: Wiredu K (ed) A companion to African philosophy. Blackwell, Oxford, pp. 483 - 498

Mbiti J (1969) African religions and philosophy. Heinemann Educational Books, Oxford

Metz T (2007) Toward an African moral theory. J Polit Philos 15: 321 - 341

Metz T (2010) Human dignity, capital punishment, and an African moral theory. J Hum Right 9:81 - 99

Metz T (2011a) Ubuntu as a moral theory and human rights in South Africa. Afr Hum Right Law J 11:532 - 559

Metz T (2011b) An African theory of dignity and a relational conception of poverty. In: de Gruchy J (ed) The humanist imperative in South Africa. African Sun Media, Stellenbosch, pp. 233 - 241

Metz T (2012a) Human rights, African perspectives. In: Chatterjee D (ed) Encyclopedia of global justice. Springer, Dordrecht, pp. 501 - 505

Metz T (2012b) African conceptions of human dignity: vitality and community as the ground of human rights. Hum Right Rev 13:19 - 37

Metz T (2012c) Developing African political philosophy: moral-theoretic strategies. Philosophia Afr 14:61 - 83

Mnyaka M, Motlhabi M (2005) The African concept of Ubuntu/Botho and its socio-moral significance. Black Theol 3:215 - 237

Mokgoro Y (1998) Ubuntu and the law in South Africa. Potchefstroom Electron Law J 1: 1 - 11http://www. ajol. info/index. php/pelj/article/viewFile/43567/27090N'Sengha MN (1998) The African charter on human and peoples rights: an African contribution to the project of a global ethic. http://globalethic.org/Center/mutombo1.htm

Nkondo GM (2007) Ubuntu as a public policy in South Africa: a conceptual framework. Int J Afr Renaissance Stud 2:88 – 100

Nussbaum M (2011) Creating capabilities: the human development approach. Harvard University Press, Cambridge Onah G (n. d.) The meaning of peace in African traditional religion and culture. http://www.afrikaworld.net/afrel/goddionah.htm

Organization of African Unity (OAU) (1981) African charter on human and peoples rights. http://www.africa-union.org/root/au/Documents/Treaties/Text/Banjul Charter.pdf

Organization of African Unity (OAU) (1998) Protocol to the African charter on human and peoples' rights on the establishment of an African court on human and peoples rights. http://www.african-court.org/fileadmin/documents/Court/CourtEstablishment/africancourt-humanrights.pdf

Ramose M (1999) African philosophy through Ubuntu. Mond Publishers, Harare

Rawls J (1971) A theory of justice. Harvard University Press, Cambridge

Sen A (1999) Development as freedom. Oxford University Press, Oxford

Tangwa G (1996) Bioethics: an African perspective. Bioethics 10: 183 – 200

Tutu D (1999) No future without forgiveness. Random House, New York

Vizard P (2006) Poverty and human rights: Sen's 'capability perspective' explored. Oxford University Press, Oxford

Wenar L (2011) Rights. In: Zalta E (ed) The Stanford encyclopedia of philosophy. http://plato.stanford.edu/entries/rights/ -2.2

Wiredu K (1996) Cultural universals and particulars: an African perspective. Indiana University Press, Bloomington

Wiredu K (2008) Social philosophy in postcolonial Africa: some preliminaries concerning communalism and communitarianism. S Afr J Philos 27:332-339

8　在权利和义务之前:非洲的公民精神*

阿奇·奥纳齐(Oche Onazi)**

8.1　引言

2010年1月17日是一个周日。这是尼日利亚小城乔斯历史上最具灾难性的一天。它标志着又一轮的暴力、破坏和死亡的无尽循环,更重新定义了这个城市的生活。乔斯直到最近才被称为宗教、民族、部落和种族的大熔炉。具有讽刺意味的是,尼日利亚所谓的和平之家变成了恐怖、复仇和死亡之家。在这个特别的日子,我准备启程回爱丁堡继续我的学业,中午时分传来消息说城里某个地方发生了战斗。消息很模糊。起初,这似乎只是个谣言。人们既不清楚是哪些人起了冲突,也不清楚冲突原因。为了避免风险,我们决定比原计划提前3个小时驾车前往尼日利亚首都阿布贾,我将从那里出发飞往爱丁堡。

当我驾车驶出我居住的街区时,遇到了一点小麻烦。大概是为了保护附近的街区,一些看上去焦虑而严肃的年轻人建立了临时路障。我的车在路障前停下之后,被人团团围住,盘问开始了。你的后备箱里有什么?那

* 谨以此纪念奥格巴·奥纳齐、阿达杜·奥纳齐、威廉·沃博、塞西莉亚·厄拉尤、亚哈亚·肯纳姆、阿马杜·谢杜、小奥格巴·奥纳齐、安东尼·沃尔和安德鲁·艾库米,他们都以非常特殊的方式触动了我的生命。我要感谢马塞米利安·戴尔玛、卢克·戴弗林和我的父亲奥沙巴·奥纳齐对本章早期版本的有益评论。

** 阿奇·奥纳齐,英国邓迪大学法学院讲师。

个手提箱里是什么？你有武器吗？你是穆斯林吗？你是豪萨人吗？幸运的是，我们顺利通过了路障，剩下的旅程也没有遇到任何麻烦。这也许是因为其中一个男人看到了我的项链。他看到我的项链之后说："这是一串念珠。他们是基督徒，让他们过去吧！"我第二天到达爱丁堡之后，才明白这次经历的全部意义。在听到最新的消息之后，我最初以为的一场小冲突其实是一场毫无意义的暴力狂欢和超出我想象的屠戮。我对自己说，如果我遇到的是另一群对我身份不那么友好的人，可能会更糟。基督徒和穆斯林之间的战斗蔓延到城市的其他地区，并持续数日。有的地方，多年的邻居互相攻击。这场冲突造成数百人死亡，其中包括许多儿童。

虽然乔斯及其周边地区的各种冲突有不同的原因。① 但在路障处的遭遇可以说是我个人接触到的最危险的经历，也是当代尼日利亚不同地区所面对的问题。我幸运地发现了原住民和定居者的二元区分，即尼日利亚公民身份问题。这一问题源于当地人和社会对公民身份的看法，这种看法使所有尼日利亚人无法在地理意义之外享有真正的归属感。② 这就是为什么乔斯和它周围的许多居民，特别是儿童，会过早丧生。

乔斯发生的零星但致命的冲突不仅是由公民意识引起的，更深刻的问题来自社会的心态或意识。③ 尼日利亚宪法具有双重功能。它保留了这种社会对公民身份的认知并将其具体化。一方面，宪法保障所有尼日利亚

---

① Higazi A (2011) The Jos crisis: a recurrent Nigerian tragedy. Fredrich Ebert Stiftung Discussion Paper 2.

② 乔斯是尼日利亚高原州的首府。在英国殖民统治下，它发展成为一个移民城市。当时和现在一样，它包括土著民族、宗教团体，以及来自该国其他地区和世界其他地区的团体，特别是处于这些问题中心的豪萨族团体。冲突发生在几个土著群体与豪萨族群之间。豪萨族群在更广泛的尼日利亚背景下是数量上的优势群体，但在乔斯和邻近的城镇和村庄则处于劣势。这些群体之间有宗教分界线，土著群体主要是基督徒，而豪萨人主要是穆斯林。这或许是不满情绪达到如此极端程度的另一个原因。在乔斯，就像在尼日利亚的其他地方一样，宗教和种族身份之间往往只有很模糊的区别。

③ Human Rights Watch (2006) They do not own this place: government discrimination against nonindigenes in Nigeria. Hum Right Watch 18(3/A):17 – 30.

公民平等地享有一系列法律权利。另一方面,宪法区分了两类公民:原住民和定居者。④ 结果就是,一位尼日利亚公民可能是一等公民也可能是二等公民,这取决于他是原住民还是定居者。⑤ 与定居者相比,原住民的公民权利更为优越。这在很大程度上成为乔斯冲突的根源,并助长了暴力事件的发生。

在这次遭遇之后,我不仅被这个问题,而且被更为广泛的公民身份的问题困扰。这个问题不仅是乔斯冲突的关键,而且很有可能成为许多非洲问题持久的解决方案。只要稍加留意,就不难发现,这个问题不仅存在于乔斯或者尼日利亚,而且存在于肯尼亚、⑥南非、⑦刚果、卢旺达、布隆迪、乌干达、津巴布韦⑧和科特迪瓦⑨。我感到震惊的是,尽管关于这个问题的研究和文献数量不少,但是很少有研究注意到社会或者道德价值观的退缩在

---

④ The Constitution of the Federal Republic of Nigeria 1999, s 223(2)(b) and 318(1).

⑤ Alubo O (2004) Citizenship and nation-building in Nigeria: new challenges and contestations. Identity Cult Politics 5(1/2):145 – 146; Adebanwi W (2009) Terror, territoriality and the struggle for indigeneity and citizenship in northern Nigeria. Citizenship Stud 13(4):352 – 353.

⑥ Abdullah A (2004) Rewriting a new constitution for Kenya: wishing away ethnicity in the constitutional making process. In: Murison J, Griffiths A, King K (eds) Remaking law in Africa: transnationalism persons and rights. Centre of African Studies, University of Edinburgh, Edinburgh, pp. 49 – 70.

⑦ Ndlovu-Gatsheni S (2007) Tracking the historical roots of post-apartheid citizenship problems: the native club, restless natives, panicking settlers and the politics of nativism in South Africa. African Studies Centre (ASC) Leiden Working Paper 72.

⑧ 玛穆德·曼达尼哈斯(Mamood Mamdanihas)将原住民和定居者的二分法描述为非洲殖民遗产之一。对他来说,如果不把原住民和定居者的二分法历史化,就不能充分把握和解决它。公民之间的二元区分——原住民和定居者,不过是以稍微不同的形式再现早先的土著人和非土著人的区分,或殖民法下的种族和族裔的区分。土著人有种族,而非土著人没有。它创造了一个种族等级制度,通常由白人、有色人种、亚洲人、阿拉伯人和哈密特人(图西族)组成,最终目的是教化土著人。殖民法是执行这种等级制度和划分的工具。欧陆法只适用于非土著种族,而习惯法只适用于土著种族。民法是权利的领域,与习惯法不同。See Mamdani M (1996) Citizens and subjects: contemporary Africa and the legacy of late colonialism. Princeton University Press, Princeton; Mamdani M (2001) Beyond settler and native as political identities: overcoming the political legacy of colonialism. Comp Stud Soc Hist 43(4):651 – 664.

⑨ Marshall-Fratani R (2006) The war of "Who is Who": autochthony, nationalism, and citizenship in the Ivoirian crisis. Afr Stud Rev 49(2):9 – 43.

多大程度上助长了人们用暴力表达分歧和仇恨。显而易见的是,无论出于何种原因,当人们残忍地杀害或残害他人或者漠视自己的同胞受到伤害或痛失亲人,这都表明社会基本道德观的崩溃或者倒退,而这种社会基本道德观维系着社会完整、集体繁荣、归属感和整体性。这是我与绝大多数相关研究的不同之处,这是一个关于道德价值观的问题,而既有研究优先考虑的是为公民权利提供一个清晰而统一的定义,并以之作为解决问题的答案。⑩

如果公民身份不仅意味着一个政治共同体成员身份带来的权利和责任,也意味着通过"理解、同情和实践"⑪取得的"个人和群体的性格或者美德"⑫,那么,我的观点就是公民身份提供了一种适当的语境,以激发社会联系、共同繁荣和归属感所必需的道德价值。其中所隐含的是,成为一个公民意味着某种道德生活,⑬其中包含了一整套以负责任的方式行为的道德价值观,这种道德价值观在享有权利或者承担责任之后当然地应当被接受。⑭

公民的道德生活意味着对生活方式⑮的恰当理解,其中的观点(尤其是如何促进个人和集体的共同繁荣)和道德生活虽然不同,但是如果没有对日常道德决定的深刻思考,往往难以建立必要的关联和理解。我所担心

⑩ Adejumobi S (2001) Citizenship, rights, and the problem of conflicts and civil wars in Africa. Hum Right Q 23:148 – 170.

⑪ 公民身份的这一方面的起源,即品格的美德(在本文8.3节中有更详细的讨论),可以追溯到亚里士多德的著作。Aristotle (2009) Nicomachean ethics (trans: Ross D). Oxford University Press, Oxford.

⑫ Burdette F (1942) Education for citizenship. Publ Opin Q 6(2):269.

⑬ Bankowski Z (2007) Bringing the outside in: the ethical life of legal institutions. In: Gitzbert-Studnicki T, Stelmach J (eds) Law and legal cultures in the 21st century: unity and diversity. Wolters Kluwer, Poland, pp. 193 – 217.

⑭ Carr D (2006) The moral roots of citizenship: reconciling principle and character in citizenship education. J Moral Educ 35(4):444 – 446.

⑮ Bankowski Z (2007) Bringing the outside in: the ethical life of legal institutions. In: Gitzbert-Studnicki T, Stelmach J (eds) Law and legal cultures in the 21st century: unity and diversity. Wolters Kluwer, Poland, pp. 193 – 217.

的不仅在于非洲社会中在伦理道德维度上对公民概念的不充分理解,而且在于对二者在权利和责任上的理解不足。

在占据主导地位的权利责任范式之下,很容易被忽视的问题是人们彼此之间的伦理联系。我主张可以用非洲法律规则下的公民概念补充这种联系。通过强调人与人之间的相互依存和人际关系,非洲法律理论提供了一种更好的方式使基本道德价值观成为社会共存的基础。非洲法律理论有助于将这些相关的价值,而不是权利和责任,置于评估道德或伦理价值内涵和公民地位过程中的核心地位。非洲法学引人入胜之处在于,它能够推动公民的道德或精神的成长,而不是将他们的价值观置于高于外国人、合法或非法移民的门槛之上。非洲法学中的人文精神有助于将平等对待公民和非公民的做法制度化,这种精神鼓励人与人之间彼此尊重。

为了给受非洲法学启发的公民概念提供基础,本文首先展示了以权利为基础模式的局限性,这是最具影响力的公民概念。这里的建议是,对个人公民权利的明确或普遍界定并不能最终保证在社会中建立更多包容性所需的那种联系;它也没有为居住在一个政治社区的不同群体之间的互动提供一种和谐或道德的语言。其次,我思考了公民责任的重要性,探讨公民责任是否为社会共存所必需的基本道德价值观提供了足够的空间。虽然强调责任可能产生一些值得关注的道德价值观,但它最终走得不够远。最后,我转向非洲法学,说明它如何回应我对伦理和道德价值重要性的关注,并能够为公民身份广泛理论化和实践提供潜在且丰富的帮助。

8.2 公民权利

公民身份定义了与政治团体成员身份相关的条件。在主流观点中,公民通常是自由、自主和理性的个体。同样,公民通常是权利的享有者,而且权利往往与责任相关。随着以权利为基础的自由主义的兴起并取得主导地位,责任未能获得相当程度的重视,这偏离了公民的历史和基本概念。[16]其结果是,以权利为基础的公民身份在自由、世界主义和多元文化的概念模式中产生自己的特色。[17] 权利已经成为一种手段和公民身份的内容。[18]公民身份常常被简化为政治团体成员的权利。当评论家们为一个更加包容的公民概念大声疾呼的时候,他们渴望的是以权利为基础的模式,通过明确界定普遍公民权利而获得法律保护。这是对法律面前人人平等的另一种理解方式;换句话说,这意味着所有人都应当享有公民权利,而不受民族、种族、宗教和政治立场的影响。剥夺公民身份通常被解释为剥夺公民权利。这种以权利为基础的公民观念对包括非洲在内的世界不同地区有广泛影响。

就其内容而言,公民权利常指公民的、政治的、经济的和社会的权利。[19]《世界人权宣言》和其他国际公约赋予公民权利进一步的内容及意义。这些文件加强了公民身份与权利之间的关系。[20] 它们为各种政治团体内的公民所应享有权利的范围设定了标准。这些文件鼓励各国努力实现最高层次的平等,并根据各国保障平等享有这些权利的能力来对其进行评价。国家的包容性在于所有公民都享有平等的权利。宪法和相关法律的主要内容演变为这些权利提供保护手段,特别是针对少数群体。

从理论上讲,人权应该适用于所有人,而不论其公民身份,这是世界主

---

⑯ Collins S (2006) Aristotle and the rediscovery of citizenship. Cambridge University Press, Cambridge, p. 7 – 18; Janowitz M (1980) Observations on the sociology of citizenship: obligations and rights. Soc Forces 59(1):1 – 3.

⑰ Shachar A (2001 – 2002) Two critiques of multiculturalism. Cardozo Law Rev 23(1): 253 – 297.

⑱ Leary V (1999) Citizenship, human rights and diversity. In: Cairns A et al (eds) Citizenship, diversity and pluralism: Canadian, and comparative perspectives. McGill-Queens University Press, Canada, pp. 247.

⑲ Marshall T (1950) Citizenship and social class. Cambridge University Press, Cambridge.

⑳ Shafi r G, Brysk A (2006) The globalization of rights: from citizenship to human rights. Citizenship Stud 13(3):278 – 285.

义概念模式的同义词。在实践中，情况并非总是如此，因为权利取决于具体的国内政治环境，进而适用于具体的人。通过公民身份加入政治团体是获得这些权利的关键。[21] 这意味着人权的享有取决于公民身份，尽管情况不一定总是如此。例如，社区的合法居民通常享有一系列权利。除某些例外情况外，言论自由、宗教信仰、公开审判、免受歧视和投票权不一定取决于公民身份。当然，非法移民的情况完全不同，他们不太可能获得任何国家权利保障。然而，问题在于，尽管通过居留可以获得一系列的权利，但无论如何居留权利都不等同于公民权利。公民身份和非公民身份之间的区别至关重要。公民身份提供了被包容或者排斥的可能性。因此，尤其是在那些富裕国家，人们总是渴望通过成为合法居民获得完全的公民身份就不足为奇了。

除了对公民政治权利的保护之外，公民身份，在某种意义上也意味着合法居留权，以及保护经济和社会权利。[22] 由于经济资源的可流动性以及国家的意识形态倾向，有关获得经济和社会权利的问题往往是有争议的。在资源有限的地方，这些权利常常是关于资源分配争论的根源。公民身份也是分配机制的一种重要体现。它决定了人们能否获得基本生活必需品，如医疗、水、教育或其他公共物品。无法获得这些权利往往等于丧失公民身份，这是世界上资源匮乏的贫困地区存在不满情绪的主要根源。

以权利为基础的公民模式具有明显的优势，特别是对于按种族、宗教或其他界限划分的政治社区。通过为谈判、和解与协议提供一个中立的框架，权利有助于解决从资源分配到争端解决的许多事情。[23] 然而，正是在这一点上，以权利为基础的公民权利的优势立即变成了劣势。虽然，权利可以被看作是调解冲突的中立框架，甚至成为在持不同意见的各方之间取

㉑ Benhabib S (2005) Disaggregation of citizenship rights. Parallax 11(1):14.

㉒ Marshall T (1950) Citizenship and social class. Cambridge University Press, Cambridge.

㉓ Ghai Y (2000) Universalism and relativism: human rights as a framework for negotiating interethnic claims. Cardozo Law Rev 21(4):1095.

得持久和解的基础。但是,权利能否完成人与人之间持续性和平共处这个艰巨的任务就很值得商榷,尤其是在人与人之间存在明显分歧的时候。我所怀疑的是权利的整合能力,也就是说,权利能否在公民之间消弭分歧或者产生归属感。

我的问题是:权利的作用是否仅在于保护权利人不受他人侵害?权利是否鼓励人与人之间的和解?权利人(不限于义务人)是否有义务以合乎道德的或负责任的态度对待他人?以发生在乔斯的冲突为例,如果所有居民都享有公民权利,那么敌对团体之间的仇恨就会消失吗?当然没有人会认为,权利可以完全实现这一点。个人或群体基于权利的主张及其相反立场很可能成为不和谐的根源,尤其是在身份支离破碎的脆弱社会中。矛盾的是,权利本身可能成为分裂的根源。在这种情况下,以权利为基础的公民模式可能会加剧分歧,而不是调和分歧。不应假定一旦个人获得平等的公民权利——公民的、政治的、社会的和经济的权利——那么所有的争论、冲突或分歧就会以某种方式减少,甚至完全消失。这个问题并不只存在于分裂的社区,这是基于权利的权利主张所固有的特性。

没有人比赛门·维尔(Simone Weil)更能说明这一点了,因为她在人权问题上的研究之一就是权利主张的潜在分裂性质。对维尔来说,除了权利主张具有固有的敌对性质外,其效用的发挥只能通过武力或以武力相威胁的方式。[24] 正因为如此,她认为权利有可能加剧个人之间的竞争和冲突,或者它们只为表面的或世俗的权利主张提供了基础。一个强调权利的政治团体,不仅由分裂的个体组成,而且由好战的个体组成。根据这种观点,以权利为基础的主张不具备调解的能力,而是挑起了个人之间的分歧。毕竟,权利是关于解放或激进自治的,而不是社区、融合或和解。[25] 更重要

㉔ Weil S (2005) Human personality. In: Miles S (ed) Simone Weil: anthology. Penguin Books, London, pp. 69 – 98.

㉕ Selznick P (1987) The idea of communitarian morality. Calif Law Rev 75(1):445.

的是,权利不利于人与人之间和谐、共情、对话和互动。[26] 以权利的方式表达不满,就是否认了其他更和谐关系方式的可能性。权利可能是成为一个政治共同体成员的利益之一,但从上文可见,这一点是有争论的,即它们是否充分和可持续地促进了建立归属感的进程? 因此,权利是否能创造相互尊重、容忍、互惠、关心、同情或其他对于建立归属感至关重要的价值,是值得怀疑的。基于这样的理由,有必要在不放弃权利这一概念的前提之下,寻找其他方式来构成社会共存所必需的价值。

当然,也存在一些不那么个人主义或者以分化的方式开展针对权利的讨论,这有助于促进社会凝聚力和人与人之间的和谐。然而,有些人可能倾向于广泛地定义我上面所描述的权利问题,这些问题因此不会消失。[27] 此外,我对维尔观点的理解是,除了权利之外,还需要其他概念来促进形成基本的价值观,尤其是在社会共存过程中所涉及的同理心。她质疑权利主张在多大程度上有能力鼓励必要的适当举止,以承认和应对人类的苦难和脆弱性。维尔通过一个被迫在妓院工作的年轻女孩的类比来说明这一点。对维尔来说,权利作为一种概念性的媒介,既不能用来理解也不能用来阐明女孩所经历的那种痛苦。换句话说,如果只是简单地将其理解为对合同、财产或劳动权利的侵犯,将严重地误读她的苦难和泪水。维尔提出的基本观点是,权利并不能恰当地鼓励正确的价值观或行为举止,而这些是理解或同情她生活中的污秽所必需的。在我看来,这是对权利的一种比对抗性更为深刻的指责。

8.3 责任

如上文所言,如果权利为公民的联系和融合提供了一个有限的范围,

---

[26] Waldron J (1988) When justice replaces affection: the need for rights. Har J Law Pub Pol 11:625 - 642.

[27] Englund H, Nyamnjoh F (eds) (2004) Rights and the politics of recognition in Africa. Zed Books, London, pp. 15 - 19.

那么责任的作用又在哪里？从直觉上看，责任似乎触及了上述权利问题的核心，因为在一般意义上，责任除了指出美德和品格的重要性外，还暗示了人们之间某种人际关系。责任有不同类型。对政治团体的责任可不同于对家庭成员、朋友或邻居的特殊责任。对政治团体的责任不同于通过协议产生的责任，也不同于因遭受某种损害而产生的赔偿责任。[28]

理想的情况下，政治团体的成员资格能够在公民之间产生特殊的纽带关系。政治团体往往是公民认同、归属和依赖的来源。在共和政体和社群主义的公民模式下，对责任的强调更为常见。责任通常意味着我们必须对我们的政治团体和同胞负责。然而，对政治共同体的责任是垂直和间接的，而不是水平和直接的。责任通过不同形式的行动被制度化，以显示我们对政治团体的忠诚。社会契约是所有责任的来源，包括（同样重要的）公民间的责任。

遵守法律的义务是个人对政治团体的责任如何通过行动而制度化的一个很好的例子。马克·特比特（Mark Tebbit）雄辩地解释了所有社会契约理论的前提：

> 公民必须遵守法律。理由在于，普遍服从是社会存在的条件，否则会出现无政府状态；公民的一切来自国家，包括自己的生命；通过接受国家福利和选择不移民，公民已经明示或暗示地表明愿意遵守一切法律；公民有机会通过合法的游说说服国家修改法律，但没有权利不遵守法律。[29]

税收是另一个很好的例证。公民纳税并不是因为他们总是能够直接

---

[28] Beever A (2008) Corrective justice and personal responsibility in tort law. Oxf J Leg Stud 28(3):475 – 500.

[29] Tebbit M (2006) Philosophy of law. Routledge, Oxford, p. 94.

从中受益，尽管这种情况会偶尔发生。别的不说，税收有着从财富再分配、福利、医疗或失业计划到提供公共产品和服务的不同用途。公民对他人生活的贡献是通过集体税收制度来调节的。兵役制度是理解公民责任间接影响的另一种方式。发生战争或者灾害的时候，身体健全的强壮公民被征召去保卫国家，甚至为之付出生命。公民对国家的服务就是对其他公民的间接服务。

在定期选举中投票的义务虽然不是强制性的，但也是了解责任间接性质或影响的一个重要因素。虽然政治参与的范围现在相当狭窄，但在更广泛的意义上，政治参与是一个公民最重要的责任之一。事实上，它是权利与责任、自由主义与共和主义或社群主义的公民模式之间的交汇点的一个例子。政治参与既是公民的权利，也是公民的责任。在这种情况下，一般性公民通常是根据政治参与能力来定义的。

从理论上讲，政治参与的目的不仅仅是提供一个衡量公民之间的包容或团结的标准。政治参与是良好公民的标志，它是建立美德和品格的关键。在亚里士多德关于政治的巨著之外，人们无法充分理解政治参与的潜在的美德本质。对他来说，政治参与以及由此而来的公民身份，都取决于作为明确政治概念的道德背景。从公民身份开始，他认为这是一种源自“参与审判和担任公职”的地位。[30] 担任（代议的或司法的）公职是公民的核心目标和特征。任何被剥夺政治参与机会的人（特别是亚里士多德时代的奴隶和妇女）也被剥夺了公民身份。国家宪法通常决定公民的性质。与专制政体相比，民主政体下的公民是最具包容性的。亚里士多德的民主概念是众所周知的绝对民主，因为它要求所有公民参与公共决策过程。公民身份因此是积极参与的另一种表述。参与和代表之间的区别也因此至关重要。

亚里士多德的观点是，政治是发展美德和品格唯一的、最具决定性的

---

[30] Aristotle (1992) The politics (trans: Sinclair T). Penguin Books, London, p. 169.

过程。政治是培养好公民的基础。善的概念在这里指的是人类的善,这是追求幸福的核心。[31] 幸福意味着某种美德或善,它不同于对财富、快乐和荣誉的追求。[32] 亚里士多德认为,一个人只有以德性行为才能过上美好的生活。[33] 政治因此成为培育德性的核心。道德美德本身在很大程度上取决于政治实践中的互惠。

因此,良好的公民资格是通过政治参与形成的,而这种参与又依赖于良好的宪法。好的公民身份取决于城市的性质和宪法,因为善或美德只能通过公民功能获得。[34] 亚里士多德在区分好公民的美德和好人的美德时,认识到一个好人和一个好公民之间的区别。[35] 最高的善的标准,可以从被统治中获得的善的标准中区分出来,只有通过统治的行为才能实现。换句话说,有一种通过实践智慧而获得的更高形式的美德,亚里士多德将其描述为统治者的美德。

通过强调定期选举中的投票,当代政治或政治参与的概念从此背离了亚里士多德的见解,尽管仍然可以在协商民主的理论中找到一些他思想的影子。今天,政治参与已经被限缩到选举参与。目前还不清楚如何通过赢者通吃的选举现象来为培养伦理和道德价值观提供动力,特别是公民之间基本的和必要的同理心。虽然民主的协商理论并没有完全背离亚里士多德的见解,但除了某些例外,它们的政治视野并没有得到足够的重视。[36]

㉛ Aristotle (2009) Nicomachean ethics (trans: Ross D). Oxford University Press, Oxford, p. 5.

㉜ Aristotle (2009) Nicomachean ethics (trans: Ross D). Oxford University Press, Oxford, p. 6.

㉝ Aristotle (2009) Nicomachean ethics (trans: Ross D). Oxford University Press, Oxford, p. 5.

㉞ Aristotle (2009) Nicomachean ethics (trans: Ross D). Oxford University Press, Oxford, p. 179.

㉟ Keyt D (2007) The good man and the upright citizen in Aristotle's ethics and politics. Soc Philos Pol Found 24:220 – 240.

㊱ Krause S (2008) Civil passions: moral sentiment and democratic deliberation. Princeton University Press, Princeton/Oxford, pp. 1 – 26.

它们强调理性和合理的协议,却在协商政治过程中牺牲伦理和道德价值。

除了目前对选举的强调,关于政治的概念也有一些普遍的问题。这个问题同样可以追溯到亚里士多德提出的概念。根据亚里士多德设定的前提,政治可以被用来定义和培养社会和道德价值(形塑个人和人际关系)。换句话说,亚里士多德提供的前提是,公民需要政治以实现道德上的相互关联。困难在于,在培育最基本的道德价值观方面,私人领域在公共领域面前失去了其重要性。政治不再强调或贬低通过日常私人领域的非政治活动培养道德价值观的重要性。尽管这是合理的,但我不认为这个问题的答案在于由女权主义理论提供的更广泛的政治概念,它构想了政治生活的几乎每一个领域。[37] 这里的建议是,政治不应该也不能支撑我们的道德价值观;相反,我们通过日常道德交流所培养的道德价值观,应该为政治提供基础。

可以就非洲这种政治的性质或存在提出一个更具体的问题。政治,尤其是在今天的非洲,已经如此腐败,以至于很难回复到亚里士多德式的基础。事实上,很难将亚里士多德的政治观点与非洲大陆的现状联系起来。在非洲,政治几乎与道德或伦理无关,也几乎没有任何内在的东西。它是由部族的(专业的)政党政客及其追随者控制的,他们将其作为一种服务于其狭隘利益的手段。在这样的政治环境下,类似于发生在乔斯的事件政治化之后朝着更糟糕的方向发展,完全不足为奇。人们可以从世界上不同地区的政治观察中发现类似的情况,这些地方的政治实践已经与其伦理或道德基础渐行渐远。[38] 因此,不道德的政治行为在非洲人中普遍存在。

因此,我选择在政治领域之外寻找一种道德或伦理上适当的公民概念

---

[37] Young I (1989) Polity and group difference: a critique of the ideal of universal citizenship. Ethics 99(2):250 - 274.

[38] Agamben G (1998) Homo Sacer: sovereign power and bare life. Stanford University Press, California; Agamben G (1996) Means without end: notes on politics (trans: Binnetti V, Casarino C). University of Minnesota Press, Minneapolis.

是合理的。我将在下文说明,非洲法理学对于公民概念所做贡献的前景和优势也在于此。非洲法理学能够扩张并丰富对公民的伦理和道德基础的理解。下文将进一步说明,这取决于如何界定法理学。事实上,非洲法理学有别于主流法理学的正是它对人类共存的关注。通过思考作为一个公民在伦理和道德生活上的意义,非洲法理学为这个问题的认识提供了新的基础。

在更详细地审视上述问题之前,非洲法律体系在这方面可能具有优势的另一个更普遍和重要的原因是基于其对政治责任间接性质的限制的理解。由于责任(尤其是投票权和税收)是通过国家制度化的,因此无论公民的多样性如何,它们都无法在公民之间产生足够牢固的纽带或依恋。在非洲,这个问题人为地被国家地位混淆。在非洲的情况下,人们对种族、部落或宗教团体成员的忠诚要比对国家的忠诚强得多。其结果是,由于种族、宗教或种族的差异,公民对其他公民的责任较低或较不平等。

在更一般的意义上,而且不仅限于非洲,对国家或政治社会的责任或义务可能导致对公民同胞的责任的放弃。国家将责任制度化可能会产生鼓励公民缺乏关心和冷漠的效果,而不管他们的相似性或多样性。在责任的支持下,理解或证明任何政治团体中个人之间的道德和横向关系是困难的。例如,纳税变得高尚,而不是直接帮助穷人、饥饿者或病人。[39] 集体责任往往会削弱我们注意每天遇到的人的特殊性或物质条件的能力。我想说的是,对国家的责任妨碍了公民对彼此的人际责任。例如,把钱付给一些共同基金比直接帮助一个有需要的人要容易。在定期选举中给一位愿意为我们做出艰难决定的领导人投票变得更加容易,而不是亲自参与做出这些决定。在所有这些情况下,责任都不能产生预期的间接影响。它使公民忽略了这样一个事实,即个人的责任行为与集体或制度化的责任体系同

---

[39] Bankowski Z (2001) Living lawfully: law in love and love in law. Kluwer, Dordrecht, p. 101.

等重要。这种平衡是错误的,包容性的政治团体应该两者兼备,而不是一个或另一个。

8.4 非洲法律体系

> 故事从非洲国家的失败开始,而不是从非洲国家殖民地建立开始,你会看到一个完全不同的故事。
>
> 当然,非洲是一个充满灾难的大陆。有很多例子,比如在刚果发生的可怕的强奸案……但也有一些故事与灾难无关。这是非常重要的,谈论它们也同样重要。
>
> 我一直觉得,如果不完整地了解一个地方或者一个人,就不可能正确地与这个地方或这个人打交道。单一故事的后果是,它剥夺了人们的尊严。它使我们难以承认我们平等的人性。[40]

从非洲法理学的角度来确立公民资格的尝试不应引起争议,因为任何社会(特别是其公民概念)的法律、社会和政治组成或体制都应反映其传统道德价值,这一点没有什么不同寻常的。非洲普遍缺乏这种能力的事实令人困惑,但一点也不令人惊讶。虽然可以解释这一点的原因有很多,但我要讨论的是起码的三个原因。首先,人们总是很容易忽视非洲知识的存在或潜力,因为非洲多灾多难的情况,人们有充分的理由来忽视非洲任何积极的或有吸引力的东西存在,包括其传统的思想和知识形式。这并不是说非洲人不必为制造这些问题负责,而是试图表明,这是造成非洲许多当代问题的原因(尽管不是唯一的)。

否认非洲知识的现象存在于许多学科中,法学领域也不例外。用上文

---

[40] Adichie C (2009) The danger of a single story. TED Talks available online at http://www.ted.com/talks/chimamanda_adichie_the_danger_of_a_single_story.html.

奇玛曼达·阿迪奇埃(Chimamanda Adichie)的话来说,主流的法学叙事否认非洲法学知识的存在,非洲法律知识要么不存在,要么存在,也只是关于暴力和野蛮的知识。我在本文开头介绍过的发生在乔斯的冲突可以用来说明这一点。有一个隐藏的故事被占主导地位的故事掩盖了。在占据主流地位的话语当中,很轻易地忽略了城市居民在发生冲突期间表现出的巨大同情和慷慨。[41] 人们为受到冲突影响的陌生人提供食品、衣物和住所。基督徒同情穆斯林,穆斯林也同情基督徒。在城市的某些地方,一些社区选择不参与或不允许他们的居民参与这一疯狂的举动。与非洲法理学一样,发生在乔斯的这些故事仿佛并不存在,占主导地位的是暴力和暴行的故事。

历史上,特别是自启蒙时代以来,对非洲知识的否认在许多人——非非洲人和非洲人——的思想和意识中植入了一个强有力的观念,即非洲不能产生包括法律知识在内的任何好的东西。否认非洲知识的存在与普遍的关于非洲的负面印象之间确实存在某种联系。因此,非洲法理学最紧迫、最相关和最重要的任务是纠正这种认为它不存在的误解。非洲法理学必须抵制这一单一和消极的叙事,这一叙事不仅否认它的存在,而且否认它与法理学世界的问题的相关性。前一项任务产生的另一项任务是需要讲述非洲法理学的真实和有吸引力的故事,这是一个可以大大丰富我们关于社区和人类相互依存所包含的道德价值的知识的工作的故事。对我来说,这不仅触及了非洲法理学应该包含的实质内容,而且也解释了为什么本文的中心命题是它能够产生一种蕴含道德精神的公民概念。

我想说的是,这些价值观在撒哈拉以南非洲地区并不普遍存在。对于这样的概括而言,撒哈拉以南非洲地区的多样性程度太高了。我的观点恰恰是,对于实现和谐的社会共存这一艰巨任务来说,我们识别、培养和定义

---

[41] Walker R (2011) Jos violence: everyone lives in fear of his neighbour. Available online at http://www.bbc.co.uk/news/world-africa-12985289.

这些跨文化价值观的能力仍然是不可或缺的。此外,公民身份为我们提供了最适当的环境来将这些价值观制度化。这些价值观不仅对属于同一社区的人很重要,而且对他们如何与属于其他社区的其他人相处也很重要。世界任何地方的政治团体都离不开这种能力,没有这种能力也就不能处理本文开头提到的那类问题。

其次,基于经济社会发展或者其他原因,非洲大陆普遍接受资本主义现代化。由此产生的结果是,非洲人抛弃了他们关于共存和社会生活的许多传统道德信念。传统道德价值观和知识被搁置一旁,而这正是任何政治团体中社会联系的必要组成部分。因此,除了人们共同生活所必需的精神之外,站在非洲法律立场重建公民观念是恢复这种价值的关键。

最后,对传统(非洲)道德价值观的援引经常(也理所当然地)引起怀疑。对非洲传统道德价值的渴望可能被用来重新唤醒或掩饰各种形式的相对主义或部落主义,种族主义或父权主义。从非洲法律的角度来看,这些立场不应被混淆为道德价值。相反,我所指的是在撒哈拉以南非洲建立跨文化的人类相互依存和社区的普遍道德信念。[42] 尤其是,我们的生活质量——特别是我们的道德素质、发展、性格、决定或判断——取决于我们在社区中与他人的互动或交流的价值观念。

我对非洲法理学的理解是一个讲述关于非洲故事的机会,可以通过援引穆隆吉对这个概念的开创性定义来阐述非洲的道德价值观。[43] 穆隆吉

---

[42] Greene K (1998) Mutumin Kirki: the concept of good man in Hausa. In: Eze E (ed) African philosophy: an anthology. Blackwell, London, pp. 121 – 129; Bewaji I (2004) Ethics and morality in Yoruba culture. In: Wiredu K (ed) A companion of African philosophy. Blackwell, London, pp. 396 – 403; Metz T (2007) Towards an African moral theory. J Polit Philos 9:81 – 95; Gyekeye K (2010) African ethics. In: Zalta (ed) The Stanford encyclopaedia of philosophy. http://plato. stanford. edu/entries/african-ethics/.

[43] Murungi J (2004) The question of African jurisprudence: some hermeneutic reflections. In: Wiredu K (ed) A companion of African philosophy. Blackwell, London, pp. 396 – 403.

说,“每一条法理学道路都代表着一种关于人之为人的叙事”,[44]非洲法理学为这类对话提供了机会。根据这一观点,这是因为非洲法理学“在追问什么是人,人之为人的意义”。[45] 非洲法理学是“一门关于人之为人的非洲理解的科学”。[46] 这不仅是非洲法理学所需要的,而且是一般意义上的法理学研究所应包含的。法学不应该(像通常情况那样)被限于对“法律的性质、效力、法义务的性质、法源、法律解释学、司法和法制度”的科学分析,[47]它更应该是对人类本性的探索和解释。非洲法理学并不认为这是理所当然的;它也没有假定我们已经完全理解了作为人类意味着什么。

穆隆吉提到了黑格尔经常引用的对非洲知识的谴责。[48] 这是黑格尔认为非洲人缺乏人类意识能力的原因。在黑格尔看来,人的意识等同于法律意识。制定法律的能力是人类独有的。通过否定非洲人拥有这种能力,黑格尔最终否定了非洲法律和法理思想的存在。黑格尔有意或者无意中表明,却被其他重要的法理学家(如奥斯丁、哈特和德沃金等人)忽视了的是,“法律知识是关于人之为人的知识”。[49] 在这些开创性思想家的启发之下,法学在当今世界实现了广泛的全球化。但是,它却忽视了对人之为人意义的研究,也忽视了对人们过上良善生活的意义的研究。

因此,穆隆吉与黑格尔的分歧并不在于法学研究应该包含哪些内容,而是黑格尔对人类本体论的理解是错误的。非洲法理学没有受到这一问

---

[44] Murungi J (2004) The question of African jurisprudence: some hermeneutic reflections. In: Wiredu K (ed) A companion of African philosophy. Blackwell, London, p. 525.

[45] Murungi J (2004) The question of African jurisprudence: some hermeneutic reflections. In: Wiredu K (ed) A companion of African philosophy. Blackwell, London, pp. 525 – 526.

[46] Murungi J (2004) The question of African jurisprudence: some hermeneutic reflections. In: Wiredu K (ed) A companion of African philosophy. Blackwell, London, p. 523.

[47] Murungi J (2004) The question of African jurisprudence: some hermeneutic reflections. In: Wiredu K (ed) A companion of African philosophy. Blackwell, London, p. 523.

[48] Murungi J (2013) An introduction to African legal philosophy. Lexington Books, Lanham.

[49] Murungi J (2013) An introduction to African legal philosophy. Lexington Books, Lanham, p. 32.

题的影响，也没有受到黑格尔定义人性过于排他的缺陷的影响。换句话说，非洲法学“并不把其他人排除在人类社会之外”。[50] 同样地，它也没有把非洲人的人性置于非非洲人的人性之上。这是因为在非洲法理学语境下，作为人指的是人的社会构成。这是对人性与他人关系的探究。[51] 非洲法理学本身就是对话性的。[52] 人就是不同的人之间的对话。对话为人类和人类的存在提供了必要的开放性。非洲法理学看重社会凝聚力。所有立法、司法和政治机构都应当努力强化社会凝聚力。

社会凝聚力与正义有着千丝万缕的联系。正义的定义是基于对人类充分表达的渴望。正义的定义是反面的。也就是说，不正义表明了正义的反面。毕竟，在我们知道不公正意味着什么之前，我们不可能知道什么是正义。[53] 不公正首先是对个人责任的否定，对自我的责任本质上是作为一个社会存在的责任。[54]

基于前文的讨论，具有非洲特色的公民概念的特征已经很明显了。但在我们开始进一步的讨论之前，需要强调非洲法理学的另一个重要特征。强调社会凝聚力和社交性，不会削弱个性或个人权利的重要性。强调社会或社区（历史或当代的）并不妨碍个人权利。同样地，社区权利并不凌驾于个人权利之上，就像社区无法凌驾于个人之上一样。社区和权利之间没有等级制度，它们对我们的生活质量都有重要贡献。[55]

---

[50] Murungi J (2013) An introduction to African legal philosophy. Lexington Books, Lanham, p. 35.

[51] Murungi J (2004) The question of African jurisprudence: some hermeneutic reflections. In: Wiredu K (ed) A companion of African philosophy. Blackwell, London, p. 522.

[52] Murungi J (2004) The question of African jurisprudence: some hermeneutic reflections. In: Wiredu K (ed) A companion of African philosophy. Blackwell, London, p. 525.

[53] Sklar J (1992) Faces of injustice. Yale University Press, New Haven.

[54] Murungi J (2004) The question of African jurisprudence: some hermeneutic reflections. In: Wiredu K (ed) A companion of African philosophy. Blackwell, London, p. 523.

[55] Onazi O (2013) Human rights from community: a rights-based approach to development. Edinburgh University Press, Edinburgh, pp. 23 – 46.

由于强调人的存在、相互依存、社会凝聚力和正义，人们可以清楚地设想一个具有明显非洲特征的公民概念。接下来，我将尝试归纳这一有着鲜明非洲特色的公民概念所体现的五种特点。

第一，非洲法理学全面关注人的社会关系，强调了社会道德价值观的重要性，而这一点（正如我在前文所指出的）并不是通过权利和责任就能适当实现的。既然作为人就意味着要与他人发生联系，这必然也意味着某种性格或道德行为，可解释作为社会共同生活过程的一部分。在某种意义上，非洲法理学扩展了我们对人类认识的理解；也就是说，它提供了另一种方式来理解基于相似和相异、差异和移情的人与人之间的相互认同过程。[56]

第二，非洲法理学全面关注人的社会关系，意味着所有人，不论其地域、文化、种族和信仰，都对彼此负有道德责任。站在非洲法理学的立场看，公民资格主要是关于人之为人的。相较于其他关于公民身份的思路，非洲法理学的优势在于其中蕴含的世界性的民族精神。虽然非洲法理学不是实现这一目标的唯一方式，但是建立在非洲法理学基础上的公民概念为我们提供了另一种机会来了解如何超越国家、地方、种族、信仰和团体。[57] 人与人之间的联系无非就是建立在承认彼此人性的基础之上。

第三，不像占据主流地位的社会契约传统，非洲法律上的公民概念不是简单地关注作为人的一切光荣和完美。作为人也意味着我们要理解人

[56] Douzinas C (2000) The end of human rights. Hart Publishing, Oxford; Honneth A (1995) The struggle for recognition: the moral grammar of social conflicts. MIT Press, Cambridge, MA; Metz T (2012) "Giving the world a more humane face"-human suffering in African thought and philosophy. In: Malpas J, Lickiss N (eds) Perspectives on human suffering. Springer, Dordrecht, pp. 49 – 62.

[57] Kurasawa F (2007) The work of global justice: human rights as practices. Cambridge University Press, Cambridge, p. 127.

类的脆弱和痛苦。[58] 除了对他人负责之外,非洲公民概念所包含的伦理立场让我们认识到,所有人包括最强大的人,都经受苦难。非洲法律理论的世界性也在这一点上有所体现。让人与人联系起来的与其说是我们的共性或完美,还不如说是我们理解和同情他人处境的能力。非洲法理学并不认为理解和改善人类苦难和脆弱性是理所当然的。虽然国际化的公民理论[59]强调了一些与此相关的内容,但这些理论并没有恰当地关注政治组织在内在维度上要求个人对团体承担同样的道德责任。[60] 换句话说,人们过于强调外在,而忽视了内在。非洲的公民概念并不认为这是理所当然的。它没有为了外部而忽视内部,反之亦然。

第四,在此基础上,非洲法理学对公民概念贡献最明显的领域在于责任的概念,包括责任对如何培育集体繁荣至关重要的道德价值观的重要意义。非洲法理学有助于更新我们对责任的理解。从非洲法理学的观点来看,责任仅仅意味着对人类责任的适当认识。非洲的法理学,不仅将公民概念道德化,而且将其社会化。也就是说,其将公民概念带入人类关系领域,进而将特定社区中的所有人团结起来。在这个前提下,人类的责任是横向的、直接的,而且不依赖于国家。人之为人就意味着对于同类的责任。这种责任的承担,除了人之为人这一事实之外,再无其他条件。也就是说,我们对彼此的责任优于因宪法或国家而生的成员资格。换句话说,公民的地位并不高于外国人、合法或非法移民。对他人不负责任就是对自己不负

[58] Metz T (2012) "Giving the world a more humane face"-human suffering in African thought and philosophy. In: Malpas J, Lickiss N (eds) Perspectives on human suffering. Springer, Dordrecht, pp. 49 - 62.

[59] Appiah K (2006) Cosmopolitanism: ethics in a world of strangers. Norton and Company, London; Sassen S (2006) Territory, authority, rights: from medieval to global assemblages. Princeton University Press, Princeton; Parekh B (2003) Cosmopolitanism and global citizenship. Rev Int Stud 29:3 - 17.

[60] Benhabib S (2004) The rights of others: aliens, residents and citizens. Cambridge University Press, Cambridge.

责任。与之相反,这是社会存在的失败。[61]

第五,基于上述观点,从非洲法理学的观点来看,公民身份显然是有价值的,但没有被强调的是,这种道德价值是非独立的,只能通过人类之间的日常关系、相互作用和接触来培养。作为非洲公民所隐含的道德价值取决于这样一个问题:善待他人意味着什么?善依赖于我们与他人的日常交流。因此,借用恩里克·杜塞尔(Enrique Dussell)的术语,[62]非洲公民身份是一种实践形式。这种实践形式是指,通过某些行为来发展道德,如帮助、关怀、分享或其他人与人之间的道德交流。实践与非洲法理学一样,是一种人类相互依赖理论。实践是关于一个人的存在如何被另一个人体验。作为实践的一种形式,非洲法理学方法关注人们如何相处。这将非洲的公民概念与占主导地位的公民概念区分开来,后者未能强调道德价值观的重要性。

8.5 结论

在本文中,我提出了具有明显的非洲法理学特征的公民概念,其优点是它赋予人类价值和关系的价值。非洲法理学方法的优点是它强调在人与人之间发展出一种基于同情、容忍、尊严和尊重的道德行为。我没有提到这一论点的实际影响,尽管这一点可能很重要,但这并不是本文的目标。相反,我们的目标是质疑公民身份在今天的意义。与此相关的另一个问题是,对公民身份概念的现有理解是否有助于对伦理生活和道德价值观的正确把握?这些是社会联系、集体繁荣和归属感所必需的。本文的另一个目标是,从不同的概念基础(非洲法理学)探讨建立公民身份的可能性,以及这一尝试在多大程度上能够为社会道德价值的回归提供更好的基础。

---

[61] Murungi J (2004) The question of African jurisprudence: some hermeneutic reflections. In: Wiredu K (ed) A companion of African philosophy. Blackwell, London, p. 523.

[62] Dussell E (1998) Ethics and community (trans: Barr R). Orbis Books, New York.

尽管如此,我还是简要地提出了一些将本文的见解付诸实践的方法。这样做并不是说我的主张是全面的,我只是提出了三种实践可以采纳的方式。第一,一般而言,经由宪法的路径显然是实现具有非洲特色公民概念的实践方式。这是因为宪法不仅是包含规则和条例的文件,而且(如前文所述)是特定社会道德价值观的体现,它有助于更好地理解人性。具体而言,为了规范社会行为而体现适当的道德价值观的方式之一就是起草一部关于道德责任的社会契约并将其宪法化。这将明确并设定鼓励和衡量对于这些品质以及价值坚守的阈值。与这一提议最接近的是公民考试或良好品格条款,其要求寻求公民身份的移民以某种道德或负责任的方式行事。世界各地的大多数宪法,包括尼日利亚宪法,都有公民资格测试或良好品格条款。但是,一个与之类似的规范却缺失了,要求人们表现出对彼此的尊重和同情。

通过观察尼日利亚的情况,可以说明这一点。通过宪制方式,将合乎尼日利亚道德价值观的道德责任写进宪法并不困难。就内容而言,相关条款的内容可以在公民辩论的基础上拟定。这样做的好处在于其具有象征性的效果,它将鼓励道德义务或责任,而不仅仅产生法律效果。除了明显难以说清的具体法律概念和模糊的道德价值观,如果认为这样做就能够清除像乔斯城那样已经根深蒂固的社群之间的仇恨情绪显然太天真了。本文并不认为法律能够为所有既存的社会问题提供答案。

在像尼日利亚的乔斯这样有冲突的地区当中,(除了从宪法中去除原住民和定居者的二分法之外)可以更进一步的做法是对现有公民进行特别公民测试。以在乔斯长大的年轻一代为重点,他们必须在达到一定的成熟年龄之后接受教育和测试,如果可行,在一定的时期后再次接受测试。某些教派的普遍做法是一个很好的例子,这些教派在信徒达到一定年龄后对其进行测试,以评估他们是否正确地掌握了其信仰的中心原则。

第二,在塑造行为方面,法律当然发挥核心作用,它可以在宪法基础上引导社会生活中不同形式的行为。在法律之外,实践中也有很多的做法能够发挥道德教化的作用。毕竟,道德公民(我更愿意使用这样的概念)也是一项教化进程。公民或有抱负的公民不仅必须学习或被教导如何成为良好的公民,而且还必须学习如何成为良好的人。在这方面,以年轻一代为目标是重要的,这不仅因为未来取决于他们,而且也因为他们还不太可能受限于既有的行为方式。他们是否在专门的(宗教或综合的)学校并不重要,但是本文所讨论的那种传统非洲道德价值观必须成为教育的中心部分。作为教育战略的一部分,需要从比较的角度来了解世界不同地区的其他国家如何处理类似的问题。在内部,南部非洲的例子可以为其他非洲国家提供榜样。南非或许是非洲少数几个以道德价值观界定公民身份的地方之一。[63] 当然,最近南非发生的暴力事件和对非公民的不宽容,可能会让人们对将其作为案例研究产生疑问。在我看来,南非经验的问题(就像优点一样)需要更仔细地研究,以便理解其他非洲国家可以从中吸取什么貌似合理的教训。

第三,除上述外,还需要在地方社区内部和地方社区之间建立非政治论坛,通过这个论坛,个人可以共同地、更好地了解他们对彼此的人类责任。与主流的审议思想不同,这里审议的问题应该是与政治无关的。论坛应该为人们提供一个途径,让他们走到一起来学习、理解和更好地了解彼此。它应该是一个反思的场所,在这里,人们对共同感兴趣的问题和有差异的问题进行反思。例如,在乔斯,这可以作为一种预测和将可能发生的冲突消灭在萌芽状态的手段。如前所述,这些建议的具体细节仍须在实际情况下详细地拟订。提供这种具体细节并不是本文的目标;相反,我们的目标是邀请更多的对话,激发新的思维,为这些和其他可能性指明或提供基础。

---

[63] Swatz S (2006) A long walk to citizenship: morality, justice and faith in the aftermath of apartheid. J Moral Edu 35(4):561 – 563.

参考文献

Abdullah A（2004）Rewriting a new constitution for Kenya: wishing away ethnicity in the constitutional making process. In: Murison J, Griffiths A, King K (eds) Remaking law in Africa: transnationalism persons and rights. Centre of African Studies, University of Edinburgh, Edinburgh, pp. 49 – 70

Adebanwi W (2009) Terror, territoriality and the struggle for indigeneity and citizenship in northern Nigeria. Citizenship Stud 13(4):349 – 363

Adejumobi S (2001) Citizenship, rights, and the problem of conflicts and civil wars in Africa. Hum Right Q 23:148 – 170

Adichie C (2009) The danger of a single story. TED Talks available online at http://www.ted.com/talks/chimamanda_adichie_the_danger_of_a_single_story.html

Agamben G (1996) Means without end: notes on politics (trans: Binnetti V, Casarino C). University of Minnesota Press, Minneapolis

Agamben G (1998) Homo Sacer: sovereign power and bare life. Stanford University Press, California

Alubo O (2004) Citizenship and nation-building in Nigeria: new challenges and contestations. Identity Cult Politics 5(1/2):145 – 146

Appiah K (2006) Cosmopolitanism: ethics in a world of strangers. Norton and Company, London

Aristotle (1992) The politics (trans: Sinclair T). Penguin Books, London

Aristotle (2009) Nicomachean ethics (trans: Ross D). Oxford University Press, Oxford

Bankowski Z (2001) Living lawfully: law in love and love in law. Kluwer, Dordrecht

Bankowski Z (2007) Bringing the outside in: the ethical life of legal institutions. In: Gitzbert-Studnicki T, Stelmach J (eds) Law and legal cultures in the 21st century: unity and diversity. Wolters Kluwer, Poland, pp. 193 – 217

Beever A (2008) Corrective justice and personal responsibility in tort law. Oxf J Leg Stud 28(3):475 – 500

Benhabib S (2004) The rights of others: aliens, residents and citizens. Cambridge University Press, Cambridge

Benhabib S (2005) Disaggregation of citizenship rights. Parallax 11 (1):10 – 18

Bewaji I (2004) Ethics and morality in Yoruba culture. In: Wiredu K (ed) A companion of African philosophy. Blackwell, London, pp. 396 – 403

Burdette F (1942) Education for citizenship. Publ Opin Q 6(2):269 – 279

Carr D (2006) The moral roots of citizenship: reconciling principle and character in citizenship education. J Moral Educ 35(4):443 – 456

Collins S (2006) Aristotle and the rediscovery of citizenship. Cambridge University Press, Cambridge

Douzinas C (2000) The end of human rights. Hart Publishing, Oxford

Dussell E (1998) Ethics and community (trans: Barr R). Orbis Books, New York

Englund H, Nyamnjoh F (eds) (2004) Rights and the politics of recognition in Africa. Zed Books, London

Ghai Y (2000) Universalism and relativism: human rights as a framework for negotiating interethnic claims. Cardozo Law Rev 21(4):1095

Greene K (1998) Mutumin Kirki: the concept of good man in Hausa. In: Eze E (ed) African philosophy: an anthology. Blackwell, London, pp. 121 - 129

Gyekeye K (2010) African ethics. In: Zalta (ed) The Stanford encyclopaedia of philosophy. http://plato. stanford. edu/entries/african-ethics/

Higazi A (2011) The Jos crisis: a recurrent Nigerian tragedy. Fredrich Ebert Stiftung Discussion Paper 2

Honneth A (1995) The struggle for recognition: the moral grammar of social conflicts. MIT Press, Cambridge, MA

Human Rights Watch (2006) They do not own this place: government discrimination against nonindigenes in Nigeria. Hum Right Watch 18(3/A): 17 - 30

Janowitz M (1980) Observations on the sociology of citizenship: obligations and rights. Soc Forces 59(1):1 - 24

Keyt D (2007) The good man and the upright citizen in Aristotle's ethics and politics. Soc Philos Pol Found 24:220 - 240

Krause S (2008) Civil passions: moral sentiment and democratic deliberation. Princeton University Press, Princeton/Oxford

Kurasawa F (2007) The work of global justice: human rights as practices. Cambridge University Press, Cambridge

Leary V (1999) Citizenship, human rights and diversity. In: Cairns A et al (eds) Citizenship, diversity and pluralism: Canadian, and comparative perspectives. McGill-Queens University Press, Canada, pp. 247 - 264

Mamdani M (1996) Citizens and subjects: contemporary Africa and the legacy of late colonialism. Princeton University Press, Princeton

Mamdani M (2001) Beyond settler and native as political identities: overcoming the political legacy of colonialism. Comp Stud Soc Hist 43(4): 651 - 664

Marshall T (1950) Citizenship and social class. Cambridge University Press, Cambridge

Marshall-Fratani R (2006) The war of "Who is Who": autochthony, nationalism, and citizenship in the Ivoirian crisis. Afr Stud Rev 49(2):9 - 43

Metz T (2007) Towards an African moral theory. JPolit Philos 9: 81 - 95

Metz T (2012) "Giving the world a more humane face"-human suffering in African thought and philosophy. In: Malpas J, Lickiss N (eds) Perspectives on human suffering. Springer, Dordrecht, pp. 49 - 62

Murungi J (2004) The question of African jurisprudence: some hermeneutic reflections. In: Wiredu K (ed) A companion of African philosophy. Blackwell, London, pp. 396 - 403

Murungi J (2013) An introduction to African legal philosophy. Lexington Books, Lanham

Ndlovu-Gatsheni S (2007) Tracking the historical roots of post-apartheid citizenship problems: the native club, restless natives, panicking settlers and the politics of nativism in South Africa. African Studies Centre (ASC) Leiden Working Paper 72

Onazi O (2013) Human rights from community: a rights-based approach to development. Edinburgh University Press, Edinburgh

Parekh B (2003) Cosmopolitanism and global citizenship. Rev Int Stud 29:3 - 17

Sassen S (2006) Territory, authority, rights: from medieval to global assemblages. Princeton University Press, Princeton

Selznick P (1987) The idea of communitarian morality. Calif Law Rev 75(1):445

Shachar A (2001 - 2002) Two critiques of multiculturalism. Cardozo Law Rev 23(1):253 - 297

Shafi r G, Brysk A (2006) The globalization of rights: from citizenship to human rights. Citizenship Stud 13(3):275 - 287

Sklar J (1992) Faces of injustice. Yale University Press, New Haven

Swatz S (2006) A long walk to citizenship: morality, justice and faith in the aftermath of apartheid. J Moral Edu 35(4):551 - 570

Tebbit M (2006) Philosophy of law. Routledge, Oxford

The Constitution of the Federal Republic of Nigeria (1999)

Waldron J (1988) When justice replaces affection: the need for rights. Har J Law Pub Pol 11:625 - 642

Walker R (2011) Jos violence: everyone lives in fear of his neighbour. Available online at http://www.bbc.co.uk/news/world-africa - 12985289

Weil S (2005) Human personality. In: Miles S (ed) Simone Weil: anthology. Penguin Books, London, pp. 69 - 98

Young I (1989) Polity and group difference: a critique of the ideal of universal citizenship. Ethics 99(2):250 - 274

9　权利主张的实践与承诺：南非治疗获得运动的教训

凯琳·齐维（Karen Zivi）*

9.1　引言

关于20世纪的非洲法律理论，南非告诉了我们什么？这个后种族隔离时代的国家是一个政治奇迹吗？它是否证明了人类精神的胜利和法律与实践的革命？这是其他非洲国家效仿的榜样吗？对于那些关注这样一个事实的人来说，南非是第一批明确按照国际人权准则设计宪法的国家之一，答案是肯定的。南非进步的宪法、模范的法庭裁决和健全的公民社会，让我们得以一窥非洲大陆可能的未来。通过政府主导的“自上而下”和公民与社会组织主导的“自下而上”两种途径，这将是一个人权得到社会广泛理解的未来。①

对其他国家来说，南非提供了一个警世故事。迅速浏览一下每天的新闻就会发现，在权利的豪言壮语和人民生活的现实之间，在宪法的承诺和

* 凯琳·齐维，美国密歇根州格兰谷大学政治学助理教授。

① 《南非宪法》赋予公民传统的政治和公民权利以及可审议的社会、经济和文化权利；它还规定，法院的判决必须符合国际法。Robins SL（2008）From revolution to rights in South Africa：social movements，NGOs & popular politics after apartheid. James Currey，Woodbridge/Rochester；White L，Perelman J（2011）Stones of hope：how African activists reclaim human rights to challenge global poverty，Stanford studies in human rights. Stanford University Press，Stanford.

掌握政治经济权力人物的行动之间,仍然存在巨大的差距。因此,批评者认为,南非可能是一个原则上的自由民主国家,但它不是人们想象中的革命的、社会民主的国家,这不是其他国家应该效仿的模式。② 批评者认为,权利的花言巧语,以及它所催生的制度和政策——只会带来平等的幻象。现实情况是,国家机构和公共政策更致力于保护产权和经济现状,而不是促进真正的经济和社会平等。即使在法庭上赢得诉讼,日常生活中的不平等现象可能仍然存在。③

因此,尽管一些人赞扬南非及其法律实践和理论阐明了权利的变革潜力,但另一些人认为,南非提醒人们注意权利言说的危险。南非法律话语的拥护者认为,社会经济权利的言说能够揭示和解决各种形式的不公、不平等和压迫。④ 批评者指出,权力话语、法律结构与自由意识形态在非洲的背景下的结合是不恰当的,这种殖民主义的残余用民主平等的承诺来掩

② 这些批评呼应了许多左翼政治人士的普遍担忧。这种对权利的"左翼批判"表明,权利话语延续了某些关于个人主义和国家角色的自由主义思想,并推进了新自由主义公共政策,这些政策最终服务于全球资本的利益,而不是人民的利益。See Brown W (2005) Edgework: critical essays on knowledge and politics. Princeton University Press, Princeton; Kennedy D (2012) The international human rights regime: still part of the problem? In: Dickinson R, Katselli E, Murray C, Pedersen OW (eds) Examining critical perspectives on human rights. Cambridge University Press, New York, pp. 19 - 34.

③ 例如,在格罗特布姆(Grootboom)案中,原告赢得了宪法承认的住房权,但去世时却没有自己的房子。Government of the Republic of South Africa and others v. Grootboom and others, 2001 (1) SA 46 (CC).

④ Heywood M (2009) South Africa's Treatment Action Campaign: combining law and social mobilization to realize the right to health. J Hum Rights Pract 1(1):14; London L (2004) Health and human rights: what can ten years of democracy in South Africa tell us? Health Hum Rights 8 (1):1 - 25; Mindry D (2008) Neoliberalism, activism, and HIV/AIDS in postapartheid South Africa. Soc Text 26(1):75 - 93; Pieterse M (2008) Health, social movements, and rights-based litigation in South Africa. J Law Soc 35(3):364 - 388.

盖和加剧经济不平等的现实。⑤

本文认为,赞同和批判的观点都没有充分体现南非法律进程的复杂性以及可以从中吸取的教训。相反,这两种观点都倾向于减少法律话语,特别是关于权利的主张,而转向"自由主义"及其承诺,从而忽略了乌班图精神所能发挥的重要作用。乌班图精神在非洲伦理和司法理想中倡导人类相互依存。为了阐明乌班图精神在南非法律理论和实践中的作用,我将注意力转向争取获得艾滋(病)病毒治疗权利的运动,特别是争取防止艾滋(病)病毒母婴传播(pevent mother-to-child HIV transmission, PMTCT)的权利。这场运动既有支持者,也有批评者。从某些角度看,它为权利话语变革提供了无可辩驳的证据;然而从另一些角度看,它只是一长串令人失望和沮丧的权利政治努力中的又一例证。然而,如果我们在法庭和街头,在决策者的办公室和社区诊所的候诊室检视这场争取获得治疗的权利运动,就可以从我称之为表述视角的角度来观察其价值和局限性。

提到在南非为获得艾滋(病)病毒治疗的权利而进行的斗争,人们最容易想到的是治疗行动运动(treatment action campaign, TAC)和宪法法院在卫生部部长诉治疗行动运动案(2002)中作出的裁决。TAC是国内外斗争的代表,也是"诉讼当事人"。该案判决认定感染了艾滋(病)病毒的孕

---

⑤ 例如,根据马卡瓦·穆图阿(Makau Mutua)的说法,南非的黑人多数不会享受到权利,因为"将权利理念作为变革的主要媒介,很可能无法扭转根深蒂固的种族隔离观念"。See Mutua M (1997) Hope and despair for a new South Africa: the limits of rights discourse. Harv Hum Rights J 10:114. 穆图阿认为,以权利为基础的政治实践的不足之处在于它们与资本主义的深刻交织:"想象力的失败和对政治民主的自由市场愿景的默许,剥夺了人权主体和运动的动力,使其无法超越产生丑恶社会结构的市场和剥削制度进行思考。"See Mutua M (2008) Human rights in Africa: the limited promise of liberalism. Afr Stud Rev 51(1): 31. See Johnson K (2006a) AIDS and the politics of rights in South Africa: a contested terrain. Hum Rights Rev 7(2):115; Mutua M (1997) Hope and despair for a new South Africa: the limits of rights discourse. Harv Hum Rights J 10:63; Mutua M (2008) Human rights in Africa: the limited promise of liberalism. Afr Stud Rev 51 (1):17 – 39; Neocosmos M (2006) Re-thinking politics in Southern Africa today: elements of a critique of political liberalism. In: Gibson N (ed) Challenging hegemony: social movements and the quest for a new humanism in post-apartheid South Africa. Africa World Press, Trenton, pp. 55 – 101.

妇和新生儿享有获得抗病毒药物奈韦拉平的权利,这被视为该案的亮点。然而,重要的是,应当认识到争取获得治疗的斗争从来不局限于某个组织、某场争论或者诉讼。事实上,这一直是一场涉及公私部门、政府机构、民间团体、公共官僚、精英活动家和普通民众的法律和政治运动。这场运动将带来一系列超越司法领域的实践,包括非暴力反抗和社区卫生服务、公共媒体宣传和治疗扫盲计划,出版和示威,关于诸如供水供电等日常事务的政策辩论等。

通过关注在南非广泛开展的争取艾滋(病)病毒相关的治疗权利的运动,我质疑这些努力的支持者和反对者提出的这种假设,即运动的成败取决于自由的维度。我既不全盘否定批评者提出的担忧,也不无条件地赞扬这场斗争。相反,我试图强调的是,当我们试图减少权利实践的复杂性时,那些被自由思想和新自由主义经济学掩盖的东西。虽然我认为对这场斗争的批判为其他权利运动提供了一个极其重要的洞见,但相关批判的观点很不幸地混淆了南非不同根源的权利话语,而且没有看到新身份的颠覆以及由此产生的政治主观主义。然而,对于这些以权利为基础的政治努力的变革性或颠覆性,既不能视为理所当然,也不能归因于单一的法律或政治论述。⑥ 为了突出这种复杂性,并展示它如何部分地通过非洲的乌班图精神得以实现,我采用了我在其他地方使用的关于权利主张的表现视角。⑦权利主张的表现视角不仅让我们关注权利主张的意义,还让我们关注权利主张的作用。换句话说,它有助于分析通过主张权利所进行的数量庞大且

⑥ 我的意思并不是说,所有支持以权利为基础的努力在南非进行变革的人都是没有资格这样做。事实上,许多致力于此的人都敏锐地意识到权利语言的局限性以及使用权利语言的政治和经济背景。例如,包括前艾滋病法律项目在内的公共利益法律中心第27部的成员马里乌斯·皮特斯(Marius Pieterse),通过承认“权利的变革潜力被嵌入政治,社会和经济现状的机构所制定,解释和执行”这一事实,缓和了他对基于权利的社会变革方法的肯定。See Pieterse M (2007) Eating socioeconomic rights: the usefulness of rights talk in alleviating social hardship revisited. Hum Rights Q 29(3):796–822.

⑦ Zivi K (2012) Making rights claims: a practice of democratic citizenship. Oxford University Press, New York.

类型各异的活动。

9.2 权利主张的表现视角

在更深入地讨论争取获得艾滋病治疗的斗争之前,有必要讨论的是关于权利主张的表现视角以及为什么它在这种情况下是有用的。我所采用的关于权利主张的表现视角是建立在一段时间以来在权利研究领域发展起来的观点和趋势的基础上的。例如,在对话中,人们努力将权利话语视为一种政治语言,而不是一种道德语言。米哈伊尔·伊格纳季耶夫(Michael Ignatieff)⑧致力于实现的目标在于,他号召人权活动家和律师不要认为权利是一种不受政治影响的宗教信仰、绝对话语或者永恒事实,而是将其看作一种政治话语,其中当然地包含着妥协与交易、异见甚至失望。伊格纳季耶夫因此一直在努力敦促人权活动家们采取更加务实的方式来看待他们言行的影响。⑨

对于伊格纳季耶夫的主张,我想补充的是,我们必须认识到权利政治所要求的不仅是权利主张和妥协所面对的政治条件。我们还需要认识到权利主张的根本政治特征。我的意思是,权利主张不仅是政治活动中的工

⑧ Ignatieff M (2001) In: Gutmann A (ed) Human rights as politics and idolatry. Princeton University Press, Princeton.

⑨ 我认为,在治疗获得运动中,许多人认识到权利主张的"政治"维度,并以务实而不是激进的方式推进这项运动。See Forbath W (2011) Cultural transformation, deep institutional reform, and ESR practice: South Africa's Treatment Action Campaign. In: White L, Perelman J (eds) Stones of hope: how African activists reclaim human rights to challenge global poverty. Stanford University Press, Stanford, pp. 51 – 90; Heywood M (2009) South Africa's Treatment Action Campaign: combining law and social mobilization to realize the right to health. J Hum Rights Pract 1 (1):14. 当然,考虑到权利在历史上被理论化的方式、国际人权文件的措辞方式,以及对权利似乎已成为常识的文化期望,采取这种务实的做法未必容易。例如,联合国人权事务高级专员办事处指出,人权是"普遍和不可剥夺的",是"所有人类所固有的,无论我们的国籍、居住地、性别、民族或族裔、肤色、宗教、语言或任何其他地位"(http://www.ohchr.org/EN/Issues/Pages/WhatareHumanRights.aspx)。因此,我们思考、行动和书写权利,就好像它们是而且应该是毫无疑问的王牌一样,这并不奇怪,因为它们隐含着法律或道德真理,尽管经验证据和哲学论证表明事实上并非如此。

具，它本身也是政治活动，是我们用权利主张构建自己和我们所处的世界的一种实践。

权利主张的表现视角揭示了这些实践。它提醒我们，创造权利的活动需要一系列的言语行为——广泛地包括行为和话语——通过这些行为，我们取得自己所欲的或被认为应当所欲的事物。[10] 这种研究和理解权利的方法建立在一种非参照的语言理论之上，它提醒我们，可理解性和效果并不总是与世界上的事实相一致。事实上，根据奥斯丁的语言行为理论，我们通常认为是自然的或特定的东西，实际上是通过语言、手势、存在和思维的重复而形成的。可理解性来自对社会规范和惯例的引用和重复，这些规范和惯例既不是静态的也不总是很明显。典型的表现话语包括"我打赌""我命名""我愿意"。在这些话语中，说与做是等价的。[11]

言语行为通过引用的过程来创造关系、身份和"事实"。奥斯丁[12]称那些恰当引用惯例的话语——例如，在正确的时间出现在正确的地点——是恰当的。皮埃尔·布尔迪厄（Pierre Bourdieu）解释说，这种理解并非来自说话人的本意，而是来自引用和重复"构成社会规范的、相互依存的、体系性的规范组合"。[13] 朱迪斯·巴特勒（Judith Butler）认为，[14]引用的过程和话语的有效性更加复杂。引语性既不是一个单独的事件，也不一定是有目的的事件，言语行为的可理解性实际上可能导致错误引用或颠覆性的重

---

⑩ Austin JL (1975) How to do things with words. Harvard University Press, Cambridge; Derrida J (1988) Limited Inc. Northwestern University Press, Evanston; Butler J (1997) Excitable speech: a politics of the performative. Routledge, New York; Butler J (1993) Bodies that matter: on the discursive limits of "sex". Routledge, New York; Butler J (1999) Gender trouble: feminism and the subversion of identity. Routledge, New York; Zivi K (2012) Making rights claims: a practice of democratic citizenship. Oxford University Press, New York.

⑪ Austin JL (1975) How to do things with words. Harvard University Press, Cambridge.

⑫ Austin JL (1975) How to do things with words. Harvard University Press, Cambridge.

⑬ Bourdieu P (1994) Language and symbolic power. Harvard University Press, Cambridge, p. 111.

⑭ Butler J (1997) Excitable speech: a politics of the performative. Routledge, New York.

复。换句话说，话语的效果或力量以及其中蕴含的可能性，不仅仅是被认为是理所当然的习俗、规范和仪式长期重复的结果，巴特勒称之为“沉淀”的过程。它也是在新的语境误解熟悉的规范和手势的结果，有时甚至是通过故意误用一个词或手势以赋予其全新意义的结果。这种对习俗和仪式的参与构成了我们共同的社会规范，这意味着言语行为也可以产生新的意义，这种新意义可能是新的规范，新的现实或新的主观性。⑮

近年来，表现性理论被用来解释性别认同是如何形成的，仇恨言论是如何起作用的，以及一个人的自我意识和社区意识的形成过程。本文中，我解释这一理论在获得治疗的权利运动中的作用。因此，我重新考虑诸如“艾滋(病)病毒阳性个体有权获得艾滋病治疗”或“孕妇有权保护其婴儿免受伤害”等主张的含义及其效力或影响。例如，这些权利主张可以被简单地理解为事实陈述，作为恒常性的要求，说话主体是在简单地重复一个已经存在的法律或道德现实：宪法、道德规范或人性实际上提供了这些权利。但它们也可以被理解为，新的权利和权利主体的诞生，在这些权利主张被提出之前，新的权利和权利主体尚不存在。

权利和权利主张合法并不意味着权利主张或者诉讼请求就能够实现。尽管它们的确是诉讼主张和政治活动的基础。话语的效果或力量既不是说话者意图的结果，也不是单一行为的产物。事实上，它们不仅仅是在法庭上赢得官司的结果。历史证明，无论是书面文件还是明确的国家承认都不足以使“拥有权利”或“成为权利主体”成为现实。相反，两者都是存在于这个复杂的世界中不确定性的产物。因此，从权利主张的表现视角来看，“拥有权利”的意义和力量实际上是这些话语和活动的结果，而不是它们的前提。反过来，这种“效应”需要重复地援引已经存在的规范，以使新

---

⑮ Zivi K (2012) Making rights claims: a practice of democratic citizenship. Oxford University Press, New York; Zivi K (2008) Rights and the politics of performativity. In: Chambers S, Carver T (eds) Judith Butler's precarious politics: critical encounters. Routledge, New York, pp. 157 – 169.

规范的产生成为可能。

因此,无论其已经取得成功还是未能获得认可,提出权利主张的实践不应当被局限于既有的法律或者道德观点。换句话说,争取获得治疗的权利以及《宪法》**第27条和其他条文所承认的权利不同于确认那些与生俱来的权利。这更不意味着某一项权利运动就能够让艾滋(病)病毒阳性患者获得治疗的权利成为现实。相反,在南非艾滋病流行的背景下,这样的权利主张是一种持续的、多方面的、主体间性的和动态的活动,其影响往往超出政治行动者的意图和社会批评家的注视。要求获得治疗的权利是"拥有"这种权利的过程的一部分,尽管后者当然永远不能限制前者。而且,这种权利主张超越了法律论证或言说的传统方式。它是通过一系列行动来实现的,其中一些行动可能会完全避免使用权利语言。

为了明确其区别于静态意识形态或者单纯的正义观念下的权利,我将获得治疗的权利主张看作生成新的权利生成过程。这种过程在一定程度上通过接纳并重复已经存在的传统,生成新的观念。这并不是说权利不能作为法律事实或者道德观念存在。更准确地说,这是一种针对权利主张行为内容的更加认真的考量。

权利主张的表现视角就这样将我们从把权利当作我们用来实现特定目的的工具的倾向转向认识到权利主张是一种复杂的语言实践,其结果往往超出我们的完全控制。它关注的是我们说话的方式,并有可能不断地让我们的言说成为现实。就本文讨论的问题而言,让艾滋病毒携带者拥有获得治疗的权利,这就意味着要理解对社会惯例和规范的重申绝不是对这些规范的简单重复或具体化。它可能有意或无意地包含颠覆性重申。[16] 因此,权利主张的表现视角提醒我们,像权利主张这样的行为并不必然是我

** 此处指南非1996年正式批准的、在1994年临时宪法基础上起草的新宪法。——编者注

⑯ Butler J (1997) Excitable speech: a politics of the performative. Routledge, New York; Chambers SA, Carver T (2008) Judith Butler and political theory: troubling politics, 1st edn. Routledge, Hoboken.

们的意志或愿望的结果。事实上,它在不断地提醒我们这种做法总是有一定程度的不确定性和不可预测性,尤其是在我们的权利主张会影响到我们所处环境,也受我们所处环境影响的情况下。事实是,我们总是在复杂的社会背景下向其他人提出权利主张,而这些人可能会或不会以我们所期望的方式认识或理解我们提出的权利主张。这一偶然性并没有影响权利主张的民主意义。事实上,正是由于权利主张往往不能通过一套规范得到完满的实现,这种尝试才能成为民主公民的宝贵实践。[17]

9.3 为获取治疗而斗争:简要的回顾

要了解在南非艾滋病危机的背景下,权利主张如何作为一种行为实践发挥作用,介绍一下这场危机和治疗获得运动的背景可能会帮助我们。南非艾滋病流行的规模对于全球其他地方来说,几乎是无法想象的——超过500万人感染了艾滋(病)病毒/艾滋病,使其成为世界上艾滋病发病率最高的国家。在这些感染者中,妇女占大多数,其中约40%为育龄妇女。这意味着如果不在分娩前后为新生儿服用抗逆转录病毒药物(antiretroviral drugs, ARVs),艾滋(病)病毒阳性的妇女有大约25%的可能性将病毒传染给她们的孩子。据估计,在实施国家预防计划之前,每年有多达7万名婴儿被感染,许多婴儿在短暂、痛苦和疾病缠身下死亡。

南非政府在作出反应之前的相当长一段时间,知道这场危机的规模,他们也负担得起抗逆转录病毒药物的费用。这被称为“艾滋病拒绝”时代,当时的总统姆贝基和前卫生部部长查巴拉拉姆希曼领导下的南非政府积极禁止向孕妇和新生儿分发抗逆转录病毒药物,并质疑艾滋(病)病毒和艾滋病关联的科学和医学理解,反而大力推广包括维生素和蔬菜在内的替代疗法。通过强化对于抗逆转录病毒药物毒性的担忧以及对于西方科

---

⑰ 我对权利作为公民民主实践的表现视角进行了更广泛的讨论。Zivi K (2012) Making rights claims: a practice of democratic citizenship. Oxford University Press, New York.

学家意图的合理质疑,政府罔顾抗逆转录病毒药物防止艾滋(病)病毒母婴传播有效性和向全民提供抗艾滋病药物的长期意义。⑱

这种拒绝面对问题的立场并不是没有引起注意或受到挑战。从1998年国际人权日一小群人通过绝食抗议政府拒绝向孕妇和儿童分发抗逆转录病毒药物开始,争取获得治疗的斗争已经发展成为一场强大的、得到国际认可的社会运动。这场运动让斗争者与医学界和其他民间社会组织的成员聚集在一起。这些个人和团体动员了成千上万的公民,成功地通过诉讼让一个顽固的政府着手实施世界上最全面和最雄心勃勃的国家艾滋病政策。在TAC的领导下,经验丰富的政治活动人士与普通民众一起通过集会、游行、请愿、教育和诉讼等方式反对政府漠视导致大量民众丧生的疾病。他们与本地和国际非政府组织一道,从“草根”阶层到国家,再到国际社会开展工作,争取世界领袖的支持,甚至努力游说制药企业免费提供抗艾滋病药物。⑲ 依据新宪法中的人权条款,特别是第27条规定赋予公民获得医疗救助的权利并要求政府采取“合理的立法和其他措施,逐步实现这些权利”,他们在法庭和公共领域逐步取得胜利。

---

⑱ Cullinan K, Thom A (eds) (2009) The virus, vitamins and vegetables: the South African HIV/AIDS mystery. Jacana Media, Auckland Park; Fassin D (2007) When bodies remember: experiences and politics of AIDS in South Africa, vol 15. University of California Press, Berkeley; Geffen N (2010) Debunking delusions: the inside story of the Treatment Action Campaign. Jacana Media, Auckland; Nattrass N (2007) Mortal combat: AIDS denialism and the struggle for antiretrovirals in South Africa. University of KwaZulu-Natal Press, Scottsville; Stephen J (2009) Saints and Sinners: the Treatment Action Campaign. In: Cullinan K, Thom A (eds) The virus, vitamins and vegetables: the South African HIV/AIDS mystery. Jacama, Aukland Park, pp. 157 – 174.

⑲ 例如,就艾滋病人联合抗艾(AIDS Coalition to Unleash Power,ACT-UP)和男同性恋者健康危机等美国艾滋病组织在形成南非治疗获得运动方面发挥的作用进行了富有启发性的讨论。See Heywood M (2009) South Africa's Treatment Action Campaign: combining law and social mobilization to realize the right to health. J Hum Rights Pract 1(1):14; Hodes R (2010) "It's a beautiful struggle": Siyayinqoba/Beat it! and the HIV/AIDS treatment struggle on South African television. In: Beinart W, Dawson M (eds) Popular politics and resistance movements in South Africa. Wits University Press, Johannesburg, pp. 161 – 188.

个人和团体提出的争取获得艾滋病治疗的权利要求，无疑让南非政府蒙羞并挑战其权威。在主张权利的过程中，他们成功地揭露了政府隐瞒艾滋病流行的真相并阻止个人获得救治的行为。这改变了国家的艾滋病政策，提高了全球对艾滋(病)病毒和艾滋病作为人权问题的认识，并从根本上改变了许多人的生活。[20] 这场运动的高潮是在 2002 年，宪法法院对卫生部部长诉治疗行动运动案作出裁决，认为政府关于阻止艾滋(病)病毒母婴传播的政策违反了宪法关于公民有权获得医疗救治的规定。人们走上街头集会示威，政府修改了艾滋(病)病毒/艾滋病战略计划，向全国的病毒感染者发放抗逆转录病毒药物。[21]

权利语言和法庭是争取治疗机会的中心，有趣的是，这与谁在领导这场斗争和斗争发生的时间有很大关系。事实上，这与最近的反种族隔离运动中获得治疗的斗争有很大关系。正如 TAC 的创始人扎克·阿麦特(Zachie Achmat)解释的那样："我们不可能在一代人之后就拥有 TAC……每个人都会忘记这些步骤。每个人都记得这些歌曲；女性[艾滋(病)病毒

---

⑳ 治疗获得运动产生了自己的组织历史。These include TAC: An Overview and Fight for Our Lives: The History of the Treatment Action Campaign 1998 – 2010, both available online at http://www. tac. org. za/community/files/10yearbook/index. html. See Forbath W (2011) Cultural transformation, deep institutional reform, and ESR practice: South Africa's Treatment Action Campaign. In: White L, Perelman J (eds) Stones of hope: how African activists reclaim human rights to challenge global poverty. Stanford University Press, Stanford, pp. 51 – 90; Friedman S, Mottiar S (2005) A rewarding engagement? The Treatment Action Campaign and the politics of HIV/AIDS. Polit Soc 33(4):511 – 565; Heywood M (2009) South Africa's Treatment Action Campaign: combining law and social mobilization to realize the right to health. J Hum Rights Pract 1(1): 14; Heywood M, Altman D (2000) Confronting AIDS: human rights, law, and social transformation. Health Hum Rights 5(1):149 – 179; Berger JM, Kapczynski A (2009) The story of the TAC case: the potential and limits of socioeconomic rights litigation in South Africa. In: Hurwitz DR, Satterthwaite ML (eds) Human rights advocacy stories. Available at SSRN: http://ssrn. com/abstract = 1323522 or http://dx. doi. org/10. 2139/ssrn. 1323522. doi: 10. 2139/ssrn. 1323522#_blank; London L (2004) Health and human rights: what can ten years of democracy in South Africa tell us? Health Hum Rights 8(1):1 – 25.

㉑ 截至 2012 年，南非制定了一项关于艾滋(病)病毒、性传播感染和结核病的国家战略计划。

阳性和居住在城镇的黑人]会记得为争取我们的权利而举行的示威。”[22]事实上,许多参与第一个十年争取获得治疗的斗争的人利用了他们在种族隔离政权下的政治经验。这意味着,他们相信权利要求的潜力能够在法律领域产生变化,但同时也认识到,要使权利成为现实,需要的不仅仅是修改法律和文件。过去的经验告诉治疗权利活动家,这也需要其他领域的积极参与和政治责任。因此,那些寻求获得治疗的人在法庭和公共领域使用权利语言来改变法律,与此同时,他们也在羞辱决策者,动员民众并尝试改变日常医疗实践。

9.3.1 自由主义的规范

以 TAC 为代表的争取获得艾滋(病)病毒相关治疗的斗争,赢得了全世界的赞誉。它经常被描述为人权规范和以权利为基础的政治行动主义的典范。然而,这场运动的成功也让一些人感到担忧,他们警告不要急于效仿它的价值观或在其他地方复制它的方法。对于这些批评,至关重要的是认识和理解这场运动中权利话语的力量和限度,以及不必要的妥协和不受欢迎的,尽管可能出于无奈的后果。[23] 接下来,我将重点关注政治左派人士提出的担忧,如 TAC 出卖了妇女权利并与全球资本主义“同床共枕”。虽然一些批评人士指责运动的成员,但另一些人将令人失望的结果归咎于更大的意识形态和社会经济背景。在这些批评当中,我们可以看到

㉒ Forbath W (2011) Cultural transformation, deep institutional reform, and ESR practice: South Africa’s Treatment Action Campaign. In: White L, Perelman J (eds) Stones of hope: how African activists reclaim human rights to challenge global poverty. Stanford University Press, Stanford, p. 61.

㉓ Albertyn C, Meer S (2009) Citizens or mothers? The marginalization of women’s reproductive rights in the struggle for access to health care for HIV-positive pregnant women in South Africa. In: Mukhopadhyay M, Meer S (eds) Gender, rights, and development: a global sourcebook. KIT Publishers, Amsterdam, pp. 27 – 55; Johnson K (2006b) Framing AIDS mobilization and human rights in post-apartheid South Africa. Perspect Polit 4(4):663 – 670.

克里斯塔·约翰逊(Krista Johnson)所说的权力话语的规范维度,[24]即我们称之为自由主义的一套理念、价值和行动反而影响甚至减损人们为了艾滋病患者的健康以及受其影响的其他人的利益而心怀的善意和付出的努力。换句话说,除了活动家和民权组织为了艾滋病患者的努力之外,国际经济政策和霸权思想对个人自由的影响,产权的重要性与国家在社会、政治和经济转型中发挥的作用,同样重要。自由主义意识形态和政治结构的残余,以及新自由主义经济政策的影响,使即使是权利的胜利也显得多少有些空洞。因此,对批评者来说,权利语言在艾滋(病)病毒治疗斗争中的中心地位有其黑暗的一面,揭示了抉择和相关政策的实施最终加剧而不是终结了不平等。

正如在下文中将要进一步讨论的,对于这场运动的批评观点尽管受限且影响有限,但是并非毫无道理。虽然它至少含蓄地注意到权利主张的执行性质,但它过于狭隘地集中在TAC及其在法庭上的斗争。它可能已经注意到了权利主张产生了享有权利的主体,而不仅是一种假设,但其中所涉及的仅仅是成文法规范中的一小部分。从这一点而言,这场运动的参与者不得不支持并强化一种以男性家长财产权享有为核心的静态的自由主义。

公平地说,那些治疗获得运动的批评者确实承认该运动取得了一些成功,正如该运动的支持者认识到该运动的一些局限性一样。例如,批评者并不否认,根据南非的全面国家战略计划,特别是在政府多年不采取行动情况下,使用抗逆转录病毒药物确实在很大程度上阻止了艾滋(病)病毒/艾滋病在数百万人当中的传播。[25] 人们承认这样的事实,即南非几乎根除了艾滋(病)病毒的母婴传播,特别是鉴于南非是世界上艾滋病发病率最

---

[24] Johnson K (2006b) Framing AIDS mobilization and human rights in post-apartheid South Africa. Perspect Polit 4(4):663 – 670.

[25] 在南非历史上被称为"艾滋病拒绝"的时期。See Geffen N (2010) Debunking delusions: the inside story of the Treatment Action Campaign. Jacana Media, Auckland; Nattrass N (2007) Mortal combat: AIDS denialism and the struggle for antiretrovirals in South Africa. University of KwaZulu-Natal Press, Scottsville.

高的国家之一。[26] 而且，他们赞赏治疗获得运动为减少与艾滋（病）病毒/艾滋病有关的耻辱感和创建一个由积极参与的政治主体组成的社区所做的工作。

然而，南非的艾滋病发病率依旧很高，女性需要面对病毒感染和性暴力的威胁，仍有数百万人得不到抗逆转录病毒药物，国家的大部分地区缺乏必要的医疗卫生服务，经济不平等导致艾滋（病）病毒传播的现状仍未得到改善。对批评者来说，争取获得治疗的成功并不能完全弥补这种失望。这些失望在很大程度上与对自由思想、制度和实践的依赖有关。权利主张的实践与自由主义意识形态和新自由主义经济学是不可分割的——它引用并延续了绝对自由主义的规范、惯例和准则。因此，它必然对这种疾病采取个人主义的态度，以牺牲社会变革为代价促进资本主义的收益，并产生一种特殊的"企业家"公民，他们最终要对自己的护理和治疗负责。其结果是未能纠正，甚至未能确定问题的真正根源，从而削弱了为获得治疗而进行的斗争的根本潜力。

例如，女权主义者认为，以 TAC 为代表的治疗获得运动倡导的个案方式在某种程度上强化了自由性别规范，因此影响了女性的平等地位。在基于性别的不公正和不平等的复杂问题面前，南非贫穷的黑人女性艾滋病发病率很高且被感染的风险远高于男性，活动家和法官在维护母亲保护子女不受侵害的权利和儿童获得医疗救助的权利这一框架之下大大简化了这个问题的复杂程度。凯瑟琳·阿尔伯特（Catherine Albertyn）和沙米尔·梅尔（Shamim Meer）等学者认为，在这种框架之外，还有更大的背景问题，比如针对女性的暴力行为，以及女性在私人领域脆弱的自主决策权利。基于性别的自由权利以及执行机构也是这些问题的成因——自由理念往往基于男性的身体和体验，而执行机构往往由男性精英主宰，这样的情况也加剧

---

[26] 目前估计，母婴传播率为 4%。国家战略计划（2012—2016 年）寻求到 2016 年将这一比率降至 2% 以下。

了女性生育自由和性别平等保护的问题。因为,男性更希望女性成为一位好母亲。换句话说,从女权主义批评者的立场而言,TAC 和宪法法庭将重点放在预防母亲传播和儿童权利问题上的做法强化了女性是国家行为受害者的形象,既无助于保护女性免受病毒感染,又没能很好地解决文化中根深蒂固的女性歧视导致的感染病毒的风险。将妇女定位为需要通过保障她们的权利得到国家保护的人,也损害了妇女在作出医疗决定方面的自主权。而女权主义批评家承认强调女性自主的语言在治疗获得运动中发挥突出的作用,但是他们仍然担心法庭之上不充分的讨论最终会削弱女性的自主权。㉗

那些关注权利话语的经济限制的批评家们将他们的批评的矛头更多地指向权利主张产生的背景和历史,而不是参与权利主张的行为者。例如,约翰逊认为,㉘南非将人权扩大到社会经济领域的努力只取得了有限的成功。在全球层面,她认为,"人权……被持续地塑造于霸权的新自由

㉗ 关于艾滋(病)病毒阳性妇女的生物医学研究表明,关于权利对南非妇女的生活有或没有影响,有一种不那么关键但却具有互补性的描述。例如, MacGregor and Mills [Macgregor H, Mills E (2011) Framing rights and responsibilities: accounts of women with a history of AIDS activism. BMC Int Health Hum Rights 11(Suppl 3):S7 – S7],她在 2003 年至 2008 年研究了一小群艾滋(病)病毒呈阳性的妇女,发现权利和社区参与的语言,在治疗获得运动的最初几年对这些妇女的生活至关重要,这让位给了个人责任和私有化经历的语言,最终使问题个性化,并将责任从国家转移出去。And see Eyakuze et al. [Eyakuze C, Jones DA, Starrs AM, Sorkin N (2008) From PMTCT to a more comprehensive AIDS response for women: a much-needed shift. Dev World Bioeth 8(1):33 – 42] for another study of the PMTCT programs that suggests such programs do not empower women as much as was expected or is necessary to advance women's equality and autonomy. See Colvin et al. [Colvin CJ, Robins S, Leavens J (2010) Grounding "responsibilisation talk": masculinities, citizenship and HIV in Cape Town, South Africa. J Dev Stud 46(7):1179 – 1195] for a discussion of the production of responsible HIV-positive men. See Albertyn C (2003) Contesting democracy: HIV/AIDS and the achievement of gender equality in South Africa. Feminist Stud 29(3, Women in Democratic South Africa):595 – 615; Albertyn C, Meer S (2009) Citizens or mothers? The marginalization of women's reproductive rights in the struggle for access to health care for HIV-positive pregnant women in South Africa. In: Mukhopadhyay M, Meer S (eds) Gender, rights, and development: a global sourcebook. KIT Publishers, Amsterdam, pp. 27 – 55.

㉘ Johnson K (2006a) AIDS and the politics of rights in South Africa: a contested terrain. Hum Rights Rev 7(2):115; Johnson K (2006b) Framing AIDS mobilization and human rights in post-apartheid South Africa. Perspect Polit 4(4):663 – 670.

主义框架内,正要求我们以特定的方式了解艾滋病,将其作为健康问题而不是发展或人类的安全问题,将其作为个体关切而不是社区或者全球的关切”。[29] 她声称,基于自由主义的意识形态,个人经济政治权利的实现优先于社会经济考虑,那么政策及其实践选择支持全球资本主义而牺牲穷人和弱势群体的利益就不足为奇了。[30] 一个简单的事实是,同时作为权利侵犯者和保护者的民族国家让边缘群体抵抗艾滋(病)病毒的努力更加困难。[31]

证据表明,这些担忧并非毫无根据。例如,TAC 成员承认,关于 PMTCT 的决定以及诉讼和政治主张的决策是策略性的,他们会选择强调情感上更有说服力,在道德上更容易被理解的公共健康和经济论点。这意味着要将妇女和她们的婴儿定位为未能得到政府保护的受害者。事实上,正如 TAC 前领导人马克·黑伍德(Mark Heywood)律师所说,“TAC 初期的目的是灵活的”,“这是一场关于理解、情感和生命的运动”,这场运动强调“拒绝抗艾滋病毒药物带来的人力成本”,并将其描述为“社会整体的道德困境”。[32] 换句话说,TAC 特别选择强调婴儿的纯真和他们母亲令人心碎的经历,并将其看作降临这个国家的道德、健康和政治悲剧。侵犯公民权利并背叛人民的政府(而不是个人和女性)是罪魁祸首。[33] 专注于一个明确的敌人使 TAC 及其参与者能够激励和动员成千上万的支持者。[34]

㉙ Johnson K (2006a) AIDS and the politics of rights in South Africa: a contested terrain. Hum Rights Rev 7(2):126 - 127.

㉚ Johnson K (2006b) Framing AIDS mobilization and human rights in post-apartheid South Africa. Perspect Polit 4(4):664.

㉛ Johnson K (2006b) Framing AIDS mobilization and human rights in post-apartheid South Africa. Perspect Polit 4(4):663.

㉜ Heywood M (2009) South Africa's Treatment Action Campaign: combining law and social mobilization to realize the right to health. J Hum Rights Pract 1(1):14.

㉝ Zivi K (2012) Making rights claims: a practice of democratic citizenship. Oxford University Press, New York.

㉞ Hodes R (2010) "It's a beautiful struggle": Siyayinqoba/Beat it! and the HIV/AIDS treatment struggle on South African television. In: Beinart W, Dawson M (eds) Popular politics and resistance movements in South Africa. Wits University Press, Johannesburg, pp. 161 - 188.

正如女权主义的批评击中要害一样,经济批评也有的放矢。尽管努力通过保护获得治疗的权利来解决经济不平等,艾滋(病)病毒阳性个人在经济上仍然处于弱势地位。甚至像TAC这样曾经很强大的组织现在也经历着经济和身份危机。例如,截至2012年,治疗获得运动在财政上和生存上都遇到了困难,尽管它获得了国际认可,促成了关键的立法和政策变化,并在过去10年动员了数十万人。世界各地的经济危机和供资组织优先次序的改变,加上人们日益认为艾滋病危机如果没有结束,那么肯定是得到了控制,这意味着支持本组织活动的资金减少了。作为南非公民,特别是妇女的重要雇主,在失业率极高和工作机会稀少的经济环境中,这些经济限制所造成的损失远远超过本组织运作的能力。TAC的现状似乎印证了这一想法,TAC在法庭上成功地将医疗保健的权利与社会经济问题联系起来并要求政府采取必要行动,但是其在法庭上取得的成功对于劳动力市场的现状以及经济资源的分配作用甚微。

此外,TAC在法律和立法方面取得的成功实际上让它想要向社会传递的信息变得更加复杂,也提高了公众有效获得信息的难度。赢得PMTCT的法律战后,TAC不得不改变其目标和任务。TAC成员可能仍视自己为争取权利而战,但他们承认,由于在政府中不再有明确的敌人,他们的动员和激励能力已被削弱。他们认识到他们的信息是被稀释了,从一个单一的关注治疗权的需求变得更加分散。由于它的信息对一些人来说不够清晰,而且它的队伍由于持续的预算削减而变得单薄,TAC和治疗权利运动的未来都是不确定的。[35]

对于运动的胜利者而言,是权利话语让道德观念转化为有力的语言以

㉟ 这一评估是基于2012年5月对现任和前任TAC成员的几次访谈。正如一位受访者所解释的那样,动员人们进行抗议比以前更难了,具有讽刺意味的是,治疗项目的成功实际上可能会扼杀艾滋病运动。事实上,这个人认为,动员人们反对一个积极侵犯他们权利的国家,要比动员同样的人争取医疗服务容易得多。同时,要动员那些觉得自己有资格获得一套不必为之奋斗的权利的一代人也更加困难。

及法律制度,从而动员起庞大的力量;也是同样的权利话语,或者说是政治自由主义和新自由主义经济学的权利主张催生了新的问题。[36] 换句话说,通过主张医疗权利而带来变革这一事实并不如想象中那样理性或者具备强烈的革命性,这一事实可以部分地归因于权利要求实践中所固有的自由主义意识形态,归因于将社会问题个人化、强化巨大的经济不平等以及将问题和公民非政治化的那套思想、制度和实践。它强化了这样一种观点:即使是法律上的胜利也可能是杰拉德·罗森博格(Gerald Rosenberg)所说的“多少有些空洞”。[37] 评论家们争论或暗示,解决这些问题涉及采用一种不同的社会正义语言,一种不同的政治风格,甚至是一种完全不同的治理形式。[38]

9.3.2 颠覆性的援引

在南非艾滋病流行的背景下,治疗获得运动的批评者和支持者对权利能否解决并克服的经济、政治和社会不平等提出了深刻的见解,但他们既

---

[36] 我并不是要否认对治疗获得运动持肯定或否定观点的细微差别。两者都认识到另一种观点的各个方面,但清楚地强调了对斗争的一种特定解读。例如,约翰逊提出了对这场斗争的新自由主义方面的担忧,同时也承认它“挑战了自由主义对权利的理解,促进了一种更民族主义的对权利的理解,这种理解侧重于机会平等和集体权利,并以解放斗争的话语为基础”。[Johnson K (2006a) AIDS and the politics of rights in South Africa: a contested terrain. Hum Rights Rev 7(2): 126]. 尽管如此,其结论是,“投票权和个人权利意识的增强受到新自由主义和全球市场优先的影响,并借由内部权力斗争和新政治秩序得以巩固”。[Johnson K (2006a) AIDS and the politics of rights in South Africa: a contested terrain. Hum Rights Rev 7(2): 128.]

[37] Rosenberg G (2009) ‘Much ado about nothing? The emptiness of rights’ claims in the twenty-first century United States. Stud Law Polit Soc 48(1):41, Special Issue Revisiting Rights.

[38] 例如,穆图阿建议转向非洲习惯法和传统:“for rights to make sense in the African context, one has to go beyond the individual and address group identities in the political and economic framework of the state” [Mutua M (2008) Human rights in Africa: the limited promise of liberalism. Afr Stud Rev 51(1): 34], while Albertyn and Meer [Albertyn C, Meer S (2009) Citizens or mothers? The marginalization of women’s reproductive rights in the struggle for access to health care for HIV-positive pregnant women in South Africa. In: Mukhopadhyay M, Meer S (eds) Gender, rights, and development: a global sourcebook. KIT Publishers, Amsterdam, pp. 27 – 55] suggest a greater focus on gender inequities is necessary。

没有单独地,也没有共同向我们提供全面的情况。通常情况下,权利主张的实践要么失败,要么成功——因为它援引了个人自治和国家责任的传统自由规范。然而,正如我在本文中所讨论的,在主张治疗权利的过程中所援引的远不止是一种静态的自由主义意识形态,通过这一过程产生的主题远比独立的个人或者作为成员的负责任的公民要复杂得多。在艾滋病流行的背景下提出的权利主张,不仅是基于自由主义意识形态或新自由主义经济立场,实际上还提出了南非的共存权利话语,这是一种受非洲传统和马克思主义思想共同影响的产物。在这种背景下,权利主张的可理解性来自对各种社会规范的引用,而这反过来又使新的规范、新的思维方式和不同生活方式成为可能。正如我下面所详述的,非洲的思想和传统总是与乌班图精神密切相关,这在争取治疗获得权运动的法律立场和政治实践中虽然都没有明确提及,但都隐含其中。乌班图精神被嵌入宪法,并被活动家和法官参考的先例援引,它存在于治疗获得运动的文本和社区实践当中。这个事实让治疗获得运动对于饱受艾滋病折磨的人们变得有意义。

基于表现理论对治疗获得运动的解读说明,言语行动是有用的。也就是说,它能够产生影响、力量或结果,这部分取决于言语行为的易懂性或可理解性。换句话说,我们必须通过语言和行动来理解他人的言行,并以此对世界产生影响。然而,这种可理解性较少地取决于话语是否准确地代表或反映了世界上已经存在的东西,而更多地取决于它对形成我们所处的共享社会世界的规范和习俗的援引或引用。当然,考虑到这些规范既不是静态的,也不总是以其原始形式存在,而且它们本身也存在争议并可以作多种解释,言语行为引用性的影响可以有相当大的范围。正如有关治疗获得运动的批评文献所强调的那样,这项运动的成功并广受支持在很大程度上是由于其中蕴含的国家责任和个人自由的自由思想。然而,正如我下面所论证的,权利主张所援引的内容远远超越了上述思想;作为一种实践,其效用远超上述思想。[39]

事实上,表现性理论提醒我们,授权重复并不是一个明确的、有目的的、单一的事件。不但被援引的规范可能不清晰,而且这些被援引的规范本身可能就是错误的,很难被语境化,或者以意想不到的、非常规的方式被援引。所有这些可能性都促成了巴特勒所说的“反常反复”的可能性,即社会规范以及对于社会规范的引用和重复产生了一些新的、超过必要限度的和潜在的变革。正如钱伯斯(Chambers)和卡佛(Carver)所解释的那样,颠覆性的重复包括“当前文化结构所带来的干预,即使它们在政治实践中相互竞争”。[40] 我认为,当我们考虑权利主张的更广泛实践时,这正是我们在治疗获得运动中看到的现象。

将权利主张视为行为或者实践,意味着要密切关注权利主张过程中发生的事情。换句话说,将权利主张作为一种行为实践来对待,意味着要认识到,在提出诸如“我有获得医疗保健的权利”这样的主张时,主张权利的人所做的远比准确地(或可能不准确地)展示既存的道德、法律或政治现实要多得多。也就是说,他或她不仅仅是援引南非宪法或国际人权准则,也不仅仅是援引和重复一套一成不变的自由思想和准则。这在一定程度上是由于南非的权利话语有许多重要的不同的根源,并不是所有的根源都

---

[39] 行为视角提醒我们,权利诉求是一种嵌入环境的活动,但并非完全由环境决定,它不仅为治疗获得的斗争提供了一种更全面的方法,而且可能与斗争本身的先锋所采取的观点更加一致。例如,关于权利主张的表演性观点与 TAC 的“以政治为中心的 ESR 倡导方法”的想法之间存在重要的相似性。对人权的“以政治为中心的方法”进行全面讨论,并说明这种政治的意义所涉及的各种活动和背景的重要性。See Forbath W (2011) Cultural transformation, deep institutional reform, and ESR practice: South Africa's Treatment Action Campaign. In: White L, Perelman J (eds) Stones of hope: how African activists reclaim human rights to challenge global poverty. Stanford University Press, Stanford, pp. 51 – 90; Heywood M (2009) South Africa's Treatment Action Campaign: combining law and social mobilization to realize the right to health. J Hum Rights Pract 1(1):14.

[40] Chambers SA, Carver T (2008) Judith Butler and political theory: troubling politics, 1st edn. Routledge, Hoboken, p.45.

存在于自由民主的思想和制度中。[41] 南非的权利论调借鉴了多种权利传统的历史,包括阿非利卡人和非洲传统。习惯法、更多关于权利话语的共和变体,以及关于权利的国际话语,所有这些都有助于为获得治疗的权利提出要求的背景和条件。[42] 这导致了"混合的政治话语,挑战……持久的二元范畴"的习惯和自由的法律框架。[43]

TAC 和保健权利运动更广泛地利用了这一更为复杂的制度遗产,特别是通过参考与反种族隔离运动和非洲人国民大会(African National Congress, ANC)有关的人权思想和实践。例如,TAC 最初的领导人是非国大马克思主义工人运动的成员,这促成了这一运动的愿景和使命的形成。治疗获得运动,这是为经济平等和社会正义而进行的更大斗争的一部分。[44] TAC 的第一份宗旨声明明确说明了医疗权利、经济不平等和它们促进穷人利益的承诺之间的关系:

> 全国艾滋病患者协会(NAPWA)发起了治疗行动运动,以提请人们注意非洲、亚洲和南美洲成千上万人遭受的不必要的痛苦和与艾滋病有关的死亡。这些侵犯人权的行为是贫穷和无法负担艾滋病治疗的结果。[45]

PMTCT 的重点和语言从来没有从这些更为宏大的社会经济目标中孤立出来。正如马克·黑伍德在竞选初期解释的那样:

---

[41] Dubow S (2012) South Africa's struggle for human rights. Ohio University Press, Athens.

[42] Church J (2005) The place of indigenous law in a mixed legal system and a society in transformation: a South African experience. Aust N Z Law Hist E-J 94 – 106.

[43] Robins SL (2008) From revolution to rights in South Africa: social movements, NGOs & popular politics after apartheid. James Currey, Woodbridge/Rochester, p. 172.

[44] 事实上,他们最初的批评对象并不是政府,而是制药行业及其对艾滋病药物收取的过高费用。

[45] Treatment Action Campaign (2010) Fighting for our lives: the history of the Treatment Action Campaign 1998 – 2010. Treatment Action Campaign, Cape Town.

> 预防母婴艾滋(病)病毒传播的益处远远超出了挽救生命和预防悲伤的范围。政府可以利用这样的干预手段发起一场运动,鼓励更广泛的,从孕妇到父亲的自愿艾滋(病)病毒检测。这就需要尽快培训更多的卫生工作者作为顾问,并将他们安置在产前病房。这也可以作为迅速改善初级卫生保健的普遍性和质量的理由。[46]

除了承认医疗保健权利是一个更大的经济正义项目的一部分之外,TAC 也始终认为自己是在为性别正义而战。成员借鉴了国内外女性主义立场,如他们扩大了要求获得卫生保健的权利,包括关于正确地了解和获得各种形式的避孕与感染艾滋(病)病毒的伙伴以及生孩子。在这些情况下,要求医疗保健的权利变成了范围更大的权利主张,即要求妇女享有性快乐的权利和控制其生育决定的权利,当然还有作为民主国家公民的地位的权利。TAC 还参与推进"PMTCT B + "项目,该项目将允许艾滋(病)病毒阳性妇女在分娩后继续服用艾滋病药物,并努力制定国家母乳喂养政策。[47] 在后一种情况下,他们的马克思主义和女权主义的影响再次结合起来,因为 TAC 活动家鼓励国家采取灵活的母乳喂养政策,这意味着更加认真地关注妇女生活的物质限制和不同的社会背景。

在这些例子中,我们可以看到,要求获得卫生保健的权利不能被简化为关于个人不受国家干预的权利或脆弱的妇女和儿童受国家保护的性别权利的传统要求。从 TAC 的角度来看,治疗获得运动的意义远不止于保

---

[46] Heywood M, Altman D (2000) Confronting AIDS: human rights, law, and social transformation. Health Hum Rights 5(1):149 – 179.

[47] 第一代预防母婴传播项目提供艾滋病药物以防止将病毒传染给婴儿,但一旦她们的孩子被宣布为艾滋病毒阴性,妇女就不能再服用艾滋病药物,当然,除非她们自己的 CD4 细胞计数特别低。Interviews, May 2012.

护无辜的婴儿,帮助其获得更好的抚育;它还包括促进女性受教育、更多的工作机会以及享有权利。事实上,对许多女性来说通过政治行动、政策制定或者社区活动参与 TAC,都已经改变了她们的生活。正如一位 TAC 成员林迪威·木巴萨(Lindiwe Mbatha)解释的那样:“我曾经受到虐待,但现在我是一个能够维护自己权利的人。连我丈夫都知道这一点……在 TAC,我有生以来第一次意识到,我们并非一无是处,我们在这个世界上拥有权利。我学会了自己做决定,现在我可以教其他女性该怎样做。”[48]阿库纳·萨布拉(Akona Ntsabula)也表达了同样的观点,她说:“通过 TAC,我就拥有了今天的地位……妇女领导能力培训使我能在任何地方为争取妇女权利而工作。”[49]个人在 TAC 中获得了重要的入门知识;它为男性和女性提供了工具、技能和自我意识,以了解和应对疾病、政治进程和社区生活的复杂性。[50]

9.3.3 法律领域内对乌班图精神的援引

除了女权主义和马克思主义理论对于资本主义维度下自由权利的直接挑战之外,最为重要却未得到应有认同的非洲意识形态基础之一就是乌班图精神。作为大多数非洲人的文化遗产的一部分,乌班图精神认为人类从根本上是相互依存的;个人离开了与他人之间的内部和外部联系,就不能成为一个独立的个体。一个人虽然有个人的权利,但根据这种世界观,他也有对群体的义务。如果没有后者,前者就毫无意义。根据乌班图精神的世界观,权利并不优先于义务,然而正是集体的团结使得个人尊严和成长与权利相关成为可能。正如康内尔(Cornell)和穆万

---

[48] Treatment Action Campaign (2010) Fighting for our lives: the history of the Treatment Action Campaign 1998 – 2010. Treatment Action Campaign, Cape Town, p. 94.

[49] Treatment Action Campaign (2010) Fighting for our lives: the history of the Treatment Action Campaign 1998 – 2010. Treatment Action Campaign, Cape Town, p. 94.

[50] Interview, May 2012.

瓜(Muvangua)解释的那样,“在乌班图精神中,人类从出生起就交织在一个伦理关系和义务的世界里……只有通过他人的参与和支持,我们才能实现真正的个性”,[51]或者像莫格鲁大法官解释的那样:

> 乌班图精神一种生活哲学,其最基本的意义是代表人格、人性、人伦和道德;这种隐喻描述了资源稀缺背景下的群体团结是社区生存的核心,其基本信念是“ubuntu ngumuntu ngabantu, motho ke motho ba batho ba bangwe”,这段话的字面意思是,“人因他人而为人”。[52]

对于那些担心乌班图精神对社区的强调将最终使团体凌驾于个人之上的人,康内尔和马勒(Marle)解释说乌班图精神“不是……一种简单的群体主义或社群主义”;相反,它是这样一种认识,“成为一个人,或者更确切地说,如何获得成为一个人的机会”,永远不是一种能够在与他人隔绝的情况下能够完成的事情。[53]

这样的非洲的观念即便是在殖民时期,一直是南非法律体系的一部分,而在后殖民时代的南非仍然扮演着非常重要的角色。[54] 正如诸多杰出

---

[51] Cornell D, Muvangua N (2012) Ubuntu and the law: African ideals and postapartheid jurisprudenc. Fordham University Press, New York, p. 3.

[52] Mokgoro Y (1998) Ubuntu and the law in South Africa. Buffalo Hum Rights Law Rev 4: 15 - 16.

[53] Cornell D, van Marle K (2012) Exploring ubuntu: tentative reflections. In: Ubuntu and the law: African ideals and postapartheid jurisprudence. Fordham University Press, New York, pp. 353.

[54] 根据琼·丘奇(Joan Church)的说法,“将各种本土制度联系起来的一些独特特征是法律的公共特征和群体的重要性……最重要的两个特点是,义务和权利都被强调,而且两者都是共享的。”[Church J (2005) The place of indigenous law in a mixed legal system and a society in transformation: a South African experience. Aust N Z Law Hist E - J 94 - 106, p. 99.] 尽管习惯法和乌班图这样的理想从来没有占主导地位,而且经常被用于殖民和种族隔离的目的,但它对南非法理学的持续影响提醒我们,如果自由主义被理解为17、18和19世纪欧洲人单独发展的一套思想,那么南非的权利话语就不能被归结为自由主义。

的法官和学者认为的那样,乌班图精神应该继续塑造法律和道德文化,尽管这个概念在1996年修宪过程中被从1994年版的宪法当中删除了。[55] 新宪法,特别是其中的人权法案,通过促进社会正义和保护生命、健康、人的尊严和弱势群体,明确体现了这一非洲传统概念。这些条款以及它们对司法的影响证明了乌班图精神已经嵌入并渗透到新的法律体系中。例如,在1995年的S诉麦克万尼(Makwanyane)等人一案中,兰加(Langa)法官就依据乌班图精神论证他关于死刑不合宪的立场。他解释说,乌班图精神"承认人作为人的地位,这就意味着人有权无条件地得到来自其所在社会成员的尊重、尊严、关爱和接受",而死刑侵犯了这种尊严。他认为死刑与乌班图精神影响下的文化格格不入,这样的"文化强调社区成员间的团结和相互依赖以及相应的责任意味着同等的尊重,对于每个社区成员的尊重、关爱和接纳","行使权利的规范强调共享、共同责任以及普惠的权利"。[56]

那么,乌班图精神与争取获得治疗权利有什么关系呢?乍一看,这似乎没有什么联系,因为TAC或其他治疗获得运动组织所制作的文件中不经常提到这个词,法院在卫生部部长诉TAC案的判决中也没有明确提到这个词。然而,不应将这种现象简单地解读为乌班图精神与获得治疗权利的主张无关。这是因为乌班图精神提供了一个背景或者先例,实际上是治疗获取的诉讼过程中不断被提及的一部分。例如,格鲁特姆(Grootboom)(2001)决定在卫生部部长诉TAC案(2002)的裁决中发挥了关键作用。法院认为:

《宪法》责成国家采取积极行动……为那些无法养活自己及

---

[55] Bessler J (2008) In the spirit of Ubuntu: enforcing the rights of orphans and vulnerable children affected by HIV/AIDS in South Africa. Hastings Int Comp Law Rev 31:33 – 113; Cornell D, Muvangua N (2012) Ubuntu and the law: African ideals and postapartheid jurisprudenc. Fordham University Press, New York.

[56] Bessler J (2008) In the spirit of Ubuntu: enforcing the rights of orphans and vulnerable children affected by HIV/AIDS in South Africa. Hastings Int Comp Law Rev 31:33 – 113.

其受抚养人的人提供住房、医疗保健、充分的食物和水以及社会保障。国家还必须创造条件，使公民能够在公平的基础上获得土地。有需要的人有权提出相应的主张。

随后，卫生部部长援引格鲁特姆决定和《宪法》第27、28条规定的政府义务重申了这一想法，承认并承诺实现妇女和儿童的相应权利。此外，法院表示在很大程度上影响其决定的是"艾滋(病)病毒呈阳性的孕妇请求为她们自己和她们的婴儿提供奈韦拉平的令人心酸的说明"，这种说明清楚地认识到人类的相互依赖和处境。

在南非多个法律传统——欧洲自由主义，马克思主义，国际人权思想，性别平等的女权主义思想，非洲本土的乌班图精神——让以TAC运动为代表的公民行使社会经济权利的主张得以实现。当提倡者提出权利主张时，他们或含蓄或明确地援引这些传统。正是这样的社会背景，使强调社会和政治权利以及消极的传统自由主义最终被突破。

9.3.4　构建全新政治主题

乌班图精神在远离法律领域的治疗获得运动中也发挥了作用。它被融入治疗知识普及和社区外展计划等实践中，使个人在日常生活中将享有和实现权利成为可能。当我们将注意力从运动的法律主题转移到一些其他的与权利相关的活动上，从TAC到mothers 2 mothers(m2m)等更加注重公共卫生的组织时，这一点就变得更加明显。[57] 正如我在下文所说明

---

[57] 关于艾滋病语境下社会活动对政治主体性建构的重要性。See Forbath W (2011) Cultural transformation, deep institutional reform, and ESR practice: South Africa's Treatment Action Campaign. In: White L, Perelman J (eds) Stones of hope: how African activists reclaim human rights to challenge global poverty. Stanford University Press, Stanford, pp. 51 – 90; Robins SL (2008) From revolution to rights in South Africa: social movements, NGOs & popular politics after apartheid. James Currey, Woodbridge/Rochester; Steinberg J (2008) Sizwe's test: a young man's journey through Africa's AIDS epidemic. Simon & Schuster, New York.

的,尽管该组织自称是公共卫生组织,而不是维权组织,但它所实施的项目对帮助感染艾滋(病)病毒的妇女和儿童实现获得治疗的权利至关重要。例如,她们的母亲指导者方案对实施卫生部部长诉TAC案所获得的权利至关重要——通过该方案培训女性懂得自己享有的权利。然而,与传统自由主义的个人主义或接受新自由主义的公民相比,这些个人要成熟得多。他们的自我意识与他们身处的社区密不可分。换句话说,通过m2m等组织的活动创建的社区,个人不仅认识到自己有获得治疗的权利,而且认识到自己是社区的一部分,从而使这种权利成为有意义的现实。

我转而关注m2m是由于我意识到,尽管TAC在某种程度上代表着治疗获得运动,但是它并不是单打独斗。事实上,获得治疗和争取保健权利的斗争已经持续很久并涉及一系列民间社会组织、医疗机构、政府机构和个人行为体。它所主张的也远不止在司法领域就受到损害的医疗保健权利进行补偿。正如执业律师法提玛·汉莎(Fatima Hassan)解释的那样,TAC及其盟友认识到,“单靠法律无法完全改变我们的社会,能够做到这一点的只有人民。最有价值和最具变革性的法律变革是动员和教育人们,使社区使用法律来发出他们自己的声音并解决自己的问题”。[58] 法学教授海恩斯·克鲁格(Heinz Klug)也认为,“社会经济权利的有效性……既是社会动员和公民社会参与的产物,也是国家范围内制度文化发展的结果”。[59] 考虑到这些待遇接触组织和行动者参与的许多其他活动,这一点尤其明显,这些活动并非都涉及权利的语言、法院或采取敌对的政治立场。事实上,在m2m的活动中,对于医疗权利的主张实质上是对于既存权利的主张。我认为这是通过参与治疗知识和社区健康教育项目来完成,这两者都是m2m任务和方法的核心。

---

[58] Treatment Action Campaign (2010) Fighting for our lives: the history of the Treatment Action Campaign 1998 - 2010. Treatment Action Campaign, Cape Town, p. 29.

[59] Klug H (2010) The constitution of South Africa: a contextual analysis. Hart Publishing, Oxford, p. 119.

m2m 是一个非营利组织，于 2001 年由美国妇产科医生米奇·贝瑟尔（Mitch Besser）发起。该组织致力于填补南非医疗保健系统资源匮乏的空白。它通过培训感染艾滋（病）病毒的女性来培训面临养育子女问题的其他女性患者。这些被称为“母亲导师”的教育工作者，向感染艾滋（病）病毒的女性传授治疗和用药方案，讨论计划生育和母乳喂养的方法，解释艾滋病有关的科学知识。通过这些努力，她们建立了一个互相帮助、共同应对艾滋病挑战的女性群体。担任母亲导师的感染艾滋（病）病毒的女性要经过严格的培训，她们需要学习与艾滋病相关的生物学和医学知识及其诊疗方案，了解艾滋病患者所面对的耻辱和歧视，学习相关的法律和政策，以及有助于女性更好地照顾自己和家人的可用的资源。在完成以上的培训之后，母亲导师被送到社区诊所和医院产房，在这些地方，孕妇和新妈妈通常是第一次了解自己的艾滋（病）病毒状况。[60]

母亲导师在临床环境中的出现有助于让人们了解感染艾滋（病）病毒的女性（其中多数是贫穷的黑人）——如何看待和行使自己的权利以及周遭的人如何看待她们。感染艾滋（病）病毒的南非人面临并将持续面对，极为严重的耻辱，以至于即使在最好的情况下，得知自己感染艾滋（病）病毒也是极具挑战性的经历。对于感染艾滋（病）病毒的女性，尤其是孕妇而言，在 TAC 案前后那几年的处境更是非常艰难。在 20 世纪 90 年代末到 21 世纪初，医生和护士经常斥责怀孕的女性（毕竟怀孕本身就是没有使用避孕套显著的证据）并建议她们堕胎。这些遭遇让许多女性感到强烈的内疚和羞耻，并加强了对被家人和朋友拒绝的巨大恐惧。尽管医疗专业人员的这种行为以及与艾滋（病）病毒有关的许多“污名”近年来有所减少，但妇女在诊断时仍可能经历内心的“污名”（例如，羞耻、对自我的愤

---

[60] McColl K（2012）The power of mentor mothers. BMJ：Brit Med J（Int Edn）344（7849）：43；Teasdale C，Besser M（2008）Enhancing PMTCT programmes through psychosocial support and empowerment of women：the mothers 2 mothers model of care. S Afr J HIV Med 9（1）：60－64.

怒、对死亡的恐惧)。母亲导师们正是在这种背景下开展工作,成为医疗团队中有价值的成员,为新妈妈们提供支持,并改变护士和医生对疾病的理解以及与之共处的意义。

母亲导师们自己就是曾经的患者,这是她们与刚刚被确诊的孕妇之间的共同之处。她们知道在怀孕期间了解自己的艾滋(病)病毒感染状况是什么感觉,也知道需要做些什么来避免将艾滋(病)病毒传染给自己的孩子。此外,她们往往与她们所服务的妇女共用一种语言和特定的社区经验,同时又能够代表一种选择和光明未来的可能性。因此,母亲导师提供了医生、护士或其他类型的社区卫生教育者无法提供的一种支持和建议。母亲导师有知识和时间来回答问题,解释治疗过程,鼓励倾诉并不加评判地倾听,从而能够帮助女性感染者缓解恐惧。他们知道、理解并生活在他们的学员所在的社区中。这些因素使她们能够突破各种社会、情感和心理的障碍,以及与艾滋(病)病毒给怀孕和母亲养育带来的复杂性相关的各种程度的耻辱。[61] 这能够向女性患者表明,她们并不孤单,预防母婴传播项目是有效的。他们向新确诊的女性说明艾滋(病)病毒并不意味着死亡,她们依旧可以健康长寿地生活,可以生健康的孩子。因此,母亲导师成为一个支持系统,使其他女性可以自己决定如何与疾病共处,如何为人父母。[62] 即使在缺乏必要语境的情况下,母亲导师也表现出了承担权利的主观性,以此证明了在相当贫困的环境下生活得坚强、自主、受过教育的公民应该是什么样的。

母亲导师不仅仅是正在接受治疗的艾滋病患者的榜样。她们还说明

---

[61] Baek C, Mathambo V, Mkhize S, Friedman I, Apicella L, Rutenberg N (2007) Key findings from an evaluation of the mothers 2 mothers program in KwaZulu-Natal, South Africa, Horizons final report. Population Council, Washington, DC; Teasdale C, Besser M (2008) Enhancing PMTCT programmes through psychosocial support and empowerment of women: the mothers 2 mothers model of care. S Afr J HIV Med 9(1):60 - 64; Thom A (2009) Mothers tackling the AIDS epidemic. Health - e. 12 Jan 2009.

[62] Interviews with M. Besser, May 18, 2012 and Anonymous, May 2012.

了携带艾滋(病)病毒的女性可获得的各种政治、经济和社会身份。作为m2m的有薪、有知识的雇员，母亲导师常常成为社区中受人尊敬的成员，部分原因是她们通过培训获得了教育和技能，部分原因是她们获得了新的经济独立。[63] 对许多人来说，这些获得社区尊重的经历使他们对自己和工作产生了自豪感，这是一种以前没有过的自豪感和成就感。虽然这种职业可能不符合政治左翼人士所需要和期望的深层结构变化，但不应低估其对个别妇女生存和社区健康的重要性。作为m2m的一员——无论是作为客户、母亲导师，还是以其他身份——都为女性提供了一种在社区中的身份感和自我价值感。事实上，一位曾是客户和母亲导师的受访者在中断了几年之后回到了m2m，因为她在一次车祸中失去了儿子。m2m提供了她需要的支持，不是因为她是艾滋(病)病毒携带者，而是因为她是一个悲伤的母亲，[64]而且，她还是一位有价值和贡献的社区成员。如果m2m在个人生活中是一股强大的力量，那么它在社区中也是一股强大的力量。通过母亲导师项目，社区不仅对艾滋(病)病毒/艾滋病、其治疗及其复杂性有了更多了解，而且对"污名化"、性别平等和法律权利等问题也有了更多了解。

这种基于社区向个人作出的社会和经济赋权一直是m2m的核心使命，这一点一直延续到今天。过去担任母亲导师的女性现在帮助监督或培训下一代的母亲导师。在这个过程中，他们学习新的技能和知识，同时向其他人介绍关于艾滋病的知识。据报道，m2m成员的教育、工作机会、团队和社区活动非常有利于促进其个人的成长，并成为他们做出选择和控制自己生活的能力的关键。没有m2m提供的知识以及心理社会支持，感染艾滋(病)病毒的女性接受其患病这一事实的过程可能会更加困难。因此，我们在m2m中看到了其他人在TAC中看到的特质："通过民主化……

---

[63] 在m2m公司工作一两年的母亲们也有薪水。在她们的导师任期结束后，一些人继续在组织中担任其他职务，而另一些人则成为企业家。

[64] Interviews, May 2012.

将资源和专业知识赋予贫穷的南非人。”[65]

这并不意味着权利的语言对 m2m 成员不重要,或者被忽视掉了。虽然像 TAC 这样的组织将医疗保健权利作为其使命的中心,m2m 将母亲和儿童的利益和需要作为其核心,但是它们都将权利语言作为共同的背景。一位母亲导师解释说,两个组织的成员的确在政治上和临床治疗过程中扮演着不同的角色:TAC 倡导权利,而 m2m 则致力于阻断母婴传播。尽管这些组织强调的词汇略有不同,或有不同的焦点,但它们显然在共同努力,使感染艾滋(病)病毒的女性有可能实现自己的权利。正如巴博瓦·波诺(Babalwa Mbono)解释的那样,尽管这些组织的成员存在差异,但他们团结一致:“作为女性,我们需要维护我们的权利和家庭。我们团结一致。”[66]这里的要点是,使命和语境对语言使用的特定城市都很重要。事实上,正如贝瑟尔所解释的那样,他在与参与制定全球艾滋病政策的政策制定者打交道时,使用权利的语言要比在日常与 m2m 打交道时明确得多。权利是政策制定者的共同语言;健康是医生的共同语言。[67] 正如对 TAC 的人种学研究表明的那样,m2m 的工作有助于创造“一种不整齐、不平衡、多层的权利主体形成过程”。[68] 它有助于为个人创造新的社区和身份,所有这些

---

[65] Forbath W (2011) Cultural transformation, deep institutional reform, and ESR practice: South Africa's Treatment Action Campaign. In: White L, Perelman J (eds) Stones of hope: how African activists reclaim human rights to challenge global poverty. Stanford University Press, Stanford, p. 67.

[66] Interview, May 24, 2012.

[67] 2012 年 5 月 18 日对贝瑟尔的访谈。根据贝瑟尔的说法,正是 m2m 在道德上引人注目且毫无争议的座右铭“帮助母亲拯救婴儿”,再加上 m2m 在性行为发生后解决艾滋(病)病毒/艾滋病的事实,才使它作为一个组织茁壮成长。m2m 不是用来“对抗”任何东西或任何人的。贝瑟尔只是在寻找一种更有效的方法来帮助妇女理解和应对怀孕期间感染艾滋(病)病毒的现实,他认为具有相似背景和经历的妇女在沟通治疗信息以及提供情感支持方面最有效。Interview, May 18, 2012.

[68] Forbath W (2011) Cultural transformation, deep institutional reform, and ESR practice: South Africa's Treatment Action Campaign. In: White L, Perelman J (eds.) Stones of hope: how African activists reclaim human rights to challenge global poverty. Stanford University Press, Stanford, p. 81.

都是主张权利的实践的一部分。它之所以能做到这一点,在某种程度上是因为它强调了尚未得到必要的承认的人与人之间的相互依赖和支持。

9.4 结论

那么,我们可以从21世纪初南非的治疗获得运动中得到哪些教训呢?要过于明确地回答这个问题可能既困难又不成熟。从治疗获得运动这样的案例出发,预测未来社会经济权利将更容易(或更困难)获得,或者预测通过权利主张将(或不会)产生激进的社会、经济和政治变革,多少有些冒昧。尽管如此,南非的治疗获得运动确实提供了一个独特而重要的机会来考虑基于权利的政治语言和行动的收益和局限以及产生过程和复杂的历史。正如马卡瓦·穆图阿提醒我们的那样,新的民主南非"代表了历史上第一个经过深思熟虑和精心设计建立一个人权国家的努力——一个主要由人权规范推动的政体"。[69] 正如许多学者和批评者提醒我们的那样,不可否认的是,类似强调个人自治、保护私有财产以及公共领域的平等,这些充满活力的规范植根于传统的自由主义,但掩盖了私人领域的不平等。此外,人权准则,特别是那些赋予与自由主义意识形态有关的消极政治和公民权利以特权的准则,往往为使大规模社会问题私有化并进一步巩固不平等的新自由主义经济政策提供辩护,甚至促进这些政策。然而,正如我在本文中所论证的,这只是故事的一部分。

南非的权利话语是一种混合的话语,治疗获得运动通过其法律的和其他领域中的活动,明确地和含蓄地涉及了这一话语的不同方面。其中一个最为重要,却经常被忽视的观点是乌班图精神。非洲人的观念是一个人通

---

[69] Mutua M (1997) Hope and despair for a new South Africa: the limits of rights discourse. Harv Hum Rights J 10:65.

过加入一个更大的社区而成为一个有尊严、受尊重、享有自由和权利的个体。[70] 这种社区嵌入,虽然对群体本身的生存至关重要,但却不会削弱个人本身的重要性。事实上,我们可以从 m2m 和 TAC 等组织的实践中看到,真正的个体生存和繁荣在很大程度上取决于参与和支持社区。组织及其成员是否援引乌班图精神或者权利话语,是否将二者结合起来,是他们在法律领域内外实践的整合,这种实践注重人类相互依存的概念。这一概念使人类接受治疗、卫生保健、生殖服务和将自己看作享有权利的公民成为可能,并具有现实意义。

如果说对南非治疗获得运动的行动性解读有什么意义的话,那就是关于可能性和希望,以及关于实现变革所需的许多人艰难而持续的参与。对法律领域和其他领域权利主张的批判性观点是必要的,这提醒我们霸权的权力结构不利于个人和集体的福祉。另外,一个胜利的视角阐明了使我们有动力继续工作的变化。但是权利主张在南非的艾滋病流行的背景下行为视角提醒我们,这一背景下权利主张的实践及其对于个人和社区产生的影响远较惩恶扬善复杂得多。

南非治疗获得运动的行为视角提醒我们,权利含义、权利话语的形态以及国家与个人、社区与个人间的关系随着时间流逝对其产生影响,即使是在一个特定的时刻。这就是它的希望,它的民主潜力。

参考文献

Albertyn C (2003) Contesting democracy: HIV/AIDS and the achievement of gender equality in South Africa. Feminist Stud 29(3, Women in Democratic South Africa):595 - 615

---

[70] 当然,"自由主义"本身并不是一套封闭或静态的思想和制度,新自由主义的经济发展政策也不是。可以肯定的是,有一些想法优先并主导着政策和法律的制定,但即使是这些历史和文化定位的思维和行为方式也从来没有矛盾,或者它们完全不受错误引用或颠覆性重复的影响。

Albertyn C, Meer S (2009) Citizens or mothers? The marginalization of women's reproductive rights in the struggle for access to health care for HIV-positive pregnant women in South Africa. In: Mukhopadhyay M, Meer S (eds) Gender, rights, and development: a global sourcebook. KIT Publishers, Amsterdam, pp. 27 – 55

Austin JL (1975) How to do things with words. Harvard University Press, Cambridge

Baek C, Mathambo V, Mkhize S, Friedman I, Apicella L, Rutenberg N (2007) Key findings from an evaluation of the mothers 2 mothers program in KwaZulu-Natal, South Africa, Horizons final report. Population Council, Washington, DC

Berger JM, Kapczynski A (2009) The story of the TAC case: the potential and limits of socioeconomic rights litigation in South Africa. In: Hurwitz DR, Satterthwaite ML (eds.) Human rights advocacy stories. Available at SSRN: http://ssrn.com/abstract=1323522 or http://dx.doi.org/10.2139/ssrn.1323522. doi: 10.2139/ssrn.1323522#_blank

Bessler J (2008) In the spirit of Ubuntu: enforcing the rights of orphans and vulnerable children affected by HIV/AIDS in South Africa. Hastings Int Comp Law Rev 31:33 – 113

Bourdieu P (1994) Language and symbolic power. Harvard University Press, Cambridge

Brown W (2005) Edgework: critical essays on knowledge and politics. Princeton University Press, Princeton

Butler J (1997) Excitable speech: a politics of the performative. Routledge, New York

Butler J (1993) Bodies that matter: on the discursive limits of "sex".

Routledge, New York

Butler J (1999) Gender trouble: feminism and the subversion of identity. Routledge, New York

Chambers SA, Carver T (2008) Judith Butler and political theory: troubling politics, 1st edn. Routledge, Hoboken

Church J (2005) The place of indigenous law in a mixed legal system and a society in transformation: a South African experience. Aust N Z Law Hist E-J 94-106

Colvin CJ, Robins S, Leavens J (2010) Grounding "responsibilisation talk": masculinities, citizenship and HIV in Cape Town, South Africa. J Dev Stud 46(7):1179-1195

Cornell D, Muvangua N (2012) Ubuntu and the law: African ideals and postapartheid jurisprudenc. Fordham University Press, New York

Cornell D, van Marle K (2012) Exploring ubuntu: tentative refl ections. In: Ubuntu and the law: African ideals and postapartheid jurisprudence. Fordham University Press, New York, pp. 344-366

Cullinan K, Thom A (eds.) (2009) The virus, vitamins and vegetables: the South African HIV/AIDS mystery. Jacana Media, Auckland Park

Derrida J (1988) Limited Inc. Northwestern University Press, Evanston

Dubow S (2012) South Africa's struggle for human rights. Ohio University Press, Athens

Eyakuze C, Jones DA, Starrs AM, Sorkin N (2008) From PMTCT to a more comprehensive AIDS response for women: a much-needed shift. Dev World Bioeth 8(1):33-42

Fassin D (2007) When bodies remember: experiences and politics of AIDS in South Africa, vol 15. University of California Press, Berkeley

Forbath W (2011) Cultural transformation, deep institutional reform, and ESR practice: South Africa's Treatment Action Campaign. In: White L, Perelman J (eds.) Stones of hope: how African activists reclaim human rights to challenge global poverty. Stanford University Press, Stanford, pp. 51 - 90

Friedman S, Mottiar S (2005) A rewarding engagement? The Treatment Action Campaign and the politics of HIV/AIDS. Polit Soc 33(4):511 - 565

Geffen N (2010) Debunking delusions: the inside story of the Treatment Action Campaign. Jacana Media, Auckland

Heywood M (2009) South Africa's Treatment Action Campaign: combining law and social mobilization to realize the right to health. J Hum Rights Pract 1(1):14

Heywood M, Altman D (2000) Confronting AIDS: human rights, law, and social transformation. Health Hum Rights 5(1):149 - 179

Hodes R (2010) "It's a beautiful struggle": Siyayinqoba/Beat it! and the HIV/AIDS treatment struggle on South African television. In: Beinart W, Dawson M (eds.) Popular politics and resistance movements in South Africa. Wits University Press, Johannesburg, pp. 161 - 188

Ignatieff M (2001) In: Gutmann A (ed.) Human rights as politics and idolatry. Princeton University Press, Princeton

Johnson K (2006a) AIDS and the politics of rights in South Africa: a contested terrain. Hum Rights Rev. 7(2):115

Johnson K (2006b) Framing AIDS mobilization and human rights in post-apartheid South Africa. Perspect Polit 4(4):663 - 670

Kennedy D (2012) The international human rights regime: still part of the problem? In: Dickinson R, Katselli E, Murray C, Pedersen OW (eds.) Examining critical perspectives on human rights. Cambridge University

Press, New York, pp. 19 – 34

Klug H (2010) The constitution of South Africa: a contextual analysis. Hart Publishing, Oxford

London L (2004) Health and human rights: what can ten years of democracy in South Africa tell us? Health Hum Rights 8(1):1 – 25

Macgregor H, Mills E (2011) Framing rights and responsibilities: accounts of women with a history of AIDS activism. BMC Int Health Hum Rights 11(Suppl 3):S7 – S7

McColl K (2012) The power of mentor mothers. BMJ: Brit Med J (Int Edn) 344(7849):43

Mindry D (2008) Neoliberalism, activism, and HIV/AIDS in postapartheid South Africa. Soc Text 26(1):75 – 93

Mokgoro Y (1998) Ubuntu and the law in South Africa. Buffalo Hum Rights Law Rev 4:15 – 23

Mutua M (2008) Human rights in Africa: the limited promise of liberalism. Afr Stud Rev 51(1):17 – 39

Mutua M (1997) Hope and despair for a new South Africa: the limits of rights discourse. Harv Hum Rights J 10:63

Nattrass N (2007) Mortal combat: AIDS denialism and the struggle for antiretrovirals in South Africa. University of KwaZulu-Natal Press, Scottsville

Neocosmos M (2006) Re-thinking politics in Southern Africa today: elements of a critique of political liberalism. In: Gibson N (ed.) Challenging hegemony: social movements and the quest for a new humanism in post-apartheid South Africa. Africa World Press, Trenton, pp. 55 – 101

Pieterse M (2007) Eating socioeconomic rights: the usefulness of rights talk in alleviating social hardship revisited. Hum Rights Q 29(3):796 – 822

Pieterse M (2008) Health, social movements, and rights-based litigation in South Africa. J Law Soc 35(3):364 – 388

Robins SL (2008) From revolution to rights in South Africa: social movements, NGOs & popular politics after apartheid. James Currey, Woodbridge/Rochester

Rosenberg G (2009) "Much ado about nothing? The emptiness of rights" claims in the twenty-first century United States. Stud Law Polit Soc 48(1):41, Special Issue Revisiting Rights

Steinberg J (2008) Sizwe's test: a young man's journey through Africa's AIDS epidemic. Simon & Schuster, New York

Stephen J (2009) Saints and Sinners: the Treatment Action Campaign. In: Cullinan K, Thom A (eds) The virus, vitamins and vegetables: the South African HIV/AIDS mystery. Jacama, Aukland Park, pp. 157 – 174

Teasdale C, Besser M (2008) Enhancing PMTCT programmes through psychosocial support and empowerment of women: the mothers 2 mothers model of care. S Afr J HIV Med 9(1):60 – 64

Thom A (2009) Mothers tackling the AIDS epidemic. Health-e. 12 Jan 2009

Treatment Action Campaign (2010) Fighting for our lives: the history of the Treatment Action Campaign 1998 – 2010. Treatment Action Campaign, Cape Town

White L, Perelman J (2011) Stones of hope: how African activists reclaim human rights to challenge global poverty, Stanford studies in human rights. Stanford University Press, Stanford

Zivi K (2012) Making rights claims: a practice of democratic citizenship. Oxford University Press, New York

Zivi K (2008) Rights and the politics of performativity. In: Chambers S, Carver T (eds.) Judith Butler's precarious politics: critical encounters. Routledge, New York, pp. 157 - 169

10　解码一般性:《瓦解》中的非洲人权哲学*

巴泽尔·乌戈丘库(Basil Ugochukwu)**

10.1　引言

钦努阿·阿契贝(Chinua Achebe)的《瓦解》招致严厉批评的原因似乎是它对人权的负面展示,而不是对于人权的积极贡献。① 本文的目的是从法律和文学的角度来重建这本流行小说的形象。我将从两个层面来完成本文的任务。首先,我将论证《瓦解》对人权作出的是积极的,而不是持续的批评。其次,我将加入关于非洲前殖民文化中是否存在人权的讨论。即

---

* 乌戈丘库是加拿大多伦多约克大学奥斯古德霍尔法学院的诉讼法讲师和博士研究生。他在尼日利亚接受了早期的法律教育,并在匈牙利布达佩斯的中欧大学获得了人权法学硕士学位。乌戈丘库也是开放社会司法倡议的成员,并获得奥斯古德霍尔法学院沃尔特威利斯顿公民自由论文奖。本文的早期版本于2011年秋季在中密歇根大学人权、文学、艺术和社会科学国际会议上发表。感谢马乌列尼·厄克(Maureen Eke)教授和其他组织者的参会邀请,感谢其他小组成员。本文也在奥斯古德霍尔法学院法律与社会关键研究实验室2012年春季新兴学者研讨会上发表。

** 巴泽尔·乌戈丘库,加拿大多伦多约克大学奥斯古德霍尔法学院诉讼法讲师、博士研究生。

① Jeyifo A (1993) Okonkwo and his mother: things fall apart and issues of gender in the constitution of African postcolonial discourse. Callaloo 16:847; Cobham R (2003) Problems of gender and history in the teaching of things fall apart. In: Okpewho I (ed) Chinua Achebe's things fall apart: a casebook. Oxford University Press, New York, p. 165.

便在“权力转型”②的背景下，可能被认为带有新父权主义③特征，但我认为《瓦解》有力且可信地反驳了非洲价值观不认可人权的立场。④ 这本小说中可以被用来展示人权的内容有很多，我着重关注其中涉及生命权、女性权利、公平审判以及公正司法的权利。

西方著作经常提出这样的观点，即在殖民时代之前，人权在非洲大陆是未知的，甚至在殖民时代之前，非洲大陆根本没有人权历史可言。⑤ 作为回应，有非洲学者指出，非洲大陆上的某些文化可以与当代对人权的一些理解相媲美。⑥ 的确，非洲人可能没有使用“人权”一词来指代这些做法。⑦ 非洲学者还指出，殖民主义事实上破坏了这些非洲本土价值的发展，而且当代国际人权准则的讨论、设计和形成过程，非洲被排除在外了。⑧

《瓦解》的故事发生在19世纪，讲述了拥有“丰富的、有活力的和自给自足的生活方式”的伊博人如何被外国势力入侵，导致其文化的衰落。⑨

---

② Gikandi S (2001) Chinua Achebe and the invention of African culture. Res Afr Literatures 32:3.

③ Quayson A (1994) Realism, criticism, and the disguises of both: a reading of Chinua Achebe's things fall apart with an evaluation of the criticism relating to it. Res Afr Lit 25:117.

④ Donnelly J (2003) Universal human rights: in theory and practice. Cornell University Press, New York, p. 77, 79, 1982.

⑤ Trevor-Roper H (1969) The past and the present: history and sociology. Past Present 42:3; Fuglestad F (1992) The Trevor-Roper trap or the imperialism of history: an essay. Hist Afr 19:309.

⑥ Cobbah J (1987) African values and the human rights debate: an African perspective. Hum Rights Q 9:309.

⑦ Ejidike O (1999) Human rights in the cultural traditions and social practice of the Igbo of South-Eastern Nigeria. J Afr Law 43:71.

⑧ Moyn S (2012) Imperialism, self-determination, and the rise of human rights. In: Iriye A et al (eds) The human rights revolution: an international history. Oxford University Press, Oxford, p. 159; Anghie A (2006) The evolution of international law: colonial and postcolonial realities. Third World Q 27:739; Chimni B (2004) International institutions today: an imperial global state in the making. Eur J Int Law 15:1; Morsink J (1999) The universal declaration of human rights: origins, drafting and intent. University of Pennsylvania Press, Philadelphia.

⑨ Nnoromele P (2000) The plight of a hero in Achebe's things fall apart. Coll Lit 27:146.

人们被迫陷于两种相互冲突的文化之中。一种文化代表了“传统的生活方式……以及一个人对抗殖民帝国主义的压倒性力量,维护文化完整性的斗争”。另一种文化是“欧洲风格,目前看来,似乎代表着未来,所谓的‘文明世界’的新共同体”。然而,阿契贝试图证明传统的伊博社会是如何“取得了今天大多数人所寻求的基础……”[⑩]这些基础包括民主制度,对其他文化的宽容,男性和女性的平衡,适应新生活的能力,重新分配财富的手段,可行的道德体系,勤奋,有效的司法系统,惊人且令人难忘的诗歌和艺术。

这些价值是否足以证明非洲的哲学与那些作为民主原则或人权准则而获得广泛认可的价值之间具有明显的相似之处仍然值得怀疑。本文将尝试在占据主流地位的观念和方法的框架下回答这个问题。在第 10.2 节中,我研究《瓦解》中展示的文化和社会现实之间的关系。在第 10.3 节中,我分析法律与文学的交集。在接下来的第 10.4—10.6 节中,我分析获得普遍承认的人权在《瓦解》中的表现。在第 10.7 节中,我将总结之前的观点并在此基础上提出结论。

10.2 僵局:虚构与现实,历史与想象

我对这个话题的兴趣来自一场网上的讨论。一位在美国一所大学工作的尼日利亚教授将《瓦解》作为教学材料,并在网上发布了一个引起了热议的问题:《瓦解》是一部历史小说吗,书中反映的是真实的历史吗,小说中对女性的描述能否代表 19 世纪的伊博女性?[⑪] 这个简单的问题有一系列回答,其中大部分讨论了文化社会和它的艺术形式之间的关系,特别是文学和文化之间的关系以及法律和社会习惯生活之间的关系。

---

⑩ Akers Rhoads D (1993) Culture in Chinua Achebe's things fall apart. Afr Stud Rev 36:61.

⑪ Ade-Odutola O (2010) http://groups.google.com/group/usaafricadialogue/msg/82a2ec732aac816f. Accessed on 23 Nov 2012.

正如对这个问题的一些回答所表明的,文学在解释其语境和确定其在包括法律文化在内的文化生产中的正确角色方面存在挑战。正如任何分析艺术作品中文化表现的尝试一样,这种努力都不简单。文学批评家常常纠结于小说与现实的二元对立。他们就历史和想象展开讨论,以理解社会文化生活与文艺作品之间的联系。他们还努力研究这种联系在多大程度上解释了法律和社会规范的产生。

理解现实与虚幻,分析二者间的联系与区别是一个关键的挑战。换句话说,用文学小说,尤其是历史变体来解释当代社会现实,让学者和批评家们直面透明度和客观性的问题。小说家在讲述谁的故事,又是什么独特的个人经历激发了这种叙述?大多数情况下的假设是,小说家,无论是历史主义的还是现实主义的,都是与小说中的故事紧密相关的讲述者甚至亲历者。因此,客观性在一定程度上被牺牲了。

因此,阿契贝包括《瓦解》在内的很多作品,都因不合乎"西方想象中的非洲结构"⑫而受到批评。奇迪·安东尼·欧普拉(Chidi Anthony Opara)认为,《瓦解》在很大程度上只是狭隘地反映了伊博女性在小说语境中的地位。他认为除了一个角色[阿格巴拉(Agbala)的女祭司]被置于主导地位之外,小说中所有其他女性角色都受到男性沙文主义的影响,仅限于从事家务劳动和享受得到允许的性放纵。⑬ 欧普拉认为,女性在伊博社会中扮演着比小说所描绘的更重要的角色。

奥卡福的观点与欧普拉相似。她问道:"在这部精彩的小说中,有哪些现实生活中的人物?"她认为,人们可能会认为《瓦解》是小说或历史小说,但实际上它是一部虚构的作品。如果一个伊博女性认为她不能在小说

---

⑫ Quayson A (1994) Realism, criticism, and the disguises of both: a reading of Chinua Achebe's things fall apart with an evaluation of the criticism relating to it. Res Afr Lit 25:121; Achebe C (1975) The novelist as teacher. In: Morning yet on creation day. Heinemann, London; Achebe C (1977) An image of Africa. Mass Rev 18:782.

⑬ Ade-Odutola O (2010) http://groups.google.com/group/usaafricadialogue/msg/82a2ec732aac816f. Accessed on 23 Nov 2012.

的情景中找到她的母亲或者祖母的影子,学者们应该做的不是忽视,而是认真反思她对于这部小说的理解。⑭

不同于欧普拉和奥卡福基于艺术和历史对《瓦解》的解读,卡尼斯·哈福(Kenneth Harrow)更加关注这部小说的流派。他认为《瓦解》"将故事情境设置在过去以说明当时的社会环境",这是典型的历史现实主义。他进一步认为,"由叙事方式组成的结构体裁决定了我们如何讲述人生故事,这不仅是对于事实的简单重复"。⑮ 这就是平淡地复述与艺术地讲述之间的区别。

从文学材料中归纳规范性标准的前提是真实的语境。如果《瓦解》中可以提取出伊博人权哲学的某些组成部分,将其仅仅称为小说将是矛盾的,因为现实和虚构在数量上存在区别。事实上,对伊博社会中妇女地位的当代评价似乎与欧普拉和奥卡福认为《瓦解》曲解了伊博女性社会地位的观点相矛盾。现实中的问题是,《瓦解》中描绘的前殖民时代以来,伊博女性的社会地位是否以及在多大程度上发生了变化。

因此,为了保持平衡和客观,女性在《瓦解》所处时代的伊博社会中的地位也需要与同一时期其他非洲社会女性地位进行比较。这部小说包含大量信息,从中不难发现尽管从前殖民时代以来,已经发生了巨大的变化(更多的女性接受教育,一夫多妻制已经不再流行,对妇女和儿童的暴力

---

⑭ Ade-Odutola O (2010) http://groups.google.com/group/usaafricadialogue/msg/82a2ec732aac816f. Accessed on 23 Nov 2012.

⑮ 这种方法类似于新历史主义,新历史主义广泛地借鉴了1920年至1950年的批评家,他们的作品集中于"基于对文本和历史背景(如作者的生活或写作作品的意图)之间相互作用的解释的历史内容"。新历史决定论的批评者也不像过去的历史批评者那样以事实和事件为导向,也许是因为他们开始怀疑真正发生的事情的真相是否能够被纯粹或客观地了解。他们不太可能认为历史是线性的和进步的,是向现在发展的东西,他们也不太可能从特定的时代来考虑历史,每个时代都有明确的、持续的和一致的时代精神。因此,他们不太可能表明文学具有单一或易于识别的历史背景。See "Critical Approaches: Definition of the New Historicism" online: http://bcs.bedfordstmartins.com/virtualit/poetry/criticaldefine/crit_newhist.html. See Ade-Odutola O (2010) http://groups.google.com/group/usaafricadialogue/msg/82a2ec732aac816f. Accessed on 23 Nov 2012.

犯罪受到惩治),但是在伊博社会当中,女性依旧在为了性别平等而斗争。[16] 在当代伊博社会中,同样广泛而不容置疑的事实是针对妇女的习俗和刻板印象仍然存在。[17]

但是,上述的争论非但没有化解文化社会与文学艺术(尤其是小说)之间存在的紧张关系,反而放大了这种联系。相应地,像欧贝齐纳(Obiechina)这样的文艺商人早就认识到了这种关系。他认为,特定的社会对其文学类型的主题以及对其正式发展的影响,一直没有得到充分的认识。[18] 他还注意到,西非不断变化的文化和社会形势如何促成了这部小说的诞生,也以深远而关键的方式制约了这部小说的内容和主题。欧贝齐纳似乎认为以《瓦解》这类作品为代表的非洲小说并不是虚构的,而是动态发展的文化环境的产物。

虽然在构建文化、生活和小说之间的关系时,现实与小说之间的联系通常在很多方面存在争议,但法律与艺术之间存在更好、更健康的联系,这一点是毋庸置疑的。特别是在非洲和尼日利亚的背景下,欧贝齐纳对社会和文化的借鉴尤为重要。非洲社会的一个普遍公认的特点是,法律根植于主流文化之中。因此,从某种意义上说,非洲许多地区的法律和文化在规范上并不是分开的,而是结合在一起的。[19] 更重要的是,由于长期的、持续

---

⑯ Iwobi A (2008) No cause for merriment: the position of widows under Nigerian law. Can J Women Law 20:37.

⑰ Ewelukwa U (2002) Post-colonialism gender, customary injustice: widows in African societies. Hum Rights Q 24:424.

⑱ Obiechina E (1973) Tradition and society in the West African novel. Cambridge University Press, London.

⑲ Mokgoro Y (1997) The customary law question in the South African constitution. St Louis Univ Law J 14:1279.

的使用,最常见的社会惯例成为习惯法。[20] 因此,就习惯法的创造价值而言,习惯被视为与法律相同。如果更仔细地考察,习俗对社会适用的东西,对法律同样适用。法律学者也持类似立场,哈钦森(Hutchinson)也证实了这一点:

> 法与生活本身一样,与艺术、文学有着长期而密切的关系。尽管人们常常认为法律和文学是单向流动的,但在法律和艺术之间却有某种东西是双向的。大多数时候,艺术依赖并遵循法律作为灵感的来源……艺术以奉承和贬低的方式分析和描绘法律及其角色。但在一些罕见而难忘的时刻,这一趋势发生了逆转——法律和生活追随和呼应了艺术和文学的风格,让最关心的人受益。[21]

哈钦森的立场是重要的,因为它具有将法律和艺术联系在一起的总体性和普遍性的能力,即使不是从一个特定的文化社区角度出发。在这种情况下,艺术、社会和法律的结合可以被视为一种普遍现象,而不是任何一种特定的社会法律制度所特有的。[22] 在下一节中,我将在跨学科背景下研究

---

⑳ 例如,请注意《尼日利亚证据法》是如何将习惯定义为"在某一特定地区因长期使用而具有法律效力的规则"。See C 112, Laws of the Federation of Nigeria 1990, s 291. See Asiedu-Akrofi D (1989) Judicial recognition of customary law in Nigeria. Am J Comp Law 37:571; Oba A (2006) The administration of customary law in a post-colonial Nigerian state. Cambrian Law Rev 37:95.

㉑ Hutchinson A (2011) Is eating people wrong? Great legal cases and how they shaped the world. Cambridge University Press, New York.

㉒ 进一步的分析,see Morison J, Bell C (1996) Tall stories? Reading law and literature. Dartmouth, Aldershot, p. 1。["我们都相信,关键的法律问题不仅可以在文学中栩栩如生,而且可以用传统法律材料无法比拟的方式进行探索。正义或不正义的概念,社会创造、监管差异、不法行为,甚至道德标准,都不是仅仅通过看法规、法律报告、官方犯罪数据甚至律师协会关于标准的报告就能充分探索的概念。法律与文学运动的真正使命是阅读文学,而不是作为('想成为'的)文学批评家,而是作为寻求权力、权威、秩序、裁决、惩罚、正义等占据我们所有人的法律主题的法律人。"]

法律和文学之间的关系在理论上是如何建立的。

10.3 处于法律与文学交界处的《瓦解》

因为法律和文学的研究是一个跨学科的努力，该领域本身就不受任何一个领域的单一理论或方法的限制。[23] 因此，主要的挑战（类似于对现实/想象和历史/虚构叙事的争论中所蕴含的挑战）是决定研究法律和文学的场域理论和方法论。这两个领域都面临使用它们最熟悉和最常用的理论和方法的诱惑。本文也不例外。也许正是出于这个原因，吉野健二（Kenji Yoshino）将法律和文学描述为一种“精神分裂的学科”。[24] 他通过引用罗伯特·维斯伯格（Robert Weisberg）定义的该领域的两个截然不同的分支来支持这种描述：“文学中的法律”和“作为文学的法律”。[25]

维斯伯格认为，文学中的法律（这是本文主要关注的一个分支）“涉及法律主题的出现，在小说或戏剧中对法律表现或过程的描述”。作为文学的法律“包括对法条、制度、司法意见和某些经典文献等法律文本进行文学作品一般的解析”。在此基础上，吉野健二看到了这一领域中的第三个分支——他称为文学法，具体是指“通过对淫秽、诽谤内容的规范和版权制度来调整文学”。[26]

本文对《瓦解》的讨论是从文学中的法律这一角度出发的，因此我关注小说中展示的法律主题、实践和生活在伊博社会中的各色人等。我特别关注人权领域，因此我的关注点进一步缩小到小说中关于生命权、女性权利和接受公平审判的权利有关的内容。与小说类似，一些法律作品中含有

㉓ Posner R (1988) Law and literature: a misunderstood relation. Harvard University Press, Cambridge.

㉔ Yoshino K (2005) The city and the poet. Yale Law J 114:1835.

㉕ Weisberg R (1988) The law-literature enterprise. Yale J Law Human 1:1.

㉖ Dawson N (1996) The law of literature: folklore and law. In: Morison J, Bell C (eds.) Tall stories? Reading law and literature. Darthmouth, Aldershot.

波斯纳口中的隐喻。[27] 这样的隐喻让小说参与关于人权的讨论成为可能。事实上,司郎特(Slaughter)也认为:“小说体裁和人权话语之间的联系绝非巧合或偶然。”接着,他指出它们是相互支持的:小说和法律作品都投射出一个人的人格形象,认可个人与社会关系的理想主义愿景以及自由和充分的人格发展。[28]

《瓦解》出色地完成了在讲述故事的同时关注人权的任务。它不是第一部用英语创作的非洲小说,但它是最重要和最著名的小说之一。库珀(Cooper)认为,尼日利亚从英国手中取得独立的2年之前,阿契贝在小说中对于殖民主义的批判有和《汤姆叔叔的小屋》对美国奴隶制同样的影响。[29] 伊雷勒(Irele)认为,《瓦解》之所以具有如此重大的影响是基于这样两个原因。一是紧贴现实。小说提供了一个完整的非洲社会的形象,在真实的历史环境中重新构建了一个个活生生的人物:连贯的社会结构形成了一个有意义和价值的制度结构。他进一步指出,由于这样的非洲形象在文学史上是前所未有的,因此这本小说有重大的意识形态意义。[30]

二是阿契贝对非洲经历的小说化表现方式。伊雷勒谈到,“在小说世界中,文化取向不仅支配着小说的虚构世界,而且还支配着小说的表达方式,人类的经验因此得以传达”。他认为《瓦解》是芭芭拉·哈罗(Barbara Harlow)“反抗文学”的原型,“小说基于其现实主义特质反映了西方殖民

---

[27] Soifer A (1986) Reviewing legal fictions. Ga Law Rev 20:871.

[28] Slaughter J (2007) Human rights Inc.: the world novel, narrative form, and international law. Fordham University Press, New York.

[29] Cooper C (2008) Chinua Achebe's things fall apart turns 50 this year. The Village Voice. http://www.villagevoice.com/2008-02-19/art/things-fall-apart-thinsp-turns-50-this-year/. Accessed on 23 Nov 2012.

[30] Irele A (2000) The crisis of cultural memory in Chinua Achebe's things fall apart. Afr Stud Q 4:1.

主义在非洲的面貌”[31]。

用“反抗”这个字眼表述小说流派特别合适，尤其是当与里德尔(Riddell)的“双重历史”理论一同使用的时候，颇能准确描绘殖民主义的性质及其带来的影响。[32] 里德尔提出了两类对比。我的关注局限于第一个对比，即乔伊斯·凯利(Joyce Cary)的《约翰逊先生》与阿契贝的《瓦解》之间的平衡。撰写《约翰逊先生》一书的凯利认为，在本土社会和文化融入更广阔的世界中，“‘学徒期’本质上是非洲殖民地历史的重要组成部分”。而《瓦解》则描绘了(伊博人的)文化生态是如何在这一过程中被瓦解的。里德尔这样总结这部小说：

> 小说的前半部分描述了伊博文化在政治、社会和经济体系方面的完整性；通过谚语说明作为重要历史遗产的个人与社会间的紧密联系；季节性节日和仪式；还有文化和环境的联系——湿热的雨水、干冷的疾风、贫瘠的土地和社会的凝聚力。[33]

里德尔的贡献在于提出了在非洲人权话语当中占据前沿和中心地位的问题：个人在社区中的地位。占主导地位的自由主义的人权概念建立在

---

[31] 阿莫斯·图图奥拉(Amos Tutuola)的《棕榈酒酒鬼》和阿契贝的《瓦解》虽然最初以小说的形式出现，但被描述为“真实的文化对象”。为了更有意义地传达这种理解，《瓦解》有一些注释版本，它们通过调整阅读经历改变了小说。现在读者不再自由地想象意义，而是对他或她可能提出的任何文化问题给出了明智的答案。这个框架确保了小说作为一种文化产物的真实性得到了保护，防止了人们对小说的偏差理解。Harrow K (2007) Shibboleths: the production of culture. Global S 1:135, p. 136.

[32] Riddell B (1990) Let there be light: the voices of West African novels. J Mod Afr Stud 28:473.

[33] Lacayo R (2005) http://entertainment.time.com/2005/10/16/all-time-100-novels/slide/things-fallapart-1959-by-chinua-achebe/# things-fall-apart-1959-by-chinua-achebe. Accessed on 23 Nov 2012.

一个孤立的、自主的、个人的观念上,[34]这是个人主义的、不和谐的、对抗性的,而且常常是好讼的。[35] 这个人必须受到政府和社会的保护。在非洲,这一理念截然不同。它建立在这样一种理解之上,即个人的利益与社会的利益密不可分。就像约翰·木比特(John Mbiti)的名言所说,对个人发生的事也会对整个群体发生,对整个群体发生的事也会对个人发生。个体只能说:"我是,因为我们是;我们在,我才在。这是理解非洲人的观点的一个基本要点。"[36]

因此,在非洲的背景下,社区更需要保护,尤其是在面对来自个人的威胁时。从《非洲人权和人民权利宪章》的序言中可以看出,这种理解是如何被纳入非洲人权哲学的。[37] 在这些领域,该宪章打破了旧的国际和区域人权文件的传统,不仅规定了权利而且规定了义务,表明个人不仅(应当)享有权利也要承担责任,这些责任是对他人和社会所应尽的义务。因此,当讨论在非洲文化空间中构思的权利的细节时,重要的问题是要意识到,它们与某些更为自由的人权有相似之处。这种理解必须建立在这种文化的强大基础上。在下文中,我将研究《瓦解》是如何确认或否认我在本文开头作为主要关切的权利的存在的。

10.4 "这本小说是性别歧视的":《瓦解》与女权

接下来讨论的是更具有争议性的内容,《瓦解》的故事情节中女性的社会地位,以及这是否能成为关于女性权利的讨论的基础。上文中,我提

[34] Pollis A (1982) Liberal, socialist, and third world perspectives of human rights. In: Schwab P, Pollis A (eds.) Towards a human rights framework. Praeger, New York.

[35] Henkin L (1990) The age of rights. Columbia University Press, New York.

[36] Mbiti J (1990) African religions and philosophy. Heinemann Educational Publishers, Oxford.

[37] Quashigah K (2012) Scope of individual duties in the African charter. In: Ssenyonjo M (ed) The African regional human rights system: 30 years after the African charter on human and peoples' rights. Martinus Nijhoff Publishers, Leiden.

供了对这个历史争论的本质的重要见解。这些观点倾向于认为《瓦解》并不能准确地反映虚构的乌姆奥菲亚(Umuofia)村当中伊博女性的地位。小说中,不仅在语言的使用上有明显的歧视,而且伊博女性的社会地位看起来非常卑微,但是这并不是事实。一位在课堂上使用《瓦解》作为阅读材料的高中教师曾经讲述了这样一段经历:

> 一位白人女生宣称:“这就是一部性别歧视的小说!”她拍打着手中的海尼曼读本来表达自己对于书中表现的种族立场的愤怒。仿佛是为了远离这个冒犯他人的物件,她肩上那条仿巴勒斯坦解放组织的红格子围巾都随着她的动作滑落了。很明显,她的话代表了受到压迫的人们。[38]

利巴姆(Cobham)认为,当“性别歧视”这个词被与《瓦解》联系起来的时候,它主要是指奥贡喀沃(Okonkwo),这位小说中的男主人公是厌恶女性的。贾伊夫(Jeyifo)在小说中看到,奥贡喀沃与他的父亲乌诺卡(Unoka)和他的儿子恩沃依埃(Nwoye)之间的关系被投射到他的(连名字都没有的)母亲、妻子和女儿之间的关系当中。[39] 从女性主义的视角看来,“这比其他任何因素都能更有效地揭示阿契贝的男性中心主义立场”。“无可争议的是,这仅仅是故事的一部分,不过触及《瓦解》繁复庞杂又语焉不详的文本所体现的性别政治立场的表面。”

本文的目的不在于讨论贾伊夫提出的性别政治,而是要阐明《瓦解》落入了新宗法主义彀中。我宁愿说明这一事实如何适用于关于人权价值

---

[38] Cobham R (2003) Problems of gender and history in the teaching of things fall apart. In: Okpewho I (ed.) Chinua Achebe's things fall apart: a casebook. Oxford University Press, New York.

[39] Jeyifo A (1993) Okonkwo and his mother: things fall apart and issues of gender in the constitution of African postcolonial discourse. Callaloo 16:849.

观是否确实具有普遍性或文化特异性的理论讨论。如果这部小说要对非洲人权理念的构建有所帮助,它必须有助于提升女性当前可悲的权利现状。如果这一点也不能得到认同,那么,这就明确地表明人权在非洲文化中毫无价值。可能的反驳是,如果不能作出这样的说明,那么这就明确表明人权不是该文化的价值。仔细阅读小说之后,不难看出"小说的主要关切在于女性在巨大的社会和政治力量面前的地位"。[40] 在这一过程中,男性对女性的主导地位被严重放大了,女性的从属地位是一个虚拟事实。

例如,这部小说以主人公奥贡喀沃开头,"一个 18 岁的年轻人"。[41] 奥贡喀沃的父亲名叫乌诺卡,是他担忧和恐惧的主要人物,而他的母亲就是一位普通的母亲,她没有名字,她在整部小说中只被"单独地,简短地提及"。[42] 奥贡喀沃的姐妹们(像他的母亲一样)也是匿名的。与懒惰的父亲不同,奥贡喀沃的母亲和姐妹们工作非常努力,"但她们种植的是女性作物,比如可可薯类、豆类和木薯"。山药是庄稼之王,是男人的庄稼。奥贡喀沃一生都在遗憾的是他的女儿埃金玛(Ezinma)应该是个男孩。因为她不是男孩,她不能把父亲的椅子搬到村里的广场。那是男孩的工作,女孩不能做。每当他的儿子恩沃依埃抱怨女人的时候,奥贡喀沃总是很高兴,但这只是因为"这表明,他假以时日就能够控制他的女人"。他经常打他的妻子和孩子,并以严厉的手段统治他的家庭。

尽管人们对《瓦解》中性别歧视的特质有诸多批评,但阿契贝却因真实地描述了伊博社会和传统伊博女性的地位而广受赞誉。[43] 这往往与我

---

[40] Boyce Davies C (1986) Motherhood in the works of male and female Igbo writers: Achebe, Emecheta, Nwapa and Nzekwu. In: Boyce Davies C, Adams Graves A (eds.) Ngambika: studies of women in African literature. Africa World Press, Trenton.

[41] Achebe C (1958) Things fall apart. Everyman's Library, New York.

[42] Jeyifo A (1993) Okonkwo and his mother: things fall apart and issues of gender in the constitution of African postcolonial discourse. Callaloo 16:848.

[43] Cobham R (2003) Problems of gender and history in the teaching of things fall apart. In: Okpewho I (ed.) Chinua Achebe's things fall apart: a casebook. Oxford University Press, New York.

前面提到的关于小说在这方面不具代表性的观点以及布奇·埃梅切塔(Buchi Emecheta)的观点形成鲜明对比,据称,他的《母亲的乐趣》描绘了一幅截然相反的画面。然而,如果《瓦解》真实地描绘了前殖民时期伊博社会中妇女的地位,那么在那个特定的社会环境中,一页一页显而易见的、被认为是可以接受的对妇女的恶劣待遇,在什么意义上可以被认为对理解非洲人权哲学具有哪怕是微不足道的意义呢?事实上,在阿契贝虚构的乌姆奥菲亚村中对妇女权利的可怜表现难道不能证明在前殖民时代的非洲社会中不存在目前所理解的人权吗?诸如此类的问题使本节有必要考虑妇女的权利。

由于《瓦解》在很大程度上是对其处理妇女权利的负面评价,因此在本节中若未能集中关注妇女权利问题,那将是不可原谅的遗漏。但这一目标的重要意义在于女性在《瓦解》中的地位与历史上当时女性在世界上的地位有惊人的相似之处。因此,它不只是关于乌姆奥菲亚村所阐明的一个传统伊博社会的性别标准,而更多的是关于那个时代不同文化的普遍做法。如果认为,《瓦解》反映了伊博妇女地位低,那么非洲伊博以外的社会中妇女的地位就不低吗?[44] 尽管乌姆奥菲亚村的妇女生活在男性的阴影之下,但如果同样的标准不适用于在那个时期使妇女处于同样困境的其他文化,这就不能作为整个文化缺乏人权的依据。接下来我要讲的是这部小说是如何对待生命权的。

---

[44] 例如,Gavigan [Gavigan S (1989) Petit treason in eighteenth century England: women's inequality before the law. Can J Women Law 3: 336]:从1351年到1790年,英国法律规定,谋杀丈夫的妇女可能被判犯有“小叛国罪”,并接受女叛徒的命运:被烧死在火刑柱上。官方对这种罪行的解释是,英国妻子对丈夫有服从的义务;这种惩罚以女性天生谦卑的名义得到辩护——“被绑在火刑柱上烧死比被拉出来分尸要好,这是对叛国罪的官方惩罚”。See Keyssar A (2009) The right to vote: the contested history of democracy in the United States. Basic Books, Philadelphia; Bunch C (1994) An equal voice. In: Reoch R (ed.) Human rights: the new consensus. Regency Press, London.

10.5　既非此、亦非彼:《瓦解》中的生命权

就像女性权利一样,《瓦解》中的生命权也充满矛盾。一方面,这部小说似乎承认了人的生命是神圣的,因此不能轻率地对待生命而不承担后果。另一方面,也有一些特定的例子表明人的生命似乎被忽视。伊克美弗纳(Ikemefuna)的残酷命运就是一个典型的例证,他的人生就是这种矛盾态度的隐喻。他的命运也象征着小说中生命权被撕扯的另一个方向。接下来,我将首先观察小说中重视生命权的例证,之后再分析其中相反的立场。

伊克美弗纳是一个15岁的小男孩,[45]他和"一个年轻的处女"一起被恩拜诺(Mbaino)作为补偿交给乌姆奥菲亚。事情的起因是乌姆奥菲亚的一名女子在恩拜诺的集市上被杀了。这表明生命是重要的,当生命被非法剥夺,就会触发某种形式的制裁。按照书中的情节,因女子被杀而产生的惩罚就是赔偿。[46] 这是《瓦解》所处的虚构时代的规则,也是当今非洲社会的规则。当今各国都不遗余力地保护生命,并对非法剥夺他人生命的人施以包括死刑在内的严厉惩罚。[47] 生命权显然是最重要的人权,因为一旦生命权被剥夺,其他权利就失去了价值。因此,乌姆奥菲亚文化显然尊重和崇拜人的生命。

然而,通过伊克美弗纳的故事来看,乌姆奥菲亚的做法也有一个缺点。来自乌姆奥菲亚的一位女性在恩拜诺被杀。因此,要用两条人命(一人被允许继续活着,另一人被判处死刑)而不是一条人命来抵罪。这样的比例

---

[45] Achebe C (1958) Things fall apart. Everyman's Library, New York, p. 8.

[46] Ejidike O (1999) Human rights in the cultural traditions and social practice of the Igbo of South-Eastern Nigeria. J Afr Law 43:76

[47] Hood R, Hoyle C (2008) The death penalty: a worldwide perspective. Oxford University Press, Oxford; Anckar C (2004) Determinants of the death penalty: a comparative study of the world. Routledge, London; Smit D (2004) The death penalty in Africa. Afr Hum Rights Law J 4:1.

合适吗,让这两个人为并非由他们犯下的罪行付出代价是否合适?不管怎么说,惩罚应该针对需要为罪行负责的人,而不是让其他人代为受过。此外,乌姆奥菲亚的死者已被一名处女取代的情况下,真的有必要将伊克美弗纳处死(也就是现在的赔偿以及未来的死刑),并将此作为对这一特殊罪行的永久赎罪吗?这些追问大大削弱了乌姆奥菲亚文化中生命权可能得到的尊重。伊克美弗纳事件所揭示的现实,抵消甚至否定了最初对生命不可侵犯的认识。

上述情节可能无法证明乌姆奥菲亚文化中对生命的尊重,但在另一个情节中有进一步的证据。在为部落中最伟大的人物埃塞乌杜(Ezeudu)举行的葬礼上,奥贡喀沃意外地枪杀了死者的一个儿子。[48] “奥贡喀沃唯一的出路就是逃跑”,阿契贝写道。“这种罪行分为男性和女性两种。奥贡喀沃犯下的是女性的罪行,因为这是由于疏忽大意所致。”在乌姆奥菲亚文化中,“男性”和“女性”杀人的区别似乎类似于当代刑法中谋杀和过失杀人的区别,或者一级谋杀和二级谋杀的区别。虽然还不清楚如果奥贡喀沃的行动是有预谋的,他会受到什么样的惩罚,但对他的疏忽所做的惩罚仍然不仅仅是被驱逐。惩罚马上得到了严厉的执行。“天一亮”,阿契贝写道,“一大群穿着战争服装的人从埃塞乌杜的院子冲进了奥贡喀沃的院子。他们烧毁了他的房屋,拆毁了他的红墙,杀了他的牲畜,毁坏了他的谷仓”。

小说中有足够的内容表明,人们热衷于坚持这些习俗,就像他们对其复杂性感到焦虑和担忧一样。在奥贡喀沃被驱逐后,他的好朋友奥比埃里卡(Obierika)为这件事想了很长时间,他想知道一个人怎么能因为自己不小心犯下的罪行而遭受如此严重的痛苦。那个反省的时刻也迫使他萌生了另一种类似的文化,这进一步破坏了乌姆奥菲亚文化中对生命价值的认同。奥比埃里卡想起了“被他抛弃的双胞胎孩子。他们又犯下了什么罪

---

[48] Achebe C (1958) Things fall apart. Everyman's Library, New York, p. 109.

行?”但是:

> 地母已经宣布他们(双胞胎)是对大地的冒犯,必须被摧毁。如果氏族不惩罚冒犯地母的罪行,她的愤怒就会蔓延到整个大地,而不仅仅是冒犯者。正如长老们所说,如果一个手指沾上了油,就会弄脏其他手指。[49]

在奥贡喀沃所处的文化当中,一个人可以因为杀人而受到严厉的惩罚,与此同时,杀婴行为却能得到宽恕,只因杀害的是双胞胎。这恰恰能够从两个极端说明这种文化对于生命的态度。因此,我们可以说乌姆奥菲亚文化对生命权的承认可以说已经达到了可能的最大限度;也可以说,这种文化对于生命的态度是矛盾的或不充分的。但这些都比不上一个基本事实,即在这种文化当中生命的确被承认,只有得到承认的生命在这种文化当中才能受到保护。

10.6 同步:公平听证和司法

社会上个人之间发生纠纷时获得公平听证的权利,长期以来被认为是有效司法的关键。大多数国家宪法都承认以某种形式获得公平听证的权利,绝大多数的国际和区域人权规范也承认和尊重这项权利。然而,历史记载表明,这一权利并不总是以今天所承认的形式存在。接下来,我想说明《瓦解》中的伊博社会确实承认,当社区成员之间出现争议时,他们有权表达自己的意见。但作为一个初步的观点,我首先要说明,并不是所有的

---

[49] Ejidike [Ejidike O (1999) Human rights in the cultural traditions and social practice of the Igbo of South-Eastern Nigeria. J Afr Law 43: 78] 这种做法,连同奥苏种姓制度、奴隶制和活人祭祀,经常被作为伊博社会“严重侵犯人权”的证据。然而,作者问道:“但是,这些做法的存在……是否意味着伊博社会完全无视权利,以至于当今的做法在文化上无法合法化?”虽然没有为这些贬损辩护,但他进一步指出,“在考虑这些贬损时,重要的是要区分伊博文化的精神及其表现形式”。前者或多或少是静态的,而后者在很大程度上容易受到时代的负面影响。

社会都能像阿契贝笔下的乌姆奥菲亚一样承认这种权利。

例如,原始社会对待谋杀等严重犯罪行为的方式,就描绘了这一权利相当漫长而艰难的发展过程。例如,乌维·维塞尔(Uwe Wesel)描述了这样的情形:当一个人被指控犯有某种罪行,即便是在已经被定罪的情况下,他也能在巫医的小屋里寻求庇护。根据这样的传说,被告所享有的唯一权利是只要他待在小屋内就不受伤害。[50] 博登海默(Bodenhamer)写道,1066年以前的英格兰,说当时的刑事诉讼是"口头的,个人的,指控的……"[51]特拉索(Trechsel)在观察中发现,中世纪的证据规则包含了一些不合理的方法,包括"宣誓,酷刑和决斗"。古巴比伦的《汉穆拉比法典》被认为是首次有记录地尝试制定公平审判的规范,要求法官听取诉讼双方的证词,从而"阻止强者压迫弱者"。[52]

在《瓦解》中有充分的证据表明,公平听证原则在很大程度上是前殖民时期伊博社会解决争端过程的一部分。在此规范之下,允许争议各方在某个仲裁机构陈述各自的观点。然而,这不能作为结论性证据,证明传统伊博社会中不存在一些不合理或主观的原始社会证据规则。欧巴(Oba)指出,超自然因素在非洲习惯法中发挥重要作用,特别是在尼日利亚伊博族中,宣誓在习惯法仲裁中的使用比在其他种族和语言群体中更为广泛。[53] 然而,虽然这些方法是为了获取证据,但是也有类似现代国内法和国际法意义上的公平听证的意义。

在《瓦解》的情节当中,传统伊博社会对于对抗式审判的认可出现在

---

[50] Trechsel S (1997) Why must trials be fair. Isr Law Rev 31:94.

[51] Bodenhamer D (1992) Fair trial: rights of the accused in American history. Oxford University Press, Oxford, p. 11.

[52] Banaszak R (2002) Fair trial rights of the accused: a documentary history. http://www.questia.com/PM.qst? a = 101365042. Accessed on 23 Nov 2012.

[53] Oba A (2008) Juju oaths in customary law arbitration and their legal validity in Nigerian courts. J Afr Law 52:139; Edu O (2004) The effect of customary arbitral awards on substantive litigation: setting matters straight. J Private Property Law 25:43; Ejidike M, Izuakor L (1992) Deity as an instrument of social control: the case of Haaba Agulu. Niger Herit 1:20.

奥杜喀维(Odukwe)和乌佐乌鲁(Uzowulu)在乌姆奥菲亚部族长老面前进行的听证会上。[54] 这是一场婚姻纠纷。解决纠纷的方式也同时反映了伊博人基于权利规范和哲学立场对于有罪与否的认识。乌佐乌鲁娶了奥杜喀维的妹妹。显然,在这桩婚姻当中,丈夫对妻子实施了身体上的虐待。娘家人显然受够了这种情况,就到乌佐乌鲁家中,把他狠狠地打了一顿,之后把他们的妹妹和孩子带走了。乌佐乌鲁向部族长老表达了自己的不满并请求让他的妻子回家。乌姆奥菲亚部族的长老们,也被称为艾格乌乌(Egwugwu),因此聚集在一起,开始了一场完整的审判。这一诉讼程序在一位部落长老的指导下实施,这很类似于由一名法官主持的合议程序。

这场由四部分组成的审判说明了前殖民时代的伊博社会如何处理类似的纠纷,以及相关人等所享有的权利。在审判的一开始,长老要求双方保持秩序。阿契贝这样描述当时的场景:

> "奥杜喀维的肉身,我向你致敬",长老说。奥杜喀维弯下身子,手摸着地。审问开始了。乌佐乌鲁(这场官司的原告)走到前面,陈述他的案情。"站在那里的女人是我的妻子恩格巴弗(Mgbafo)。我是用我的钱和木薯把她娶回来的。"

然后,乌佐乌鲁生动地描绘了他的亲家给他造成的痛苦,并请求长老为他遭受的虐待提供适当的补救。审判的这一组成部分表明,乌姆奥菲亚所处时代的伊博社会中,解决争端不仅涉及听证,而且还涉及允许争端各方陈述各自的案情。这合乎未经听证不谴责任何人的规则。

从公平听证的角度来看,这次审判的第二个重要组成部分同样重要。长老们并没有仅仅根据乌佐乌鲁的证词来解决争端。在乌佐乌鲁陈述完毕后,作为辩方的奥杜喀维有机会反驳乌佐乌鲁的证词。他是这样说的:

---

[54] Achebe C (1958) Things fall apart. Everyman's Library, New York, p. 77.

> 我的亲家刚才对你说，我们到他家去，打了他一顿，把我们的妹妹和她的孩子接回去了。那一点也不错。他又对你说，他来索要他的新娘身价，而我们不肯给他，这也是事实。我的亲家乌佐乌鲁简直是个畜生。我的妹妹和他一起过了九年。这些年中，他没有一天不打这个女人。

在做完证词后，奥杜喀维"找来了两位证人，他们都是乌佐乌鲁的邻居……"他们证实了乌佐乌鲁实施暴力行为的事实。审判的这一组成部分表明，在争端得到解决之前，必须听取双方的意见。它还表明，当事人不仅能够亲自为自己的案件辩护，他们还可以传唤证人来证实他们的证词。这显然符合司法程序中的平等原则。换句话说，争端双方胜诉的机会是均等的。官司的输赢取决于案件的事实，而不是裁判者的偏好。

在奥杜喀维作证之后，审判进入第三个重要组成部分。九位长老到他们的房子里去商量，有很长时间听不到一点声音。这与某些当代法律制度中陪审团审判的做法类似，陪审员公开听取口头证据，然后进行闭门讨论，评估证据以解决争议。陪审团审判通常被视为一种确保程序正义的机制。因此，在维护程序正义上，陪审团制度被认为是独任审判制度。《英国大宪章》和《美国宪法第六修正案》被看作是现代陪审团制度的根源。[55] 但也可以认为，《瓦解》中的长老审判不符合陪审团审判的要求，因为在本案中，长老与当事人之间地位悬殊。有待进一步讨论的问题是，一个永久性的、全部由男性组成的裁决机构，与由男性和女性共同组成的机构相比，是否合乎性别平等的标准。然而，以今天的标准来评判审判组织忽略了一个关键的问题：今天的法律制度已经走过了很长的路，并随时间的推移而演

[55] Langbein J (1992) On the myth of written constitutions: the disappearance of the criminal jury trial. Harv J Law Public Pol 15:119.

变。一些法律体系(如英国法律体系)在其历史中采用陪审团审判的时间要晚得多。

审判的最后一个步骤确定了最终的争端解决方式。虽然长老们可以将责任归咎于有过错的一方,并将胜利归于另一方,但他们拒绝了这条路线。相反,为了不牺牲长远利益以换取眼前的小利,他们确定了一种各方之间达成和解的方案。长老会的头领说:“我们已经听到双方对于这个案件的说法。我们的责任不在于责备这个人,或者赞扬那个人,而是要解决纠纷。”[56]他对想要他的妻子或者彩礼的乌佐乌鲁说,“带一壶酒到你的亲家那里,请求你的妻子跟你回家。男子汉同女子斗,并不算是英勇”。他又对奥杜喀维说:“如果你的亲家带酒给你,那么,让你的妹妹跟他回去吧。我向你致敬。”

裁判的性质凸显着乌姆奥菲亚,乃至伊博人的争端解决哲学。按照爱机蒂克(Ejidike)的说法:

> 在伊博法律原则中,社会正义是优先于法律规范的。伊博的司法解决不是对抗性的,也不是完全通过有罪和无罪解决争端。它不是“裁判”,而是解决。具体的手段包括通过妥协来重建人与人之间或人与祖先之间满意的关系。成功的审判必须使争议双方都感到满意。

关于这一程序对抗性的讨论在我看来似乎并没有对乌姆奥菲亚的争端解决制度作出完整的说明。奥杜喀维与乌佐乌鲁之间的争议所象征的

---

[56] 然而,这与爱克伊诺(Equiano)讲述的这些长者在不同的伊博社会中成长的故事有一点不同。他说:“那些长老或者首领解决争端,惩罚犯罪。为了这个目的,他们总是聚在一起。诉讼程序通常很短;在大多数情况下,报复法占了上风。”Brooks J (ed.) (2004) The life of Olaudah Equiano: the interesting narrative of the life of Olauda Equiano, or Gustavus Vassa, the African written by himself. RR Donnelley & Sons Company Chicago, p.7.

制度是对抗性的，至少从一方提出指控而另一方有义务作出回应的意义上说，是这样的。但是应当指出的是，这种意义上的对立并不会转化为敌意。司法机构在奥杜喀维与乌佐乌鲁之间的争议中的做法只会加强妥协和解而不是简单的诉讼中的胜负。显然，乌姆奥菲亚的长老们作出了一项任何当事方都不能合法地说不满意的判决。不是赢家包揽一切，而是双方能够各有所得。但最重要的是，它是在一种愉快的氛围中进行的，在一种互让的氛围中进行的，而不是在敌对体制中那种往往痛苦而漫长的程序中进行的。

最近，国内和国际争端解决论坛都采用了这种可以在友好环境中解决法律争端的立场。因此，由于各种原因，不同的替代争端解决机制越来越受到诉讼的青睐。例如，矛盾多元化解为当事人提供了更多的选择，而传统的诉讼形式主要依靠司法强制来获得合法性和强制执行。[57] 法学院开始意识到替代性纠纷解决方法的边界不断扩大，现在正将其纳入课程。[58] 因此可以认为，早在世界认识到"法庭上的战斗"之外还有其他有效的争议解决机制之前，[59]非洲人就已经普遍地使用此类程序并从中受益。当然，非洲大陆在这个问题上的成功经验没有影响西方国家推动非洲大陆从传统到现代的法律移植努力。

显然，上述奥杜喀维与乌佐乌鲁之间争议的审判程序可能缺乏一些当代公平审判细节（没有律师，也没有交叉质询），但是，庭审的概念在跨文化背景下理解人权价值依旧有着重要意义。在《瓦解》出版后很久开展的研究表明，伊博人的酋长政治环境下有着成熟的程序制度，包括质证、诉讼

---

[57] See "Transcript: A Dialogue between Professors Frank Sander and Mariana Hernandez Crespo: Exploring the Evolution of the Multi-Door Courthouse" (2008) 5 University of St Thomas Law Journal 665 at 668.

[58] Menkel-Meadow C (1992) To solve problems, not make them: integrating ADR in the law school curriculum. SMU Law Rev 46:1995.

[59] Grande E (1999) Alternative dispute resolution, Africa and the structure of law and power: the horn in context. J Afr Law 43:63.

费、以誓言证实有争议的事实和防止权力滥用的巧妙规范。[60]

10.7 结论

本文的主要论点绝不可能成为对非洲环境中人权价值文化解释的最终结论。作为一种艺术性的小说能否作为规范性文化或者法律规范的基础也存在争议。关于历史小说作为一种艺术形式是否可以作为任何规范性文化或合法生产体系的基础的争论也不完全可能。我相信,所谓的小说有可能实际上等同于对现实生活的再现,而《瓦解》就是这样一种尝试。法学和文学领域的学者都认为这两门学科之间的联系绝非偶然。这意味着文学中的法律提供了这样一种可能,从艺术作品中可以分离出法律和文化规范。

因此,《瓦解》代表着这种跨学科研究的可能性,从人权的角度来看更是如此。它与某些具有普遍性的人权价值紧密相关。因此,从某种意义上说,它提出的是关于人权的普遍性讨论,而不是仅仅将思考局限在非洲大陆的文化语境当中。在推进关于人权的一般性对话的同时,这部小说在非洲范围内推进人权制度和人权运动发展所取得的成就要人于任何否认这些价值观的存在的努力。通过展开关于人权主题的宏大叙事,小说展示了种种人权价值。而强调各种人权价值仅仅源自西方的观点,恰恰无益于人权的普遍性在更广泛的领域中得到认可。

这充分说明了非洲习俗的持久性和活力,这些价值观在殖民主义的影响下幸存了下来,并融入当地发生变化的社会和人文环境。例如,尽管非洲妇女仍然在为平等和获得承认而奋斗,但她们的集体状况已经比乌姆奥菲亚时期改善了很多,不过仍有许多工作需要完成。此外,妇女的斗争是一种普遍现象,而不是非洲的特有现象。出于这个原因,支持人权价值普

---

[60] Nzimiro I (1972) Studies in Ibo political systems: chieftaincy and politics in four Niger states. University of California Press, Berkley.

遍性的争论可以更有效地围绕“错误”的方法而不是过度的“正确”的方法来组织。除了在非洲某些文化实践中所表现出来的错误,如妇女的从属地位,是不是非洲特有的问题?正如我在本文中所论证的,这样的论点经不起逻辑推敲,因为这些情况在其他文化中也以不同的程度存在。

因此,要在不同文化之间就人权价值观展开对话,还有很多工作要做。将某些文化边缘化或将其置于关于权利和价值观的普遍辩论的边缘,只会破坏而不是促进这种对话。这种倾向也是一个相对主义观点对普遍主义观点提出的挑战的核心。此外,除了本文讨论的具体权利和价值之外,我们还可以从《瓦解》和其他非洲文化中发现更多。例如,在人道主义法律领域中有一些具体的价值观,在乌姆奥菲亚的故事中很明显。这将成为今后进一步研究和阐明的方向。

参考文献

Achebe C (1958) Things fall apart. Everyman's Library, New York

Achebe C (1975) The novelist as teacher. In: Morning yet on creation day. Heinemann, London

Achebe C (1977) An image of Africa. Mass Rev 18:782

Ade-Odutola O (2010), http://groups.google.com/group/usaafricadialogue/msg/82a2ec732aac816f. Accessed on 23 Nov 2012

Akers Rhoads D (1993) Culture in Chinua Achebe's things fall apart. Afr Stud Rev 36:61

Anckar C (2004) Determinants of the death penalty: a comparative study of the world. Routledge, London

Anghie A (2006) The evolution of international law: colonial and postcolonial realities. Third World Q 27:739

Asiedu-Akrofi D (1989) Judicial recognition of customary law in

Nigeria. Am J Comp Law 37:571

Banaszak R (2002) Fair trial rights of the accused: a documentary history. http://www. questia. com/PM. qst? a = 101365042. Accessed on 23 Nov 2012

Bodenhamer D (1992) Fair trial: rights of the accused in American history. Oxford University Press, Oxford

Boyce Davies C (1986) Motherhood in the works of male and female Igbo writers: Achebe, Emecheta, Nwapa and Nzekwu. In: Boyce Davies C, Adams Graves A (eds) Ngambika: studies of women in African literature. Africa World Press, Trenton

Brooks J (ed) (2004) The life of Olaudah Equiano: the interesting narrative of the life of Olauda Equiano, or Gustavus Vassa, the African written by himself. RR Donnelley & Sons Company Chicago

Bunch C (1994) An equal voice. In: Reoch R (ed) Human rights: the new consensus. Regency Press, London

Chimni B (2004) International institutions today: an imperial global state in the making. Eur J Int Law 15:1

Cobbah J (1987) African values and the human rights debate: an African perspective. Hum Rights Q 9:309

Cobham R (2003) Problems of gender and history in the teaching of things fall apart. In: Okpewho I (ed) Chinua Achebe's things fall apart: a casebook. Oxford University Press, New York

Cooper C (2008) Chinua Achebe's things fall apart turns 50 this year. The Village Voice. http://www. villagevoice. com/2008-02-19/art/things-fall-apart-thinsp-turns-50-this-year/. Accessed on 23 Nov 2012

Dawson N (1996) The law of literature: folklore and law. In: Morison J,

Bell C (eds) Tall stories? Reading law and literature. Darthmouth, Aldershot

Donnelly J (1982) Human rights and human dignity: an analytic critique of non-western conceptions of human rights. Am Polit Sci Rev 76:303

Donnelly J (2003) Universal human rights: in theory and practice. Cornell University Press, New York

Edu O (2004) The effect of customary arbitral awards on substantive litigation: setting matters straight. J Private Property Law 25:43

Ejidike O (1999) Human rights in the cultural traditions and social practice of the Igbo of South-Eastern Nigeria. J Afr Law 43:71

Ejidike M, Izuakor L (1992) Deity as an instrument of social control: the case of Haaba Agulu. Niger Herit 1:20

Ewelukwa U (2002) Post-colonialism gender, customary injustice: widows in African societies. Hum Rights Q 24:424

Fuglestad F (1992) The Trevor-Roper trap or the imperialism of history: an essay. Hist Afr 19:309

Gavigan S (1989) Petit treason in eighteenth century England: women's inequality before the law. Can J Women Law 3:335

Gikandi S (2001) Chinua Achebe and the invention of African culture. Res Afr Literatures 32:3

Grande E (1999) Alternative dispute resolution, Africa and the structure of law and power: the horn in context. J Afr Law 43:63

Harrow K (2007) Shibboleths: the production of culture. Global S 1:135

Henkin L (1990) The age of rights. Columbia University Press, New York

Hood R, Hoyle C (2008) The death penalty: a worldwide perspective.

Oxford University Press, Oxford

Hutchinson A (2011) Is eating people wrong? Great legal cases and how they shaped the world. Cambridge University Press, New York

Irele A (2000) The crisis of cultural memory in Chinua Achebe's things fall apart. Afr Stud Q 4:1

Iwobi A (2008) No cause for merriment: the position of widows under Nigerian law. Can J Women Law 20:37

Jeyifo A (1993) Okonkwo and his mother: things fall apart and issues of gender in the constitution of African postcolonial discourse. Callaloo 16:847

Keyssar A (2009) The right to vote: the contested history of democracy in the United States. Basic Books, Philadelphia

Lacayo R (2005) http://entertainment. time. com/2005/10/16/all-time-100-novels/slide/things-fallapart-1959-by-chinua-achebe/#things-fall-apart-1959-by-chinua-achebe. Accessed on 23 Nov 2012

Langbein J (1992) On the myth of written constitutions: the disappearance of the criminal jury trial. Harv J Law Public Pol 15:119

Mbiti J (1990) African religions and philosophy. Heinemann Educational Publishers, Oxford

Menkel-Meadow C (1992) To solve problems, not make them: integrating ADR in the law school curriculum. SMU Law Rev 46:1995

Mokgoro Y (1997) The customary law question in the South African constitution. St Louis Univ Law J 14:1279

Morison J, Bell C (1996) Tall stories? Reading law and literature. Dartmouth, Aldershot

Morsink J (1999) The universal declaration of human rights: origins, drafting and intent. University of Pennsylvania Press, Philadelphia

Moyn S (2012) Imperialism, self-determination, and the rise of human rights. In: Iriye A et al (eds) The human rights revolution: an international history. Oxford University Press, Oxford

Nnoromele P (2000) The plight of a hero in Achebe's things fall apart. Coll Lit 27:146

Nzimiro I (1972) Studies in Ibo political systems: chieftaincy and politics in four Niger states. University of California Press, Berkley

Oba A (2006) The administration of customary law in a post-colonial Nigerian state. Cambrian Law Rev 37:95

Oba A (2008) Juju oaths in customary law arbitration and their legal validity in Nigerian courts. J Afr Law 52:139

Obiechina E (1973) Tradition and society in the West African novel. Cambridge University Press, London

Pollis A (1982) Liberal, socialist, and third world perspectives of human rights. In: Schwab P, Pollis A (eds) Towards a human rights framework. Praeger, New York

Posner R (1988) Law and literature: a misunderstood relation. Harvard University Press, Cambridge

Quashigah K (2012) Scope of individual duties in the African charter. In: Ssenyonjo M (ed) The African regional human rights system: 30 years after the African charter on human and peoples' rights. Martinus Nijhoff Publishers, Leiden

Quayson A (1994) Realism, criticism, and the disguises of both: a reading of Chinua Achebe's things fall apart with an evaluation of the criticism relating to it. Res Afr Lit 25:117

Riddell B (1990) Let there be light: the voices of West African novels.

J Mod Afr Stud 28:473

Sander F, Hernandez C (2008) Transcript: a dialogue between professors Frank Sander and Mariana Hernandez Crespo: exploring the evolution of the multi-door courthouse. Univ St Thomas Law J 5:665

Slaughter J (2007) Human rights Inc.: the world novel, narrative form, and international law. Fordham University Press, New York

Smit D (2004) The death penalty in Africa. Afr Hum Rights Law J 4:1

Soifer A (1986) Reviewing legal fictions. Ga Law Rev 20:871

Trechsel S (1997) Why must trials be fair. Isr Law Rev 31:94

Trevor-Roper H (1969) The past and the present: history and sociology. Past Present 42:3

Weisberg R (1988) The law-literature enterprise. Yale J Law Human 1:1

Yoshino K (2005) The city and the poet. Yale Law J 114:1835

第三部分　社　　会

11　对穷人的法律授权:政治参与重要吗?*

阿奇·奥纳齐(Oche Onazi)**

11.1　引言

是否有可能在定期选举中为代表投票的人权之外考虑政治参与?政治参与也是一种确保非政治利益的方法吗?政治参与是不是基于其对个人和集体发展的重要意义而成为一种固有价值,无论结果如何都应当积极推动?在撒哈拉以南非洲的任何一个村庄或城市,都能找到形态各异的政治参与。非洲各地城市几乎所有基本公共产品和服务都以某种非正式的方式提供,恰恰支持了这一点。因此,政治参与对穷人而言是基本的,也是有用的。这是他们赖以生存的东西。

腐败的民意代表的空头承诺和无力参与市场上的经济活动让穷人满怀失望,穷人别无选择,只能通过行动、协会和社会关系等其他形式的合作来逃避这些问题,其中就包括使用基于人权的政治参与等有限的机会去挑战正式制度。投票和代议制度着重关注的正式制度对于穷人在私人、经济、文化和社会等领域的斗争中所能发挥的作用乏善可陈。这就能很好地

---

* 本文经过修订,初稿发表于"Contemporary African Jurisprudence" in 2012 in The Journal Jurisprudence 14, 201 – 224。感谢出版商埃利尔斯·克拉克集团(The Elias Clark Group)允许我在这本文集中出版这篇文章。

** 阿奇·奥纳齐,英国邓迪大学。

解释，为什么即便是有为数不多的例外，但这些非正式活动很少选择在人权领域开展。

由于不得不严重依赖一个扭曲或根本不会考虑到他们利益的政治制度，穷人不再抱有幻想。投票权的作用是为一个又一个腐败的代表投票。从各种非正式活动中可以看出，穷人需要的不仅仅是投票权；他们还想在影响他们生活的重要决定上拥有自主权和直接控制权。来自集体或自给自足的必不可少的公共产品和服务，在本文中不仅被用来说明非正式政治参与的类型，也被用来说明非正式政治参与当中所体现的意志及其独立性。就后者而言，它拥有着不同于正式政治制度的独立性。

总的来说，本文的目的是吸引人们关注关于减贫计划正规化积极意义的思考。这种思考有着不同的维度，关键在于各种主张背后的逻辑思路，[①]尤其是产权、商业活动和劳工权利[②]在减贫过程中可能发挥的作用。[③]已经被人们注意到，但尚未得到充分分析的问题是，正规化对于政治参与的价值所带来的影响。这种影响不仅造成了对这种价值的误解，也造成了未能提供一种包容性的政治参与模式，这种模式恰恰能够应对经济或物质上的不平等。这就是本文要讨论的重点。本文认为，政治参与的工具价值和内在意义之外，非正式领域内不同政治参与形式的扩张为实现其内在意义提供了有效的途径，甚至能够产生不亚于主流政治倡导的方式所能产生的效用。与主流发展倡议相比，可能缺少财政、制度和智识上的影响力，但是这种分散的、永久的、临时的或不可预测的非体制活动普遍存在于非洲的每一个城市或村庄，以及绝大多数的第三世界国家。这正是非洲精神的

① Nyamu-Musembi C (2007) De Soto and land relations in rural Africa: breathing life into dead theories about property rights. Third World Q 28(8):1457 – 1478; Barros B (ed) (2010) Hernando de Soto and property in market economy. Ashgate, Surrey.

② Faundez J (2009) Empowering workers in the informal economy. Hague J Rule Law 1(1):156 – 172.

③ Otto J (2009) Rule of law promotion, land tenure and poverty alleviation: questioning the assumptions of Hernando de Soto. Hague J Rule Law 1(1):173 – 194.

体现,其中蕴含着某种超越政治参与制度意义的价值。本文使用的"非正式政治参与"这一表述来自"草根"阶层,能够涵盖意图完善、规划合理、保障充分的正式政治倡议所不能企及之社会广度。

联合国开发计划署(United Nations Development Programme, UNDP)的一项针对穷人的法律授权倡议将被用作关于这一观点的案例分析材料。这是一项新近但重要的倡议,不惜牺牲政治参与等价值以追求最大限度地实现正式化的逻辑目标。尽管出现在一个异见、产权、参与和法治成为体制"咒语"的时代,但法律赋权很难说是一种政治参与模式,更不用说反映穷人的声音、努力和愿望。尽管认识到缺乏政治参与可能是贫困的一个因素,但法律赋权未能提供一个全面的政策来应对这个问题。本文强调对政治参与价值的误解导致法律授权未能采用相关的模式;进一步讨论了非正式策略可能为社会和政治变革带来的机会。最后,本文概述了可以从非正式政治参与中得到的某些关键特征和重要教训,包括这种模式与基于人权的政治参与相比所具有的优势。

11.2 向穷人的法律赋权

使穷人获得法律权力的目的是解决发展中国家和转型社会中的贫穷问题。它团结了国际发展领域中最具影响力的人物和机构,并获得其支持。本文分析的正是这些载于这一两卷本报告《让法律为每一个人服务》内的建议。通过法律赋予穷人权力被简单地描述为通过法律消除贫困的一种努力。迄今为止,法律未能全面提供这样的机会。应当以法律方法为核心解决全球数以百万计人口面临的贫困问题。正如联合国开发计划署的报告所指出的那样,贫穷是公共政策和市场双双失败的结果。法律保护,特别是针对创造可交易财产、劳工权利、风险资本和知识产权的保护,是穷人创造财富的途径。另外,财富被认为是摆脱贫困的途径,尽管法律赋予权力的方法更加微妙。创造财富不一定能摆脱贫困,联合国开发计划署的报告对这一点已经有了一些认识。法律授权是企业家精神的法律基础的另一个表述,它依靠法律来释放穷人创造财富的潜力。

此外,大多数穷人在非正式经济中的生存是法律赋权所关注的主要问题。这把他们排除在可以从正式制度中获得保护和机会之外。非正式的规范和制度不仅不能保护穷人,而且助长了对他们的压迫。④ 法律赋权将非正式性视为导致贫困和排斥的核心因素。法律赋权认为非正式性是贫困的征兆,应该通过建立正式而明确的法律制度、经济管理和组织机制予以补救。非正式性等同于非法和贫穷,正如正式性等同于财富和合法。根据联合国开发计划署的报告,正式法律制度的优势是不言而喻的。正式性提供了确定性和可预测性,这些属性是非正式性不具备的。因此,权利,特别是法律上可强制执行的财产权、商业和劳工权利,是赋予穷人法律权利的支柱和基石。

然而,该报告承认法律赋权所包含的宪法权利只有在成熟的民主环境中才能取得成功。它表明,除了民主功能之外,穷人需要这些能够对政治体制产生影响的权利。该报告因此提出,民主和法律赋权具有家族相似的特征,是同步实现的,而不是有先后的顺序。⑤ 这意味着,在基于法律赋权而享有的规范性权利的同时,穷人也必须拥有投票的权利、言论自由和一些有限的程序性权利。从这个角度来看,可以得出这样的结论,即法律赋权更广泛的目标在于政治参与。该报告中这样一段话让任何对政治参与重要性的怀疑烟消云散,“旨在释放穷人的民主和经济潜力系统性变革才能让法律赋权的目标得以有效实现”。⑥ 这不仅意味着政治参与的重要性,还需要一个能够连接政治和经济意涵的包容性概念。

---

④ Commission on the Legal Empowerment of the Poor (2008) Making the law work for the everyone: volume Ⅰ, United Nations Development Programme, p. 2.

⑤ Commission on the Legal Empowerment of the Poor (2008) Making the law work for the everyone: volume Ⅰ, United Nations Development Programme, p. 4.

⑥ Commission on the Legal Empowerment of the Poor (2008) Making the law work for the everyone: volume Ⅰ, United Nations Development Programme, p. 5.

令人失望的是,除了投票权之外,关于如何实现这一理想的细节很少。政治参与一定比一般意义上的选举权更有意义。特别是在撒哈拉以南的非洲国家,那里的选举经常充斥腐败、欺诈和暴力。政治参与还意味着以这样一种方式重建政治,使决策权得以下放和分散到最基本的社会层面以及相关的各个方面。这是确保每个人,特别是穷人,有意义地参与影响他们生活的事务的一种方式。在这种情况下,对穷人的合法赋权令人失望。然而,正如本文后面所述,这将展示非正式政治参与的力量。

基于对政治参与重要性的关注,本文着重分析法律赋权对于政治参与的不同立场。接下来,我将明确说明联合国开发计划署的报告中提出(但未详尽分析的)法律赋权和政治参与之间关系某些方面的主题。我将论证政治维度的不充分关注导致消除经济不平等的系统性失败。尽管该报告指出政治参与是取得法律赋权的关键,却没有为政治参与提供程序意义上的“路线图”。

11.2.1 政治参与的缥缈愿景

没有比联合国开发计划署报告的第一卷第三章的标题更能说明政治参与的重要性的词语了。它大胆地宣称,赋予法律权力不仅是好的经济手段,也是明智的政治手段。从表面上看,这一主张似乎在经济和政治层面理解了贫困问题,并将其作为让法律为穷人服务的广泛目标的一部分。事实上,这份报告(正确的)出发点是,目前法律和政治都只服务于富裕且势力强大的精英,它们不为穷人服务。⑦ 该报告指出,政治和经济上的平等反而加剧了法律和制度的缺陷,而且妨碍司法公正。从工具意义而言,法律体系的失败除了造成不稳定和持续的腐败之外,还阻碍了经济增长。

针对这种现状,该报告认为,法律的正式化对于满足包括政治需求在

---

⑦ Commission on the Legal Empowerment of the Poor (2008) Making the law work for the everyone: volume Ⅰ, United Nations Development Programme, p. 44.

内的各类穷人需求至关重要,否则这些需求就会落入非正式渠道。如果政府不能帮助穷人,正式法律制度将失去其合法性,导致这种法律制度的进一步衰败,最终导致社会的分裂。在这方面,法律的失败是一种灾难,不仅经济会停滞,整个国家结构也会崩溃。社会的不平等是穷人对国家产生怀疑的原因。根据该报告,穷人有充分理由持怀疑态度,因为国家机构决定了包括与经济活动有关的重要规则在内的所有规则。

11.2.2 参与和赋权

因此,从法律赋权中得到的信息是,治理很重要,特别是在穷人容易受到犯罪或腐败的影响,或缺乏通过诉诸法庭的有效途径的地方。因此,良好的治理被视为对这些问题的补救办法;它被定义为“建立一套可预测的、公正的、持续的规范”,⑧这将对创建公正、繁荣和可持续的社会产生积极效应。善治将法律赋权与主流的正统发展观念结合起来,后者自 20 世纪 90 年代初以来已经得到广泛认同。⑨ 除了促进善治之外,法律赋权还寻求让穷人有发言权并获得身份认同。事实上,身份和发言权是法律赋权的先决条件。⑩ 身份是指在法律上得到承认。⑪ 根据该报告,缺乏身份加剧排斥;而身份将使对穷人的剥削变得更加困难。在相关背景下,明确的身份主张可以转化为“公民、资产持有者、工人和商人、妇女等的公民和经

⑧ Commission on the Legal Empowerment of the Poor (2008) Making the law work for the everyone: volume Ⅰ, United Nations Development Programme.

⑨ Gathii J (2000) Retelling good governance narratives on Africa's economic and political predicaments: continuities and discontinuities in legal outcomes between markets and states. Villanova Law Rev 45:971 – 1034; Arrighi G (2003) The African crisis: world systemic and regional aspects, New Left Rev 15(5):31 – 36.

⑩ Commission on the Legal Empowerment of the Poor (2008) Making the law work for the everyone: volume Ⅰ, United Nations Development Programme, p. 44.

⑪ Commission on the Legal Empowerment of the Poor (2008) Making the law work for the everyone: volume Ⅰ, United Nations Development Programme.

济能动性”。[12]

另外,发言权指的是信息和教育、组织和代表。这表明,穷人需要了解和接受教育,了解他们的权利以及如何影响决策过程。穷人还需要有代表性的组织(合作社、工会、小企业协会、社区和妇女协会等),这些组织可以通过提出主张或者沟通等方式促进权利的实现。这里的发言权反映在阿尔伯特·赫斯曼(Albert Hirschman)的作品当中,[13]是参与公共生活各个方面的同义词。与法律赋权不同的是,发言权的意义超过了传统的选举和代表参与形式。

在关于发展的讨论中,就政治参与存在两种对立(但有时相互支持)的观点。第一种观点源于新自由主义发展倡议对公民社会的强调。其基础在于对第一代新自由主义市场改革的局限性的承认,以及对制度和社会改革的介入。[14] 政治参与和法律赋权被联系在一起,权力被和谐地概念化。其前提是权力被赋予属于不同社区的个人,这些个人因此得以用权力来实现个人和集体的目标。为了实现这种赋权的愿景,个人分享权力,不必剥夺精英的权力。通过利益相关者参与、地方治理和社会资本等概念,参与和赋权被纳入主流。像世界银行(World Bank,WB)这样的组织一直是这类倡议的主要倡导者。

参与和赋权通常是相互支持的概念,尽管这两者很少有明确的定义,它们似乎来自自下而上的进程。但一个普遍的批评是,新自由主义的参与和赋权计划仍然是由国际发展机构、政府机构和非政府组织在舒适的办公室里决定的。通过观察新自由主义发展话语中参与和赋权这两个概念,米克·摩尔(Mick Moore)认为,它们的出现更多地与主要发展机构的组织

[12] Commission on the Legal Empowerment of the Poor (2008) Making the law work for the everyone: volume Ⅰ, United Nations Development Programme.

[13] Hirschman A (1970) Exit, voice and loyalty: responses to decline in firms, organizations and states. Harvard University Press, Cambridge.

[14] Mohan G, Kristian S (2002) Participatory development and empowerment: the dangers of localism. Third World Q 21(2):247 – 268.

需求有关,而不是穷人的需求,反映出组织成员最近不愿借款并减少借款,以及因此寻找新的渠道来支付世界银行的资金。社会基金的出现就是一个很好的例子。它是世界银行贷款组合中扩张最迅速的组成部分之一。[15]最后,参与和赋权这两个具有相当政治内涵的概念似乎在这个过程中被冲淡了,而且其影响力也无法消除影响穷人的社会、政治和经济权力结构。就其本身而言,在主导的新自由主义话语中,参与和赋权所带来的希望超过了它们所能实现的目标。

与第一种观点相反,第二种观点认为,归功于学术理论的批判性发展,参与和赋权得到了一个激进的解释。权力既是联系的,也是对抗的。它的前提是,经济和政治结构的变革将产生一个激进的民主社会,而这个社会又通过参与和赋权而得以加强。赋权意味着在民间社会中处于边缘地位的人能够集体参与并挑战国家和市场结构。的确,对民间社会的强调有时使人难以区分占主导地位的参与和赋权的观点与激进的观点。然而,最显著的特点似乎是,激进观点强烈反对资本主义和市场,有时表现为反西方。除此之外,参与和赋权被认为是真正的自下而上的过程。

联合国开发计划署的报告没有对参与和赋权给出定义。在参与方面,该报告中仅有几行文字对赋权加以说明。这主要体现在关于民主对法律赋权的重要性的讨论中。[16] 为了总结这一观点,并加强上文中提到的关于民主的类似论点,该报告认为民主伦理是实施成功政策的先决条件,而成功政策又会增加穷人的参与。对于如何实现这一点,该报告没有作进一步的解释,其提供的只是进一步阐明参与的重要性。该报告继续承认(同样没有指定)这种类型的包含可能需要的需求,并建议需要鼓励公民有效地组织和参与决策过程,而政府的集权形式阻碍了这种参与形式。

---

⑮ Moore M (2001) Empowerment at last? J Int Dev 13:321 -329.

⑯ Commission on the Legal Empowerment of the Poor (2008) Making the law work for the everyone: volume Ⅰ, United Nations Development Programme, p.20, 44.

与参与一样,该报告也没有对赋权进行定义。但很明显,该报告不赞同这一概念的激进观点。甚至该报告中给出的“法律赋权”的定义也没有澄清赋权的基本概念。然而,该报告确实对赋权的含义给出了一些暗示,这是从强调三种核心权利——财产、商业和劳工——推断出来的。法律赋权被定义为“保护穷人并使其能够利用法律实现发展”。⑰ 这种对抗国家的权利存在于市场当中,但不会对抗市场。权利与市场的立场是一致的,特别是被法律赋权列为优先事项的权利。该报告指出,财产、商业和劳工是影响穷人生计的最重要权利,其中包括法律和正义框架。获得公正和法治也成为该方法的另一个核心原则。综上所述,法律赋权的这些组成部分将使穷人成为更好的公民、资产所有者、工人和商人。

11.2.3 人权

在人权语境当中讨论法律赋权为后者提供了更为广泛的内涵。基于更广泛的人权框架,强调三项核心权利是合理的。⑱ 这种做法着重强调财产、商业和劳工权利是一种人权,因此,必须通过国际、区域和国内人权制度为其提供进一步的发展。在这方面,参与的重要性在联合国开发计划署的报告中再次出现。它声称穷人必须有机会拥有享有这些权利的渠道。

从上面的讨论可以得出一个初步的结论,参与主要是经济参与。尽管有上述主张,但就政治参与而言,法律赋权的范畴就显得过于狭窄了。通过关注财产、商业和劳工权利,法律赋权无法掩盖其经济上的偏见。该报告似乎重新包装了有关法律与发展之间关系的旧的争论,特别是那些认为经济增长就是发展的立场。尽管它试图与最新的关于开发的思考联系起来,但这一尝试并未取得令人信服的成效。该报告对人权的选择使其显得

---

⑰ Commission on the Legal Empowerment of the Poor (2008) Making the law work for the everyone: volume Ⅰ, United Nations Development Programme, p. 26.

⑱ Commission on the Legal Empowerment of the Poor (2008) Making the law work for the everyone: volume Ⅰ, United Nations Development Programme, p. 31.

狭隘甚至有些乡土主义:它过度强调通过市场实现其狭隘的权利观。市场不仅反映结社和行动等基本自由,而且还为提供、维护和执行全面人权提供必要的资源。该报告指出,正是这些程序使穷人能够实现自己的权利,并为充分实现公民身份提供了新的机会。毫不奇怪的是,该报告没有提到市场排斥,也没有提到市场排斥如何影响权利和公民身份的实现。

如果正如该报告所主张的,赋权不仅仅意味着实现经济增长。那么问题是,为什么财产、商业和劳工权利似乎比水、医疗保健或教育权利更重要?[19] 简言之,为什么法律赋权不是促进人权全面发展的途径?从本文的角度来看,如果我们认为法律赋权是明智的政治,为什么政治参与权不在核心权利之列?当然,这些都是修辞的问题,但提出这些问题的意义在于表明,与经济参与问题不同,政治参与没有得到认真对待。由于狭隘地强调市场或与经济相关的权利,赋予穷人以法律权力可能是一种好的经济学主张。但由于未能更具体地说明政治参与,法律赋权可能称不上一种明智的政治主张。

11.3 非正式政治参与

本文阐述了非正式政治参与的理由,认为它充分掌握和回应了排斥的多重性质,特别是正式领域的排斥。在非洲的几乎每个村庄和城市中,大量的社团或组织形式详细说明了被主流叙述视为理所当然的政治参与类型。这些活动说明一种政治参与概念,这种概念比通过人权所能得到的更广泛。虽然有关人权的问题将在以后各节中更详细地讨论,但下文将设法澄清非正式政治参与的概念意味着什么。在此过程中,我还概述了非正式政治参与的某些关键特征和优势。

非正式政治参与的内涵非常丰富,而不仅是单纯的区分。这个词的不

---

⑲ Nussbaum M (2011) Creating capabilities: the human development approach. Harvard University Press, Cambridge, pp. 17 –45.

同用法之间也相互印证或者相互抵触。在南北半球之间，这个词的使用也有差异。我试图区分非正式政治参与的三种不同但相关的含义。在此，我要着重强调最后一种含义。这个初步的分析表明，区分同一概念的不同含义具有重要意义，理由是特定概念当中总是包含积极和消极两方面意义。而区分同一概念不同含义的意义就在于此。

非正式政治参与的第一种含义是，在国内或全球范围的政治抗议运动。这类政治抗议运动所涉及的议题包括身份认同、不平等、贫困、战争、环境以及其他形式的政治和经济不公。各类社会运动，反全球化、反贫困等运动，都坚持这种非正式政治参与。尽管这些运动是由独立的团体组成的，他们的目标或实施的方法各不相同，但他们常常团结起来解决一个共同的问题：全球和国内正式政治和经济治理机构的不民主或不负责任的性质。例如，不具代表性的全球和国内政治体系，是近来各种占领运动共同针对的问题，企业的腐败和贪婪可能是这些运动的推动力；然而，不满也在于不能反映民意的代议政治。[20] 这些运动的参与者感到愤愤不平，因为他们对正式政治参与制度失去了耐心，特别是对不代表他们利益的政党和政客。这与下文所述的第三种非正式政治参与的主题类似。

非正式政治参与的第二种含义是指，跨国公司和精英阶层操纵政治体系以满足其利益。通过腐败、庇护、游说、关系网等"胡萝卜加大棒"式的非官方渠道，这些跨国公司及其代理人能够以比民主选举和其他正式政治参与手段更有效的方式对政治和经济机构的运行发挥影响力。这有助于理解抗议运动的深层本质。国内与国际的非正式政治参与之间有着明确的联系。除了跨国公司的作用之外，全球和地方非正式政治参与互动的一个很好的例子是布雷顿森林体系对国内政策的持续影响。结构调整计划

---

⑳ Hardt M., Negri A. (2011) The fight for "real democracy" at the heart of occupy wall street, (2011), Foreign Affairs. Accessed online at http://www.foreignaffairs.com/articles/136399/michaelhardt-and-antonio-negri/the-fight-for-real-democracy-at-the-heart-of-occupy-wall-street.

就是这种形式的非正式政治参与的直接产物。

非正式政治参与的第三种含义来自这些政策带来的困境。本文接下来的讨论将围绕这一内容展开。在这样的语境当中,非正式政治参与,是指被用来回应或者弥补正式政治参与不足的,对社会、文化、法律、经济和政治发挥影响的组织的生存机制、活动和形式。[21] 由于种种原因,这些组织基于非正式的条件产生,而且在正式政治制度内进行这种形式的参与机会非常有限。非正式政治参与在大多数非洲城市和第三世界国家当中是社会生活的重要组成部分。

除了团结、互惠和合作之外,非正式政治参与还体现了极大的创造力,特别是那些被排除在正式制度之外的国家或市场机构。从定性和定量的角度来看,非正式政治参与的概念对于理解撒哈拉以南非洲城镇和村庄如何或以何种方式工作至关重要。[22] 非正式形式的组织可以说是非洲社会中穷人最重要的生存机制。他们借此逃避或者应对正式系统的严苛和僵化。此类组织形态、规模或结构各异,包括但不限于社区协会、亲属团体、社区组织、合作社、工会、妇女协会等不同的组织形式。

非正式政治参与产生于当前和未来生活的不确定性。不确定性有积极的也有消极的,有创造性的也有破坏性的。它指出了生活在非正式世界的利与弊。非正式世界一方面充满希望和各种可能,另一方面也存在自私、排外和不安。因此,我们需要避免将这种非正式政治参与的力量过度一般化。同一组织成员之间的经常性合作也是针对非组织成员的排斥。尽管存在这些缺陷,不确定性依旧是非正式政治参与的突出优势之一。[23]

㉑ Hetch D, Simone M (1994) Invisible governance: the art of African micropolitics. Autonomedia, New York, pp. 11 – 23.

㉒ Simone A (2001) Straddling the divides: remaking associational life in the informal African city. Int J Urban Reg Res 25(1):103; Simone A (2004) For the city yet to come: changing life in four African cities. Duke University Press, London/Durham.

㉓ Simone A (2004) For the city yet to come: changing life in four African cities. Duke University Press, London/Durham.

那些被排除在正式体系之外的人的不确定性会产生与之相应的创新。[24]这些组织形式的临时性、实验性和不确定性是其所处环境不确定的结果。这样的组织缺乏确定的特征,它们通常是开放且灵活的。这就是为什么它们能很快适应不同的情况。它们就像孕育它们的一系列问题一样还处于萌芽阶段。它们足智多谋、分散,有时无形、自发。只要存在问题,新的个人和团体之间的合作形式就会出现来解决这些问题。这意味着,尽管非正式政治组织可能是临时性的,产生于不确定性,但它们与产生它们的问题一样是永久的。虽然它们可能不是有意地合作或相互支持,但当各种团体试图扩大其活动范围时,其往往会建立起稳定的合作关系。

非正式政治参与不仅仅是正式政治参与的对立面。这两种活动都有一种复杂而矛盾的关系。事实上,非正式政治参与有时可以理解为正式政治参与的另一种面向。一个很好的类比是,非正式领域的参与者并不反对正式领域的参与。例如,在正式领域当中可以为维持非正式领域的活动寻求机会。从另一个意义上说,就像许多非洲城市的情况一样,在正式政治领域工作的工人必须从事一些非正式的活动——虽然有可能不完全是严格意义上的政治活动,但在组织和形式上与政治活动非常类似。已经有学者指出,非正式和正式的政治参与之间正在实现互相支持,而且二者之间的界限已经模糊了。正式与非正式、合法与非法之间的界限在空间和时间上均处于变动不居的状态。[25]

11.3.1 非正式政治的意涵

非正式活动的政治维度及其背景的澄清具有十分重要的意义。由于它们并不总是确定的,强调这一点对于进一步理解本文所阐述的非正式政

㉔ Colebrook C (2002) The politics and potential of everyday life. New Lit Hist 33(4):689.

㉕ Lindell I (2010) Informality and collective organising: identities, alliances and transnational activism in Africa. Third World Q 25(1):207-222.

治参与概念的全部方面和影响具有重要意义。毕竟,将这些活动仅仅描述为与政治无关的经济上的生存策略相对容易,而且通常情况下也是如此。尽管女性主义理论对私人和社会领域的政治本质的见解有助于消除这种看法,但非正式性还有其他重要的政治含义需要引起注意。经济领域可以说是受到各种形式的非正式活动影响的最重要领域。例如,在撒哈拉以南非洲,估计75%的公共产品和服务通过这样或者那样的非正式活动提供。[26] 对此类事件的一种解释是,非正式性已经用一种生存、联合、合作和团结的政治形式取代了国家(以及最近的市场)制度。可以说,这是此类非正式活动具备政治意涵的第一种意义。通过承担传统上作为国家责任的提供公共产品和服务,各种非正式团体正在间接地在政治上影响社会变革。它们不仅要求更好地提供公共产品和服务,而且它们正在攫取一种必要的政治权力,以便(根据它们自己的规则)直接控制、参与和分配公共产品和服务。从这种形式的活动中可以得出的最重要的教训是,公共物品和服务的供应是通过集体行动等政治手段得以维持的。此外,非正式地提供公共产品和服务也表明,近期政策将视野局限在关注市场和私有化上是不充分的。

通过观察公共物品和服务的集体或自我提供背后的目的,我们可以进一步理解这种非正式活动形式的政治意涵。首先,由于大多数活动是由参与者过上有尊严的生活的愿望所驱动的,因此它是政治性的,也是合乎道德的。以何种方式获取保持尊严的基本生存产品并不重要。在某种意义上,从生存的角度来看,非法棚户区、公共场所街头叫卖自来水、电力都在道义上是合理的。在另一种意义上(与道德有关),这种政治还涉及社会关系的维度,即以血缘、家庭、宗教和种族关系为中心的政治类型。家庭或家族网络与经济、宗教、社会和政治组织形式之间存在相互作用。此类社

---

[26] Simone A (2001) Straddling the divides: remaking associational life in the informal African city. Int J Urban Reg Res 25(1):103.

会关系是如此令人困惑,以至于很难将一种组织模式从另一种组织模式中分离出来。它们都在一定程度上相互依赖。一种表现方式是,组织的一个单位产生的外部性往往会影响到另一个单位。当一个问题在组织的一个单位内得到解决时,它会对组织的另一个单位产生连锁反应。另一种表现方式是,这些组织不仅总是提供新的东西,而且还保留了过去的东西。非洲的非正式政治参与是传统和现代的混合体。它对现代性的反应是将其与非洲传统的同情、关怀、团结、互惠、社区和协作等价值观融合在一起。传统和现代的融合是在现代正式政治制度所造成的排斥、困难、混乱和贫困中产生创造力和想象力的一个例子。

除了道德和社会关系维度之外,非正式活动具有政治意涵的原因在于其具有分配性。换句话说,合法或非法分配公共物品和服务可以说是非正式活动的核心目标。另一个前提性的立场是,如果个人或团体自主地分配公共产品和服务,就需要有能力保证这种分配。决策过程的自主权指向两个方向,非正式性在这两个方向上转向政治。[27] 第一个方向是,它表明这些活动有其内部的民主因素。虽然这些团体因其所从事的活动而各不相同(而且它们内部的民主程度也各不相同),但它们仍然具有民主的特点,如参与规则、决策规则、成员资格以及内部和外部争端解决机制。非正式性使个人和团体能够在不受正式领域的严格限制和规则的情况下进行集体决策和处理其他事务。通常认为,这些都不是非法的活动;相反,它们是由信任、团结和合作等道德规范维系的活动。

第二个方向是,通过自主决策进行分配并为解决问题的合法和非法组织的形成和发展,这与民主理论有着家族相似性。[28] 这表明政治应该在经

---

[27] Bayat A (1997) Uncivil society: the politics of the informal people. Third World Q 18 (1):55 -58; Simone A (2008) Emergency democracy and the "governing composite". Social Text 26(2):9516.

[28] Hirst P (1994) Associative democracy: new forms of economic and social governance. Polity Press, Great Britain, pp. 49 -59.

济生活和其他领域发挥作用。存在于非洲社会的非正式活动[29]是一种经验例证,但也显示了此类活动,无论内部参与的程度大小,都可以(在名义或者实质上)深化其所处社会的民主化程度。对于这一点的忽视,也许是由于衡量民主质量标准参数的设定。我们通过不同的制度或一系列制度实践来衡量民主的程度。非正式社会活动领域当中大量的合作性实践并没有被纳入考量民主程度的参数。

基于本文的立场,可以提出非正式政治参与的进一步贡献。它扩大了人们对政治参与范畴的普遍看法,如人权方面的看法。它使其注意力超越了对投票、选举和代表权的狭隘关注。这些非正式的做法表明了一种更广泛的政治参与概念,尽管它们并没有将其看作是替代办法,甚至不清楚这种概念的应然状态。非正式政治参与使几乎参与生活所有方面的想法重新焕发活力,对经济产生的民主化效果可以说是它唯一的、最重要的贡献。在这种情况下,它与政治的背景概念共同发挥作用,这反映了亚里士多德的政治概念。事实上,非正式政治参与重新发现并超越了亚里士多德的政治伦理概念,提供了一种政治模型,其中包含并涉及生活中方方面面的个人决策。[30] 这从另一个角度帮助我们理解亚里士多德口中的:人都是政治动物。

这种民主化的性质可能源于非正式政治参与的确定性***。从前面的讨论来看,它似乎更多的是道德、社会和文化规范的结合,培育了一种政治模式,反过来又强化了这种高度创新的实践和组织模式。从各领域的多样性和相互作用中应该得出的结论是,它们相互融合并形成一种独特的政治,这种政治既不是(传统的形式主义意义上的)政治,也不是纯粹文化、

㉙ Simone A (2001) Straddling the divides: remaking associational life in the informal African city. Int J Urban Reg Res 25(1):103.

㉚ Aristotle (2009) Nicomachean ethics (trans: Ross D). Oxford University Press, Oxford, p. 5 – 10.

*** 原文如此。但此处应当是"不确定性"。——译者注

经济和社会的。在非正式政治参与的背景下,经济与政治、公共与私人、家庭与社会、宗教与世俗之间的传统区别变得模糊了。[31] 非洲社会是一个很好的参考,因为上述要素在非洲社会当中也紧密联系、难以截然区分。非正式政治参与非洲的典型特征是这些要素在某种意义上的混同。事实上,正是通过这些活动,而不是通过政治制度或宪法权利的抽象概念,公民等政治概念才得以实现。非正式政治参与在地方和日常社会实践更好地理解了源自公民身份这一概念所包含和拒斥的内容。

11.4 基于人权的政治参与的局限

在介绍了非正式政治参与的基本原则后,我将探讨和考虑通过人权提供的政治参与的选择。如上文所述,除了正式政治活动之外(如选举、代表和政党政治),正式的政治模式并不能提供全面政治参与。此外,人权通过维持公共领域和私人领域之间的严格界限,有助于维持政治和经济领域之间类似的不对称。因此,我们有充分的理由对依赖人权实现法律赋权的政治参与概念表示怀疑。此外,还有另外两个理由让人怀疑人权。第一个理由是,"参与"被狭义地理解为传统意义上的政治参与。重点是个人通过民主选举或政府代表形式影响政治制度的方式。参与的人权原则体现在自决权[32]和政治参与权[33]的结合上。虽然政治参与进一步细分为选举

---

[31] Hetch D, Simone M (1994) Invisible governance: the art of African micropolitics. Autonomedia, New York, p. 14.

[32] 从这里的论点来看,自决的人权是作为一项政治权利而不是经济权利出现的,这可能不是巧合。关于自决权,see Article 1(1) of the International Covenant on Civil and Political Rights and the International Covenant of Economic, Social and Cultural Rights。

[33] 关于政治参与权,see Article 25 of the International Covenant for Civil and Political Rights。See General Comment 25 for an expansion of the right to political participation. Paragraph 1, General Comment No 25: The right to participate in public affairs, voting rights and the right of equal access to public service (Art. 25): 12/07/96 CCPR/C/21/Rev. 1/ Add. 7. 在这两项公约之前的《世界人权宣言》在涉及政治参与时也在这一点上含混不清。第21(a)条似乎将政治参与限制为参加政府的权利,忽略了与政府无关的任何形式的政治和非政治活动。这些意见大多适用于《非洲人权和人民权利宪章》等区域人权协定。

中的投票权(和被选举权)和参与公共事务的权利,但后一部分权利的含义较为模糊。与基本上没有争议的投票权不同,参与公共事务的内涵尚不清楚,甚至什么活动构成公共事务也不明确。特别需要指出的是,经济领域中的活动是否可以通过政治参与获益还存在争议。

但是,对这一问题的疑问已通过参与权这一可以说是人权主体中最具包容性的定义加以澄清。这是 1981 年《消除对妇女一切形式歧视公约》所规定的,该公约将参与范围扩大到上述传统和正式的政治圈子之外。它包括参与公民社会的各个方面,从公共委员会、工会、专业协会到社区组织。即便是出于维护女性权益的倾向性立场,这极大地扩张了政治参与的概念。而且,有学者主张涉及人权的狭义政治参与可以通过融汇人权规范作出解读。例如,通过解读言论自由、集会、演讲和反歧视规则当中蕴含的权利概念理解政治参与的内涵。[34] 虽然上述论点看似合理,但还有第二个、也是更根本的理由,即对人权能否作为政治参与的基础提出疑问。基于其重要性,我们将在下文进行详细讨论。

11.4.1 政治参与中的经济自治

问题在于公共和私人之间的二元区别,这是人权的基础。除其他后果外,这可能加强经济领域不受政治影响的自主权,特别是排除以民主形式参与经济领域。这是一个老问题,尽管它可能不会经常被强调。它的前身可以追溯到自然权利的出现。在其历史维度上,自然权利负责将政治与社会隔离,从而有助于分离国家机器当中的政治和经济治理机构。[35] 这一现象首先出现在封建社会向资本主义社会过渡时期的欧洲。不同于没有明

---

[34] Secker M (2009) Expanding the concept of participatory rights. Int J Hum Rights 13(5): 657 - 715; Steiner H (1988) Political participation as a human right. Harv Hum Rights Yearb 1: 77 - 134; Franck T (1992) The emerging right to democratic governance. Am J Int Law 86(1): 46 - 91.

[35] Douzinas C (2010) Adikia: on communism and human rights. In: Douzinas C, Zizek S (eds) The idea of communism. Verso Books, New York, pp. 81 - 100.

确区分经济财富、社会地位和政治权力的封建社会，政治在资产阶级社会里成为专属于国家的领域，而财产和宗教从阶级统治的工具转变为公民基于自然权利抵御国家干预的工具。

在私人领域，财产成为社会关系的主要形式。累积效果是，它不仅将（私人）经济领域与（公共）国家隔离开来，而且要为未能扩大对经济的政治控制负责。权利、政治和国家是抽象的、超越性的实体，是被抽离于社会和经济的概念。这种发展给公民造成了悲惨的后果。他们最终过着双重生活，一种是“为追求个人经济利益而争斗”，[36]另一种是“致力于政治活动和公共利益”。[37] 平等和自由，就其本身而言，最多只是虚构的概念，是将国家和权利与日常的压迫和剥削分隔开来的关键。其结果是，权利成功地使经济和政治领域之间的责任程度的分化显得很自然。

投票权的出现是另一种理解去政治化的经济概念的方式。成人普选权或投票权产生了不同的反应和意想不到的后果。禁止将财产资格作为投票权的核心要素使这一点变得更加明显。[38] 尽管这是可取的，但它（无意中）加强了经济领域与政治责任的隔离。平等、自由和公民的理想是政治领域的显著特点和应享有的权利。除了缺乏类似的权利和自由之外，经济领域变成了一种统治和剥削的常态。从那时起，除了经济和政治领域被称为不同的自治实体之外，每个领域都有两种不同的参与和代表标准。无论经济主体所采取的活动的根本政治基调如何，这些活动都将忽略民主的或政治的考量。正如上文中“非正式政治参与”所述，某些跨国行动者在影响正式政治制度的政策内容方面所起的非正式作用就是这个问题的一个很好的例子。

---

[36] Douzinas C (2010) Adikia: on communism and human rights. In: Douzinas C, Zizek S (eds) The idea of communism. Verso Books, New York, pp. 81 – 100.

[37] Douzinas C (2010) Adikia: on communism and human rights. In: Douzinas C, Zizek S (eds) The idea of communism. Verso Books, New York, pp. 81 – 100.

[38] Veitch S (2007) Law and irresponsibility: on the legitimation of human suffering. Routledge, London, p. 64 – 65.

11.4.2 法律

权利并不是经济领域只做最低限度政治考量的唯一原因。法律,即便不是主要因素,也是重要因素,特别是在对法律、财产和资本主义之间的密切关系进行仔细审视之后。[39] 美国、法国和英国的不同政治传统及其在殖民地的实践都以私有财产作为“政治和法治规范理念”[40]的中心。在如此政治制度之下,法律同时表现为抽象和具体的存在。在抽象意义上,法对社会现实和物质现实是超越性的、超然的甚至是冷漠的。在具体意义上,法律(特别通过产权制度)将剥削和支配的物质性具体化。尽管作为资本主义经济核心的财产拥有自己的法律,但这些法律的存在只是为了维持社会中的等级。[41] 经济并不受来自政治主权的直接控制,后者对于经济的控制是通过“无形、内部化”[42]的经济或者市场手段实现。财产私有掩盖了贫困,并将不平等和剥削具体化。

11.4.3 公民社会

在更基本的或社会层面上,公民社会的概念也使经济领域的去政治化成为可能。[43] 这通常被定义为公权力不会涉足的领域,在那里公民行使他们的政治自由。在与资本主义、市场经济和产权同步发展的同时,公民社会也面临与其发展前提紧密相关的困境。如前所述,资本主义的出现不仅导致了国家与公民社会的分离,而且在没有扩大政治问责形式的情况下,将公民社会与市场统一起来。这创造了一种全新的政治制度,并促进了政治和经济作为各自单独的领域相分离。没有国家或政治力量的支持,公民

---

[39] Hardt M, Negri A (2009) Commonwealth. Harvard University Press, Cambridge.

[40] Hardt M, Negri A (2009) Commonwealth. Harvard University Press, Cambridge, p.7.

[41] Hardt M, Negri A (2009) Commonwealth. Harvard University Press, Cambridge.

[42] Hardt M, Negri A (2009) Commonwealth. Harvard University Press, Cambridge.

[43] Meiksins E (1995) Democracy and capitalism: renewing historical materialism. Cambridge University Press, Cambridge, p.252.

社会就无法抑制市场的经济力量。作为一个公权力不会涉足的领域,公民社会无法与市场对抗,或者公民社会有时会与市场共同产生损害。

所有这些因素都来自强调产权、市场、人权以及公民社会法律正式化地赋予穷人法律权力的建议中。第一,强调产权法律正式化的主张与上文关于法律和人权先验和抽象性的讨论相一致。法律和权利在穷人的生活中既是抽象的,又是具体的。产权使这种抽象和具体成为可能。第二,对市场的强调往往以缺乏任何有意义的政治控制为特征,只会让穷人更容易受到剥削。第三,与之类似。在没有任何有意义的政治问责机制的情况下,公民社会无力抵御各种形式的经济支配和剥削。总之,对穷人进行法律赋权既没有预见到这些问题,也没有回应这些问题。人们的假设似乎是,通过创造参与经济的机会并将其正式化就可以找到答案。然而,这样做的结果是进一步加强了经济领域,从而使其独立于政治控制和政治参与。

这些历史的论点并不能完全解释为什么人权在非正式领域没有得到突出的地位。这可能仅仅是由于文化、种族、宗教或其他道德因素的影响。但是,上述因素更多地涉及非正式政治参与,这与人权无关。事实上,非正式领域的一些活动与人权相冲突。此外,有必要指出的问题是,如何有选择地利用人权,使其与自由市场的主张相一致。例如,言论自由、结社自由和反歧视等公民政治权利就以支持市场活动的方式加以倡导。财产和契约的相关权利作为参与市场活动的关键,也具有这一特点。产权在赋予穷人法律权利的主张中占据中心位置并不奇怪。但是将产权放在如此重要的位置,以至于它得到比医疗、水或教育权利更多的保护,这样的做法就难免受到质疑。除此之外,正式化的产权也不是专门为穷人提供的保护。如前所述,法律的正式化也容易使穷人的财产受到侵犯。[44] 这一点正从传统

---

[44] Nyamu-Musembi C (2007) De Soto and land relations in rural Africa: breathing life into dead theories about property rights. Third World Q 28(8):1457 – 1478.

的私有化[45]向企业实体以及近期出现的土地掠夺现象延伸。

话虽如此,非正式领域内的排斥和脆弱性使我们不可能完全取消国际人权法。我们同样有理由认为,人权在过去是排他性的,并不一定意味着将来也会是排他性的。正如主张明确的人权制度可以解决非正式领域中的排斥形式太天真一样,提出这一点也是天真的。鉴于包容和排斥几乎无时不在,非正式政治参与提供了一种将人权规范具体化的可能途径。这样,人权就可以减轻弱势少数群体受到的不公正待遇。我并不反对人权,我反对的是将人权作为政治参与的灵丹妙药。穷人的政治参与是有理由的,只不过占主导地位的政治参与观念将其掩饰起来了。问题的答案并不总是主张将非正式的领域正式化。解决之道可能在于认清非正式领域的现状,尤其是它能够在一定程度上为社会和政治变革提供机遇。

11.5 结论

在本文中,我试图通过从穷人和非正式政治参与中被边缘化的人的真实斗争中得出的教训,阐述对政治参与的更广泛理解。从非正式政治参与中应当看到的是,这些活动如何屈服于一种非公共或非私人、非经济或非政治的政治类型。非正式不仅提供了一个棱镜,让人们了解如何摆脱这些领域之间的二分法,还为想象和创造多样化的、新的组织和所有权制度提供了基础。非正式政治参与提供了一种理解如何构想新的民主组织,致力于管理各种公共物品和服务的方法。如果非正式政治参与有一个独特的贡献领域,那就是通过丰富、分散和创新的组织形式增加经济活动的民主内容。我认为,就其本身而言,非正式政治参与促使我们更仔细地思考政治参与的含义。

---

[45] Baxi U (2008) The future of human rights. Oxford University Press, New Delhi; Grear A (2007) Challenging corporate humanity: legal disembodiment, embodiment and human rights. Hum Rights Law Rev 7(3):511 – 543.

鉴于这些活动在保障民生方面发挥的作用,这种形式的政治具有不可否认的工具性质。既存的合作形式是由贪婪和利己所驱动,但这只是问题的一部分。欺骗的欲望常常被善良和同情的欲望所取代。非正式政治参与往往具有潜在的内在因素。它的特点是参与者之间强烈的团结、关怀和同情。家庭或宗教团体的存在更强调其潜在的关怀因素。这使非正式政治参与和其他许多事情一样在本质上是合乎道德的。实际上,无论非正式活动在更广泛的层面上存在何种焦虑,都可以通过扩大政治参与的范围或行动来消除。毕竟,用亚里士多德的话说,只有通过政治参与,我们才能学习、培养或发展成为道德高尚的人。

非正式政治参与充分体现了女权主义者在另一种语境中所说的“个人即政治”。它使人们注意到日常生活的政治含义和后果。非正式领域的活动和斗争模糊了公共和私人、政治和经济之间的区别。排斥和压迫具有多重维度,因此反对它们的斗争也是如此。非正式政治参与的不同形态对抗公共和私人、政治和经济上的不平等。经济和政治上的不利地位需要相应的制衡机制。政治和经济上的劣势往往有着相同的根源。非正式世界的日常斗争很难单纯地是政治的或经济的,相反,它们是相互融合、相互加强的。因此我的观点是,通过观察这些斗争,我们可以用非常包容的态度重新定义政治参与的理念。如果要实现赋予穷人权利的法律承诺,为实现这一要求需要发声,那么关注其寻求援助的那些人的政治是实现这一目标的最好方式。“声音”不仅意味着所有权和参与,还意味着作者身份,通过密切关注非正式世界中贫穷和边缘化社区为融入社会而进行的日常斗争,我们可以实现这一目标。

参考文献

Aristotle (2009) Nicomachean ethics (trans: Ross D). Oxford University Press, Oxford

Arrighi G (2003) The African crisis: world systemic and regional aspects, New Left Rev 15(5):31 - 36

Barros B (ed) (2010) Hernando de Soto and property in market economy. Ashgate, Surrey

Baxi U (2008) The future of human rights. Oxford University Press, New Delhi

Bayat A (1997) Uncivil society: the politics of the informal people. Third World Q 18(1):55 - 58

Colebrook C (2002) The politics and potential of everyday life. New Lit Hist 33(4):689

Commission on the Legal Empowerment of the Poor (2008) Making the law work for the everyone: volume Ⅰ, United Nations Development Programme

Douzinas C (2010) Adikia: on communism and human rights. In: Douzinas C, Zizek S (eds) The idea of communism. Verso Books, New York, pp. 81 - 100

Faundez J (2009) Empowering workers in the informal economy. Hague J Rule Law 1(1):156 - 172

Franck T (1992) The emerging right to democratic governance. Am J Int Law 86(1):46 - 91

Gathii J (2000) Retelling good governance narratives on Africa's economic and political predicaments: continuities and discontinuities in legal outcomes between markets and states. Villanova Law Rev 45:971 - 1034

Grear A (2007) Challenging corporate humanity: legal disembodiment, embodiment and human rights. Hum Rights Law Rev 7(3):511 - 543

Hardt M, Negri A (2009) Commonwealth. Harvard University

Press, Cambridge

Hardt M, Negri A (2011) The fight for "real democracy" at the heart of occupy wall street, (2011), Foreign Affairs. Accessed online at http://www.foreignaffairs.com/articles/136399/michaelhardt-and-antonio-negri/the-fight-for-real-democracy-at-the-heart-of-occupy-wall-street

Hetch D, Simone M (1994) Invisible governance: the art of African micropolitics. Autonomedia, New York

Hirschman A (1970) Exit, voice and loyalty: responses to decline in firms, organizations and states. Harvard University Press, Cambridge

Hirst P (1994) Associative democracy: new forms of economic and social governance. Polity Press, Great Britain

Lindell I (2010) Informality and collective organising: identities, alliances and transnational activism in Africa. Third World Q 25(1):207 – 222

Meiksins E (1995) Democracy and capitalism: renewing historical materialism. Cambridge University Press, Cambridge

Mohan G, Kristian S (2002) Participatory development and empowerment: the dangers of localism. Third World Q 21(2):247 – 268

Moore M (2001) Empowerment at last? J Int Dev 13:321 – 329

Nussbaum M (2011) Creating capabilities: the human development approach. Harvard University Press, Cambridge

Nyamu-Musembi C (2007) De Soto and land relations in rural Africa: breathing life into dead theories about property rights. Third World Q 28(8): 1457 – 1478

Otto J (2009) Rule of law promotion, land tenure and poverty alleviation: questioning the assumptions of Hernando de Soto. Hague J Rule

Law 1(1):173 - 194

Secker M (2009) Expanding the concept of participatory rights. Int J Hum Rights 13(5):657 - 715

Simone A (2001) Straddling the divides: remaking associational life in the informal African city. Int J Urban Reg Res 25(1):103

Simone A (2004) For the city yet to come: changing life in four African cities. Duke University Press, London/Durham

Simone A (2008) Emergency democracy and the "governing composite". Social Text 26(2):9516

Steiner H (1988) Political participation as a human right. Harv Hum Rights Yearb 1:77 - 134

Veitch S (2007) Law and irresponsibility: on the legitimation of human suffering. Routledge, London

12　非洲社群主义的人文基础:唯发展主义第三种替代理论的可行性

阿德比西·阿维瓦(Adebisi Arewa)*

12.1　引言

我在本文认为,用不合格的资本主义定义非洲的发展模式,不能满足非洲对于可持续发展的需求。首先,资本主义世界观中所蕴含的意识形态立场无法解决人类处境中最关键的问题。本文认为,将非洲的发展套用失败的资本主义模式注定要失败,因为它为非洲发展设定了错误的前提,用西方关于社会和现代性的理念看待非洲社会的发展。我认为最重要的是,对这种失败模式的适用凸显了它的缺陷,这在所有非洲国家都显而易见。这一结果尤其令人遗憾,尤其是这一模式的应用根本没有考虑非洲的文化和社会现实。作为对这些问题的回应,贯穿本文的基本观点是,建立一种植根于非洲人文精神的平等的发展模式,在法治、产权以及对待资本的态度等方面能够体现非洲社会、经济和政治的核心价值。这种基于非洲人文精神的平等主义能够更好地保障社会公平和分配正义,从而实现资本主义发展模式未能实现的目标。

---

* 阿德比西·阿维瓦,尼日利亚高级法律研究所研究员、执行董事,尼日利亚高级法律研究所编辑和对外联系部主任,尼日利亚跨国法律实践和跨境犯罪中心执行董事。

我反对资本主义的观点需要在全球化的背景下进行理解。全球化是全球资本主义的重构,它试图将市场原教旨主义和华盛顿共识中的立场合理化,而这两者在世界各地,特别是在第三世界国家,均告失败。上述立场所开出的“药方”没能解决美国与欧洲面临的经济萧条、巨额债务、大规模失业、巨额赤字、资本市场崩溃和前所未有的公司治理失灵。受影响的西方政府没有削减政府开支,而是基于凯恩斯主义采取通货再膨胀措施,试图通过扩大支出摆脱萧条的局面。美国和欧洲动用了大量公共资金,以扶持濒临破产、境况不佳的私营企业。这些措施显然与资本主义市场原教旨主义背道而驰。

当前的全球经济和金融危机暴露了华盛顿共识和市场原教旨主义的根本缺陷。这些“处方”在主要的西方经济体身上并未得到严格应用。这种选择性实践也暴露了市场原教旨主义之外别无选择的乐观主张所隐含的错误认识;在苏联解体及其意识形态的影响力被削弱后,西方的资本主义获得优势地位。

虽然我不会无视西方资本主义的成果及其创新,然而我依旧怀疑新兴发展中国家,或者任何国家,是否有必要像经济危机中的美国一样让自己的经济受制于反复无常的市场力量或者赫南多·德索托(Hernando de Soto)口中的不受限制的无形规则。任何国家都承受不起完全接受市场原教旨主义的代价。甚至连民主的“堡垒”——也就是经济历史曲折多变的美国和工业化资本主义国家集团——也没有让自己的经济听凭变幻莫测的市场力量支配。美国在一战后奉行其政治家和学者所描述的辉煌孤立主义,这不过是贸易保护主义的一种委婉表达。

日本在二战结束以来,对其产业进行了精明的保护,使其具备了较高的全球竞争力,并成为仅次于美国的第二大经济体,直到2010年被中国取代。韩国小心翼翼地在朝鲜战争结束后将其新生的汽车和电子产业发展到具有全球竞争力的高水平。这几个国家没有一个完全接受市场原教旨主义,它们的经济成功之路表明,这才是全球化的核心。**

人们常说,减轻并最终消除贫穷和饥饿是非洲和世界治理最关键的挑战。正如非洲委员会2005年报告简明地指出的,非洲的贫穷和停滞是我们时代最大的悲剧。要对这一悲剧的严重性有深入的了解,就需要对贫穷的发展中国家中普遍存在的贫穷进行统计分析。1970年,发展中国家有12亿贫困人口。其中,撒哈拉以南非洲有1.04亿人,东亚有8.3亿人,南亚有2.08亿人,拉丁美洲有3600万人,中东和北非有2700万人。从1970年到2000年,发展中国家的贫困人口数量大幅减少。更具体地说,这个数字从1970年的12亿下降到2000年的6.47亿。这一减少的很大一部分来自东亚的贡献,那里的贫困人口的数量从1970年的8.3亿人下降到2000年的1.14亿人。非洲,特别是撒哈拉以南的非洲,在同一时期是唯一一个贫困人口人数大幅增加的地区。

替代发展模式是否会有其独特的特点?它会是两种失败范例的综合吗?在当前全球经济崩溃的背景下,本文试图展示基于非洲人文精神的平等主义蕴含的解释性价值,它激励着非洲的每一个社会经济和政治机构。在证明基于非洲人文精神的平等主义的解释性价值之后,本文将展示其重要的潜在价值,及其作为第三种经济发展模式的可能性。在这一观念的作用之下,将世界作为一个整体促进非洲真正的可持续增长,可持续发展将成为一种可能。

2000年,非洲地区的贫困人口比例为54.8%,这一贫困人口的比例仍然是最高的。人们做了大量的努力来解释为什么非洲,特别是撒哈拉以南非洲的贫困人口数量如此之多,以及该区域经济表现不佳的原因。对非洲的研究发现,缺乏高速的和可持续的经济增长是其无法在消除贫穷的努力方面取得重大进展的一个关键因素。

人们还发现,在减贫方面,增长的性质至关重要。造成增长不足和由

** 此处略有删改。——编者注

此造成贫穷的其他因素包括政治不稳定、腐败和社会治理失败、宏观经济波动、投资环境恶劣、地理劣势、殖民影响、不成比例的全球分工和不平等交换。

非洲经济委员会(Economic Commission for Africa)的一项研究显示,如果趋势持续下去,撒哈拉以南非洲地区不太可能实现1990年至2015年将日收入不足1美元的人口比例减半的目标。2006年千年发展目标(Millennium Development Goals,MDGs)报告也得出了同样的结论。该报告显示,1990年至2002年,撒哈拉以南非洲地区极端贫困人口增加了1.4亿。

鉴于上述情况,关键的问题是如何在撒哈拉以南非洲制止贫困的发展?为实现千年发展目标,需要采取哪些措施?国内储蓄为所需投资提供资金的潜力是毫无疑问的,再加上储蓄比外部资金的波动性小。这是因为,与官方发展援助(Official Development Assistance)不同,国内储蓄不受“条件限制”。然而,国内储蓄不能满足非洲国家的财政资源需求。国内储蓄不能用来解决非洲的融资问题,因为与投资需求相比,非洲的储蓄水平是全球最低的。2000年至2004年,撒哈拉以南非洲地区的国内储蓄占国内生产总值的比例为17%,中东和北非地区为26%,东亚和太平洋地区为35.6%,拉丁美洲和加勒比地区为21.2%。

有人认为,如果要实现千年发展目标,促进撒哈拉以南非洲地区可持续增长,唯一途径就是大幅提高国内储蓄水平,并将其用于生产性投资,而这种投资必须维持在高于国内储蓄水平的水平上。

在方法论上,我选择通过现代化和依赖理论来探索非洲发展以阐明和提供对普遍贫困产生原因的解释,这是非常贫穷的发展中国家的特征。这为通过创新的管理和开明的经济选择扭转贫困的发展模式提供了基础。

12.2 发展主义的理论基础

现代化理论在二战结束后得以发展,首先被作为在战后推广西方价值观和社会理想的理性根据，其次被用来阐明这种西方社会观念比非西方范式更具吸引力。现代化理论是由塔尔科特·帕森斯（Talcott Parsons）率先提出的，帕森斯提出了一种结构功能主义和社会进化理论，将发展理解为从一种状态进化到另一种状态的确定的和不可阻挡的运动过程。他认为发展导致社会规范的结构性分化，这将在经济、政治和社会制度上产生类似于西方的各项制度，如资本主义、市场经济、民主的自由主义、法治和正当程序、司法独立、新闻自由和尊重公民的基本人权。①

在现代化模式下，社会制度要在实现经济发展的同时实现结构性的进化，必须具备一定的条件。第一个条件是理性化，这一概念基于涂尔干、马克斯·韦伯和帕森斯的理论。理性化包含了从特殊到一般的进步运动。换句话说，社会主体从角色固化到可以追求个人价值的发展说明对于天赋权利的不同认识。第二个条件是多元民族融合和国家发展。民主化是实现社会进化必须满足的第三个条件。根据现代化理论，民主强调社会多元化和透明度。民主还消除了任意性和自由裁量权，同时通过在政治文化中引入体育精神来促进建设性的政治参与。最后，通过大规模动员公民参与政治进程来扩大政治空间，使之具有包容性。②

取得独立的第三世界发展中国家在糟糕的经济表现，落后的社会、法律和政治制度，精英政治的贪婪和腐败，不安的青年和军事掠夺共同作用之下，产生了对于现代化理论相关性和有效性的怀疑。③

与之相反，现代化理论学派将第三世界国家的失败归因于内生因素，比如缺乏吸纳、发展和维系西方政治和社会制度所必需的公民文化。在现代化理论家看来，第三世界国家的政治文化是无机的；它的特点是在氏族

① Huntington SP (1978) The change to change: modernization, development, and politics. In: Provizer NW (ed) Analyzing the third world: essays from comparative politics. Schenkman Publishing, Cambridge, pp. 30 – 69.

② Hermassi E (1978) Changing patterns in research on the third world. Annu Rev Sociol 4: 239 – 257.

③ De Kadt EJ (1974) Sociology and development. Tavistock Publications, New York, p. 65.

或种族内部的个体团结和群体团结相结合,而不是民族国家的团结。加剧这一情况的因素是没有完全接受民族国家政权的合法性、民主制度,未将国际法规范国内化,忽视法治国家以及公民对国家的义务。④

现代化理论的许多缺陷中,引发集中批评的是它的民族中心主义、决定论和进化论。其结构功能主义的理论基础受到了批判,并被视为一种带有强烈意识形态不对称的价值承载范式。⑤

对现代化理论的悲观看法必须在20世纪60年代末至70年代初美国社会动荡的大背景下加以反思。美国社会发展的这个灾难性时期让某些地区产生了为建立更大的秩序而剥夺个人权利的呼声。这场危机使现代化理论的本来一帆风顺的发展态势荡然无存,对于现代化理论的质疑集中表现为对美国自由主义的怀疑。⑥

人们发现,现代化理论本身不具备理论上的独立性。这一理论不能顺应发展带来的各种优势,它只对精英政治的发展做出积极回应。⑦

法律与发展运动是在1965年至1975年美国社会经历社会危机的阵痛中诞生的。因此,它继承了现代化理论基础的不足。然而,现代化理论以及与之相关的法律与发展理论的失败,与发展中国家的法律状况之间并不存在直接的联系。换句话说,现代化理论和法律与发展运动的失败并没有以任何方式否定法律在社会中的中心地位。⑧ 然而,不可否认的是法律

---

④ Latham ME (2000) Modernization as ideology: American social science and "nation building" in the Kennedy era. The University of North Carolina Press, Chapel Hill, p. 288.

⑤ O'Neill D (2007) A modernization theory: economic growth, income equality and democratization. Paper presented at the annual meeting of the Midwest Political Science Association, Chicago, 12 April 2007. Available at http://www.allacademic.com/meta/p196991_index.html.

⑥ Inglehart R (2005) Modernization, cultural change and democracy: the human development sequence. Cambridge University Press, Cambridge, pp. 5 – 25, 26 – 180.

⑦ Anderson ML (2005) Sociology: understanding a diverse society. Wadsworth, New York, p. 225.

⑧ Brym RJ (2005) Sociology: your compass for a new world. Wadsworth, New York, p. 214.

与发展运动吸纳了大量现代化理论的基本原则，这意味着西方法律及其制度的分化。⑨

许多学者可能不会反对将法律置于发展的中心位置的立场，也不会反对现代化理论和法律与发展运动当中所蕴含的演化论基础。他们质疑的是将西方制度作为进化过程的基准。他们将在这两种模式中发现几种意识形态的表征，这些表征确立了西方意识形态和社会/法律制度作为进化尺度上的终点。一项静态和动态的综合性社会研究表明，人类社会处于不断变化的状态，人类社会不会是静态的。因此，一种极具可能性的情况是，一种具有普遍性的意识形态可能向不同的方向发展，也就是说，这种意识形态既有可能演化为一种更为高级的理论形态，也有可能朝着完全不同的方向发展进而演化为另一种理论形态，甚至可能在演化过程中取代现存意识形态。因此，现代化理论的中心原则是错误的，它认为新兴的第三世界现代化国家所要走的发展道路必须与西方社会曾经走过的道路完全一致。这表明西方国家及其倡导的发展理论并没有理解他们自己与世界上其他国家之间在社会和文化上的差异。

上述观点并不损害西方意识形态和价值观已经取得的成就，如自由民主、法治、正当程序和对个人权利的尊重。我不同意这样一种观点，即西方社会所取得的发展成就是社会发展进化尺度上的终点，西方的成就标志着历史发展的上限。⑩

上述结论只能建立在智识努力崩坏的基础上。它不仅乏味，而且反历史。这样的观点完全背离了任何进化过程所遵循的辩证规律。最重要的是，时间的流逝和时代的更替不可避免，在滚滚向前的历史车轮面前，策划

---

⑨ Kiely R (1995) Sociology of development: the impasse and beyond. Routledge, London, pp. 85 – 143.

⑩ Gilman N (2004) Mandarins of the future: modernization theory in cold war America. The John Hopkins University Press, Baltimore, pp. 1 – 24, 72 – 241; Fukuyama F (2006) The end of history and the last man. Free Press, New York, pp. 3 – 39, 55 – 131, 143 – 199, 211 – 328.

或者设计一种终局的社会形态是不可能的。它将因此成为宇宙秩序的同义词,成为一种不变的、永恒的理论基础。循环在诠释学中不是谬论。解释学循环打破了形式主义(或伪形式主义)的外壳,为结构功能主义的结论提供了明确的支持。⑪

在反对现代化理论和法律与发展运动的核心观点的同时,我认为,发展中国家的现实表明了政治多元化的缺乏,严重的社会分化,巨大的阶层差距,绝对的专制主义,脆弱的国家结构以及政府与人民的疏离。此外,由于对法律较低的接受程度,公民明显地表现出对原始社会群体更高程度的忠诚。在许多方面,法律常常被认为是在执行占统治地位的政治和经济精英的命令。除此之外,司法制度经常被搁置。⑫

然而,人们普遍认为上述限制过于极端,可能会限制或制约法律在发展中国家社会经济变革中的工具性应用。矛盾的是,这些限制和制约使法律成为促进经济增长的工具(而不是削弱法律和制度在发展过程中的核心地位)。⑬

在结构与功能之间,现代化理论与法律核心主义的发展模式让现代化与发展中国家的现实之间确实存在可感知的差距。但是,这些差距并不影响上述要素推进并影响第三世界国家社会经济发展。社会和经济变革仅

---

⑪ 福山认为,历史是有方向性的,它的终点是自由民主。当然,这种观点并不新鲜。然而,吸引人们注意的是福山重述这一观点的简洁性。这是前美国国务院规划师福山的道歉。他认为有两个主要因素可能推动所有社会朝着这一进化目标前进。第一个是现代自然科学与技术相辅相成,它创造了“普世”文化。他从黑格尔那里得到的第二个历史工具是对认可的渴望,推动创新和个人成就。福山的主要担忧似乎是,在他所认为的“资本主义乌托邦”到来之际,人类是否会成为自满、自私的“最后的人”,或者回归到卷入破坏性战争的“第一的人”。鉴于世界历史,尤其是美国及其盟友的行为,他关于西方民主国家不具有霸权地位的观点是历史性的。他在1989年夏天的《外交政策》杂志上发表的《国家利益》中首次阐述了他的论点,他认为,近代世界历史上不时出现专制政权的崩溃,与此同时,这些国家的自由力量表现出前所未有的优势。

⑫ Huntington S (1996) Political order in changing societies. Yale University Press, New Haven, pp. 8, 32, 59, 109, 344.

⑬ Hsiung B (2006) Economic analysis of law: an inquiry of its underlying logic. Erasmus Law Econ Rev 2:1 – 3.

仅要求实施改革的国家适应这些差距,并在此基础上采用适于第三世界国家的发展模式。⑭

同样重要的是,摒弃那些只看到以法律名义实施恶行的悲观主义立场。这些悲观主义者看不到法律所能发挥的积极作用。他们甚至没有认识到法律在推动经济发展方面所具备的巨大潜能,以及在推动社会发展和提升公民福祉中所能发挥的积极作用。⑮ 在检视现代化理论及其相关学说在法律以及发展模型中的立场之后,我将注意力转向了与其观点相左的理论——依赖理论。

12.3 依赖理论

依赖理论与现代化理论的立场不同,在解释第三世界国家的国家失败、欠发达和增长乏力原因的时候采用了与之相左的立场。第三世界国家的欠发达并非主要由其内部原因导致,而是由于西方国家施行国际资本主义带来的政治经济结果,也就是说,是西方国家殖民剥削非洲、亚洲和拉美国家的结果。⑯

通过上述过程,这些国家被强行纳入西方国际资本主义版图。他们的自然资源和劳动力在几百年的时间里被不断开发,最初是通过掠夺和奴隶贸易,后来通过完全的殖民化。⑰

得益于殖民主义,国际劳动分工被设计出来。这使殖民地经济成为都

⑭ 为了建立经济发展的法律框架,特别是在考虑法律和司法改革时,发展中国家应作为优先事项,为经济管理制定实质性和程序上有效的规则。如果一项规则规定了一项使外部性内部化或迫使资源有效分配的规则,则可被视为具有实质性效率。同时,如果一项规则消除或减少了使用法律制度的成本或提高了使用法律制度的准确性,则该规则在程序上是有效的。

⑮ Davis KE (2008) The relationship between law and development: optimist versus skeptics. Am J Comp Law 57:8 – 14.

⑯ Ndulu J (2008) The political economy of economic growth in Africa, 1960 – 2000. Cambridge University Press, Cambridge, 5 – 650.

⑰ Hubbell L (2008) Rethinking dependency theory: the case of Dominica, the rascal state. J Third World Stud 112, p. 112.

市经济的补充。殖民地为大都市的制造业提供原料的同时,也是大都市制造业产出的工业产品的垄断市场。为了实现这一目的,宗主国在殖民地国家开办了享有特权的贸易公司。这些公司拥有从事原材料生产和贸易的独家权利。种植园经济蓬勃发展,“白人”定居者的飞地得以建立。⑱

在非洲国家取得独立地位之后,剥削有增无减。看似适应新世界秩序的结构得以建立,但既有的国际经济秩序并未被打破。跨国公司成为维持旧秩序的主要力量,并像曾经的宗主国一样,继续扮演剥削者和破坏稳定者的角色。⑲

发展中国家的独特历史经验表明,依赖耗尽了这些国家社会发展的活力和热情。他们被迫加入存在大量缺陷的国际资本主义体系。殖民主义时期的经济掠夺阻碍了殖民地国家的工业化进程,它们作为原材料的供应者,其产品没有附加值可言。而作为殖民时代的结果,殖民地国家的基础设施被荒废了。随着这些国家在依赖的泥潭中越陷越深,上述情况只会导致恶性循环。它们需要外国援助、外国直接投资以及西方国际金融机构的贷款来发展基础设施。它们的主要出口产品仍然基本来自采掘行业,孤立于其他经济部门的产业结构让它们的经济缺乏多样化,而且容易受到来自西方和大宗商品交易所的价格冲击和控制。⑳

依赖理论认为,西方国家与发展中国家之间存在不可逾越的鸿沟,二者之间形成了一种结构,这种结构维持着西方国家对于发展中国家的永久开发。㉑ 依赖理论假设的一个关键因素是,在维持现状的前提下,发展中国家的经济和政治精英与西方资本家之间的合作得到认同。根据依赖理

⑱ Peet R (1999) Theories of development. The Guilford Press, New York, pp. 3 – 12, 18 – 57, 107.

⑲ Rahnevia M (1997) The post-development reader. Zed Books, New York, pp. 3 – 250.

⑳ Desai V (2008) The companion to development studies. Oxford University Press, Oxford, p. 150.

㉑ Larrain J (1991) Theories of development: capitalism, colonialism and dependency. Polity, New York, pp. 5 – 215.

论，遭受这种不平等世界秩序暴政的最弱势群体是农村和城市中的穷人，在这种经济秩序下，他们的地位没有改善的可能。[22]

依赖理论的假设并非没有道理。首先，它们为令人窒息的现代化理论提供了新鲜空气，可以被合理地看作欧洲中心主义。其次，它们促进了许多发展中国家的经济民族主义精神，这些发展中国家制定了政策，以保护其羽翼未丰的产业不受外国竞争的影响。[23]

依赖理论已经受到了相当多的负面评论和批评。这一点在亚洲国家取得经济成就之后变得明显起来。日本、印度、新加坡、韩国和中国等亚洲国家以及其他一些国家的显著发展，都削弱了依赖理论的影响力。亚洲经济的成功是在现代化模式没有得到充分适用的情况下取得的。同样，它们的成功也不是基于依赖理论。[24] 中国成为世界上增长最快的经济体就是对这一事实的证明。中国选择的改革模式无疑对其经济增长产生了深远影响。[25]

上述情况并不损害依赖理论在国际法演变中所起的关键作用。必须承认，它为把各国人民的发展权利放在首要位置作出了贡献。这方面的协调一致和明确的努力虽然仍处于初期和发展阶段，但已在贸易优惠方面产生了积极成果。依赖理论还为发达的工业化国家实现经济增长，与欠发达国家结成伙伴关系提供了机会。然而，也有一种普遍的观点认为，所有这些旨在拯救第三世界的不连贯的议程都是三心二意、考虑不周的措施，而且力度太小，时机也太晚。这一观点强调了这样一个事实：为了将第三世界从贫困的泥潭中拯救出来，需要采取更为有效的措施，这要比二战后的

㉒ Hettn B (1985) Development theory in transition: the dependency debate and beyond: third world reponses. Zed Book, New York, pp. 5 – 150.

㉓ Ghosh BN (2001) Dependency theory revisited. Ashgate, London, pp. 3 – 165.

㉔ Tetreault MA (1986) Dependency theory and the return of high politics. Greenwood Press, New York, 5 – 210.

㉕ Leys C (1996) The rise and fall of development theory. Indiana University Press, Bloomington, pp. 3, 48, 64, 80, 107 – 188.

欧洲重建困难得多。[26]

12.4 非洲人文主义的社群主义基础

在我尝试说明非洲特有的人文主义哲学基础的过程中,我将讨论社交的形而上学特征。这些特征表明人类群体的新成员对于这个群体的关键成员以及其他成员在成长、发展、安全和福利等方面的影响。无论我们在多么深入的程度上追溯人类进化的历程,人性的形成与人格的取得总是与其他社会成员相关的。社会成员的个性化是通过社会化的过程(从出生开始的整个过程)来实现的,它将个体塑造成社会成员。

社会化因此是一个综合了教育和学习的过程。这个过程从模仿他人开始,借助个人能力、职业技能以及其他能力的发展来提高个体作为社会成员的能力。人在社会中作为一个有能力的发展单位发挥作用的能力取决于这个社会化过程。

不幸的是,随着殖民主义的出现,这种社会化的过程被从西方教育的角度作出狭隘的解释;将其看作使用征服者的语言的能力。但是,就技能而言,一个从 2 岁就开始练习打鼓的阿鲁巴男孩并不比在哈佛大学接受训练的打击乐手差。到他 5 岁的时候,他在打鼓这方面的技能已经非常成熟了。在逐渐社会化的过程中,他学会了代代相传的家族技能。除了练习打鼓外,他还学习了家族的习俗或知识。同样,一个富拉尼男孩能用一根棍子把几百头牲畜赶出广阔的牧场,他的受教育程度并不比在牛津大学训练的兽医低,他已经获得了富拉尼人代代相传的能力。

在非洲,唯发展主义最大的错误之一就是把教育等同于西方教育。我绝不是低估西方教育的方法论价值;相反,我想说的是,这只是众多社会化

---

[26] Chilcote R (1983) Theories of development: mode of production or dependency? Sage, New York, pp. 5 – 180; Jaffee D (1998) Levels of socio-economic development theory. Praeger, Westport, pp. 5, 151 – 199; Willis K (2007) Theories and practices of development. Routledge, London, pp. 32, 62.

方法中的一种。对西方教育的广泛接受,不应以牺牲传统的社会化过程为代价,因为传统社会化过程包含了人们的世界观。对西方社会化范式的完全和未经校准的拥抱只会导致一种结果:一个由困惑的民族所组成的国家,完全脱离了他们原始的、经过时间考验的、有生产力的、维系经济的文化实践,投身于西方金钱至上的全球化经济带来的不确定当中。

非洲城市中的失业、就业不足、无法就业的青年和成年人大军是上述这种有害结果的活生生的证明。这是一个需要认真面对的问题,因为非洲国家人口结构的特点是不断地从农村向城市转移。在我生活和工作的拉各斯,我每天都被兜售各种劣质产品的年轻人骚扰。这些产品像全球化一样被倾销到尼日利亚。这是不能接受的。我们想要的显然不是一个街头充斥小贩的国家。这种现象在非洲各地都存在,整代人都被彻底地从他们原始的文化生活中剥离出来,在城市中漂泊,在经济上完全被剥夺了公民权。

非洲的人文主义社交与在其他文化中对于社交的认识不同,它不会单纯地将社交能力看作关于增长和发展的关键。其独特之处在于,将公共利益置于高于个人利益的地位。这样的立场存在于几乎所有的非洲社会和政治核心机构。与不同文化和社会中存在的分歧紧密相关,个人在社会环境下如何与他人互动的分歧让他们的社会经济和政治制度、社会风气和一般规律充满活力。

某些文化在取向和结构上是社群主义的,他们倾向于强调群体利益以促进个人利益。在不同文化和社会中所坚持的个人或人格概念的分歧,以及关于个人在社会空间中与他人的关系的分歧,激活了他们的社会经济和政治制度、社会规律。某些文化在取向和结构上是社群主义的,这些社群主义文化倾向于强调个性化,强调重叠和多层次的亲属关系链,包括生与死的关系,生者与未出生者的关系。因此,个人需要承担神圣的责任牺牲部分的私人生活以维系这种社会生活方式。

与上述不同的是,其他文化强调个人权利和自由,更多地从匿名性、非人格性、个人属性和能力的角度来看待个人。在前者中,个人是宏观社会不可分割的组成部分,他拥有个人主义社会宣称的赋予每个人的权利。这两种模式的唯一区别在于社群主义社会结构中的个体不是匿名实体,而是社会中追求增进全体人民福祉的利益相关者。

非洲的世界观一般不会接受将个人意志凌驾于集体意志之上的立场。相反,非洲的世界观强调了个人和社会为了生存和所有人的连续性而相互依存的互惠性。人的权利、自由和个性因此在依赖理论当中是不合格的、减损的或被低估的。因为两者是相互依存的,所以在社会空间中把它们想象成相互排斥的是不现实的。个人主义所孕育的"我"的情结,是在一个人们看不到更高层次的共同利益理想的社会中发展起来的。这些理想也意味着限制,限制个人的实现,包括对遗产的主张和利己主义的立场。

在社群主义社会中,个人与社群之间的关系并不矛盾,也不互相冲突。与人权类似,共同利益是一种可普遍化的社会理想,它属于所有人,是实现一种普遍福祉的必要条件,在这种福祉中,所有人不论其生活地位如何,都在生存。此外,这种共同"善"不会贬损或亵渎共有的人性。在非洲人文主义的世界观下,人权的定位必须根植于个人之中。这是一个保障各种权利的世界。这些权利又包括充分就业和作为生产要素的土地权利,没有这些权利,在非洲,人就不能称为人。每个人都可以在社会中主张这些权利,反过来,社会也有义务保护这些权利,不是通过单纯的宣言或文字提供,而是通过实际行动。相反,它是一种神圣的纽带,维系着个人的过去、现在和未来。例如,在传统的非洲社会环境中,成年人整日无所事事是不可能的。

2003 年,赫南多·德索托[27]提出了当时在西方社会看来可能的一种解释,资本主义在这些国家的失败被西方学者归咎于几个因素,如缺乏可销

---

[27] De Soto H (2000) The mystery of capital: why capitalism triumphs in the west and fails everywhere. Basic Books, New York.

售的资产和民间创业文化的缺位。

赫南多·德索托认为，这些国家的真正问题在于，它们尚未建立能够让“死的”资产变成“活的”资本的制度。按照他的观点，西方法律允许人们抵押房屋来为新的投资筹集资金，也允许公司的价值被分割成许多可公开流通的股票，这进一步使管理和评估财产成为可能，特别是在有普遍适用的协商规则之下。在他看来，这种无形的“资产管理”的基础设施在西方被认为是理所当然的，它是资本主义在北半球取得成功必不可少的要素。㉘

尽管德索托的论点看似令人信服，但他的分析相当晦涩。而且现在看来，他的结论也与当代资本主义正面临崩溃危机的现实相左。事实上，资本主义的失败不是在“别处”，而正在西方。资本主义所信奉的排他和利益至上的哲学未能回应最为关键的问题——普遍性的贫困，以及人口中最富裕的5%与最贫穷的5%之间日益扩大的财富差距。

德索托的无形的法律网络只是其意识形态的再现。正如美国和整个西方所证明的那样，它只会剥夺公民权、排除并破坏更大比例人口的福祉。法律网络未能创造就业和收入再分配。但最重要的是，法律未能有效地将稀缺资源分配到生产活动中去，后者可以产生财富，并且可以被用来为所有人的共同利益服务。

此外，资本主义在所有地方都失败了，因为它基本的资本资产定价模型是基于虚构的假设。例如，它认为资本市场中所有参与者必须能够获得同一套信息。除此之外，交易必须是透明的，没有不透明和信息不对称；每一只交易的股票都含有随机来自市场的内在价值。因此，资产的市场价值并不是其内在价值的真实再现，对企业的市场价值的衡量是不准确的。事实上，我们不可能知道这种内在价值是什么，因为整个系统都是骗人的。

㉘ De Soto H (2000) The mystery of capital: why capitalism triumphs in the west and fails everywhere. Basic Books, New York.

这就是为什么资本主义将永远受到市场失灵的困扰。在中国、泰国、印度尼西亚和马来西亚等亚洲发展中国家的成功面前,资本主义早已不是发展主义的适当基准。

12.5 非洲习惯土地法和财产权理论

我需要考虑的另一个问题是非洲习惯土地法和财产权的性质。这样做的第一个原因在于,发展主义的背景下,非洲农村地区是创造更多工作机会的关键,尤其是在非洲经历了殖民主义之后又被全球化裹胁的情况下。这样做的第二个原因在于,土地是非洲经济可持续增长和可持续发展的前提。超过80%的非洲人生活在农村地区,他们依靠土地维持生计。土地之所以重要,是因为这些生活在农村地区的非洲人完全没有受到后殖民时代非洲国家所面临的"现代性"的影响。

我将说明非洲人文主义是如何嵌入非洲的土地法和财产制度的概念中。我强调非洲财产权理论的解释价值,并说明它何以具备替代资本主义的可能的潜质。后者未能从根本上解决人类处境的根本性问题,消除贫困并以可持续的方式增进人类的福祉。

非洲可以通过诉诸其人道主义和平等主义的世界观来实现充分就业,从而使自己免受全球经济危机的不利影响,这种世界观是非洲社会、经济和政治制度得以建立的基础。

非洲的土地使用和所有权模式包含了复杂的权利主张。土地的所有权模式涵盖了从家庭所有到集体所有的不同所有权形态。土地所有权保障着社会成员的发展、健康、福祉、信仰、生计和就业。而且,还有大量尚未开垦的土地可以留给他们的后代。综合降雨的波动、作物轮作和土壤肥力以及对土地需求的变化等多种因素,轮作在非洲被广泛采用。土地权利主要通过成员身份取得,但不具备成员资格的人可以通过分种、租赁、赠与和买卖取得土地权利。根据维利(Wily)的观点:

> 部落在习惯法领域当中拥有司法权。在这一领域之内,涉及一系列享有财产权利的安排。所涉及的财产包括个人或家庭所拥有的财产,以及社区内特殊利益集团,例如宗教团体或妇女团体所拥有的财产。这些财产不同于部落成员基于其身份而按照各自份额共同享有的财产权,后者往往是指面积较大且地处偏远的草原、森林、沼泽与山地。这些财产由部落成员基于身份共有,也就是说,权利主体是确定的,而组成权利主体的成员则在不断变动。㉙

非洲的土地和自然资源上的权利取决于若干社会关系和团体,如家族和亲属关系。土地和自然资源上的权利也存在于相互重叠的多重社会关系中,如家族内部的个人权利、错综复杂的亲属关系网以及部落当中范围更加广泛的亲属关系网。㉚

财产权源于社会单位的成员身份,这可以通过出生、从属关系或对一个团体及其政治权威的效忠而获得。它们也来自交易,如承诺、购买、赠与和租赁。㉛ 与习惯法中不存在个人财产权的立场相反,土地之上存在家族及其成员耕作和居住的权利。这些权利还包括平等地获得森林、水域、牧场等集体财产权利。非洲土地权利既是个人的,也是集体的。㉜

韦德拉奥果(Ouedraogo)在反思非洲传统财产法理论时指出:

㉙ Wily L (2005) The commons and customary law in modern times: rethinking the orthodoxies. In: Proceedings of the UNDP – ICC, workshop: land rights for African development: from knowledge to action, Nairobi, p. 6.

㉚ Cousins B (2007) More than socially embedded: the distinctive character of "communal tenure". J Agrar Change 7(3):281 – 315.

㉛ Cousins B (2007) More than socially embedded: the distinctive character of "communal tenure". J Agrar Change 7(3):281 – 315.

㉜ Cousins B (2007) More than socially embedded: the distinctive character of "communal tenure". J Agrar Change 7(3):281 – 315.

> 如果法律仅仅被视为当局制定的一套规范，土地权利的本土实践就不具备法律意义，应当被排除在司法舞台之外。但另一方面，如果从人类学的角度将法律看作一种调整个人和集体行为的社会规范，人们就不得不承认，正义并不必然仅仅开始于成文法。非洲社会已经通过实践表明对这一判断的深刻理解和应用。非洲社会不是通过预先设定的规则为社会成员设定行为模式，而是通过一套复杂的社会和文化机制实现这一目标。㉝

因此，必须在非洲的人文主义和平等的世界观的范围内看待非洲的财产权，这种世界观根植于每个非洲社会政治制度。这种世界观主张，将社会经济空间按比例分配给个人，后者是逝者、生者和未出生的后代共同构成的漫长链条的一环，使其成为包括逝者、生者和未出生的后代在内的复杂关系长链中的一环。因此，个人与他人的关系处于非排他性社会结构的链条中，这种结构推动将土地作为生产要素进行公平分配。根据亚当（Adam）等人的观点：

> 未开垦土地的自由转让是理所当然的。这样的土地可以免费取得，不属于商业资产。㉞

虽然这种转让是在亲属关系和家庭关系网络中完成的，但外部人士也可以通过赠与、购买和租赁等方式获得土地。

㉝ Ouedraogo HMG（2002）Legal conditions for the recognition of local land rights and local land tenure practices. In：Proceedings of the international workshop：making land rights more secure，Ouedraogo.

㉞ Adam M，Kalabamn F，White R（2003）Land tenure policy practice in Botswana-governance lessons for Southern Africa. Austrian J Dev Stud 19（1）：55 – 74.

12.6　作为一种发展策略的乌贾马

本文接下来要讨论的是另一项基于非洲人文主义精神和平等主义的发展实践。尼雷尔提出的乌贾马哲学被视为非洲人文社会经济发展实践的典范。多年来，对乌贾马的评价既有正面的，也有负面的。某些意见认为，这从根本上是一项合法的努力，能够避免非洲政治精英的无政府状态、不平等和缺乏创新等后殖民时代腐败现象。[35] 另外，其他人则谴责并批判乌贾马经济范式的意识形态色彩。根据这一观点，乌贾马充其量只是一种错误的哲学理想，未能充分利用好发展机遇。最终，它违背了坦桑尼亚人民的意志。[36]

对于理论家来说，乌贾马是完全没有阶级斗争的伪社会主义，而阶级斗争是一个真正社会主义国家发展的先决条件。[37] 其他人则认为乌贾马是尼雷尔治下的国家用来限制公民自由、扼杀私人创新和企业的一种手段。因此，乌贾马剥夺了坦桑尼亚人从个体企业获得的利益，他们认为私营企业对实现现代化、民主和经济繁荣至关重要。[38] 这些批判大多是针对个人，或者是从意识形态角度出发，缺乏实证基础。

与上述负面评论相反，我认为乌贾马超越了意识形态。乌贾马基于非洲人文主义精神，对非洲发展战略进行了彻底的概念化表达。正如我之前所说的，乌贾马意识形态不同于西方资本主义，资本主义只是基于现实，对于现实的意识形态表现形式，这就是它在处理影响人类状况的最关键、最

---

[35] Pratt C (1976) The critical phase in Tanzania, 1945 – 67: Nyerere and the emergence of a socialist strategy. Cambridge University Press, Cambridge; Boesen J et al (1979) Ujamaa: socialism from above. Scandinavian Institute of African Studies, Uppsala, passim.

[36] Johnson RW (2000) Nyerere: a flawed hero. The National Interest, 60, passim; Scott JC (1999) Seeing like a state: how certain schemes to improve the human condition have failed. Yale University Press, New Haven.

[37] Shivji I (1974) The silent class struggle. Tanzania Publishing House, Dar es Salaam.

[38] Yeager R (1989) Tanzania: an African experiment. Westview Press, Boulder.

基本和最普遍的问题,特别是贫穷问题上惨遭失败的原因。

尽管如此,乌贾马的主要缺陷(这恰巧也是后殖民时代非洲发展主义面临的缺陷)在于,它将非洲发展和现代化的理念作为标杆,却没有回应可持续发展、充分就业和占据人口比例绝大部分的非洲农村居民的发展需要。乌贾马因此使坦桑尼亚人民的发展脱离了经受过时间考验的、本土的、原始的文化、社会和生产现实,后者长久以来一直以一种可持续的方式支持着坦桑尼亚社会的发展。乌贾马经历了几次移植效应的发作,消弭了现代化的积极效应,这种情况的发生可以完全或者部分地归咎于西方发展主义范式。

12.6.1 乌贾马:非洲社会哲学的原型?

接下来,我将讨论如下相互联系的问题:第一,乌贾马是不是一种非洲的社会哲学?第二,乌贾马作为一种哲学是不是具有解释价值?第三,乌贾马是不是可以作为非洲发展主义的理论支持?毕竟,在1999年尼雷尔总统去世之后,乌贾马受到了比较严厉的批评。[39] 为了回答上述问题,我将进一步分析乌贾马的本质。

尼雷尔所阐述的乌贾马哲学起源于传统的非洲精神和价值观念,其中蕴含着对于社会平等和公正的深刻人文追求。乌贾马表征着这样一种人类社群,即在社群中发挥推动作用的是社群成员共同的人性。在尼雷尔的设计下,乌贾马强调了传统非洲社会中家庭和社区的意义,带有犹太基督教理想和世界观的色彩。尼雷尔试图将卢梭的社会契约理论和康德的自由主义理念与非洲共同体主义的平均主义相融合,以达到对各种哲学流派的综合,并以此作为解决非洲发展主义危机的一种手段。因此,乌贾马建

---

[39] Lane (1999, p. 16) wrote "former Tanzanian dictator, Julius Nyerere, was single-handedly responsible for the economic destruction of his potentially wealthy nation".

立在平等、团结和自由这三大支柱上。[40] 尼雷尔认为,理想社会必须建立在这三个关键的支柱之上,他简明扼要地指出:第一,非洲的发展必须以这三个特征为基础,因为只有这样人与人之间才能实现有效合作。第二,必须有自由,因为个人要成为社群成员,才能取得社群的支持。第三,必须团结一致,因为个人只有在和平、安全和高度福祉的环境中才能兴旺发达。据他说,乌贾马的这三个要素对非洲来说并不陌生。因此,乌贾马包含了非洲地方自治主义的概念,这一概念渗透到非洲文化的每一个方面,包括财产(土地)的公共所有权、共同劳动和尊重共同的人性。

因此,关键的问题是如何将非洲社区平等主义的概念用于解决后殖民时代非洲的唯发展主义危机。尼雷尔认为,西方资本主义与后殖民时代的非洲国家和第三世界的愿望不一致。尼雷尔断言,对非洲来说,最合适的发展道路是社会主义。这种判断,在事后看来是有具体原因的。因为冷战时代的两极化使在意识形态领域做出非此即彼的选择对新兴的后殖民时代国家变得具有很强的吸引力。[41] 乌贾马的显著特点是轻描淡写地将马克思主义的阶级斗争概念作为"非洲社会主义"概念的基础。在尼雷尔看来,非洲社会主义的基础不是阶级斗争,而是传统的非洲大家庭制度和社群主义。

对尼雷尔来说,非洲社会主义是一种思想态度,是非洲人在大家庭社会化的过程中形成的。他强调,非洲的殖民经历、西方教育和资本主义对非洲传统的人文主义理想产生了负面影响。经济、社会和政治权力被暴力地从非洲的社会政治环境中移除,并被迁移到殖民地的大都市。因此,在尼雷尔看来,最关键的问题是如何在宏观社会中保存非洲的人文精神和传统。他关注为前殖民时代非洲社会的所有成员提供社会保障和充分就业

---

[40] Nyerere J (1967) Freedom and unity. Oxford University Press, London/Oxford, p. 16.

[41] Nyerere J (1967) Freedom and unity. Oxford University Press, London/Oxford.

的态度和传统。而这种社会安全网只能来自一个大家庭的成员。[42]

尼雷尔认为乌贾马完全不能容忍西方资本主义。在他看来,资本主义试图在人剥削人的基础上建立一个幸福的社会。[43] 他声称,乌贾马是诞生于内涵深刻、内容丰富的非洲传统精神的第三种选择,而这种精神选择性地借鉴了非洲殖民经验。[44] 然而,不可否认的是,乌贾马通过过渡到经济自力更生来纠正坦桑尼亚过度依赖的明显目的。在这方面,乌贾马似乎受到依赖理论的影响,这种学派在20世纪60年代和70年代占主导地位,在拉丁美洲和非洲有许多追随者。

乌贾马出现在1967年的《阿鲁沙宣言》当中。它的既定目标是建立自力更生的社会主义国家。在非洲国家刚刚独立后的时代,追求自力更生是一种发展战略,因为依赖和欠发达会彼此助长,这使独立后的非洲国家被排除在国际经济体系之外。自力更生被认为是一种"灵丹妙药",可以把非洲国家转变为国际经济体系中的积极参与者和竞争者,从而使它们摆脱对外依赖的地位。为了实现这一目标,有人建议非洲国家必须着眼内部,通过不受外来"处方"的自我构想的政策来充分控制经济发展因素。因此,动员基层群众,优化有限的可用资源配置,以提高人民的福祉是当务之急。[45] 尼雷尔的自力更生的经济战略与独立主义毫无相似之处。他作了以下区分:

> 自力更生的原则并不意味着独立主义。对我们来说,自力更生是一个积极的因素,为了我们自己的发展,我们应该依靠自己

---

[42] Nyerere J (1967) Freedom and unity. Oxford University Press, London/Oxford, p. 165.

[43] Nyerere J (1968) Freedom and socialism Dar es Salaam. Oxford University Press, Oxford.

[44] Nyerere J (1967) Freedom and unity. Oxford University Press, London/Oxford.

[45] Palmer S (1975) Self-reliant development in an interdependent world. In: Erb GF, Kallab V (eds) Beyond dependency: the developing world speaks out. Over Seas Development Council, Washington, DC, pp. 5 - 6.

的资源。[46]

尽管如此,还必须从坦桑尼亚在执行其发展计划方面极度依赖外国援助的情况来看待尼雷尔的自力更生。自力更生成为摆脱依赖援助陷阱的唯一可行办法,而对外依赖的代价往往是受援国的主权受到损害。因此,除了乌贾马的理想主义之外,它在 1967 年被提出也是对衰弱的经济所能做出的适当反应,经济问题是当时的坦桑尼亚所面临的主要难题。

因此,乌贾马的构想是让坦桑尼亚摆脱对外国援助和贷款的过度依赖,同时从依赖经济过渡到自力更生的农业经济。

12.6.2 乌贾马的实施

非洲经济民族主义盛行的背景下,国有化被当作乌贾马的核心任务。与大多数非洲国家一样,其目标在于让本国公民占据经济上的制高点。按照《阿鲁沙宣言》,尼雷尔行政当局没收了所有银行和工业集团,包括大型农业加工业。作为支柱产业的剑麻产业的 60% 被国有化。[47] 到 1967 年年底,国家直接控制了经济的"制高点"。广泛实施的国有化受到了"左派"的欢迎,而自力更生的立场则吸引了部分斯堪的纳维亚国家。[48]

右翼势力则对坦桑尼亚的局势持反对态度。以标准银行、国民银行、格里德利银行和巴克莱银行为代表的银行业巨头组成了攻守同盟,共同采用不合作策略。这些大银行为了破坏对银行业的国有化进程,大力打击国际投资机构和出口经济对于坦桑尼亚银行业的信心。这是非常明确的遏制非洲国有化浪潮的立场。[49]

㊻ Nyerere J (1968) Freedom and socialism Dar es Salaam. Oxford University Press, Oxford.

㊼ Arkaide VB (1973) Planning in Tanzania. In: Cliff L, Saul J (eds) Socialism in Tanzania. East African Publishing House, Dar es Salaam, p. 37.

㊽ Coulson A (1985) Tanzania: a political economy. Oxford University Press, Oxford, p. 2.

㊾ Coulson A (1985) Tanzania: a political economy. Oxford University Press, Oxford, p. 41.

在不影响国有化进程的情况下，国家同许多跨国公司建立了技术合作伙伴关系，这些跨国公司是那些被国有化的企业曾经的主人。由于国家这类行动，有人主张从某种意义而言，坦桑尼亚的经济"制高点"依旧在外国势力的掌控之下。[50] 此外，也有人认为，国有化受腐败、过度官僚化、集权化和资源分配的低效影响，没有能够创造足够的经济发展机会。政府也终于意识到国有化并不是解决所有问题的灵丹妙药。

12.6.3 村庄计划

乌贾马影响之下的村庄计划旨在鼓励自力更生，强调农村发展是可持续增长和发展的催化剂。它还旨在帮助坦桑尼亚经济逐步摆脱对外国援助和贷款的过度依赖。该计划的目的是促进坦桑尼亚农村的转变，以建立农村经济和社区，在那里人们将为所有人的共同利益而生活在一起。[51] 它鼓励农民聚集在公共服务点周围，而不是分散的定居点。农民被鼓励在合作社而不是个人的土地上劳动。村庄计划的实施是以非洲传统社会的群体性和平等性为基础的。

村庄计划失败的原因是当地农民怀疑国家背后的动机；他们特别担心自己的土地被国有化，因此拒绝合作。到 1975 年，该计划被非正式地放弃了。当然，导致这项计划失败的原因并不这么简单，还有其他因素的作用。第一，这个计划是自上而下的，开始时就没有得到必不可少的土地权利的支持以及农民的充分参与。人们对这个计划持怀疑、不信任、怨恨和敌意的态度。第二，绝望的国家诉诸武力来胁迫农民实现村庄计划。这一举动使政府与人民进一步疏远了。第三，使用物质奖励会产生反作用，因为村庄极其依赖物质奖励，当资源匮乏导致国家收回这种援助时，村庄就变得

---

[50] Shivji I (1973) The silent class struggle. Tanzania Publishing House, Dar es Salaam, passim.

[51] Nyerere J (1968) Freedom and socialism Dar es Salaam. Oxford University Press, Oxford, p. 337.

极为脆弱。

这个计划失败了。因为它忽视了非洲的个人主义对集体化方案的立场。总的来说,这项计划的执行方式与农村经济的社会和文化现实不符。规划的村庄脱离了当时农村实行轮作和游牧的实际;保利种植和分散聚落模式,使该计划遭到农民的抵制。然而,上述的局限性并没有减少乌贾马作为唯发展主义范式的解释价值。

严格根据国内生产总值等经济指标来评估乌贾马,将其概念化为一种发展战略,将极大地损害乌贾马的崇高理想。因此必须从人类发展的角度来评估乌贾马。事实上,在推行乌贾马的时代,坦桑尼亚比撒哈拉以南非洲的大多数国家发展得更好。尼雷尔治下的坦桑尼亚政治稳定,而同一时期非洲大陆上的多数国家处于无政府状态。事实上,尼雷尔遗留下来的平等与社会公正的政治遗产让坦桑尼亚成为非洲大陆上政局最稳定的国家之一。由于在社会福利方面取得的巨大进步,坦桑尼亚人普遍具有高度的民族认同感。坦桑尼亚没有受到危险的种族和区域主义政治的影响,而后者最近动摇了肯尼亚的基础。一般来说,坦桑尼亚也没有受到卢旺达和布隆迪所发生的那种血腥和灾难性的种族冲突的影响,这种冲突在整个非洲大陆相当普遍且反复发生。

与一些批评者的观点相反,尼雷尔并不是一个典型的专制独裁者。事实上,他坚持寻求在独立后的一段时期内推进社会政治参与和政治进程制度化。在此期间,他采取了制度化的措施,以确保多党制发展。因此,尽管在实施过程中发现了一些不足之处,村庄计划仍然是社会福利分配和基层发展的真正平台。在非常成功的“扫盲方案”推进的过程中,这些村庄发挥了重要作用。到 20 世纪 80 年代,坦桑尼亚的识字率在非洲是最高的,尽管它的经济状况很差。每个村庄至少有一所小学,90% 的村庄有合作社商店,相当一部分村庄有安全的饮用水、保健中心或药房。

12.6.4 市场原教旨主义的选择

通过与同样地处东非的邻国,比如肯尼亚相对比可以看到,肯尼亚的经济产出是高于坦桑尼亚的。肯尼亚的经济产出在1973年比坦桑尼亚高了50%,在1974年和1984年比坦桑尼亚高了30%。就经济产出而言,肯尼亚的情况似乎更好,但是就社会总体发展情况来看,坦桑尼亚的情况确实要好得多。

事实上,我们看到肯尼亚经济的快速增长来自西方国家和金融机构的慷慨援助(而同一时期的坦桑尼亚则坚持自力更生的发展策略),坦桑尼亚的发展情况确实好于其东非邻国。即便是在坦桑尼亚需要国际货币基金组织(International Monetary Fund,IMF)资金支持的情况下,尼雷尔在20世纪70年代的国际经济危机面前依旧对新自由主义持批评态度。在他看来,新自由主义开出的经济"药方"很可能让接受这一策略的国家陷入进一步的困境。

事后看来,尼雷尔作为一名政治家远远走在了他所处时代的前面。新自由主义"处方"对第三世界国家的经济产生了很大的负面影响,这充分暴露了新自由主义范式的不足,不客气地说,这是一种毁灭性的发展道路。因此,在非洲发展进程中,新自由主义经济政策绝不是乌贾马可行的替代办法。[52] 由乌贾马代表的非洲社会哲学的解释性价值必须放在随后发生的全球经济危机和随之而来的资本主义的严重失败的背景下来看待,乌贾马作为非洲的人文主义哲学具有必要的相关性。

---

[52] Sachs J (1987) Trade and exchange rate policies in growth oriented adjustment policies. In: Corbo V (ed) Growth oriented adjustment programs. International Monetary Fund, Washington, DC; Bienefeld MA (1998) Structural adjustment and the prospects of democracy in Southern Africa. IDS Bull, June.

12.7　结论

到目前为止,我已经表明,资本主义未能弘扬必要的人文价值观,以对抗人类对自身的非人道和破坏性力量。这些力量的表现形式包括战争、暴政、不公正和压迫性的政治制度、大规模失业、过度开发环境、多年错误的经济选择造成的严重经济失败、疾病、社会经济等级制度、资源分配不合理、对人的非人道待遇、不利的政策偏好、管理不善、体制结构等,普遍有损于人类的尊严、完整和福祉。

当人类正处于如何实现社会正义、公平、可持续经济增长、可持续经济发展和可持续人类发展的十字路口时,我对人类生活和存在的一般性社会共识做了很多思考。我倾向于团体的稳定性,这能够为个人提供必要的安全和保障;以及一般性的集体习惯和规则,这些都是提升社会凝聚力的重要力量。非洲人文主义的发展范式超越了已经失败的西方经济模式,这说明关注群体的重要意义。最多数人的最多数利益是治理和发展的关键。对于社区和社会有利的东西,对个人而言也是有利的。

非洲人文主义不是资本主义所蕴含的个人主义的客观社会观。非洲人文主义世界观在某种程度上强调了这样一种现实主义,即没有社会就不可能有“纯粹的”人格,没有作为社会成员的个人也不可能有“纯粹的”社会。它构成了一种真正的第三种社会哲学,激发了所有人类制度,如资本、财产、法律、正义等。我特别要指出的是,非洲人文主义将解决人类状况中最基本和最关键的问题,如大规模失业、饥饿、战争和冲突带来的贫穷、资源分配不公、环境退化和过度开发等。

这样,鉴于不充分发展困扰着包括非洲在内的整个世界,非洲人文主义的解释价值在于可以被看作一种有效的工具,尤其是在非洲大陆,促进可持续的经济增长和全面发展,以及人类的可持续发展。

这是一项将使非洲农村居民获益的行动,他们占据了非洲大陆人口总数的 80%。这项行动将以一种可持续且自足的方式释放他们的创造力和生产力。对非洲而言,开发农村地区将需要投资农村基础设施,如支线公路、电话、电力和公共交通,又如连接定居点、农村卫生和清洁水源、农村保健服务、农村娱乐设施等的铁路。推进上述措施将限制农村—城市的流动,从而提高农业生产力,减少贫困,使经济多样化,从依赖不可持续的采掘业转向依赖可持续的农业和制造业部门。

参考文献

Adams M, Kalabamn F, White R (2003) Land tenure policy practice in Botswana-governance lessons for Southern Africa. Austrian J Dev Stud 19 (1):55 – 74

Anderson ML (2005) Sociology: understanding a diverse society. Wadsworth, New York

Arkaide VB (1973) Planning in Tanzania. In: Cliff L, Saul J (eds) Socialism in Tanzania. East African Publishing House, Dar es Salaam

Bienefeld MA (1998) Structural adjustment and the prospects of democracy in Southern Africa. IDS Bull, June

Boesen J et al (1979) Ujamaa: socialism from above. Scandinavian Institute of African Studies, Uppsala, passim

Bolton D (1985) Nationalization-a road to socialism: the case of Tanzania. Zed Books, London, 154

Brewer A (1997) Marxist theories of imperialism: a critical survey. Routledge, London

Brym RJ (2005) Sociology: your compass for a new world. Wadsworth, New York

Chilcote R (1983) Theories of development: mode of production or dependency? Sage, New York

Coulson A (1985) Tanzania: a political economy. Oxford University Press, Oxford

Cousins B (2007) More than socially embedded: the distinctive character of "communal tenure". J Agrar Change 7(3):281 - 315

Davis KE (2008) The relationship between law and development: optimist versus skeptics. Am J Comp Law 57:8 - 14

De Kadt EJ (1974) Sociology and development. Tavistock Publications, New York

De Soto H (2000) The mystery of capital: why capitalism triumphs in the west and fails everywhere. Basic Books, New York

Desai V (2008) The companion to development studies. Oxford University Press, Oxford

Fukuyama F (2006) The end of history and the last man. Free Press, New York

Ghosh BN (2001) Dependency theory revisited. Ashgate, London

Gilman N (2004) Mandarins of the future: modernization theory in cold war America. The John Hopkins University Press, Baltimore

Hermassi E (1978) Changing patterns in research on the third world. Annu Rev Sociol 4:239 - 257

Hettn B (1985) Development theory in transition: the dependency debate and beyond: third world reponses. Zed Book, New York

Hsiung B (2006) Economic analysis of law: an inquiry of its underlying logic. Erasmus Law Econ Rev 2:1 - 3

Hubbell L (2008) Rethinking dependency theory: the case of Dominica, the rascal state. J Third World Stud 112

Huntington SP (1978) The change to change: modernization, development, and politics. In: Provizer NW (ed) Analyzing the third world: essays from comparative politics. Schenkman Publishing, Cambridge, pp. 30 - 69

Huntington S (1996) Political order in changing societies. Yale University Press, New Haven

Inglehart R (2005) Modernization, cultural change and democracy: the human development sequence. Cambridge University Press, Cambridge

Jaffee D (1998) Levels of socio-economic development theory. Praeger, Westport

Johnson RW (2000) Nyerere: a flawed hero. The National Interest, 60, passim

Kiely R (1995) Sociology of development: the impasse and beyond. Routledge, London

Lane C (1999) TRB from Washington: gone awry. The New Republic, November 8, p. 16

Larrain J (1991) Theories of development: capitalism, colonialism and dependency. Polity, New York

Latham ME (2000) Modernization as ideology: American social science and "nation building" in the Kennedy era. The University of North Carolina Press, Chapel Hill

Leys C (1996) The rise and fall of development theory. Indiana University Press, Bloomington

Ndulu J (2008) The political economy of economic growth in Africa, 1960 - 2000. Cambridge University Press, Cambridge

Nyerere J (1961) Scramble for Africa: address to the world assembly of youth. Government Printer, Dar es Salaam

Nyerere J (1967) Freedom and unity. Oxford University Press, London/Oxford

Nyerere J (1968) Freedom and socialism Dar es Salaam. Oxford University Press, Oxford

O'Neill D (2007) A modernization theory: economic growth, income equality and democratization. Paper presented at the annual meeting of the Midwest Political Science Association, Chicago, 12 April 2007. Available at http://www.allacademic.com/meta/p196991_index.html

Ouedrago HMG (2002) Legal conditions for the recognition of local land rights and local land tenure practices. In: Proceedings of the international workshop: making land rights more secure, Ouedraogo

Palmer S (1975) Self-reliant development in an interdependent world. In: Erb GF, Kallab V (eds) Beyond dependency: the developing world speaks out. Over Seas Development Council, Washington, DC, pp. 5 - 6

Peet R (1999) Theories of development. The Guilford Press, New York

Pratt C (1976) The critical phase in Tanzania, 1945 - 67: Nyerere and the emergence of a socialist strategy. Cambridge University Press, Cambridge

Rahnevia M (1997) The post-development reader. Zed Books, New York

Sachs J (1987) Trade and exchange rate policies in growth oriented adjustment policies. In: Corbo V (ed) Growth oriented adjustment programs. International Monetary Fund, Washington, DC

Scott JC (1999) Seeing like a state: how certain schemes to improve the human condition have failed. Yale University Press, New Haven

Shivji I (1973) The silent class struggle. Tanzania Publishing House,

Dar es Salaam, passim

Shivji I (1974) The silent class struggle. Tanzania Publishing House, Dar es Salaam

Tetreault MA (1986) Dependency theory and the return of high politics. Greenwood Press, New York

Wily L (2005) The commons and customary law in modern times: rethinking the orthodoxies. In: Proceedings of the UNDP-ICC, workshop: land rights for African development: from knowledge to action, Nairobi

Willis K (2007) Theories and practices of development. Routledge, London

Yeager R (1989) Tanzania: an African experiment. Westview Press, Boulder

13 美国法上的侦查与“灵媒证人”：基于非洲的犯罪学视角

巴巴费米·欧顿西(Babafemi Odunsi)*

13.1 引言

……不要相信其他任何东西,只要相信师长的权威。不要相信传统,因为传统已经传承数代。经过观察和分析,当你发现任何符合理性又有利于个人和他人的事物时,就接受并实践它。①

在殖民主义到来之前,撒哈拉以南非洲的土著居民有他们自己的预防和惩治犯罪的犯罪学系统。② 本文关于这个问题的讨论以对于犯罪学的适当定义为基础:

从最广泛的意义上说,犯罪学是关于犯罪、罪犯以及社会对

---

* 巴巴费米·欧顿西,尼日利亚伊莱夫奥巴费米·阿沃洛沃大学法学院讲师,加拿大多伦多大学法学院麦克阿瑟研究员。

① Ayonrinde A (2007) Great quotations for all achievers. Bookman Books, Taipei, p. 251.

② Ibidapo-Obe A (2005) A synthesis of African law. Concept Publications, Lagos, pp. 99 – 100; Ayo SB (2002) Public administration and the conduct of community affairs among the Yoruba in Nigeria. Institute for Contemporary Studies Press, Oakland, pp. 193 – 194.

> 此所做的抑制和预防的全部知识。因此,它由来自法律、医学、宗教、科学、教育、社会工作、社会伦理和公共行政等领域的知识组成,是涉及立法、执法、法院、教育和教养机构以及公私社会机构的活动。③

关于非洲社会中犯罪学对于抑制和防止犯罪的努力,本文涉及刑事立法、司法与执法,以及其他相关的社会控制措施。为了行文方便,本文使用的“刑法”“刑事司法”以及相关的其他表述均与犯罪学的含义相关。

原则上说,非洲本土的犯罪学根深蒂固于人民为自己设计和采纳的信仰、规范和价值观,因此受到的尊重和遵守程度较高。④ 这可以归因于几个因素:第一,在相对封闭的社会中,犯罪者及其家人有更加强烈的羞耻感或其他形式的社会惩罚。第二,也可能是更有效的是,在很大的范围之内,非洲本土社会成员使用超自然的力量控制犯罪。⑤ 比如在犯罪预防、侦查等过程中,通过宣誓、符咒、魔法等超自然的方法来实施社会控制。⑥ 这种超自然的方法非常有助于形成和维系社会法律氛围,其中神秘主义的强大元素和对神灵的恐惧有助于将犯罪保持在相对可控的水平。⑦

殖民主义带来了外来规范、价值观和殖民者的法律。殖民者的新秩序

---

③ Caldwell RG (1965) Criminology, 2nd edn. The Ronald Press, New York, p. 3.

④ Ayo SB (2002) Public administration and the conduct of community affairs among the Yoruba in Nigeria. Institute for Contemporary Studies Press, Oakland, p. 193; Elechi OO (2004) Human rights and the African indigenous justice system. A paper for presentation at the 18th international conference of the International Society for the Reform of Criminal Law, 8 – 12 Aug, Montreal, pp. 9 – 10.

⑤ Oraegbunam IK (2009) The principles and practice of justice in traditional Igbo jurisprudence. OGIRISI New J Afr Stud 6:53 – 85.

⑥ Ayo SB (2002) Public administration and the conduct of community affairs among the Yoruba in Nigeria. Institute for Contemporary Studies Press, Oakland, pp. 195 – 197, 63, 70 – 73.

⑦ Ayo SB (2002) Public administration and the conduct of community affairs among the Yoruba in Nigeria. Institute for Contemporary Studies Press, Oakland, p. 194.

取代了当地人的生活方式,并导致本土习俗受到贬抑[8],包括那些与犯罪控制有关的习俗。殖民者对犯罪的镇压采取了不同的形式,据说是为了“改造”“野蛮的土著人”;西方教育、宗教管理和公共政策将非洲土著的行为描述为野蛮可憎的。[9] 更直接的是,殖民统治者草率地宣布一些本土的社会控制措施是非法的,或者通过一些测试来检验其有效性和可持续性。取而代之的是西方的法律社会控制机制,这些被认为是科学的、现代的和可接受的制度被用来取代被认为古老的和令人反感的本土制度。[10]

需要重申的是,超自然现象在非洲犯罪学中扮演着关键角色,对于这一点,我们将在下文中更详细地讨论。关于非洲刑法合法性和(或)非洲刑法的其他问题显然与非洲刑法对于超自然力量的接受程度息息相关。正如伊贝多·奥布(Ibidapo-Obe)所指出的:“人们对非洲法律普遍存在的误解可以从一开始就表现出来,人们甚至不愿意把法律的名称用于指代那些被认为是迷信、神话和传说的集合。”[11]然而,对于非洲刑法与超自然力量的批评中,其中的逻辑是令人怀疑的。其理由在于,在美国这样一个发达的、拥有领先技术国家的执法机构在侦查过程中也在使用“灵媒证人”这样与超自然力量存在联系的方法。

在此背景下,本文以“灵媒证人”为例,再次讨论积极面对非洲本土犯罪学的必要性。也就是说,需要重新考虑土著制度是否仍应成为“贬抑、放弃和蔑视的目标”,以及“被广泛地视为野蛮和非理性的”。[12] 在打击犯

---

⑧ Ayo SB (2002) Public administration and the conduct of community affairs among the Yoruba in Nigeria. Institute for Contemporary Studies Press, Oakland, pp. 106 – 107.

⑨ Ayo SB (2002) Public administration and the conduct of community affairs among the Yoruba in Nigeria. Institute for Contemporary Studies Press, Oakland.

⑩ Ayo SB (2002) Public administration and the conduct of community affairs among the Yoruba in Nigeria. Institute for Contemporary Studies Press, Oakland; Elechi OO (2004) Human rights and the African indigenous justice system. A paper for presentation at the 18th international conference of the International Society for the Reform of Criminal Law, 8 – 12 Aug, Montreal.

⑪ Ibidapo-Obe A (2005) A synthesis of African law. Concept Publications, Lagos.

⑫ Ibidapo-Obe A (2005) A synthesis of African law. Concept Publications, Lagos.

罪的艰巨任务中,本土犯罪学为现代非洲国家提供了积极的教训,因此需要重新评估。尤其是当代犯罪控制方法在保护社会成员财产和生命上越来越力不从心的情况下,更多接受教育的开明人士也在主动援引非洲本土社会控制方法。[13] 尼日利亚正在适应这种不同于以往的发展趋势。

13.2 "灵媒证人"

《灵媒证人》实际是一个电视纪录片节目,展示美国的执法机构如何使用超自然手段来侦查或解决棘手的犯罪。在这个节目当中,"通过采访和戏剧性的重现展示通灵者如何帮助警方在美国不同城市解决真实犯罪,如失踪、绑架和谋杀"。这个节目每集时长一小时,会讲两个故事。[14] 特别值得注意的是,在通灵者参与下破获的案件中,美国侦探所掌握的所有现代高科技、科学工具以及技能和训练都令人遗憾得未能发挥作用。《灵媒证人》并不是美国唯一一个显示"灵媒"参与侦破犯罪的电视纪录片,另一个与之相似的节目是《灵媒侦探》。

在与超自然力量的互动中,来自美国的"灵媒证人"与非洲本土犯罪学有重要的共同点,可以被用来标记一些重要的观点。一般认为,发达国家在犯罪学中使用超自然力量表明这种方法确实有助于实施社会控制。因此,超自然现象不再是未开化的野蛮人的"怪癖"。进而,非洲本土风格的犯罪学不应该因为它超出了传统科学或经验主义的范围而被一概贬低或否定。在某种程度上,长期依赖超自然力量实施社会控制的非洲人或许可以庆幸自己没有信奉"伪神"。在某些方面,"灵媒证人"表现了美国体制的勇气。值得注意的是,尽管美国的侦查技术水平很高,但美国侦探们却能务实地"屈尊"采取这样一种更有可能被看作未开化的非洲土著人所

---

⑬ Ayo SB (2002) Public administration and the conduct of community affairs among the Yoruba in Nigeria. Institute for Contemporary Studies Press, Oakland.

⑭ "Psychic Witness" online at http://www.tv.com/psychic-witness/show/61792/summary.html (date accessed 12/2/2011).

使用的方法。这反映了美国人的务实作风,即只要是有利于国家的可行的解决方案,就可以不考虑其他人可能的蔑视态度,而大大方方地采用。因此,非洲本土犯罪学能够为后殖民时代的非洲国家政府以及其他缺乏“现代化”犯罪惩治机制的政府提供教益。接下来的问题就是如何扩展非洲犯罪学的体系。

13.3 非洲犯罪学系统:客观世界和超自然力量的混合

一般来说,非洲本土犯罪学是从社会传统、习俗或当地法律和历史环境演变而来的。⑮ 鉴于这些因素的多样性,犯罪控制的方法所采用的策略和技术必然因社会而异。即便如此,任何一种社会,无论其采用何种打击犯罪的策略,其目标都是实现有效的犯罪控制和维护集体安全。⑯

非洲本土犯罪学需要物质世界和超自然力量的相互作用或协作,其中超自然力量占主导地位。⑰ 虽然在传统犯罪学中很难界定物质世界和超自然世界的界限,但我们可以尝试分别从二者的角度来讨论典型的手段或方法。

在物质世界当中,社区成员个别或共同地在执法和控制犯罪活动中发挥作用。各种社区机构、团体、家庭或个人都参与其中。这些活动在政府层面上进行协调和监督,如家庭、大家族以及整个社区。⑱ 各国政府都有

---

⑮ Okafo N (2007) Law enforcement in postcolonial Africa: interfacing indigenous and English policing in Nigeria. In: International police executive symposium working paper no 7, p.7.

⑯ Okafo N (2007) Law enforcement in postcolonial Africa: interfacing indigenous and English policing in Nigeria. In: International police executive symposium working paper no 7.

⑰ Oraegbunam IK (2009) The principles and practice of justice in traditional Igbo jurisprudence. OGIRISI New J Afr Stud 6:53 - 85; Ayo SB (2002) Public administration and the conduct of community affairs among the Yoruba in Nigeria. Institute for Contemporary Studies Press, Oakland, pp.195 - 197.

⑱ Ayo SB (2002) Public administration and the conduct of community affairs among the Yoruba in Nigeria. Institute for Contemporary Studies Press, Oakland, pp. 197 - 204; Okafo N (2007) Law enforcement in postcolonial Africa: interfacing indigenous and English policing in Nigeria. In: International police executive symposium working paper no 7, pp.7 - 8.

关于安全保障、预防犯罪和执法的一般性规定。这些规范一般由社区或者通过民选产生的代议机构任命的特定机构来执行。[19]

一些部落的做法能说明传统非洲环境下的执法活动。在尼日利亚西南部的约鲁巴人(约鲁巴人猎人协会)当中,当地的职业猎人在控制犯罪和维护安全方面发挥了突出的作用。猎人主要依靠当地铁匠制造的丹恩枪来保护社区,尤其是在晚上。在必要时,社区中从事其他职业的成员会帮助猎人完成维持治安的任务。[20] 尼日利亚东南部的伊博人也有类似的情况(伊博人同龄组织),青年男子通常承担安全维护和一般执法的责任。他们通过侦查、逮捕和起诉涉嫌犯罪的人来预防犯罪。[21] 这种按照年龄所做的分工让不同年龄的社区成员承担不同的执法任务。猎人和村民往往使用juju(一种超自然力量)和咒语保护个人安全并增强信心,这是非洲犯罪学中不可忽视的超自然力量。[22]

13.3.1 土著非洲犯罪学:超自然因素的不同组成部分

超自然现象在非洲本土犯罪学中的参与有不同的形式。无论以何种形式参与或部署,其实质都是借助超自然力量确保个人和集体的安全。超自然力量参与控制犯罪的形式可以是预防、发现、解决、制裁或任何其他方面。一般来说,对超自然事物的使用是基于这样一种信念,即任何违背超自然规则的人都会招致神灵的愤怒,并面临可怕的后果。下面将讨论约鲁巴人的一些方法,以说明传统犯罪学中超自然参与的各种形式。

---

[19] Okafo N (2007) Law enforcement in postcolonial Africa: interfacing indigenous and English policing in Nigeria. In: International police executive symposium working paper no 7, p. 8.

[20] Ayo SB (2002) Public administration and the conduct of community affairs among the Yoruba in Nigeria. Institute for Contemporary Studies Press, Oakland, pp. 197 – 204.

[21] Okafo N (2007) Law enforcement in postcolonial Africa: interfacing indigenous and English policing in Nigeria. In: International police executive symposium working paper no 7, p. 8.

[22] Ayo SB (2002) Public administration and the conduct of community affairs among the Yoruba in Nigeria. Institute for Contemporary Studies Press, Oakland, p. 199.

13.3.2 本地预防和威慑犯罪:使用“Alile”**

约鲁巴人流行的一项预防犯罪措施是 Alile。这包括用于保护家庭、市场、农场等财产的符号标签、符饰和其他物品。[23] 其效力不在于所使用的象征物品,它可以是废弃的鞋子、破布、棕榈叶、图腾等。在设计和操作中,其中内嵌着一种诅咒,它会伤害任何破坏或者试图破坏 Alile 所保护的财产的人。这个诅咒一旦被破坏将会招致超自然力量对破坏者的严厉惩罚。因此,在犯罪学的背景下,支持 Alile 的是对犯罪行为的威慑,相当于依靠对超自然力量的恐惧保护财产。

13.3.3 预防和威慑的另一个角度是:神的守卫

与 Alile 对财产保护相关的做法是,为生命和财产安全将个人财产置于一些令人敬畏的神的保护之下。习惯上,约鲁巴人的每户人家都受到不同神灵的保护,这些保护神的图腾经常被放置在显眼的地方,以象征和宣传他们的存在[24]。其中一个被广泛用于保护的神是 Esu***。虽然 Esu 通常被认为是圣经中的魔鬼或撒旦,但实际上 Esu 被约鲁巴人看作是“给人类制造困难的恶作剧之神”。此外,Esu 也被认为是“一个会回应供奉者的神”。作为家庭的守护者,Esu 通常以一个斜放在家庭院落外的红土人形雕像作为象征。

使用神作为家庭的超自然守卫背后的传统逻辑是,对神灵怒火的恐惧会阻止人们做坏事,如偷东西。在土著人中,对神的恐惧是强烈而真实的。例如,人们普遍认为 Esu 在受到挑衅时的怒火很难平息,他的力量如此强

** 一种约鲁巴人认为能够承载超自然力量的图腾。——译者注

[23] Ayo SB (2002) Public administration and the conduct of community affairs among the Yoruba in Nigeria. Institute for Contemporary Studies Press, Oakland, pp. 195 - 197.

[24] Ayo SB (2002) Public administration and the conduct of community affairs among the Yoruba in Nigeria. Institute for Contemporary Studies Press, Oakland, pp. 196 - 197.

*** 约鲁巴人传说中的神话人物。——译者注

大,连其他的神灵都怕他。因此,“他一直处于恐惧之中,人们总是试图站在他的正确一边”。约鲁巴人强调 Esu 作为保护神的威慑力,认为家庭只要受 Esu 的保护,他就会“以他的典型方式杀死(所有)恶意侵入的人”。㉕

13.3.4 犯罪解决与制裁:诉诸诸神之怒

除了依靠超自然力量预防犯罪,非洲本土犯罪学还依靠超自然力量进行侦查、逮捕嫌犯和制裁犯罪。这些事项可以全部或部分地合并到一个程序当中,推动这个程序的是非常常见的机制——宣誓。

一般来说,宣誓是非洲土著社会普遍接受和实践的争端解决措施。宣誓经常用于侦查犯罪,是非洲习俗的组成部分,罪犯和相关的无辜者通过宣誓解决争端。当解决犯罪的尝试失败或对负责解决争端的机构缺乏信心时,人们通常会诉诸体现超自然力量的宣誓过程。㉖ 作为对超自然实体的直接服从,宣誓意味着向神或 juju 发誓,以解决犯罪或其他争议。誓言的措辞是这样的,发誓的人会对自己施加有条件的诅咒,如果他们撒谎,会请求神祇惩罚他们。判断宣誓者有罪还是无辜的依据是他是否死亡、生病、遇到严重的不幸或者任何其他誓言中表明的后果。在某些情况下,这个人的家庭和所处的社区也可能会间接地遭受可怕的后果,这取决于神的立场。㉗

例如,在约鲁巴人中,Ayelala 和 Sango**** 是两位誓言中经常出现的神。Ayelala 是约鲁巴人崇拜的女神。她的核心职能包括分配正义和惩罚

㉕ Ayo SB (2002) Public administration and the conduct of community affairs among the Yoruba in Nigeria. Institute for Contemporary Studies Press, Oakland, p. 197.

㉖ Oraegbunam IK (2009) The principles and practice of justice in traditional Igbo jurisprudence. OGIRISI New J Afr Stud 6:70.

㉗ Oraegbunam IK (2009) The principles and practice of justice in traditional Igbo jurisprudence. OGIRISI New J Afr Stud 6:7 - 71.

**** 约鲁巴人传说中的神话人物。——译者注

恶人。[28] Ayelala“被认为是一位反对邪恶女神和社会道德的守护神……她也被称为正义的女王和清算者,当坏人已经忘记自己恶行的时候,她会进行审判”。[29] 嫌疑人被带到 Ayelala 面前宣誓有两种可能的情况:一种情况是,嫌疑人可能会认罪并接受适当的制裁,而不是发誓或“挑战”Ayelala 的权威。另一种情况是,嫌疑人拒绝承认罪行,可能会选择发出假的誓言。对于有罪但在誓言中说谎的罪犯,Ayelala 的愤怒和惩罚表现为令其四肢肿胀和腹部极度痛苦。如果他们仍然拒绝承认非法行为,最终可能面临痛苦的死亡。[30] Ayelala 惩罚的严厉程度可能远远超过嫌疑人应当接受的刑罚,而且这样的人即便在死后也不能得到家人的悼念。“人们不会哭泣,而是祝贺受害者的亲属将坏人从社会中清除。”[31]同样,对于涉及 Ayelala 超自然干预的罪行,嫌疑人也可以在 Sango 面前发誓证明自己的清白。Sango 是“约鲁巴雷电之神”,他禁止说谎、偷窃和下毒。Sango 代表了“神祇对拒不服从的孩子的神圣愤怒”,[32]他有令人胆寒的雷鸣般的怒火。Sango 会对那些在他面前做出虚假誓言的人做出严厉惩罚,用闪电和雷鸣将他们击死。传说中,作为对盗窃者的惩罚,Sango 会将被盗物品放在有罪且受到制裁的罪犯的尸体上示众。[33] 此外,作为一种死后制裁,被 Sango 处死的人是不能按照一般的方式下葬的,他只能由 Sango 的牧师在他或她

---

[28] Awolalu JO, Dopamu PA (1979) West African traditional religion. Onibonoje Press/Book Industries (Nig.), Ibadan, pp. 90 – 91.

[29] Awolalu JO, Dopamu PA (1979) West African traditional religion. Onibonoje Press/Book Industries (Nig.), Ibadan.

[30] Awolalu JO, Dopamu PA (1979) West African traditional religion. Onibonoje Press/Book Industries (Nig.), Ibadan.

[31] Awolalu JO, Dopamu PA (1979) West African traditional religion. Onibonoje Press/Book Industries (Nig.), Ibadan.

[32] Awolalu JO, Dopamu PA (1979) West African traditional religion. Onibonoje Press/Book Industries (Nig.), Ibadan, p. 84.

[33] 作者回忆起他在尼日利亚拉各斯读小学时发生在尼日利亚拉各斯博拉德-奥肖迪的一件广为报道的事件。在一场暴雨之后,一群据称合谋偷窃珠宝的人被雷击致死,他们的死亡普遍被认为是 Sango 超自然的愤怒造成的。各种说法报告据称,被盗的珠宝被陈列在死者的尸体上。

被处死的地方做特定的仪式后被埋葬。对于这样的人,也不能因为他已经为他的恶行得到了应有的惩罚而哀悼,因为Sango除了表达对他犯罪行为的不满外,并没有屈尊降贵去打击他。[34] 对犯罪行为的憎恶及其他属性使Sango在非洲本土犯罪学的超自然架构中成为一个令人生畏的神祇。

13.3.5 当罪犯逍遥法外时:"请"神

基本上,宣誓作为一种本土侦查或犯罪解决机制,通常是在有嫌疑人可以让他们宣誓以确定其无罪或有罪的情况下进行。但是,在某些情况下,嫌疑人的身份尚不确定,宣誓因此也就无从进行。在这种情况下,本土的犯罪侦查或解决此类犯罪的其他方法,就是简单地"请"复仇神或守护神去跟踪犯罪者。人们相信,无论行凶者在哪里,他们都会因所犯的罪行而被神奇地找到并受到适当的惩罚:

> 在约鲁巴人中,Ayelala和Sango这两位拥有巨大解决犯罪问题的神,更有可能被"请"来追捕身份不明或潜逃的罪犯。一旦确定其身份,神仙们就会用他们各自特有的方式将犯罪者绳之以法。

13.3.6 逮捕罪犯:神的预防咒语

除了让神参与对嫌疑人的逮捕和制裁之外,还有一些其他方法来预防犯罪行为,抓捕现行犯或者试图逃避法律制裁的犯罪嫌疑人。[35] 约鲁巴人有一种广为人知的习俗,那就是在家门口摆放有魔法的物品,通常是扫帚,

---

㉞ Awolalu JO, Dopamu PA (1979) West African traditional religion. Onibonoje Press/Book Industries (Nig.), Ibadan, p. 84.

㉟ 随后描述的过程是基于多年来听到的传说,以及在本文研究过程中与一些老年人的讨论。一般来说,这些都是老生常谈的故事,任何熟悉约鲁巴土著犯罪学实践的人都能很容易地与之联系起来。

借助其中的超自然力量守家护院。人们相信，任何到采用了这种方法的家庭偷窃的人都会被这种具有 juju 的物品迷住，因而不会偷任何东西。而且，有犯罪念头的人会被超自然力量困住，直到被房主逮捕。

还有一个类似的机制是使用具有诱骗、迷惑、驱逐甚至能对入侵者造成致命伤害的咒语，这取决于咒语的内容。一种形式是，入侵者可能只是被催眠，直到后来被抓获。另一种形式是，当数个入侵者被困在犯罪现场时，咒语会让他们莫名其妙地开始争吵，直到被抓住为止。在某些情况下，家庭咒语有能力释放蜜蜂、黄蜂或其他危险的动物，赶走入侵者或者对他们造成致命伤害。[36]

13.3.7 超自然力量参与本土刑事审判程序：神判

在传统非洲社会，被逮捕的罪犯或者犯罪嫌疑人在某些情况下需要经历特定的审判程序。他们在这样的程序当中需要通过特定方式证明自己的清白。在这些程序当中，嫌犯并不是被要求向神发誓以证明自己的清白。相反，嫌疑人通过挑战接受刑事审判；他的清白或有罪取决于他能否在挑战中取得胜利。这种备受诋毁的本土刑事审判程序的流行形式是臭名昭著的神判，尼日利亚南部人民称为“正义的最伟大保障之一”。[37] 正如接下来的讨论所显示的，超自然的力量仍然存在于非洲本土刑事司法程序当中。

简单地说，神判是这样一种司法或审判过程，它通过使被告经历痛苦、不愉快和危险的经历来决定他是否有罪。根据《布莱克法律词典》，“神判是一种最原始的审判形式，被告要接受危险或痛苦的身体测试，测试结果被认为是对被告有罪或无罪的神启。参与者相信无辜者会免受折磨，从而

---

[36] 这段叙述是从在尼日利亚奥贡州阿贝奥库塔活动的一个著名治安维持团体的领导人那里获得的。该男子确认，他在家中设立了这种机关，以加强其他本土的防范措施。

[37] Oraegbunam IK (2009) The principles and practice of justice in traditional Igbo jurisprudence. OGIRISI New J Afr Stud 6:71.

将真正的有罪者绳之以法”[38]。

被告人可能经受的考验是多种多样的，这取决于执行这一过程的人的病态创造力。在尼日利亚，嫌疑人可能面临的考验包括服毒、溺水、热油、面对鳄鱼或者其他野生动物的攻击。[39] 此外，据一位讲解员说：

> 神判的形式可能是混合了水的树汁或者刺激性的粉末；在火上烤得滚烫的利刃；罪犯可能被带到附近的池塘或小溪。喝了刺激性的溶液之后觉得难受，被烧红的利刃灼伤或者沉入水中的，都是有罪的人。[40]

以“真理会使你自由”的主观原则为前提，神判所坚守的信念是，通过某种超自然力量的干预，无罪的人在酷刑面前将会安然无恙。因此，只有无辜的人才会自信地选择接受神判，而有罪的人则可能会坦白自己的罪行。严酷的考验可以是生死攸关的问题，无罪的证明是生存或从死亡或严重伤害中逃脱，而死亡或受伤则是有罪的迹象。例如，在严酷的审判中，尼日利亚南部的埃菲克人会让被告食用毒扁豆，以确定其是否有罪或无罪。被告吐出豆子而不受伤害就是无辜的，如果他生病或死亡则被认为有罪。[41] 在伊博人中，一名被怀疑杀害丈夫的女人可能面临各种形式的严酷审判，以确定她是否有罪。有时，被告会被迫喝清洗病人尸体的废水。人们认为，如果有罪，她就会死去，如果她毫发无伤就能证明她的清白。[42]

---

[38] Garner BA et al (eds) (2004) Black's law dictionary, 8th edn. Thomson West, St. Paul.

[39] See Criminal Code Cap. C38, Laws of the Federation of Nigeria 2004, section 207.

[40] Oraegbunam IK (2009) The principles and practice of justice in traditional Igbo jurisprudence. OGIRISI New J Afr Stud 6:72.

[41] Roberts MF, Vink M (1998) Alkaloids: ecology and medicinal applications. Plenum Press, New York B. Odunsi, p. 92.

[42] Oraegbunam IK (2009) The principles and practice of justice in traditional Igbo jurisprudence. OGIRISI New J Afr Stud 6:72.

13.4 殖民主义:外国规范和法律进入本土犯罪学

殖民时期,非洲国家受到欧洲列强的殖民控制,尼日利亚则被英国控制。尼日利亚与英国的殖民关系促成了英国法进入尼日利亚[43]。当时的尼日利亚受英国的法律管辖。更具体地说,英国法律被以不同形式引入尼日利亚,从 1863 年 3 月 14 日起适用于尼日利亚全境。[44] 尼日利亚和其他非洲国家一样,殖民统治对其传统或本土法律制度产生了根本性的普遍影响,这表现在以下方面:

(a)移植和实施具有不同生活方式和价值观念的外国社会制定的法律和规范。

(b)外国殖民统治者为非洲社会制定法律,而他们认为非洲的生活方式是原始和有害的。

(c)习惯法和传统价值受制于在上述(a)或(b)情况下制定的法律。

(d)传统原则和价值的根本改变和非法性在几代人之后已经被普遍接受。

就尼日利亚而言,法律渊源从仅限于得到广泛接受的习惯法扩张到下列类型:

(a)继受的英国法律;

(b)本国立法;

(c)判例;

(d)习惯法。[45]

值得注意的是,殖民时代所适用的习惯法没有它在前殖民传统环境中所享有的强大而不受约束的法律效力。它受到了来自尼日利亚其他三个

---

[43] Obilade AO (1979) Nigerian legal system. Sweet & Maxwell, London, p.4.

[44] Obilade AO (1979) Nigerian legal system. Sweet & Maxwell, London.

[45] Obilade AO (1979) Nigerian legal system. Sweet & Maxwell, London.

法律渊源的压倒性的制约。第一,习惯法的存在被降级为向英国式法庭提出需要证明的事实,然后才能考虑在任一法律争端中适用习惯法。除非有先例认可其效力且当事人能够提供必要证据。[46] 任何依赖习惯法的人必须以有说服力的证据来确立或证明其存在,如对有关习惯法有了解的证人或诸如书籍。这项程序的根据是,法官被认为不了解习惯法,即使他来自适用有关习惯法的地区。然而,与习惯法不同的是,没有必要在法庭上证明其他以英国法律为基础的尼日利亚法律渊源,因为法官会被简单地认为知道和了解它们。

第二,证明任何习惯法的存在之后,这些法律将进一步受到法律有效性的检验,然后才能被视为有效并得到适用。[47] 检验包括:

(1)一致性检验;

(2)兼容性检验;

(3)公共政策检验。[48]

一致性检验意味着任何"与自然法的正义、公平和良知相抵触"的习惯法将被视为无效并不可执行。[49] 兼容性检验意味着任何"与现行法律不兼容"的习惯法是无效和不可执行的。在实际操作中,这一检验的结果是,任何直接或间接与其他三种渊源冲突或不相容的习惯法将是无效和不可执行的。[50] 公共政策检验意味着任何"与公共政策相悖"的习惯法都无

---

[46] 在这一过程中,由于以前经常适用一项习惯法,法院将被视为对习惯法有了解和认识,因此不需要在习惯法受到质疑的法院重新证明其存在。See Asein (2005 , pp. 122 - 124).

[47] Kolajo AA (2005) Customary law in the Nigeria through the cases. Spectrum Books, Ibadan, p. 129 - 138.

[48] Kolajo AA (2005) Customary law in the Nigeria through the cases. Spectrum Books, Ibadan.

[49] 在此基础上,法院废除了迄今为止在传统的前殖民环境中被人民视为神圣和无可挑剔的各种习惯法规则。See e. g. the case of Edet v Essien (1932) 11 NLR 47. See also the relatively more recent case of Okonkwo v Okagbue , (1994) NWLR (368) 301.

[50] See e. g. the case of Malomo & Ors v Olusola & Ors , (1955) 15 WACA 12; see also the case of Okoriko v Otobo (1962) WNLR, 48.

效和不可执行。[51] 公共政策是灵活多变的,它被形容为“一匹不守规矩的马,一旦跨在上面,谁也不知道会停在哪里”。[52] 在这方面,公共政策具有反映政府立场的动态功能,它可以被援引或者修订,以推翻未被其他两种有效性检验所束缚的习惯法。在有效性检验中值得注意的一个关键问题是,这一由殖民者创造的程序显然会受到不了解非洲本土社会的殖民者价值观的影响。

在对习惯法的法律限制的网络中,以前在传统环境中运作的习惯法刑事司法系统和一些犯罪学机制实际上已经不合法,这种情况在当今仍然存在。1999 年修订的《尼日利亚联邦共和国宪法》第 36(12)节提供了一个例证。该法规定“应当根据成文法中规定的罪名及刑罚确定刑事责任”。“成文法”是指正式颁布的法令,如国民议会或州政府颁布的法律。与之相对,习惯法属于不成文法,[53]理由在于习惯法并不是由传统的正式立法程序制定和颁布的。因此,只有在成文法中规定的犯罪行为才能构成犯罪,嫌疑人才需要接受审判并承担与之相应的刑罚。习惯法中规定的罪行由于来自不成文法,因此没有任何法律效力。[54]

此外,出现了一些殖民立法规定,在不相容检验的范围内压制了本土犯罪学的一些组成部分。例如,关于前面讨论的神判,《刑法》第 14 条[55]规定:

---

[51] See e. g. the case of Re Adadevoh , (1951) 13 WACA 304; see also the case of latter case of Meribe v Egbu (1976) 3 SC 23.

[52] Enderby Town Football Club v Football Association Ltd [1971] 1Ch 591 at 606, per Denning M. R.

[53] See the case of Lewis v Bankole , (1908) 1NLR 81 AT 100.

[54] See e. g. the case of Aoko v Fagbemi (1961) 1 All NLR 400.

[55] Cap. C41, Laws of the Federation of Nigeria 2004.《刑法》于 1916 年 6 月 1 日在尼日利亚颁布,当时尼日利亚仍处于殖民统治之下;该法典是对 1899 年为澳大利亚昆士兰州制定的《刑法》的改编,而《刑法》又源于 1878 年为英国制定的法典草案。Okonkwo, Okonkwo and Naish Okonkwo CO (1990) Okonkwo and Naish on criminal law in Nigeria, 2nd edn. Spectrum Law Publishing, Ibadan, pp. 4 – 5).

在神判中使用 sass 木屑、esere 豆或者其他毒药、沸腾的油、火、溺水、使人面对鳄鱼等其他野生动物的攻击等可能使人丧生或受伤的做法都是非法的。

与之相关,该法第 208 条又规定:

任何指导、控制或者主持非法神判的人均属于刑事重犯,其指导、控制或者主持的神判造成任何人死亡的,应当判处死刑;其他情况下,判处监禁 10 年。

同样,关于用魔法、超自然力量等手段保护财产的问题,《刑法》第 210 条规定:

(c)制造、销售或使用,协助或参与制造、销售或使用,占有或为他人占有任何巫蛊、符咒、草药等据传说或者报告拥有引起任何自然现象、疾病或传染病的;

(d)指挥、控制,主持、出席或参与牧师禁止的任何巫蛊礼拜或祈祷活动的,犯有轻罪,判处监禁两年。

实际上,通过殖民统治而引入的法律制度压制了非洲人民所习惯的本土刑法制度,并以欧洲犯罪控制模式取而代之。集权和官僚化是这些被引入制度的特点。控制犯罪的责任由有正式组织的警察负责,作为这一中心职责的组成部分,他们负责调查罪行、逮捕嫌疑人和有关活动。此外,监禁成为一种主要的刑事制裁形式。一般来说,被采用的刑事司法制度由复杂规则构成,这又不可避免地需要律师、司法官员和其他专业人员根据技术细节监督和执行这些程序。下面的评论对欧洲刑事司法制度的入侵及其对非洲本土刑事司法制度的压制提供了适当的总结：

> 非洲继承了其殖民时代处理犯罪问题的方法。现在的一些监狱是在19世纪建立起来的，法律制度肯定会紧跟殖民者的脚步，就像当年罗马法紧跟罗马军团的脚步一样。同样的，刑罚制度同样来自欧洲，几乎没有向部落传统作出任何让步。舶来的刑罚制度往往无视本土的、更好也更有效的处理方式。[56]

对习惯法和惯例的适用进行有效性检验和其他干预的广泛影响是，在前殖民传统环境中处于最高地位的习惯法成了来自异域的继受法的附属品。基于对这种从属关系深度的反思，一位作家将习惯法的存在描述为“法律的虚构”。[57]

13.5 非洲本土刑法制度和继受的外国制度：效力水平反映

刑法通过适用刑罚发挥社会控制的功能，这种功能主要体现在四个方面：剥夺、恢复、报复和威慑。[58] 因此，可以通过在控制犯罪方面是否成功地发挥这些功能来衡量刑法体系的有效性。

剥夺的实质是通过剥夺违法者的能力来保护人们免受违法行为的影响，使其无法对社会造成进一步的伤害。被剥夺的能力可以是部分的，如通过监禁；也可以是全部的，如对犯有重罪的犯人执行死刑。在非洲本土刑法体系下，部分丧失行为能力的刑罚形式可以是被神放逐或被病痛折

---

[56] Elechi OO (2004) Human rights and the African indigenous justice system. A paper for presentation at the 18th international conference of the International Society for the Reform of Criminal Law, 8 – 12 Aug, Montreal, p. 20.

[57] Oraegbunam IK (2009) The principles and practice of justice in traditional Igbo jurisprudence. OGIRISI New J Afr Stud 6:74.

[58] Cobley C (2005) Sex offenders, law, policy and practice, 2nd edn. Jordan Publishing, Bristol, p. 192.

磨;当违法者的刑罚是被神处死的时候,就是完全丧失能力的状态。恢复的目的是通过制裁来改造罪犯。一旦适应并遵守现有的规范,罪犯就会停止违法行为。这是本土刑罚规则的重要内容。极端的刑罚往往是本土社会的最后手段。在不同的阶段,如在宣誓的时候,罪犯可以选择认罪并向受害者提供赔偿,或者采取其他措施为自己的不当行为赎罪。一般而言,寻求恢复社会和睦与和解是土著习俗固有的重要方面。[59] 这也符合改造违反社会秩序的罪犯的初衷。在不同的语境当中,报复有不同的含义,比如报应、谴责、赎罪或“受报应”,即罪犯受到应有的惩罚。在传统社会中,作为惩罚的制裁主要不是为了复仇。从本质上讲,报复代表了社会对违法者违规行为的集体谴责或反对。此外,它又表现为犯罪者对受害人和社会的赎罪。报复也构成了恢复社会信心的基础。因此,报复也可以被理解为罪犯直接,或者通过其家人间接向被其犯罪行为冒犯了的神祇赎罪。[60]

威慑在其理论框架中有不同的视角。首先,长期的威慑,以及与之相关的恐惧和对超自然力量制裁的畏惧会阻止人们犯罪。其次,当罪犯实际上受到惩罚时,这就能够针对个人并在一般意义上起到威慑作用。个别违法者将会因为他们已经受到的刑罚而避免在将来作出不当行为,而其他人则会从被制裁的违法者身上得到教训。[61] 最后,惩罚的威慑是社会反对某种行为的强烈表达,是一种教化,具有制裁的效果。

这些功能共同推动形成并强化了公共道德准则,有意或无意地形成了

---

[59] Elechi OO (2004) Human rights and the African indigenous justice system. A paper for presentation at the 18th international conference of the International Society for the Reform of Criminal Law, 8 – 12 Aug, Montreal, p. 18.

[60] Elechi OO (2004) Human rights and the African indigenous justice system. A paper for presentation at the 18th international conference of the International Society for the Reform of Criminal Law, 8 – 12 Aug, Montreal, p. 18; Oraegbunam IK (2009) The principles and practice of justice in traditional Igbo jurisprudence. OGIRISI New J Afr Stud 6:64; Awolalu JO, Dopamu PA (1979) West African traditional religion. Onibonoje Press/Book Industries (Nig.), Ibadan, p. 84.

[61] Fitzmaurice C, Pease K (1986) The psychology of judicial sentencing. Manchester University Press, Manchester, p. 48.

对犯罪的抑制。神祇之怒作为形式的惩罚,显然是土著居民对犯罪的一种强大的威慑因素。由于清楚地知道神祇的力量以及他们的怒火所能造成的严重伤害,人们有理由避免因犯罪行为而造成的与神的对抗。约鲁巴人中有一种关于雷电之神 Sango 的说法,他是前面讨论过的神祇之一,很能说明神阻止犯罪行为的能力。俗语是这样说的:“见识过 Sango 雷霆之怒的人永远不会侮辱或者对抗科索之王。”[62]

显然,本土犯罪控制机制在上述四种刑法的理念或期待范围内有效地发挥了作用。有研究表明,在前殖民时代,本土制度为非洲社会预防犯罪作出了主要贡献。[63] 有报告着重强调了本土犯罪控制机制对约鲁巴前殖民社会的有效性:

> 虽然维持社区安全自古以来就是约鲁巴人的一项重要任务,但是,独立以来大多数人感受到有必要更加认真地注意这个问题。在前殖民时代,针对生命和财产的威胁所采取的策略是预防性的,而不是惩罚性的。在此期间,发生在夜间的袭击以及社区内造成生命财产损失的刑事案件在乡村社会几乎闻所未闻。[64]

相比之下,殖民时期的尼日利亚被迫适用英国的刑事法律制度,在这样的制度环境下,本土犯罪学很难发挥作用。国外刑法制度在遏制尼日利亚及其他国家的犯罪浪潮方面存在诸多不足和无效之处。[65] 继受法律制

---

[62] “科索之王”是 Sango 的称呼之一。这句话的意思是,对 Sango 的恐惧是信仰的坚实基础,因为没有一个理性的人看到 Sango 如何惩罚一个做错事的人会放弃信仰。

[63] Okafo N (2007) Law enforcement in postcolonial Africa: interfacing indigenous and English policing in Nigeria. In: International police executive symposium working paper no 7, p. 5.

[64] Ayo SB (2002) Public administration and the conduct of community affairs among the Yoruba in Nigeria. Institute for Contemporary Studies Press, Oakland, pp. 193 – 194.

[65] Ayo SB (2002) Public administration and the conduct of community affairs among the Yoruba in Nigeria. Institute for Contemporary Studies Press, Oakland, pp. 191 – 193.

度的缺陷在于不能完全适应殖民地的情况，这让刑罚的威慑效力大打折扣。有研究注意到：

> 违法者稍加思考就能发现，问题的关键不在于惩罚有多么严厉，而在于被抓住的可能性有多大。由此产生的推论就是，在对犯罪的威慑上，严刑峻法并不比宽宥柔和的法律更有效。

在适用此类刑事法律制度的尼日利亚和其他国家当中，令人震惊的暴力犯罪现象表明了该制度的局限性。所有的迹象都表明，人们不再畏惧刑罚，对于社会规范和行为准则更是没有敬畏之心。

本土刑事法律制度在预防和控制犯罪上取得的相对成功和积极效应可以归功于前殖民时代的一些特定因素。不同于寻求实现普遍适用，而不顾文化和历史差异的现代制度，前殖民时代的非洲犯罪控制机制在不同部落和社区形态各异。在前殖民时代的非洲，本土犯罪控制机制来自社会传统和习俗，所采用的策略也来自本土规范和社会历史环境和意愿。

在前殖民社会，社区成员个别或共同参与所在社区的执法工作。这与现代制度不同，在现代制度中，这些任务被交给由中央政府控制的警察和其他执法机构，这些机构基本上得不到人民的信任。土生土长的社区成员普遍接受并尊重社区维护治安和犯罪控制的方法和程序。每个社区的成员都认识维护社区安全的人，也懂得防止犯罪的规则及其根据。因此，品行可疑的人不太可能被委派执行维护治安或控制犯罪的任务。这与现代体系不同，维护治安和控制犯罪的任务在现代社会体系中被赋予一支相对独立的警察部队，而这支警察部队可能会常年面临无能、腐败和其他恶习的问题。

此外，超自然力量介入对犯罪者实施严厉的惩罚，使人们产生了原始的恐惧，提供了强大的威慑力量。人们虔诚地信奉神灵，他们不可能腐化脱落，也不可能让作奸犯科者逃脱刑罚。这种信念是如此坚定，以至于足以打消很多犯罪的念头。在现代体制之下，各种因素让这种恐惧的影响力大打折扣。一些道德败坏的律师和腐败无能的执法者为罪犯逃避法律制裁大开方便之门，越来越多的人把正义看作价高者得的物件。[66] 此外，用于控制犯罪的各种技术手段可能由于各种各样的原因失效，这也是美国警察在《灵媒证人》中选择求助于超自然力量的一个原因。

13.5.1 呼唤过去

尽管受到西方法律制度和其他因素的压制，非洲本土犯罪学和社会控制制度在殖民时代和之后的时期依旧保持着影响力。当前，对于本土社会控制机制存在的认可及其信心已经得到普遍确立。例如，在尼日利亚，宣誓依旧用来保障当事人提供真实确切的事实。这是一个如此崇高的程序，以至于主政的官员也乐意通过宣誓程序表明效忠于自己的职责。[67]

有必要重申的是，宣誓一直是非洲土著解决争端和犯罪的普遍做法，人们一直坚信这是获得公正的可靠途径。这种信念使这种做法得以延续，并被作为一种合法的社会控制手段。[68] 有迹象表明，神判同宣誓一样在本土犯罪控制实践中得到了一定程度的保留，并被人们所接受。一个悲惨的例子是发生在2004年的“奥克加事件”，警察在尼日利亚东部的一座寺庙中发现了许多人类头骨和腐烂尸体。[69]

---

[66] Abegunde B（2005）Corruption the enemy within：legal and institutional panacea. Ibadan Bar J 4, p.51－52.

[67] Okafo N（2007）Law enforcement in postcolonial Africa：interfacing indigenous and English policing in Nigeria. In：International police executive symposium working paper no.7, pp. 5－6. Oraegbunam IK（2009）The principles and practice of justice in traditional Igbo jurisprudence. OGIRISI New J Afr Stud 6：69－70.

[68] Oraegbunam IK（2009）The principles and practice of justice in traditional Igbo jurisprudence. OGIRISI New J Afr Stud 6.

[69] Oraegbunam IK（2009）The principles and practice of justice in traditional Igbo jurisprudence. OGIRISI New J Afr Stud 6：5.

适用超自然的宣誓过程或通过其他本土方式解决争端或控制犯罪的现代倾向，固然是对传统司法机制的超越，同时也引发了信心的问题。一方面，它意味着对长期存在的本土社会控制机制的高度信任。另一方面，它反映出人们对于来自殖民者并被后殖民政府维系的西方传统方式缺乏必要的信心。

然而，本土的宣誓、神判等做法的持久吸引力似乎表明某种矛盾。从殖民时代到现在，一直有人对这种做法怀有负面的刻板印象。例如，在现代社会的背景下，有学者对宣誓做了这样的评论："宣誓就职仪式不仅是迷信、野蛮、未开化、过时、不合时宜、犯罪和非法的，其迷信、神秘主义违背了尼日利亚的法治精神，在一个动态发展而不是静态的社会中也不应当沉迷于唯心论。"⑳基于类似的立场，尼日利亚上诉法院——审级仅次于最高法院——的一名法官在驳斥下级法院关于宣誓的立场时曾说：

> 认为可以通过宣誓解决争议甚至裁判案件的想法在过去曾经是事实。但是，在新的世纪，宣誓不过是一种证明案件事实的方式。任何认为宣誓能够发挥更多作用，甚至向神判倒退的想法都不可思议。我们不能退回到对迷信的恐惧。㉑

这就产生了这样一个问题，为什么即便本土社会控制方式背负了这么多负面评价，却依旧有人认为这种社会控制方式很有吸引力？对于这种情况可以做出几种解释。第一，在意识到继受的英国刑事司法制度在控制犯罪和其他方面表现得无能且低效之后，必然产生不满。㉒ 犯罪行为层出不

---

⑳ Oraegbunam IK（2009）The principles and practice of justice in traditional Igbo jurisprudence. OGIRISI New J Afr Stud 6:79.

㉑ Iwuchukwu v. Anyanwu（1993）8NWLR（pt 311）311 at 323 [emphasis added].

㉒ Elechi OO（2004）Human rights and the African indigenous justice system. A paper for presentation at the 18th international conference of the International Society for the Reform of Criminal Law, 8 - 12 Aug, Montreal, pp. 20 - 21.

穷，罪犯却得不到应有的惩罚，面对逍遥法外的罪犯，人们会更倾向于认为继受的域外法律制度在社会控制的问题上无能且低效。自然而然地，人们会产生对“美好过去”的怀念，在那些过去的日子里，神祇公正且无偏私地分配正义。这显然会强化人们对于解决犯罪、社会政治和其他问题传统方式的兴趣和偏好。

第二，殖民时期继受的制度当中让非洲人感到失望的不仅是社会控制制度。在一些地区，本应由国家司法机构或者其他部门提供的服务、基础设施或者机构要么根本不存在，要么极度匮乏。因此，很多非洲人，特别是居住在乡村的非洲人，在继受的社会控制和社会服务制度面前显得格格不入。这在某些方面促使人们对社会控制和社会服务的本土制度旧情复燃，因为人们倾向于认为这些本土制度更有人情味，也更有效。有学者这样评价人们对于本土社会调整和社会控制制度重新出现的持续的兴趣：

> 人们重新被点燃的兴趣，在一定程度上是基于这样一个事实：这些制度被证明具有很强的韧性。此外，非洲人在正式的殖民社会制度分崩离析的时候，依靠这些本土规则提供必不可少的商品和服务，本土规则因此得以更有效地制度化。这些必不可少的商品和服务包括：治安、道路、桥梁、学校、邮局、冲突解决机制、公共资源管理和信贷等。[73]

第三，由于社会文化的根本差异，尼日利亚以英语为基础的社会控制制度与其发源地英国之间缺乏必要的文化相对性。许多非洲人世世代代一直遵循传统生活方式，与外国制度完全脱节。继受制度在个别地区的无

---

[73] Elechi OO (2004) Human rights and the African indigenous justice system. A paper for presentation at the 18th international conference of the International Society for the Reform of Criminal Law, 8 - 12 Aug, Montreal, pp. 20 - 21.

所作为,也给传统方式的追随者提供了更充分的理由,激励他们主张回到“祖先的旧方式”。约鲁巴人中流行的歌谣很好地说明了这种观点。歌中唱道:“让我们按照祖先的方式做事,这样事情就会正确而适当。”

本土司法制度吸引人的另一个基础是该制度相对便宜、迅速和相对简单。总的来说,本土司法制度似乎满足了人们对快捷、便宜、与文化相关的正义和社会秩序的渴望。西方式的刑事司法制度是政府检察官和被告的辩护律师之间的较量。在这场较量中,受害者仅仅是起诉方的证人。[74] 这个系统的运作需要一套复杂的规则、程序和技术,需要司法官员和对立双方的律师参与公诉和辩护。这个老生常谈的过程烦琐、昂贵、耗时,而且对受害者所处的困境熟视无睹。而与之形成鲜明对比的是,传统的司法制度具有恢复性和变革性。在这个迅速而简单的过程中,受害者、加害者、他们的家庭和整个社区能够积极参与,以达成所有有关方面都能接受的解决办法。一般来说,犯罪的受害者在本土司法系统中能够得到公正和及时的补救,例如赔偿和物质或情感上的支持,这与受害人在机械、冷漠的继受司法制度当中所受到的二次伤害大相径庭。[75] 有学者这样归纳这些情况:

> 从本质上讲,外国制度与非洲的刑事司法制度几乎没有交集……传统程序简单,没有任何繁文缛节。这种方法更多的是依靠常识,而不是愚蠢的法律或技术细节。当地人基于他们熟悉的概念和规则,能够方便地理解这些规则。这样,他们就能充分参与这种迅速而廉价的司法过程。[76]

---

[74] Obilade AO (1979) Nigerian legal system. Sweet & Maxwell, London, p. 120.

[75] Elechi OO (2004) Human rights and the African indigenous justice system. A paper for presentation at the 18th international conference of the International Society for the Reform of Criminal Law, 8 – 12 Aug, Montreal, p. 22.

[76] Obilade AO (1979) Nigerian legal system. Sweet & Maxwell, London, p. 120.

综上，当代非洲社会对于本土社会控制方式持续且不断增长的热情不会很快熄灭。各种原因和要素会让传统方式对非洲人展现出越来越多的吸引力，促使他们进一步接受社会控制的本土做法，而与继受的制度渐行渐远。最近一段时间一些非洲国家出现的基于本土规则制定的社会治安和司法制度就是这一趋势很好的说明。

在非洲不同地区有各种形式的非官方的土著治安和执法系统和组织。启动或催化这一趋势的是一种普遍的看法，即官方的、西方的制度与机构不能，或者不能和本土制度与机构一样，有效维护治安和执行法律。本土治安和执法力量重新出现的其他原因是，人们认为官方的犯罪控制与执法机构是强加的、不相关的，在形式和程序上与公民的传统观念、信念、做法和信仰不同。

例如，尼日利亚公民对官方政府安全和执法机构的信心即便没有完全丧失，也已经严重衰退。土著安全和执法组织已经在不同时期在占主导地位的部落群体中出现。

巴卡斯青年团（Bakasi Boys）出现在埃东南部的伊博族部落，奥多瓦国民大会（Odu'a Peoples Congress ，OPC）则出现在西南部的约鲁巴部落。[77] 这两个组织在行动中都依靠超自然力量、本土宗教信仰和仪式。针对其行事方式，有学者这样评价巴卡斯青年：

> 在巴卡斯青年活动的尼日利亚东南部各州，该组织被广泛认为是一个有效的治安和执法组织。该组织在尼日利亚警方的力量之外活动，是伊博地区社会治安的实际维持者。巴卡斯青年由于其抓捕罪犯的能力而名声在外。巴卡斯青年在部落和社区中

---

[77] 希沙人也出现在尼日利亚北部的豪萨/富拉尼人中。“希沙是一个以伊斯兰教为基础的执法组织，由其运作的每个州的政府正式负责，负责执行该州的伊斯兰教法体系。”Okafo (13 – 14).

> 抓捕罪犯(主要是小偷、抢劫者和杀人犯),并迅速对他们进行审判并施以刑罚。刑罚通常是死刑,常用的方式是斩首或者火刑。于2000—2006年夏季在尼日利亚的实地考察中,与我谈论巴卡斯青年的当地人大多数对其打击犯罪的行为表示满意并热情支持。大多数人相信巴卡斯青年,(通过在表面上使用本土的超自然力量)能够在人群中准确地找到罪犯,从而避免错误地抓捕和惩罚无辜者。[78]

在非洲国家中,除了像巴卡斯青年和奥多瓦国民大会这样规模较大、协调组织良好的本土组织之外,还有根据前殖民非洲社会治安和执法原则和理想运作的其他团体。这些组织包括在大多数非洲城市和农村社区存在的社区互助组或治安维持会。这些规模较小的团体同样是由于官方执法机构的资源不足和能力限制而产生。这些安全组织的存在是为了保护公民的生命和财产安全。在其他方面,上文谈到的伊博人同龄组织和约鲁巴人猎人协会,[79]在其他社区成员提供的经济和物质支持之下扮演义务警察的角色,执行抓捕罪犯和维持治安等执法任务。通常情况下,他们使用小型武器,或者像传统非洲人那样依靠魔法和咒语执行任务。这些组织在尼日利亚的不同地区为维护社会治安和执法贡献了不小的力量。民众一方面对这些组织提供的服务感到满意,另一方面又对政府机构缺乏信心,加之政府安全机构本身存在的缺陷,对这些带有前殖民时代特色的社会控制力量会有更多的需求,与之相应地也会有更多的资源投入其中。

---

[78] Okafo N (2007) Law enforcement in postcolonial Africa: interfacing indigenous and English policing in Nigeria. In: International police executive symposium working paper no 7, p. 14.

[79] See the section headed, "African Criminology System: an Intermix of the Physical and Supernatural".

13.6 现代制度框架下的本土社会控制之间:官方承认和批准的表征

不可否认的是,在犯罪侦查中接受灵媒服务表明,现代美国执法机构对超自然力量干预犯罪控制的合法性给予了默认和赞赏。非洲国家政府的官方机构也以不同方式认可非洲本土犯罪和社会控制做法中超自然力量的合法性。包括尼日利亚最高法院在内的高审级法院对宣誓的立场和声明就是例证。

在最高法院审理的乌米诉奥库伦诺等(Ume v. Okoronkwo & Anor)案[80]中(该案是因一起本土仲裁案而产生的土地权属纠纷),奥古厄布(Oguegbu)大法官在法庭意见中认为,明示的誓言是“一种确立事实的方式,这种方式得到了习惯法和双方当事人的认可”。同样的,在奥夫玛塔等诉阿诺卡(Ofomata & ors v. Anoka)案[81]中,也涉及宣誓的法律效力问题,奥格巴库巴(Agbakoba)大法官认为:

> 宣誓是在某些习惯法中被公认和接受的证明形式。誓言可以用司法规定以外的形式宣读,其深刻、虔诚的特征,当事人所宣誓言的严肃性以及恶魔对违背誓言者的惩罚是这种习惯司法程序所含有的威慑力量,也因此被城市和乡村中的本土法院所采信。我因此认为,选择宣誓并不违法,尽管这确实有违基督教伦理……

在另外一起涉及土地的纠纷奥汗·奥英哥等诉拉夫戴·厄博等(Ohn

[80] Ume v. Okoronkwo & Anor (1996) 12 SCNJ, 404.

[81] (1974) 3 ECSLR 251 at 254.

Onyenge & Ors v. Loveday Ebere & Ors)案[82]中，宣誓作为习惯法程序的合法性问题再一次被摆在最高法院的法官面前。最高法院以一致意见维持了阿南布拉州初审法院的判决，认定对"奥格乌乌·阿克布"（Ogwugwu Akpu）发下的誓言有效。在判决中，尼基·图比（Niki Tobi）法官重申了最高法院将宣誓看作习惯法仲裁中一项有效且合法的程序的立场。

如上所述的案件所示，土著人的宣誓除了得到司法认可之外，也得到了成文法的支持。该做法除了在相关措施中享有司法信誉之外，还在法律上得到了一些支持。在联邦和州立法中，规定担任公职者和向法庭作证的人需要宣誓。这里的宣誓与非洲本土习惯中的宣誓确实存在不同，后者面对的对象是令人生畏的神祇。然而，人可以向他选择的作为一种超自然存在的神祇发出誓言，仍然与传统习惯有内在联系。但是，夸拉州的《誓言与确认法》规定，可以要求对方以传统誓言的形式证明其指控的真实性。[83]

除了前面讨论过的对本土的宣誓做法的认可之外，还有其他对传统犯罪学在当代实践的赞赏和承认。通过政策、立法和判例，本土安保和执法力量也通过与官方执法机构偶尔的合作得到了一定程度的认可。

13.7 结论

上文对非洲本土犯罪的不同面向和作用机制进行了讨论。关涉非洲犯罪学几乎全部内容并构成其基石的因素是超自然力量内在且不可避免地参与。即便在像是巡逻、值夜等基本的治安和执法行动当中，都会涉及超自然因素。超自然因素一般源于宗教和神秘仪式，传统犯罪学的一些做法也来自这些活动。

即便超自然力量在非洲本土犯罪学中发挥关键作用，它依旧需要面对反科学的批评和随之而来的可接受性问题。与此相关的是，由于基本的社

---

[82] (2004) 6 SCNJ 126 at 141 - 143.

[83] Oaths and Affirmation Law , Cap 108, Laws of Kwara State 1994, Sects. 7 and 8.

会文化和宗教差异,殖民统治者认为非洲本土社会控制做法是过时的、野蛮的和普遍有害的,并对其采用了反对立场。这就导致了对本土犯罪学的压制。如上文所述,镇压采取了两种主要方法:第一,外国犯罪学制度被引入并强加于殖民地,并与殖民地实施的继受法律制度紧密结合在一起;第二,继受的刑法明确规定本土犯罪学做法为非法行为。

的确,有一些令人信服的理由可以令人反对本土犯罪学实践的某些因素。由于主观和不科学以及对超自然的依赖,有可能出现错误和不可挽回的误判。例如,对巴卡斯青年神奇地、主观地认定罪犯身份的方式感到担忧是合理的,这些罪犯随后会被立即斩首或者施以火刑。这种伸张正义的方式可能确实有助于相信土著犯罪学是“唯灵论的、野蛮的、未开化的和犯罪的”的看法;鉴于被处决的被告后来被发现无罪时的制裁是不可逆转的,这一点尤其如此。简而言之,超自然力量或他们的人类代理人可能会犯下错误或造成伤害,这使依赖超自然力量侦查犯罪的做法令人生疑。

现实地说,依靠超自然机制和主观程序而导致司法不公的可能性不应被轻视。然而,《灵媒证人》节目中记录的确定嫌疑人身份的准确度程度似乎从某种科学或统计的角度表明,超自然力量并不是那么容易出错,也不是那么不可靠。此外,即便在20世纪,在美国等科技发达国家中运行的依靠现代和客观犯罪科学技术体系中,司法系统仍有可能作出可怕的误判,让无辜者蒙冤受屈,甚至丧失生命。[84] 如果这些现代制度不应因错误判断或可能作出错误判断而草率地被认为不可接受并被抛弃,那么非洲本土制度也不应该被诋毁并基于同样的理由而被草率地抛弃。无论如何,正如本文所揭示的,非洲本土的犯罪学在外表上并不是原始和血腥的。对发生在巴卡斯的事件,也许应该被认为是巴卡斯青年们受其所处的环境影响而表现出了过度的热情。

---

[84] Grisham J (2006) The innocent man (murder and Injustice in a small town). Bantam Dell, New York.

关于本土犯罪学实践是时代错误和不文明的指控也值得商榷。在当今时代,许多非洲人接受了高水平的西方教育及其价值观,信仰基督教或者其他非土著的宗教。然而,包括政府官员在内的许多非洲人仍然对解决争端的土著做法,特别是宣誓、调解、咒语和护身符等保持高度信任。在这种情况下,依旧坚持认为土著的做法不合时宜或不文明就不是很恰当了。此外,通过《灵媒证人》和相关节目,美国似乎正在展示超自然力量在现代犯罪学中的功效和可能发挥的作用,或者至少可以将其作为一种补充。如果美国或美国安全人员没有因为提及超自然现象而被批评为不文明,那么对非洲土著人作出这种批评的做法就是不公平的。

无论人们对本土的犯罪学制度有什么疑虑,都不应忽视或低估其作为现代社会控制措施的力量和效力。“与以西方为基础的模式相比,土著模式得到了广泛的接受,这有力地证明了即使在现代国家中,非洲本土社会控制、正义和法律体系的相关性和适用性。”[85]对当地社会控制机制的信任和偏爱表明,这些机制在得到适用之后可能发挥的效力和受到遵守的程度。

尼日利亚和其他非洲国家面临令人不安的暴力和其他罪行。西方的打击犯罪的机制和制度在打击犯罪的斗争中未能发挥应有的效用。显然,犯罪分子逍遥法外的背后,是对现代西方犯罪学体系缺乏尊重或必要的恐惧,这与前殖民社会的情况完全不同。考虑到土著制度在当前情况下的效用,许多非洲国家的政府无可争议地需要承认和促进有关的本土治安维护、预防犯罪和一般执法制度。这项任务的第一步是改变人们对本土犯罪学的看法,即仅仅因为它具有超自然或不科学的倾向,就认为它是野蛮的、未开化的。美国的《灵媒证人》节目已经表明,确实有必要重新评估非洲本土犯罪学的用处。各种形式的土著做法的持续存在也加强了重新评价

---

[85] Okafo N (2007) Law enforcement in postcolonial Africa: interfacing indigenous and English policing in Nigeria. In: International police executive symposium working paper no 7, p. 18.

的必要性。

参考文献

Abegunde B（2005）Corruption the enemy within：legal and institutional panacea. Ibadan Bar J 4，50 – 62

Asein JO（2005）Introduction to Nigerian legal system，2nd edn. Ababa Press，Lagos

Awolalu JO，Dopamu PA（1979）West African traditional religion. Onibonoje Press/Book Industries（Nig.），Ibadan

Ayo SB（2002）Public administration and the conduct of community affairs among the Yoruba in Nigeria. Institute for Contemporary Studies Press，Oakland

Ayonrinde A（2007）Great quotations for all achievers. Bookman Books，Taipei

Caldwell RG（1965）Criminology，2nd edn. The Ronald Press，New York

Cobley C（2005）Sex offenders，law，policy and practice，2nd edn. Jordan Publishing，Bristol

Elechi OO（2004）Human rights and the African indigenous justice system. A paper for presentation at the 18th international conference of the International Society for the Reform of Criminal Law，8 – 12 Aug，Montreal

Fitzmaurice C，Pease K（1986）The psychology of judicial sentencing. Manchester University Press，Manchester

Garner BA et al（eds.）（2004）Black's law dictionary，8th edn. Thomson West，St. Paul

Grisham J（2006）The innocent man（murder and Injustice in a small town). Bantam Dell, New York

Ibidapo-Obe A (2005) A synthesis of African law. Concept Publications, Lagos

Kolajo AA (2005) Customary law in the Nigeria through the cases. Spectrum Books, Ibadan

Obilade AO (1979) Nigerian legal system. Sweet & Maxwell, London

Okafo N (2007) Law enforcement in postcolonial Africa: interfacing indigenous and English policing in Nigeria. In: International police executive symposium working paper no 7

Okonkwo CO (1990) Okonkwo and Naish on criminal law in Nigeria, 2nd edn. Spectrum Law Publishing, Ibadan

Oraegbunam IK (2009) The principles and practice of justice in traditional Igbo jurisprudence. OGIRISI New J Afr Stud 6:53 - 85

Psychic Witness (2011) http://www.tv.com/psychic-witness/show/61792/summary.html. Accessed on 12 Feb 2011

Psychic Detectives (2013) http://www.tv.com/shows/psychic-detectives/. Accessed on 30 Jan 2013

Roberts MF, Vink M (1998) Alkaloids: ecology and medicinal applications. Plenum Press, New York B. Odunsi

图书在版编目(CIP)数据

非洲法律理论与当代问题 : 评论集 / (英) 阿奇·奥纳齐主编 ; 田峰, 吴卡译. -- 北京 : 法律出版社, 2023

(非洲法律翻译及研究丛书 / 吴卡主编)

书名原文: African Legal Theory and Contemporary Problems

ISBN 978 -7 -5197 -8466 -9

Ⅰ. ①非… Ⅱ. ①阿… ②田… ③吴… Ⅲ. ①法律－非洲－文集 Ⅳ. ①D94 -53

中国国家版本馆 CIP 数据核字(2023)第 206129 号

非洲法律理论与当代问题
——评论集
FEIZHOU FALÜ LILUN YU DANGDAI WENTI
—PINGLUNJI

[英]阿奇·奥纳齐 主编
田 峰 吴 卡 译

策划编辑 李捷琳
责任编辑 李捷琳 彭 雨
装帧设计 鲍龙卉

出版发行 法律出版社
编辑统筹 法律考试·职业教育出版分社
责任校对 王 丰 郭艳萍
责任印制 胡晓雅
经　销 新华书店

开本 710 毫米×1000 毫米 1/16
印张 28.25 **字数** 325 千
版本 2023 年 12 月第 1 版
印次 2023 年 12 月第 1 次印刷
印刷 北京建宏印刷有限公司

地址:北京市丰台区莲花池西里 7 号(100073)
网址:www.lawpress.com.cn
投稿邮箱:info@lawpress.com.cn
举报盗版邮箱:jbwq@lawpress.com.cn

销售电话:010 - 83938349
客服电话:010 - 83938350
咨询电话:010 - 63939796

书号:ISBN 978 -7 -5197 -8466 -9
定价:108.00 元
凡购买本社图书,如有印装错误,我社负责退换。电话:010 - 83938349